U0785020

修身

中华优秀传统文化

主编 周有波 陈京伟

山东人民出版社

国家一级出版社 全国百佳图书出版单位

编委会名单

主　编　周有波　陈京伟

编　者　（按姓氏笔画为序）

于海峰　刘学芝　吕玉霞　朱　光　宋　彦

陈京伟　邵秋艳　周有波　韩明暖

欲成学问，当为第一等学问；

欲成事业，当为第一等事业；

欲成人才，当为第一等人才。

而欲成第一等学问、事业、人才，

必先砥砺第一等品行。

——选自唐文治先生《上海交通大学第三十届毕业典礼训辞》

序

我在小学、中学、大学都当过教书先生，四十多年来从未有过离开教育战线的想法。沉浸在教育工作氛围中，做些自己力所能及的事，我的心中充满着激情、热情和愉悦。当沉下心来的时候，我常常思索：教育的功能及教育的根本目的是什么？不同境遇的人会有不同的回答。有的人是为走出大山，走出农村，走向城市谋取生存；有的人是为选择更好的职业，谋得更好的生活环境；也有的人是为了提升自己，谋取更好更高的发展空间。不管初衷如何，概括起来都是为未来的生存发展而努力充实自己、扩充自己、完善自己，这也许就是教育功能之本来。大学教育是终生教育过程中的高峰驿站。改革开放近四十年，中国的教育取得了突飞猛进的发展。就大学而言，学校大了，学生多了，更多的年轻人可以上大学接受高等教育了。然而大学的教育观念、教育环境、教育过程、教育标准及教育目标仍是不尽如人意，有些甚至与人们的期待相距甚远。抚今追昔，1978年春天我上大学时，朝气蓬勃的同学们充满了对知识的渴望，比学赶帮超的学习氛围，不教一日虚度的刻苦用功，历历在目；可是，这些场景于今几乎不见了。是时代不同了，还是观念落伍了？作为一名老教育工作者不能不反思：我们的教育到底在哪里出了问题？过度强化专业知识教育功能，忽视并弱化了以立德树人为核心的修身教育或许是重要根源之一。

国无德不兴，人无德不立。立德修身，是一个人自立于社会的根本。孔子曰："德之不修，学之不讲，闻义不能徙，不善不能改，是吾忧也。"修德、讲学、徙义、改善，在知识与道德的对比中，孔子毫不犹豫地站在了立德修身的立场上。作为著名的教育家，孔子并非不注重知识的传授，而是更加推崇修身之于自立立家、敦风辅国的重要性。"古之欲明明德于天下者，先治其国；欲治其国者，先齐其家；欲齐其家者，先修其身。"从古至今，修身对于一个人的成长、成才、成功都具有根基性或基础性的作用，没有根的粗壮，哪有枝繁叶茂？没有坚固的基础，哪有高楼大厦的耸入云天？修身过程尽管如入夜春雨，润物无声，却气养浩然，厚积薄发。1957年诺贝尔物理奖得主杨振宁（1922—）在自传《父亲与我》中提及一件事，他在中学阶段念书时，作为数学教授的父亲请人给他讲《孟子》，而不是给他补习数学或物理。杨振宁先生谈及此事时，每每感激父亲的良苦用心，使之终身受益。修业先修德。正是这些"从学校的教科书上从来没有学到的"道德教化知识，砥砺其心，"吾善养吾浩然之气"，戮力其行，"虽千万人，吾往矣"，所以他才能在专业上披荆斩棘，在社会中显亲扬名。

如果说修身是根本的话，那么知识就是力量，是飞往理想殿堂的翅膀。中国古代思想家荀子曾经提出一个著名的疑问："人，力不若牛，走不若马，而牛马为用，何也？"法国启蒙时期的思想家帕斯卡（Blaise Pascal，1623—1662）也说过，人不过是一棵脆弱的苇草，"用不着整个宇宙都拿起武器来才能毁灭他，一口气、一滴水就足以致他死命了。"然而，面对庞大无情的自然界，人类却依然骄傲地活着，并创造出了璀璨的文明，为什么？其中的秘诀就在于知识。人类的全部尊严就在于能思想、有知识！尽管没有证据表明"知识就是力量"一语出自英国哲学家弗兰西斯·培根（Francis Bacon，1561—1626）之口，但培根所开创的以崇尚知识为美的经验主义哲学开风气之先，并迅速影响欧美，为近代科学的产生奠定了思想基础。由古及今，不论中外，无数名人提醒我们，知识是一切能力中最强的力量，如烛似灯，既照吾身，亦耀他人。无数的案例告诉我们，知识能使一个人变得聪明，使一个民族变得优秀，使一个国家变得强大。尤其是处身于当今信息爆炸的网络时代，知识的获得和利用显得更为重要，因为知识能使人获得强大力量，冲破重重困境，最终走向成功的大门，到达理想的彼岸。

修身是根本，知识是力量，如同鸟之两翼、车之两轮，缺一不可。1958年，当代新儒家代表人物牟宗三、徐复观、张君劢、唐君毅联合发表《为中国文化敬告世界人士宣言——我们对中国学术研究及中国文化与世界文化前途之共同认识》时，他们认为，中国传统文化素有"正德""利用""厚生"的精神，换言之，追求道德的修身教育和追求事功的知识教育是中国传统文化本来的品格。然而，时移事易，面对市场经济与互联网发展的挑战，我们缺乏教育观念的更新、教育模式的改进和教学内容的与时俱进，致使知识教育与修身教育发生了严重的脱节：互联网使"知识"的获取越来越方便，越来越廉价，而"修身"却由于市场经济的导向和现实生活的压力而越来越稀少，越来越缺乏，造成两只轮子一刚一柔，教育战车颠簸前行。久而久之，要么会畸形前行，要么会人仰马翻。只有知识教育与修身教育两者和谐平衡，携手共进，才是一所大学、一个民族乃至一个国家久盛不衰的精神命脉。

教育部党组书记、部长陈宝生指出，在新的历史时期，高等教育面临的问题越来越突出，工作重点、工作措施、办学理念都应做出调整。首先是要增强"教学决定生存"的理念。他说，学校为教学而建，立德树人是学校的根本任务。现在创建世界一流大学、一流学科，根本任务是要培育世界一流人才。我们要认识到，教学决定生存，离开教学，校长不是校长、教授不是教授、大学不是大学，学校就没有了。（《人民政协报》2016年9月28日第9版）由于互联网的原因，有美国学者预言，今后50年内美国将有1000所大学消失，陈宝生部长"教学决定生存"绝不是危言耸听。因而在互联网特别发达的新时代，大学应该开设什么课程，值得我们反思：在肯定市场经济和科学技术发展对我国高等教育的促进作用的同时，对高等教育的问题与缺失，我们不能归罪于这个时代，不应该抱怨、等待，而应该积极变革，追求知识教育与修身教育的平衡。

原香港中文大学校长金耀基（1935—）先生说过，学生在大学里，实际上是学四种东西，一是学怎样读书（learn to learn）；二是学怎样做事（learn to do）；三是学怎样与人相处（learn to together）；最后是学怎样做人（learn to be）。金耀基先生所提出的大学生要学的四样东西，基本都与“修身”相关。他虽然是针对大学生而言，却也为大学应该开设什么课程提供了思路。新时期大学教育一方面要改革传统“知识”教育模式，以迎接互联网的挑战；另一方面，更要加强立德树人教育。齐鲁工业大学在所有专业大学一年级开设“修身”课，就是教学改革的一个重要努力。

习近平总书记特别强调传统文化的意义，并谈及修身的重要性，认为中华优秀传统文化蕴涵着非常丰富的修身资源。他在十八届六中全会报告中指出，“我们现在比历史上任何时期更接近中华民族伟大复兴的中国梦”。21世纪是中国的世纪，21世纪是中国年轻人的世纪。齐鲁工业大学文法学院按照党委的要求，组织多位专家学者编写了《中华优秀传统文化　修身》一书，并设置必修课，旨在通过教师讲解、行为示范、教育管理和环境营造，使得学生更好地认知修身的学问在人生追求过程中重大的基础性作用，并通过教师艺术性、现代化的诠释，使“修身”课成为大学生真心喜爱、终身受益、毕生难忘的课程！

愿莘莘学子努力学好“修身”课，立志成为国家需要的栋梁之材！

齐鲁工业大学党委书记、教授、博士生导师

前　言

中华文化源远流长、灿烂辉煌。为弘扬中华优秀传统文化，我们编著了《中华优秀传统文化　修身》这本书。现就编著缘起、框架确定、全书体例等作简要说明。

一

在人类历史长河中，很长一段时间，各地文化是相对独立发展的。在公元纪元以前4000多年的时间里，曾经出现过两河流域文明又称美索不达米亚文明（Mesopotamia culture）、埃及文明、印度文明、中华文明和古希腊文明。后来，有的文明消失了，有的文明静静地发展着，以希腊文明为核心发展起来的欧洲文明突起。从公元1500年开始，“欧洲的扩张和世界的欧化”成为世界近代史大乐章的主题曲。所谓“欧洲的扩张”，是指欧洲力量的伸张。欧洲一度控制了全世界：欧化了美洲，瓜分了非洲，占据了大洋洲，也震撼了亚洲；所谓“世界的欧化”，是指欧洲的文化思想和典章制度传到世界的各个角落，成为一种主导进步和革新的力量。后来欧洲的殖民主义或帝国主义退潮，但欧洲文化在北美洲、南美洲、澳洲等地站稳了脚跟，共同形成西方文化，并对全世界产生了巨大的冲击，在不断释放出能量之后，对全人类产生了极大的影响。①

1840年英国坚船利炮惊动了“沉睡的雄狮”，在以科学技术及其机器文明为精神的西方文化冲击下，不少中国人失去了信心，特别是对自己的文化失去了信心，“中学”“西学”之争、“科学”“玄学”论战、“废医存药”之说等即是明证。但中华民族是勤劳、勇敢、智慧的民族，拥有“自强不息”“厚德载物”的基因，“一旦醒来，世界会为之震动”。经过100多年的奋斗拼搏，特别是改革开放后30多年的大发展，我们与西方发达国家的差距越来越小，越来越接近中华民族的伟大复兴。在西方文化当令的时代，作为源远流长唯一不中断的文明古国，要解决自己的发展问题，必须充满民族自信、文化自信。2013年11月26日，习近平总书记参观考察山东曲阜孔府、孔子研究院时强调，中华优秀传统文化是中华民族的突出优势，中华民族伟大复兴需要以中华文化发展繁荣为条件，必须大力弘扬中华优秀传统文化。十八大以来，习近平总书记关于弘扬中华优秀传统文化的一系列讲话指示精神，为教书育人找到了新的方向。

---

① 王增才著：《西方文化要义》，江苏教育出版社2006年版，《自序》第2页。

二

中华传统文化博大精深，其“修身”文化非常发达。

“修身”一词，见于《孟子》《荀子》《大学》《法言》等儒家典籍。孟子（前372—前289）最早使用过“修身”一词，他说：“尽其心者，知其性也。知其性，则知天矣。存其心，养其性，所以事天也。殀寿不贰，修身以俟之，所以立命也。”（《孟子·尽心上》）荀子（约前298—前238）非常重视“修身”，《荀子》第一篇是“劝学”，第二篇即是“修身”。荀子在“修身”篇论述了一系列修身之术，而根本的则在于“礼”，所谓：“礼者，所以正身也”；“无礼，何以正身？”《大学》把“修身”提到了相当的高度：“自天子以至于庶人，壹是皆以修身为本。”汉代扬雄（前53—18），仿《周易》作《太玄》，仿《论语》著《法言》。其《法言》有“修身”卷，“修身”这个篇名基本反映了这一篇的内容是关于“修身”的：“事有本真，陈施于意。动不可咸，本诸身。撰《修身》。”（《法言序》）

汉武帝刘彻（前156—前87）采纳董仲舒（前179—前104）“推明孔氏，抑黜百家”（《汉书·董仲舒传》）策议，“卓尔罢黜百家，表章《六经》”（《汉书·武帝纪》），儒家思想成为社会主流，加之《孟子》《荀子》《大学》《法言》等在儒家典籍中之地位，儒家“修身”观念深入人心，“尤其是宋代以来，一代又一代学者投身于其中，殚精竭虑，辛勤摸索，使修身成为独立性非常强的专门之学，有汗牛充栋的言论和博大精深的体系。”[①]如明人编辑的《菜根谭》《了凡四训》《呻吟语》《劝忍百箴》《围炉夜话》《小窗幽记》《幽梦影》等等，都可谓“修身”专著。

在儒家典籍中，对“修身”阐发最具学理的是《大学》。《大学》开篇说：“大学之道，在明明德，在亲民，在止于至善。”“大学”是古代高等教育机构，与“小学”相对。朱熹《大学章句序》：“三代之隆，其法寖备，然后王宫、国都以及闾巷，莫不有学。人生八岁，则自王公以下，至于庶人之子弟，皆入小学，而教之以洒扫、应对、进退之节，礼乐、射御、书数之文；及其十有五年，则自天子之元子、众子。以至公、卿、大夫、元士之适子，与凡民之俊秀，皆入大学，而教之以穷理、正心、修己、治人之道。此又学校之教、大小之节所以分也。”[②]就其所定目标看来，“大学”也可以称为“大人之学”。成为“大人”，首先要“明明德”。第一个“明”字是动词，彰显的意思。“明德”，意光明的德行，表现为善的行为。“大学”教育的首要目标是要彰显一个人光明的德行。由此可知，人若未受“大学”教育，则未必能彰显其“明德”。成为“大人”的第二个目标是“亲民”。“明明德”的表现是善的行为，其重点在于自我修养，“亲民”则是就善行的效果而言。一个人行善，就

---

① 方朝晖：《儒家修身九讲》，清华大学出版社2011年版，第2页。

② （宋）朱熹：《四书章句集注》，中华书局1983年版，第1页。

会对“别人”产生正面影响，推而广之，即是亲近爱护百姓。[①]成为“大人”的第三个目标是“止于至善”。朱熹说：“此三者，大学之纲领也。”[②]在论证了“三纲”的意义后，《大学》接着阐述了实现“三纲”的途径。

《大学》云：“古之欲明明德于天下者，先治其国。欲治其国者，先齐其家。欲齐其家者，先修其身。欲修其身者，先正其心。欲正其心者，先诚其意。欲诚其意者，先致其知。致知在格物。”古代“大学”的理想是造就杰出的统治者，所以用“古之欲明明德于天下者”作为示范。由“天下”回溯到“国”，由“国”再回溯到“家”。《礼记·礼运》：“天子有田以处其子孙，诸侯有国以处其子孙，大夫有采以处其子孙，是为制度。”孙希旦（1736—1784）注曰：“田，谓九州之田。天子有田以处其子孙，其子孙受之以为诸侯；诸侯有国以处其子孙，其子孙受之以为大夫；大夫有采以处其子孙，其子孙受之以为庶士。此乃制度之一定者也。故自天子之田而别者，不可与天子同天下；自诸侯之国而别者，不可与诸侯同国；自大夫之家而别者，不可与大夫同家。”[③]在古代，天子有天下，诸侯有国，大夫有家，都属于统治阶层。在今天看来，“家”可以指一个人的小家庭；“国”可以指一个人的工作学习单位或特定团体；“天下”则可以指某一工作领域，或某一具体的国家，或人类共同体。在《大学》看来，由“天下”而“国”，由“国”而“家”，由“家”最后落实到“身”：“欲齐其家者，先修其身”。“修身”是“齐家”“治国”“平天下”的根本。如何“修身”呢？《大学》列出了“修身”之术：“正心”“诚意”“致知”“格物”。朱熹说：“此八者（平天下、治国、齐家、修身、正心、诚意、致知、格物），大学之条目也。”[④]在八条目中，“修身”是节点。前三条目是“修身”的原因，后四条目是“修身”的方法。要之，“自天子以至于庶人，壹是皆以修身为本”。

基于此，我们认为，“修身”逻辑架构可以分为志于道、据于德、依于仁、游于艺四篇。

三

子曰：“志于道，据于德，依于仁，游于艺。”（《论语·述而》）

“道”是人生的理想或完美人格，所以要立志追求。子曰：“士志于道，而耻恶衣恶食者，未足与议也。”（《论语·里仁》）“士”泛指读书人。孔子说：“读书人立志追求理想，却认为穿简陋的衣服、吃粗糙的食物可耻，那就不值得与他谈论什么道理了。”

“德”是个人的德行修养。修德之原则相同而程度各自有别，所以要确切把握。子曰：“德之不修，学之不讲，闻义不能徙，不善不能改，是吾忧也。”（《论语·述而》）孔子说：

---

① 此处对“明明德”“亲民”的理解，采纳了傅佩荣教授的观点，详见傅佩荣译解《大学中庸》，东方出版社2012年版，第3～4页。

② （宋）朱熹：《四书章句集注》，第3页。

③ （清）孙希旦撰：《礼记集解》中册，中华书局1989年版，第601页。

④ （宋）朱熹：《四书章句集注》，第4页。

“德行不好好修养，学问不好好讲习，听到该做的事却不能跟着去做，自己有缺失却不能立刻改正，这些都是我的忧虑啊。”孔子以这四点为忧虑，提醒自己不犯这样的错。

“仁”是孔子思想的核心，是孔子的“一贯之道”，即在个人身上显示的人生正途，侧重于择善固执，所以绝不能背离。子曰：“回也，其心三月不违仁，其余则日月至焉而已矣。”（《论语·雍也》）孔子说：“颜回，他的心可以在相当长的时间内不背离人生正途，其余的学生只能在短时间内做到这一步。”

“艺”是礼、乐、射、御、书、数之“六艺”，可以统称为文艺活动。“游于艺”说明孔子的生活也有快乐、轻松的一面。“子钓而不纲，弋不射宿。”（《论语·述而》）孔子钓鱼时，不使用绑着许多钩子的大绳；以附带生丝的箭射鸟时，不射在巢中休息的鸟。孔子也有钓鱼射鸟的休闲活动。“子与人歌而善，必使反之，而后和之。”（《论语·述而》）孔子与别人一起唱歌，唱得开怀时，一定请对方再唱一遍，然后自己又和一遍。孔子的日常生活也是丰富多彩的。

我们认为，“志于道，据于德，依于仁，游于艺”完整描述了孔子为学修身的全过程，也应该是我们今天“修身”的逻辑架构。在“志于道”篇，设计了六个二级标题：立志，贵生，自强，节制，勇敢，谨慎。在“据于德”篇，设计了六个二级标题：厚德，善恶，孝悌，诚信，敬畏，中庸。在“依于仁”篇，设计了六个二级标题：识仁，行义，达礼，恕人，俭约，躬行。在“游于艺”篇，设计了六个二级标题：为学，从师，交友，文学，艺术，勤勉。每个二级标题下编选了15条内容来支撑。全书编选360条内容，可供360天学习，以喻“修身”不是一劳永逸的，需要日日修，月月修，年年修。

四

如前所述，全书分为四篇，每篇下设计了六个标题，每个标题下编选了15条资料。为了便于讲授和自学，在篇目下撰写了导语。对这360条内容，主要做了三项工作。一是题注，说明文字出处，并做简单评析引申。二是注释，对难字难句给出简单注解。三是译文。由于所选内容都是古文，为帮助读者阅读，我们为大部分条目列出了译文。少数条目因为内容直白，没有列出译文，则在“题注”里做了重点解说，以弥补无“译文”的缺憾。凡是引用其他著作的“译文”，都做了“脚注”。

在编著本书时，吸收采纳了不少专家学者的研究成果，在书末我们附录了“参考文献”，一是对原著者表示诚挚谢意，一是给读者提供进一步阅读线索。

清代乾隆年间，主编《四库全书》的纪晓岚曾经说过：“世间的道理与事情，都在古人的书中说尽，现在如再著述，仍然超不过古人的范围，又何必再多著述。”纪晓岚一生从不著书，只是编书——整理前人的典籍，将中国文化作系统的分类，以便于以后的学者们学习，自己的著作只有《阅微草堂笔记》一册而已。[1]著书不容易，编书也不容易，“如人饮

① 南怀瑾著：《老子他说》，复旦大学出版社1996年版，第5页。

水，冷暖自知”。本书是我们初步研究的成果，既可以作为大学“修身”教材，也可以作为中学生学习中华传统文化的教材，更适用于对传统文化有兴趣的各界人士阅读。由于我们学识浅薄，经验不足，希望广大读者提出宝贵意见，以便再版时修正、提高。

2016年12月

目录
CONTENTS

第一篇　志于道

人生当立志，立志则应“志于道”。这是修身的起点，也是修身的重点和终点。

习近平主席曾在《深化伙伴关系共促亚太繁荣——在亚太经合组织第二十三次领导人非正式会议第一阶段会议上的发言》中讲道：“中国古代先贤说：‘志不立，天下无可成之事。’人不能没有理想，合作不能缺少方向。”其中引用的中国古代先贤的这句话出自于明代思想家王阳明的《教条示龙场诸生》：“志不立，天下无可成之事，虽百工技艺，未有不本于志者。今学者旷废隳惰，玩岁愒时，而百无所成，皆由于志之未立耳。故立志而圣，则圣矣；立志而贤，则贤矣；志不立，如无舵之舟，无衔之马，漂荡奔逸，终亦何所底乎？”习近平主席借这句话，指出了人不能没有理想，做事不能没有方向。王阳明则认为立志是为学和为人的基础和前提，志向理想不能立定，天下便没有可以做成功的事情。他们都十分强调立志及理想信念的重要性和必要性。

人生当立志，目标和理想信念的树立是修身为学做事的基础和起点。志，是我们的目标和方向，立志，就是确立人生目标和理想，明确自己要做什么，做什么样的人，立志关系着我们的人生道路。人生价值目标的选择，决定着人生的意义和价值，制约着人生所能成就的事业和人格。只有确立志向，才会明确努力的方向，才会克服各种艰难险阻向着目标前进。一个人如果没有志向，生活中就会没有方向，没有动力，就会随波逐流，虚度年华，一事无成。如王阳明所讲，各种工匠的技艺，也都是靠志向才学成的。志向没有立定，就像没有舵的船，没有嚼子的马，随水漂流，任意奔驰，不知归向何处。朱熹也提到：“书不记，熟读可记；义不精，细思可精。惟有志不立，直是无着力处。”（《性理精义》卷七）没有志向，就没有方向，不知往何处用力。所以，志不立，事不成。

然而，现实中正处在人生重要阶段的很多大学生实际上是没有志或志不明，并没有真正树立起自己的人生理想。在中小学阶段，似乎都以考大学为目标，为了这个目标付出了很多努力。但这只是一个阶段性的目标，并不是人生的志向所在。所以，我们可以看到，考上大学的同学，在阶段性的目标实现以后，很多人不知道下一步朝哪个方向发展，因此便会感到失落，感到茫然，会手足无措，会松懈，会失去求知的热情和学习的动力。这种情况的出现，正是因为我们没有长远的目标，当阶段性的目标实现以后，我们就进入了一段无目的的状态。在这种情况之下，我们要做的，就是尽快走出目标盲区，重新树立目标，只有这样才能顺利地度过大学生活，才能正确地有意义地走过人生的每一个重要阶段。

我们应该树立怎样的目标呢？每个人的追求是不一样的，所以每一个人的目标也是不同的。有人以追求物质利益为目标，要挣大钱，谋求大量的物质财富；有人以事业成功为目标；有人以拥有权力为目标。而传统文化则给我们提出了另一种更有意义的人生目标，即“志于道”。《论语·述而》中讲道：“志于道，据于德，依于仁，游于艺。”这通常被看作是孔子教学的总纲目，教导人修身为学应当如此。其中，孔子明确地指出，为人求学首先要“志于道”，就是要以道为志趣。修身为学要立志，立志要志于道，如果一心向此“道”，志向高尚远大，目标明确坚定，那么在修身为学过程中就能始终正其心，去其蔽，不入歧路，不被迷惑。

在传统文化中，“道”是一个重要范畴。“道”本义为道路，引申为事物间的法则、规律。“道”包含所谓“天道”和“人道”两方面内容。“天道”是指宇宙天地之本源和规律法则，“人道”是指人世间人们应当共同遵守的原则和规范，人与人之间的关系准则，是社会道德准则和道德理想。“道”既是宇宙万物的本原，又是最高层次的精神实体，又是社会道德原则，代表着最高的存在本体与最后的意义目标及价值归依，因此“道”具有一种必然性的权威和至高无上的永恒的真理性，对人事与自然都有着根本性的指导统率作用。

在修身为学中，“志于道”的“道”则主要是儒家视野中的“道”。这个“道”，既是天地之道，又是人道，在传统文化中，很多哲学家认为人道正是比附天道而产生的。儒家的“道”具有丰富的内容，是集政治、伦理、道德功能于一体的主宰性观念，“道”是根本之德，是人生信仰的根本原则、政治理想和治国安民的战略。这个“道”就是儒学的根本之道——“仁道”，其核心就是礼和仁。在传统文化中，礼具体表现为君臣父子夫妇等等级名分，礼的深层含义是“亲亲”“尊尊”。礼是基本的行为规范，是国家社会秩序稳定和存在的根本，是一套现实而具体的社会制度，是人的立身之本，人因守礼而成仁，一切道德因礼而成德。如果说礼是人的外在规范的话，那么仁就是人的内在美德，仁是礼的内在根据，礼则是仁的外在体现，仁是一种内在的自觉的道德规范，是一种主观化的道德修养和道德标准，通过仁的德性修养，外在的礼就会变成一种内在的自觉的道德规范。在儒家文化中，仁是理想人格的代表，是人之为人的精神和根本，是超越个体而关注整个人类社会和人类文明的存续和发展的。仁是基本的成人之道，是人走向人的必由之路。仁者爱人，爱是仁的基础。爱人，就是推己及人，由对父母兄弟之爱而推广到对一切人的爱，由孝悌而推及天下之人，达到“博施于民而济众”的境界。爱人，就是儒家所讲的“忠恕之道”，即“己欲立而立人，己欲达而达人”（《论语·雍也》），“己所不欲，勿施于人”（《论语·卫灵公》）。爱人是为了立人，立人则达仁，达仁则守礼，仁礼兼备则成人。

随着人类文明的发展，我们对人类社会的理解不断加深，在今天看来，这个“道”既是天地之间的真理性存在，又是以此为依据而形成的人类社会应有的“道”，既是仁爱之道，济世济民之道，也是人类社会发展之道。所谓“志于道”的“道”，应该是高远之道，境界高尚、利于他人、利于人类社会、利于人类文明，既有益于个人修身立世，又有利于社会发展进步的“道”。所以，志于道，就是把道义的实现作为人修身为学的最终目标，就是人应具备的一种立志追求真理的精神，志于正道，志于高远的仁爱之道，社会的道义之道，人类社会的发展之道。

修身为学要先“志于道”，立志之后还要守志、持志，一生中要始终坚持这个道，才能不失初心，不入歧路，最终实现修身的目标，成为一个道德高尚的完满的人。守志、持志并实现它，需要我们做必要的准备和努力。首先要贵生，要有健康的身体和正确的生命观，这是我们修身为学的基础；其次要自强，有坚强、不屈不挠的毅力，真理的追求、道义的坚持是一个漫长而艰苦的过程，只有自强不息才能始终坚持不坠于道；再次要节制，在立志于追求真理、道义的同时，意味着我们要摈弃一些个人的私欲私利，这就需要去节制欲望；再次志于道还需要勇敢，要有勇气保持初心去守护我们的理想目标，去坚持我们的方向，使之不为外物所扰，最终实现。这不仅是我们为学做事的基础，更是修身的方向和修身的过程与方法，在一定程度上，还是人类社会得以存续发展的一个必要条件。

一、立志

在中国传统文化中，修身、学问之道，首先就是立志。《说文》:“志，意也。”志，指的是意志、志向。志表示一种高度自觉、稳定的心理状态，主要有两种含义：一是指人的意志，一是指人的志向。作为意志的志在实现理想人格中具有至为重要的作用，有坚定的意志才能有对道的执着追求，才能将对真理和正义的追求始终贯穿于自己的思想和行动中。传统文化中非常重视意志的培养锻炼，认为人们应当坚定自己的思想意志。作为志向的志，指内心的向往、志向，犹如三军统帅，支配主宰着人的方向和行为。汉代思想家王充曾经讲过：“初生意于善，终以善；初生意于恶，终以恶。”(《论衡·率性》)意思是说，一个人如果立志为善，结果必善；如果立志为恶，结果必恶。南宋陈淳对“志”作了概括：“志者，心之所之。之犹向也，谓心之正面全面向那里去。如志于道，是心全向于道；志于学，是心全向于学。一直去求讨要，必得这个物事，便是志。”(《北溪字义》)认为志就是心的方向，是行动的方向和目标。明代的王守仁进一步发挥孟子的思想，视“志”为人的一切精神、言行的主宰，说：“志不立，天下无可成之事”，“立志而圣则圣矣，立志而贤则贤矣”(《教条示龙场诸生·立志》)。没有志向，就一无所成，立志为圣，就可以成圣，立志为贤，就可以成贤，立志为恶，则必为恶。所以，立志是修身之学的首要一环，并且成为修身为学格局的决定性因素。

立志，就是确立志向，树立理想和目标，这是人们努力的方向和动力。人生当立志，而所立之志又应志存高远，合于真理道义。在传统文化中，古代先哲给我们提供的思想资源不仅是告诉我们立志的重要性和必要性，更为我们指出了立志应“志于道”。这个“道”，是“仁道”，是超越个人私利私欲的高远之道，既有益于个人修身立世，又有利于人类社会的发展进步之道。人应该树立坚定而高尚远大的理想信念，这才是合于“道”之志。立志于道，是立志的目的，是修身的前提、方法和目标。要修身，首先要立志于道，要立志于道，就要通过格物致知、存天理去人欲，通过养心养气、为学等方法去逐渐把握天理天道。立了志还要守志和实现志向，这就需要坚定的信念、强大的勇气和毅力，使所立之志不被蒙蔽和放逐，使所立之志能够历经艰难困苦而最终得以实现。

1.士志于道

子曰："士〔1〕志于道，而耻恶〔2〕衣恶食者，未足与议也。"

【题注】

选自《论语·里仁》。

《论语》是记载孔子（前551—前479）及其弟子言行和思想的一部书。《汉书·艺文志》说："《论语》者，孔子应答弟子、时人及弟子相与言而接闻于夫子之语也。当时弟子各有所记。夫子既卒，门人相与辑而论纂，故谓之《论语》。"①《论语》的"论（lún）"是"论纂"的意思，"语"是"语言"的意思。因此，《论语》就是孔门弟子把孔子讲课以及孔子与时人、弟子谈话时所做的笔记加以整理、编辑而成的一部书。通行本《论语》二十篇，凡11705字②。

【注释】

〔1〕士：读书人。〔2〕恶（è）：粗劣。

【译文】

孔子说："读书人专心追求安身立命的道理，如果因为穿得不好、吃得不好而觉得羞耻，那便不值得与他讨论什么道理了。"③

2.老者安之，朋友信之，少者怀之

颜渊、季路〔1〕侍〔2〕。子曰："盍〔3〕各言尔志？"子路曰："愿车马、衣轻裘〔4〕，与朋友共，敝〔5〕之而无憾〔6〕。"颜渊曰："愿无伐〔7〕善，无施〔8〕劳。"子路曰："愿闻子之志。"子曰："老者安之，朋友信之，少者怀之。〔9〕"

【题注】

选自《论语·公冶长》。

---

① （汉）班固：《汉书》第六册，中华书局1962年版，第1717页。以下引用该书只注明作者、书名、册数和页码。

② （清）王弘撰：《山志》，中华书局1999年版，第25页。以下引用该书只注明作者、书名、册数和页码。

③ 曾仕强、曾仕良著：《论语的生活智慧》上册，陕西师范大学出版社2009年版，第93页。以下引用该书只注明作者、书名、册数和页码。

台湾大学傅佩荣(1950—)教授指出，“老者安之，朋友信之，少者怀之”这十二个字，是人类有史以来最高的理想。任何民族，任何人群，最高的理想都不能超过这十二个字。让天下的老年人都得到安养，让天下做朋友的都能够互相信赖，让天下的青少年都可以得到好的照顾，这叫“止于至善”，世界大同。这十二个字，不但是孔子一个人志向，也应该是人类共同的理想。①

【注释】

〔1〕季路：子路。〔2〕侍：陪侍。〔3〕盍(hé)：何不，表示反问或疑问。〔4〕衣轻裘：此处误多一“轻”字，当作“衣裘”。衣裘，犹衣服。〔5〕敝：破旧。〔6〕憾：恨。〔7〕伐：自夸。〔8〕施：夸耀，夸大。〔9〕老者安之，朋友信之，少者怀之：此三“之”字，一说指人，老者养之以安，朋友与之以信，少者怀之以恩。一说，三“之”字指己，即孔子自指。己必孝敬，故老者安之；己必无欺，故朋友信之；己必有慈惠，故少者怀之。

【译文】

颜渊与季路站在孔子身边，孔子说：“你们何不说说自己的志向？”子路说：“我希望做到把自己的车子、马匹、衣服与朋友一起用，用坏了也没有一点遗憾。”颜渊说：“我希望做到不夸耀自己的优点，不把劳苦的事推给别人。”子路说：“希望听到老师的志向。”孔子说：“使老年人都得到安养，使朋友们都互相信赖，使青少年都得到照顾。”②

3.横渠四句

为天地立心，为生民立命，为往圣继绝学，为万世开太平。

【题注】

选自《宋元学案·横渠学案上》。

张载(1020—1077)，字子厚，学者称横渠先生，北宋著名理学家，关学创始人之一。此四句话，被著名哲学家冯友兰(1895—1990)称为“横渠四句”③。“横渠四句”，各本有异文。《张载集》：“为天地立志，为生民立道，为去圣继绝学，为万世开太平。”④朱熹《近思录》：“为天地立心，为生民立道，为去圣继绝学，为万世开太平。”⑤《宋元学案·横渠学案上》：“为天地立心，为生民立命，为往圣继绝学，为万世开太平。”⑥

【译文】

志于圣贤之学的人，应为广阔的天地提倡生生不息的大心，为人类找到安顿生命的准

① 傅佩荣著：《论语300讲》上册，中华书局2011年版，第161～162页。以下引用该书只注明作者、书名、册数和页码。

② 傅佩荣著：《论语300讲》上册，第160页。

③ 冯友兰著：《中国现代哲学史》，广东人民出版社1999年版，第245页。

④ (宋)张载著：《张载集》，中华书局1978年版，第320页。

⑤ (宋)朱熹著：《朱子全书》第十三册，上海古籍出版社、安徽教育出版社2002年版，第190页。

⑥ (清)黄宗羲撰：《黄宗羲全集》第三册，浙江古籍出版社2005年版，第798页。

则，为过往的圣贤承续道统使不中绝，为千千万万的后代开启有礼义法治的太平之世。

4. 大丈夫

居天下之广居〔1〕，立天下之正位〔2〕，行天下之大道〔3〕；得志，与民由之；不得志，独行其道。富贵不能淫，贫贱不能移，威武不能屈，此之谓大丈夫〔4〕。

【题注】

选自《孟子·滕文公下》。

《孟子》一书是记录孟子及其弟子言行的著作，共有七篇，每篇分上下，所以在编排序号上就有十四部分，全书共34685字①。傅佩荣教授认为，孟子完成了《孟子》一书的主要内容，在他过世后，学生万章、公孙丑等人再加以修订完成。②

孟子（前372—前289），名轲，山东邹城人，受业于子思（孔子之孙）之门人。孟子继承并发扬了孔子的思想，成为仅次于孔子的一代儒家宗师，有“亚圣”之称，与孔子合称为“孔孟”。

【注释】

〔1〕广居：指仁。〔2〕正位：指礼。〔3〕大道：指义。〔4〕丈夫：成年男子（二十岁要行冠礼）的统称。

【译文】

居住于天下最宽广的住宅——仁里，站立于天下最正确的位置——礼里，行走于天下最开阔的道路——义里；能实现志向，就同百姓一起走上正道；不能实现志向，就独自走在正道上。富贵不能让他耽溺，贫贱不能让他变节，威武不能让他屈服，这样才叫作大丈夫。③

5. 大人

夫“大人”〔1〕者，与天地合其德，与日月合其明，与四时合其序，与鬼神〔2〕合其吉凶。先天而天弗违，后天而奉天时〔3〕，天且弗违，而况于人乎？况于鬼神乎？

【题注】

选自《周易·乾·文言传》。

《周易》包括古经与《易传》两部分。古经就是64卦，包括卦爻画和卦爻辞。《易传》

---

① （清）王弘撰：《山志》，第25页。

② 傅佩荣译解：《孟子·前言》，东方出版社2012年版，第2页。以下引用该书只注明作者、书名、册数和页码。

③ 杨伯峻译注：《孟子译注》，中华书局2010年版，第129页。以下引用该书只注明作者、书名、册数和页码。

是解说古经的七种十篇文字，即《彖传》上下、《象传》上下、《系辞传》上下、《说卦传》，《序卦传》《杂卦传》《文言传》。这十篇文字，在汉代被称为“十翼”。

《周易》哲学博大精深，冯友兰（1895—1990）先生在《孔丘、孔子、如何研究孔子》一文中称之为“宇宙代数学”①。这位哲学大师在1990年11月26日临终前说的最后一句关于哲学的话是：“中国哲学将来一定会大放光彩！要注意《周易》哲学。”②

【注释】

〔1〕大人：圣明德备之人。此指乾卦九五而言，九五有“飞龙在天，利见大人”之辞。〔2〕鬼神：阴阳之气屈伸变化。〔3〕天时：四时。

【译文】

（九五爻辞的）“大人”，其德性与天地相合，其圣明与日月相合，其施政与四时顺序相合，其吉凶与鬼神相合。先于天道而与天道不相违背，后于天道行动而顺奉天时。既然天都不违背他，何况人呢？更何况鬼神呢？③

6.彼可取而代也

秦始皇帝游会稽〔1〕，渡浙江，梁〔2〕与籍〔3〕俱观。籍曰：“彼可取而代也。”梁掩其口，曰：“毋妄言，族〔4〕矣！”梁以此奇籍。

【题注】

选自《史记·项羽本纪》。

《史记》是著名史学家司马迁（前145—前90）撰写的一部纪传体史书，是中国历史上第一部纪传体通史，被列为“二十四史”之首。它记载了上至上古传说中的黄帝时代，下至汉武帝元狩元年间共3000多年的历史，与后来的《汉书》《后汉书》《三国志》合称“前四史”，鲁迅（1881—1936）先生在《汉文学史纲要·司马相如与司马迁》中称之为“史家之绝唱，无韵之《离骚》”④。

【注释】

〔1〕会稽（kuài jī）：古地名，绍兴别称，会稽因绍兴会稽山得名。〔2〕梁：项梁（？—前208），楚国贵族后代，项燕之子，项羽的叔父。〔3〕籍：项羽（前232—前202），名籍，字羽。〔4〕族：古代的一种残酷刑罚，一人有罪，把全家或包括母亲、妻家的人都杀死。

---

① 冯友兰著：《三松堂全集》第十三卷，河南人民出版社2001年版，第412页。

② 范鹏著：《道通天地·冯友兰》，山东画报出版社1998年版，第242页。

③ 刘大钧、林忠军译注：《周易经传白话解》，上海古籍出版社2006年版，第319页。以下引用该书只注明作者、书名、册数和页码。

④ 鲁迅：《鲁迅全集》第九册，人民文学出版社2005年版，第435页。

【译文】

秦始皇帝到会稽去巡视，在他渡过浙江的时候，项梁和项籍一起去观看。项籍说："那个人我可以取而代之。"项梁掩住了他的嘴，说："不要胡说，会被灭族的！"项梁因此认为项籍是一个奇才。①

7.大丈夫当如此也

高祖〔1〕常徭〔2〕咸阳，纵观〔3〕，观秦皇帝，喟然〔4〕太息〔5〕，曰："嗟乎，大丈夫当如此也。"

【题注】

选自《史记·高祖本纪》。

立志往往是从羡慕开始的。刘邦开创汉世，成就帝业是从秦始皇那里找到奋斗目标的。

【注释】

〔1〕高祖：指刘邦(前256—前195)。〔2〕徭：服徭役。〔3〕纵观：纵，放，听任。天子出行，放人令观。〔4〕喟然：叹息的样子。〔5〕太息：叹息。

【译文】

高祖曾经到咸阳服徭役，任意观览，大开眼界，看到了秦始皇的时候，非常感慨地叹息说："唉，大丈夫就应当像这样！"②

8.燕雀安知鸿鹄之志哉

陈涉〔1〕少时，尝与人佣耕，辍耕之垄上，怅恨久之，曰："苟富贵，无相忘。"佣者笑而应曰："若为佣耕，何富贵也？"陈涉太息曰："嗟乎，燕雀〔2〕安知鸿鹄〔3〕之志哉！"

【题注】

选自《史记·陈涉世家》。

有的人逆来顺受，有的人不满足于现实，悄悄地立下雄心大志。陈胜年少时就已立下鸿鹄之志，后来揭竿起义并不意外。

【注释】

〔1〕陈涉：陈胜(？—前208)，字涉。〔2〕燕雀：燕和雀，比喻微贱或器量、志向小的人。〔3〕鸿鹄：即天鹅。因飞得很高，所以常用来比喻志向远大的人。

【译文】

陈涉年轻的时候，曾经和别人一起受人雇佣耕种田地，他停下手中的耕作走到田垄上，

---

① 杨燕起注译：《史记全译》第一册，贵州人民出版社2001年版，第344页。以下引用该书只注明作者、书名、册数和页码。

② 杨燕起注译：《史记全译》第一册，第409页。

惆怅恼恨了很长时间，对别人说："假若有谁富贵了，不要互相忘记了。"受雇佣的其他人笑着和应他说："你是一个受人雇佣耕田的人，哪里能富贵呢？"陈涉出声长叹说："唉！燕雀一类的小鸟哪里能了解在高空中飞翔的大雁、天鹅等大鸟的志向呢！"①

9.有志者事竟成

帝〔1〕谓弇〔2〕曰："昔韩信〔3〕破历下〔4〕以开基，今将军攻祝阿〔5〕以发迹，此皆齐之西界，功足相方。而韩信袭击已降，将军独拔勍敌〔6〕，其功乃难于信也。又田横〔7〕亨〔8〕郦生〔9〕，及田横降，高帝〔10〕诏卫尉〔11〕不听为仇。张步〔12〕前亦杀伏隆〔13〕，若步来归命，吾当诏大司徒释其怨，又事尤相类也。将军前在南阳建此大策，当以为落落难合〔14〕，有志者事竟成也！"

【题注】

选自《后汉书·耿弇传》。

《后汉书·耿弇传》，在中华书局1965年版中在卷十九；在许嘉璐主编《二十四史全译·后汉书》中在卷四十九。

【注释】

〔1〕帝：刘秀（前6—57），东汉开国皇帝，谥光武。〔2〕弇（yǎn）：耿弇（3—58），字伯昭，东汉开国名将。〔3〕韩信：约前231—前196，西汉开国功臣，与萧何、张良并列为汉初三杰。〔4〕历下：济南旧称。〔5〕祝阿（zhù ē）：古地名。〔6〕勍（qíng）敌：强敌。〔7〕田横：？—前202，齐王田氏的后裔，秦末起义首领。〔8〕亨：同"烹"。〔9〕郦生：指郦食其（yì jī），？—前203年。〔10〕高帝：刘邦。〔11〕卫尉：官名，始于秦，为九卿之一，此指郦食其之弟郦商。〔12〕张步：？—32，字文公，起义首领。〔13〕伏隆：？—27，字伯文，东汉官员。〔14〕落落难合：形容事情邈远，很难实现。

【译文】

光武帝对耿弇说："从前韩信攻破历下开创基业，如今将军攻下祝阿立功扬名，这都是齐地的西部，功劳足以和他相比。但韩信袭击的是已经投降的敌人，将军独自攻克强敌，这项功劳比韩信难。另外田横煮郦生，等田横投降，高帝诏命卫尉不许和田横结仇。张步以前也杀伏隆，如果张步前来投降，我也要下令大司徒消除他的仇恨，这又是特别相类似的事情。将军先前在南阳定下这个大计，我曾认为这个计策草率难成，有志者事竟成！"②

---

① 杨燕起注译：《史记全译》第五册，第2238页。

② 许嘉璐主编：《二十四史全译·后汉书》第一册，汉语大词典出版社2004年版，第588页。以下引用该书只注明作者、书名、册数和页码。

10.志当存高远

夫志当存高远，慕先贤，绝情欲，弃疑滞[1]，使庶几[2]之志，揭然有所存，恻然有所感；忍屈伸，去细碎，广咨问，除嫌吝，虽有淹留[3]，何损于美趣，何患于不济[4]。若志不强毅，意不慷慨，徒碌碌滞于俗，默默束于情，永窜伏于凡庸，不免于下流[5]矣！

【题注】

选自《诸葛亮文集全译·诫外生书》。

诸葛亮（181—234），字孔明，三国时期蜀汉丞相，山东省沂南县人。三国归晋之后，陈寿将诸葛亮的文章、兵书、奏折编辑成《诸葛亮集》，又称《诸葛氏集》。目前出版有《诸葛亮集》（中华书局1960年版）、《诸葛亮文集全译》（贵州人民出版社1997年版）、《诸葛亮集校注》（天津古籍出版社2008年版）。

【注释】

〔1〕滞：拘泥，不变通。〔2〕庶几：贤人。〔3〕淹留：停留，这里是暂时得不到官做的意思。〔4〕济：成功。〔5〕下流：地位低微，这里指没有出息。

【译文】

志向应当要高尚远大，要仰慕前代贤人，断绝私情邪欲，不要多疑固执，使圣贤的志向，在自己身上明显地有所体现，恳切地有所感觉；要能屈能伸，摆脱琐碎事务，广泛向人求教，消除埋怨、悔恨的情绪，即使暂时不得官做，又何损于自己高尚的情趣，何患于事业不会成功。如果志向不坚定，意气不慷慨，只是碌碌无为地陷身于世俗，默默无闻地束缚于私情，就会永远埋没于平庸，不可避免地没有出息！①

11.圣希天，贤希圣，士希贤

圣希[1]天，贤希圣，士希贤。伊尹[2]、颜渊[3]，大贤也。伊尹耻其君不为尧舜，一夫不得其所，若挞于市。颜渊“不迁怒，不贰过”[4]，“三月不违仁”[5]。志伊尹之所志，学颜子之所学，过则圣，及则贤，不及则亦不失于令名[6]。

【题注】

选自《周子通书·志学第十》②。朱熹（1130—1200）、吕祖谦（1137—1181）编著的《近思录》卷二“为学”部分，收录此文为第一条。

周敦颐（1017—1073），字茂叔，号濂溪，宋代道州营道（今湖南省零陵县）人。原名敦实，避宋英宗旧讳，改名。他以儒家学说为基础，融合道学，间杂佛学，提出“无极而太

① 方家常注译：《诸葛亮文集全译》，贵州人民出版社1997年版，第118页。

② （宋）周敦颐著：《周敦颐集》，中华书局2009年版，第22～23页。以下引用该书只注明作者、书名、册数和页码。

极”的宇宙生成论，主要著作有《太极图说》《通书》，后人编成《周子全书》，中华书局有《周敦颐集》。

【注释】

〔1〕希：仰慕、效法。〔2〕伊尹：殷商时候的贤臣，辅佐商汤建立商朝。〔3〕颜渊：孔子最称道的弟子。〔4〕语出《论语·雍也》：哀公问：“弟子孰为好学？”孔子对曰：“有颜回者好学，不迁怒，不贰过。不幸短命死矣，今也则亡，未闻好学者也。”〔5〕语出《论语·雍也》：子曰：“回也，其心三月不违仁，其余则日月至焉而已矣。”〔6〕令名：指好的名声。

【译文】

圣贤效法天道，贤人效法圣人，读书人则效法贤人。伊尹、颜渊是伟大的贤人。伊尹辅佐商汤，认为没有使得他的国君像尧舜一般圣明，就是自己未善尽责任的耻辱。国家之中有任何一个人没有得到应得的照顾，就像他自己在众人之中被鞭打一般耻辱。颜渊凡事不迁怒于他人，凡有过错绝不再犯，三月之中毫不违背仁的精神。我们学者应该立下像伊尹一样勇于负荷大任的志愿，效法像颜渊一样高尚的品学。以此为目标，若能超过他们，就是圣人；能够达到他们的境界，就是贤人；就是及不上，也不失为一个有美德声望的人。①

12.生当作人杰

生当作人杰〔1〕，死亦为鬼雄〔2〕，至今思项羽〔3〕，不肯过江东〔4〕。

【题注】

本文为李清照《夏日绝句》。

李清照（1084—1155），号易安居士，齐州章丘（今山东省济南市章丘区）人。宋代女词人，婉约词派代表，有“千古第一才女”之称。中华书局有《李清照集校注》，上海古籍出版社有《李清照集笺注》（修订本）。

【注释】

〔1〕人杰：人中的豪杰。汉高祖刘邦曾称赞开国功臣张良、萧何、韩信是“人杰”。〔2〕鬼雄：鬼中的英雄。屈原《国殇》：“身既死兮神以灵，子魂魄兮为鬼雄。”〔3〕项羽：秦末时自立为西楚霸王，与刘邦争夺天下，在垓下之战中，兵败自杀。〔4〕江东：项羽当初随叔父项梁起兵的地方。

【译文】

生时应当做人中豪杰，死后也要做鬼中英雄。到今天人们还在怀念项羽，因为他不肯

① 古清美注译：《近思录今注今译》《大学问今注今译》，台湾商务印书馆股份有限公司2000年版，第45～46页。

苟且偷生退回江东。

13.志在千里

神龟〔1〕虽寿，犹有竟〔2〕时。螣蛇〔3〕乘雾，终为土灰。老骥〔4〕伏枥〔5〕，志在千里；烈士〔6〕暮年，壮心不已。盈缩〔7〕之期，不但在天；养怡〔8〕之福，可得永年。幸甚至哉，歌以咏志。

【题注】

本文为曹操《步出夏门行》的末章《龟虽寿》①。

曹操（155—220），字孟德，沛国谯县（今安徽亳州）人，东汉末年杰出的政治家、军事家、文学家。在该诗中，曹操自比一匹上了年纪的千里马，虽然形老体衰，屈居临下，但胸中仍然激荡着驰骋千里的豪情。他说，有志干一番事业的人，虽然到了晚年，但一颗勃勃雄心永不会消沉，对宏伟理想追求永不会停息！据《世说新语·豪爽》记载：东晋时代重兵在握的大将军王敦，每酒后辄咏曹操“老骥伏枥，志在千里。烈士暮年，壮心不已。”以如意击打唾壶为节，壶口尽缺。②

【注释】

〔1〕神龟：龟之通灵者。〔2〕竟：终。〔3〕螣蛇：又作“腾蛇”，是传说中的神物，和龙同类，能腾云驾雾。〔4〕骥：良马，千里马。〔5〕枥：马槽，养马的地方。〔6〕烈士：有远大抱负的人。〔7〕盈缩：指进退、升降、成败、祸福等。〔8〕养怡：犹养和。

【译文】

神龟的寿命虽然十分长久，但也还有生命终结的时候。螣蛇尽管能乘雾飞行，终究也会死亡化为土灰。年老的千里马躺在马棚里，它的雄心壮志仍然是一日驰骋千里。有远大抱负的人士到了晚年，奋发思进的雄心不会止息。人的寿命长短，不只是由上天所决定的，只要自己调养好身心，也可以益寿延年。我非常高兴，要用这首诗歌来表达自己内心的感受。

14.究天人之际，通古今之变，成一家之言

古者富贵而名摩〔1〕灭，不可胜记，唯倜傥〔2〕非常之人称焉。盖西伯〔3〕拘而演《周易》；仲尼厄而作《春秋》；屈原放逐，乃赋《离骚》；左丘失明，厥有《国语》；孙子膑脚，《兵法》修列；不韦迁蜀，世传《吕览》；韩非囚秦，《说难》《孤愤》；《诗》三百篇，此皆圣贤发愤之所为作也。此人皆意有所郁结，不得通其道，故述往事，思来者。及如左丘明无目，孙子断足，终不可用，退论书策以舒其愤，思垂空文以自见。仆窃不逊，近自托于

---

① 余冠英选注：《汉魏六朝诗选》，人民文学出版社1978年版，第98页。

② 徐震堮著：《世说新语校笺》上册，中华书局1984年版，第326页。

无能之辞，网罗天下放佚旧闻，考之行事，稽其成败兴坏之理，凡百三十篇，亦欲以究天人之际，通古今之变，成一家之言。草创未就，适会此祸，惜其不成，是以就极刑而无愠色。仆诚已著此书，藏之名山，传之其人通邑大都，则仆偿前辱之责，虽万被戮，岂有悔哉！然此可为智者道，难为俗人言也。

【题注】

选自《汉书·司马迁传》。

奇迹是在厄运中出现的。司马迁因替李陵败降之事辩解而受宫刑。奇耻大辱之下，司马迁没有倒下，反而完成了流芳千古的《史记》，被鲁迅先生誉为“史家之绝唱，无韵之《离骚》”。

【注释】

〔1〕摩：通“磨”。〔2〕倜傥（tì tǎng）：卓异，不同寻常。〔3〕西伯：周文王。

【译文】

古代有许多身为富贵而声名湮没无闻的人，多得无法统计，只有卓越非凡的人物才流芳后世。周文王被囚于羑里，推演出《周易》；孔子受困穷，著述《春秋》；屈原被放逐，写出《离骚》；左丘明双目失明，写出《国语》；孙子受膑刑，论著《兵法》；吕不韦被放逐蜀，其《吕览》流传于后世；韩非在秦国被捕入狱，写出《说难》《孤愤》。《诗》三百篇，大都是圣贤抒发愤懑的作品。这些人都是因为心里有所郁结，理想又得不到实现，所以才论述往事，以寄希望于未来的人。就像左丘明双目失明，孙子被废去双足，终生再也不能为世所用了，于是引退著书，以抒发内心的愤懑，期望文章能流传后世，使自己的心意得到表白。近年来，我自不量力，也把自己的思想表现在浅薄的文章中，搜罗天下散失的遗闻旧事，考核历史事实，研究事业成败的原因，探索朝代兴衰的道理，共一百三十篇，也想用它来反映自然和社会的关系，通晓从古到今的变化，形成一家学说。初稿还没有完成，恰逢这场灾祸。我痛惜全书没有完成，因此遭受极刑而没有怨恨的表现。我果真完成了这部书的写作，把它收藏在名山之中，传给通都大邑中志同道合的人，这样就可以偿还以前我所遭受耻辱的债了，即使万一被杀，我也绝不后悔！然而这些只能对有学识的人讲，很难对浅薄的俗人诉说。①

15. 生于忧患，死于安乐

孟子曰：“舜发于畎〔1〕亩之中，傅说〔2〕举于版筑〔3〕之间，胶鬲〔4〕举于鱼盐之中，管夷吾〔5〕举于士〔6〕，孙叔敖〔7〕举于海，百里奚〔8〕举于市。故天将降大任于是人也，必先苦其心志，劳其筋骨，饿其体肤，空乏其身，行拂乱其所为，所以动心忍性，曾〔9〕益其所不能。人恒过，然后能改；困于心，衡〔10〕于虑，而后作；征于色，发于声，而后喻。入则无

① 许嘉璐主编：《二十四史全译·汉书》第二册，第1298～1299页。

法家拂士，出则无敌国外患者，国恒亡。然后知生于忧患而死于安乐也。”

【题注】

选自《孟子·告子下》。

祸福相因。有人把“久旱逢甘霖，他乡遇故知，洞房花烛夜，金榜题名时”称为“人生四大不幸”是有道理的。古今中外有成就的人，其年少之时多忧患。所以有人说，少年得志，成名太早，不一定是好事。

【注释】

〔1〕畎(quǎn)：田地中间的沟。〔2〕傅说(yuè)：殷商王武丁的至高权臣。〔3〕版筑：古人筑墙，用两版相夹，实土于其中，以杵筑之。〔4〕胶鬲(gé)：纣王之臣。〔5〕管夷吾：管子(前725—前645)，名夷吾，字仲。〔6〕士：主刑狱之官。〔7〕孙叔敖：曾任楚国令尹(宰相)。〔8〕百里奚(约前725—前621)：姓百里，名奚，字子明，秦穆公时贤臣，著名的政治家、思想家，又称“五羖大夫”，是秦穆公用五张黑羊皮从市井之中换回的一代名相。〔9〕曾：通“增”。〔10〕衡：通“横”，阻塞不通。

【译文】

孟子说：“舜在田野之中兴起，傅说从筑墙的劳役中被提拔出来，胶鬲从鱼盐贩子中被提拔出来，管夷吾从狱官手中被提拔出来，孙叔敖从海边被提拔出来，百里奚从市场中被提拔出来。所以，天准备把重大的任务交付给这个人，一定要先折磨他的心志，劳累他的筋骨，穷尽他的体力，使他的所作所为都不能如意，这样就可以震撼他的心思，坚忍他的性格，由此增加他所缺少的才干。人们总是犯了过错，才有机会改正；心意受限制，思虑受阻碍，才会发奋振作；表现在脸色上，发抒在言语中，才会被人了解。一个国家，在内没有遵守法度的大臣与辅佐君主的士人，在外没有敌对的国家与外患的威胁，那就迟早会灭亡。然后就可以明白忧患中能获得生存，安乐会导致灭亡的道理了。”①

二、贵生

人是自然界中现实的生命体，人类一切活动的前提和基础是生命的存在，也就是说，首先要保有生命，才能从事其他的活动。所以，珍爱生命是我们志于道和坚持追求真理的前提和物质基础。在传统文化中，古代思想家们也提出应该爱护、尊重生命，这种思想主要体现在“贵生”思想中。

“贵生”，系《吕氏春秋·仲春纪》中的一篇，阐述了养生、节欲、生死及义与不义等伦理思想。该篇认为生命是最为宝贵的，“圣人深虑天下，莫贵于生”(《吕氏春秋·仲春纪》)，即使对于为君做官这样人人都想获得的东西也不如生命重要，主张把尊重、保养生命放在第一位。为了保养生命，必须有所节制，有所节制，才能使“六欲皆得其宜”(《吕氏春秋·本

---

① 傅佩荣译解：《孟子》，第231页。

生》)，出车入辇，肥肉厚酒，靡曼皓齿，是“伐性之斧”(《吕氏春秋·本生》)。“贵生”思想主张“欲有性，情有节”(《吕氏春秋·情欲》)，反对“今世俗之君子危身弃生以殉物”，认为生命贵于耳目口鼻之欲，满足生理欲望应以不伤害生命为前提；不得违反生命之性任意妄为，不能像那些世俗君子用损害身体、舍弃生命的手段去追求外物，追求富贵。

这种对生命的尊重和珍视在生活节奏快速而紧张的今天具有重要的意义。随着现代社会生活节奏的加快，人们所承受的压力也越来越大。在各种压力之下，人们的生理和心理上往往会出现很多问题，人们经常忽视自己的身体，或者为了物欲的追求而伤害、透支自己的生命，在心理上也出现了越来越多的问题，自杀现象逐年增加。传统文化中的贵生思想对于现代社会中的人们具有启发意义和重要的帮助作用。

在中国传统文化中，不仅对于人的自然生命和健康十分关注，提倡爱生重生贵生，同时对人的道德生命也有着强烈的渴望。也就是认为人的生命是最宝贵的，人要珍惜生命，热爱生活，过好生活，让生命变得圆满美好，在此基础之上更进一步，重视生命的社会价值，注重精神生命的永恒和完满，认为人对生命的珍视，不仅在于保全生命，更在于生命价值意义的实现，为了价值意义上的生命的完满，可以牺牲生理意义上的生命。“贵生”是对自然生命的尊重和爱护，更是对精神生命的追求。而精神生命正是“道”的体现。

贵生是立志修身的基础，也是一种境界。从自然生命角度来讲，贵生首先指的是对生命的尊重和爱护，只有保全自然生命，才能有精神的存在。陶弘景说：“夫禀气含灵，惟人为贵。人所贵者，盖贵为生。生者，神之本，形者，神之具”。(《养性延命录序》)这种“贵生”思想认为对于人来讲“生最贵”，以此来劝诫人们要关注生命，关爱生命，尊重生命，珍爱生命，珍视人生。生命形体是精神的载体，没有物质生命，失去了其所依赖的载体和物质基础，就没有精神的存在，为学修身更无从谈起。“贵生”思想除了有对生命的尊重和关爱之外，还深入到社会精神生命层面，从物质生命之生，到精神性命之生。从精神生命来讲，贵生就是注重通过修身养性来实现人生价值；另一方面，生生之德也是儒家所追求和效仿的，贵生也就是以天地生生之大德、仁爱之德为贵。

1.人之寿夭各不同

黄帝[1]曰：人之寿夭各不同，或夭或寿，或卒死，或病久，愿闻其道。岐伯曰：五脏坚固，血脉和调。肌肉解利[2]，皮肤致密。营卫之行，不失其常。呼吸微徐，气以度行。六腑化谷，津液布扬。各如其常，故能长久。

黄帝曰：人之寿百岁而死，何以致之？岐伯曰：使道[3]隧以长，基墙高以方。通调营卫，三部三里起。骨高肉满，百岁乃得终。

黄帝曰：其气之盛衰，以至其死，可得闻乎？岐伯曰：人生十岁，五脏始定，血气已通，其气在下，故好走[4]。二十岁，血气始盛，肌肉方长，故好趋[5]。三十岁，五脏大定，肌肉坚固，血脉盛满，故好步[6]。四十岁，五脏六腑十二经脉，皆大盛以平定。腠理始疏，荣华颓落，发颇斑白，平盛不摇，故好坐。五十岁，肝气始衰，肝叶始薄，胆汁始减，目始不明。六十岁，心气始衰，苦忧悲，血气懈惰，故好卧。七十岁，脾气虚，皮肤枯。八十岁，肺气衰，魄离，故言善误。九十岁，肾气焦，四脏经脉空虚。百岁，五脏皆虚，神气皆去，形骸独居而终矣。

黄帝曰：其不能终寿而死者，何如？岐伯曰：其五脏皆不坚，使道不长。空外以张，喘息暴疾。又卑基墙，薄脉少血，其肉不石。数中风寒，血气虚，脉不通。真邪相攻，乱而相引。故中寿而尽也。

【题注】

选自《黄帝内经·灵枢·天年》。

《黄帝内经》成书于大约2000年前的秦汉时期，是中国最早的医学典籍，也是中国影响最大的一部医学著作，与《难经》《伤寒杂病论》《神农本草经》合称中国传统医学“四大经典”。《黄帝内经》包括《素问》81篇和《灵枢》81篇。《素问》偏重人体生理、病理、疾病治疗原则原理，以及人与自然等基本理论。《灵枢》则偏重于人体解剖、脏腑经络、腧穴针灸等等。中国古代最著名的大医家张仲景（约150—约219）、华佗（145—208）、孙思邈（581—682）、李时珍（1518—1593）等无不刻苦研读《黄帝内经》，并深受其思想的熏陶和影响，终成一代名医。中华书局“中华经典名著全本全注全译丛书”有姚春鹏《黄帝内经译注》（上、下册）。

人生苦短。一个人较早了解从出生到百岁整个生命过程中生理上、体态上、性格上的变化，对于摄生防病、珍惜生命是有重要意义的。

【注释】

〔1〕黄帝：有熊国君少典之子，姓公孙，因生于轩辕之丘，故又称轩辕黄帝，为远古时代华夏民族的共主，被尊为中华“人文初祖”。〔2〕肌肉解利：肌肉之间气行滑顺通利而没有滞涩的现象。解，气行之道开放。〔3〕使道：指人中沟。〔4〕走：跑跳。〔5〕趋：快走。〔6〕步：行走。

【译文】

黄帝说：人的年岁长短各不相同，有的命短，有的寿长，有的突然死亡，有的患病日久，希望听到其中的道理。岐伯说：五脏形质坚固，血脉和顺协调。肌肉滑润，皮肤细密。营卫之气的运行，不背离常规。呼吸徐缓，经气循度而行。六腑消化谷物，津液布散周身。以上各方面，都能正常活动，寿命就能长久。

黄帝问：人怎样才能活到百岁而死呢？岐伯说：长寿者的人中沟深而长，鼻的部位高大方正。营卫循行畅通无阻，面部的三停高起而不平陷，骨骼高起，肌肉丰满，这种健壮的形体，是能活到百岁的象征。

黄帝问：人的体气盛衰，从幼年直到死亡，可以听听吗？岐伯说：人生到十岁，五脏才开始健全，血气已经通畅，这时他的经气还在下肢，所以喜跑。到了二十岁，血气开始旺盛，肌肉正在发达，所以喜快走。到了三十岁，五脏完全健全，肌肉坚固，血脉盛满，所以喜欢缓行。到了四十岁，五脏六腑和十二经脉已发育很好，并且稳定。腠理开始稀疏，面部华色开始衰落，发鬓斑白，经气平定盛满至极，精力已不十分充足，所以好坐。到了五十，肝气开始衰退，肝叶薄弱，胆汁逐渐减少，眼睛开始有不明的感觉。到了六十岁，心气开始衰退，经常有忧虑悲伤之苦，血气运行缓慢，所以喜欢躺卧。到了七十岁，脾气虚弱，皮肤干枯。到了八十岁，肺气衰退，魂魄离散，所以言语常常错误。到了九十岁，肾气焦竭，肝、心、脾、肺四脏和经脉都空虚了。到了百岁，五脏就都空了，神气也都没有了，这时就仅留下形体而死亡了。

黄帝问：有人不能享尽天年就死了，是为什么？岐伯说：那是五脏都不坚实，人中不长。鼻孔向外张开，呼吸急速。鼻梁骨低，脉小血少，肌肉不坚实。屡受风寒，血气虚弱，经脉不通。正邪相攻，体内血气失常，引邪深入。所以中年就会死。①

2.随侯之珠莫弹千仞之雀

圣人深虑天下，莫贵于生。夫耳目鼻口，生之役也。耳虽欲声，目虽欲色，鼻虽欲芬香，口虽欲滋味，害于生则止。在四官〔1〕者不欲，利于生者则弗为。由此观之，耳目鼻口，不得擅行，必有所制。譬之若官职，不得擅为，必有所制。此贵生之术也。

尧以天下让于子州支父〔2〕。子州支父对曰："以我为天子犹可也。虽然，我适有幽忧之病，方将治之，未暇在天下也。"天下，重物也，而不以害其生，又况于它物乎？惟不以天下害其生者也，可以托天下。

越人三世杀其君，王子搜〔3〕患之，逃乎丹穴〔4〕。越国无君，求王子搜而不得，从之丹穴。王子搜不肯出，越人薰之以艾，乘之以王舆。王子搜援绥登车，仰天而呼曰："君乎，独不可以舍我乎！"王子搜非恶为君也，恶为君之患也。若王子搜者，可谓不以国伤其生矣，此固越人之所欲得而为君也。

鲁君〔5〕闻颜阖得道之人也，使人以币先焉。颜阖守闾，鹿布之衣，而自饭牛。鲁君之使者至，颜阖自对之。使者曰："此颜阖之家邪？"颜阖对曰："此阖之家也。"使者致币，颜阖对曰："恐听缪而遗使者罪，不若审之。"使者还反审之，复来求之，则不得已。故若颜阖者，非恶富贵也，由重生恶之也。世之人主，多以富贵骄得道之人，其不相知，岂不悲哉！

故曰：道之真，以持身；其绪余〔6〕，以为国家；其土苴〔7〕，以治天下。由此观之，帝王之功，圣人之余事也，非所以完身养生之道也。今世俗之君子，危身弃生以徇物，彼且奚以此之也？彼且奚以此为也？

凡圣人之动作也，必察其所以之与其所以为。今有人于此，以随侯之珠弹千仞之雀，世必笑之，是何也？所用重，所要轻也。夫生，岂特随侯珠之重也哉！

---

① 姚春鹏译注：《黄帝内经》，中华书局2010年版，第285～287页。以下引用该书只注明作者、书名、册数和页码。

【题注】

选自《吕氏春秋》，为《仲春纪》之《贵生》篇。

《吕氏春秋》，又名《吕览》，是吕不韦召集门下宾客集体编纂而成的一部书。全书分为“十二纪”“八览”“六论”三个部分，共一百六十篇，取儒、道、名、法、墨、兵、农、阴阳等诸家之说，内容涵盖政治、经济、军事、农业、外交、伦理、道德、修身等各个方面，同时涉及天文、历法、地理、乐律、术数等等，是一本体系庞大而复杂的学术著作，可谓先秦诸子百家的自然知识、社会知识、实践经验以及各种文化观念、哲学思想的提取和浓缩。《汉书·艺文志》将《吕氏春秋》列入“杂家”类。《吕氏春秋》写成后，相传吕不韦曾布之于咸阳门，有能增损一字者赏千金，时人无能动一字者。

最早为《吕氏春秋》作注的是东汉的高诱，近代以许维遹的《吕氏春秋集释》(中华书局2009年版)最有影响，另有陈奇猷的《吕氏春秋校释》(学林出版社1984年版)，陆玖译注的《吕氏春秋》(中华书局2011年版)等。

【注释】

〔1〕四官：指耳、目、鼻、口四官。〔2〕子州支父：古贤人。〔3〕王子搜：人名。〔4〕丹穴：采丹之井。〔5〕鲁君：鲁哀公。〔6〕绪余：犹言丝端末之余，指轻微之物。〔7〕土苴：土，瓦砾；苴，草蓟，意指轻微之物。

【译文】

圣人深思熟虑天下的事，认为没有什么比生命更宝贵。耳、目、鼻、口是受生命支配的。耳朵虽然想听乐音，眼睛虽然想看色彩，鼻子虽然想嗅芳香，嘴巴虽然想尝美味，但只要对生命有害就会被禁止。对于这四种器官来说，即使是本身不想做的，但只要有利于生命就去做。由此看来，耳、目、鼻、口不能任意独行，必须有所制约。这就像各种职官，不得独断专行，必须要有所制约一样。这就是珍重生命的方法。

尧把天下让给子州支父，子州支父回答说：“让我做天子还是可以的，虽是这样，但我现在正害着忧劳深重的病，正在治疗，没有闲暇顾及天下。”天下是最珍贵的，可是圣人不因为它而危害自己的性命，又何况其他的东西呢？只有不因天下而危害自己生命的人，才可以把天下托付给他。

越国人连续杀了他们的三代君主，王子搜对此很是忧惧，于是逃到一个山洞里。越国没有国君，找不到王子搜，一直追寻到山洞。王子搜不肯出来，越国人就用燃着的艾草把他熏了出来，让他乘坐国君的车。王子搜拉着登车的绳子上车，仰望上天呼喊道：“国君啊！国君啊！难道不可以放过我吗？”王子搜并不是厌恶做国君，而是害怕做国君招致的祸患。像王子搜这样的人，可说是不肯因国家而伤害自己生命的了。这也正是越国人一定要找他做国君的原因。

鲁国国君听说颜阖是个有道的人，想要请他出来做官，就派人带着礼物去致意。颜阖住在陋巷，穿着粗布衣裳，自己喂牛。鲁君的使者来了，颜阖亲自接待他。使者问：“这是颜阖的家吗？”颜阖回答说：“这正是我的家。”使者送上礼物，颜阖说：“我担心您把名字听错了而会给您带来处罚，不如搞清楚再说。”使者回去查问清楚了，再来找颜阖，却找不到了。像颜阖这样的人，并不是本来就厌恶富贵，而是由于看重生命才厌恶它。世上的君主，大多凭借富贵傲视有道之人，他们竟如此地不了解有道之人，难道不太可悲了吗？

所以说，道的实体用来保全身体，它的剩余用来治理国家，它的渣滓用来治理天下。由此看来，帝王的功业是圣人闲暇之余的事，并不是用以全身养生的方法。如今世俗所谓的君子危害身体舍弃生命去追求外物，他们这样做要达到什么目的呢？他们又将采用什么手段达到目的呢？

大凡圣人有所举动的时候，必定明确知道所要达到的目的和达到目的所应采用的手段。假如有这样一个人，用随侯之珠去弹射千仞高的飞鸟，世上的人肯定会嘲笑他。这是为什么呢？这是因为它所耗费的太贵重，所追求的太轻微了啊。至于生命，其价值贵重又岂止是随侯之珠所能相比的！①

3.法于阴阳，和于术数

昔在黄帝，生而神灵〔1〕，弱〔2〕而能言，幼而徇齐〔3〕，长而敦敏〔4〕，成而登天〔5〕。乃问于天师〔6〕曰：余闻上古之人，春秋皆度百岁，而动作不衰；今时之人，年半百而动作皆衰者，时世异耶？人将失之耶？

岐伯〔7〕对曰：上古之人，其知道者〔8〕，法〔9〕于阴阳〔10〕，和〔11〕于术数〔12〕，食饮有节，起居有常，不妄作劳，故能形与神俱〔13〕，而尽终其天年〔14〕，度百岁乃去。今时之人不然也，以酒为浆〔15〕，以妄为常，醉以入房，以欲竭其精，以耗散其真，不知持满，不时〔16〕御神，务快其心，逆于生乐，起居无节，故半百而衰也。夫上古圣人之教下也，皆谓之虚邪贼风〔17〕，避之有时，恬惔虚无〔18〕，真气从之，精神内守，病安从来。是以志闲而少欲，心安而不惧，形劳而不倦，气从以顺，各从其欲，皆得所愿。故美其食，任其服，乐其俗，高下不相慕，其民故曰朴。是以嗜欲不能劳其目，淫邪不能惑其心，愚智贤不肖，不惧于物，故合于道。所以能年皆度百岁而动作不衰者，以其德全不危〔19〕也。

【题注】

选自《黄帝内经·素问·上古天真论篇》。

人的自然寿命应该是120岁，但绝大多数人因为不懂养生而不能尽其天年。

【注释】

〔1〕神灵：神思灵敏，聪明之至。〔2〕弱：指幼小的时候。〔3〕徇齐：疾速。此指思维敏达，领会事物快捷。〔4〕敦敏：敦厚，勤勉。敏，在此作勉解，即勤奋努力。〔5〕登

① 陆玖译注：《吕氏春秋》上册，中华书局2011年版，第39～43页。以下引用该书只注明作者、书名、册数和页码。

天：登天子之位。〔6〕天师：对岐伯的尊称。〔7〕岐伯：历史传说中黄帝之臣，曾与黄帝论医药之事。〔8〕知道者：懂得养生之道的人。〔9〕法：取法，效法。〔10〕阴阳：此指天地自然变化的规律。〔11〕和：调和。〔12〕术数：此指养生的正确方法。〔13〕俱：偕同之意。〔14〕天年：人的自然寿命。〔15〕浆：此指米汤。〔16〕时：善。〔17〕虚邪贼风：指一切反常的气候及外在的致病因素。〔18〕恬惔虚无：心情清静安闲而没有杂念。恬，静。惔，安。虚无，无杂念和妄想。〔19〕德全不危：心中领会养性修身之道并加以实行，从而不受内外病因的危害。德，修养而有得于心。全，具备。危，危害。

【译文】

古代的轩辕黄帝，生来就异常聪明，小时候就善于言辞，很小的时候就对事物有着敏锐的洞察力，长大后敦厚朴实而又勤勉努力，到了成年就登上了天子之位。黄帝问岐伯道：我听说上古时代的人，年龄都超过了百岁，但行动没有衰老的迹象；现在的人，年龄到了五十岁，动作就显得衰老了，这是时代的不同呢，还是人们违背了养生之道的缘故呢？

岐伯回答道：上古时代的人，大都懂得养生之道，取法天地阴阳的变化规律，用保养精气的方法来调和，饮食有节制，起居有规律，不过分劳作，所以形体和精神能够协调统一，享尽自然的寿命，度过百岁才离开世间。现在的人就不同了，把浓酒当作甘泉无节制地贪饮，把任意妄为当作生活的常态，醉后还勉强行房，纵情声色，以致精气衰竭，真气耗散。不懂得保持精气的盈满，不明白节省精神，一味追求感官快乐，违背了生命的真正乐趣，起居没有规律，所以五十岁左右就衰老了。上古时期，对通晓养生之道的圣人的教诲，人们都能遵守。对于四时不正之气，能够及时回避，思想上清净安闲，无欲无求，真气深藏顺从，精神持守于内而不耗散，这样的话疾病怎么会发生呢？所以他们心志闲淑，私欲很少，心情安宁，没有恐惧，形体虽然劳动，但不过分疲倦。真气从容和顺，每个人的希望和要求都能满足。无论吃什么都觉得甜美，穿什么都觉得漂亮，喜欢社会习俗，互相之间也不羡慕地位的高低，人们日渐变得自然朴实。所以过度的嗜好不会干扰他的视听，淫乱邪说也不会惑乱他的心志。无论愚笨聪明有能力无能力的，都不追求酒色等身外之物，所以合于养生之道。因而他们都能够度过百岁而动作不衰老，这是因为他们的养生之道完备而无偏颇的缘故。①

4.形生愚智，天也；强弱寿夭，人也

《大有经》[1]曰：或疑者云：始同起于无外[2]，终受气于阴阳，载形魄于天地，资生长于食息，而有愚有智，有强有弱，有寿有夭，天耶人耶？解者曰：夫形生愚智，天也；强弱寿夭，人也。天道自然，人道自已。始而胎气充实，生而乳食有余，长而滋味不足[3]，壮而声色有节者，强而寿。始而胎气虚耗，生而乳食不足，长而滋味有余，壮而声色自放者，弱而夭。生长全足，加之导养，年未可量。

① 姚春鹏译注：《黄帝内经》，中华书局2010年版，第3～5页。

【题注】

选自南朝陶弘景《养性延命录·教戒篇》。

陶弘景（456—536），字通明，号华阳隐居、华阳真人，丹阳秣陵（今江苏南京）人。《陶弘景传》记载："国家每有吉凶征讨大事，无不前以咨询。月中常有数信，时人谓为山中宰相。"①其思想源于老庄，并受葛洪（284—364）道教影响，亦杂有儒佛观点。陶弘景善书法，尤精行书，长于医药、历算、地理，著有《本草集注》《陶隐居本草》《药总诀》等，他的《养性延命录》至今仍是重要的养生经典。

【注释】

〔1〕《大有经》：全称为《洞真太上素灵洞元大有妙经》，道教上清派早期的重要经典，被称为上清"三宝奇文"之一。〔2〕无外：没有外形。〔3〕滋味不足：饮食清淡，少肥厚油腻。

【译文】

《大有经》上说：有人疑惑地问：人开始没有什么外形，一同禀受阴阳之气，置身于天地之间，靠饮食呼吸资助生长，然而却头脑有愚有智，身体有强有弱，寿命有长有短，这是天的原因还是人的原因？明白的人说：人的形体、愚智是天生的，强弱和寿夭是人造成的。天道运行是自然而然的，而人道成就却要自己努力。开始就先天胎气充实，出生后乳汁充足，长大后饮食清淡，成年后对于声色之欲有节制，这样的人强壮而长寿；开始就先天胎气虚耗，出生后又乳汁不足，长大后又贪图厚味，成年后纵情声色，这样的人体弱而且短命。生长的各项条件都具足，再加上导引炼养，寿命不可估量。②

5.人之养身，饮食为要，故所用之水最切

人之养身，饮食为要，故所用之水最切。朕〔1〕所经历多矣。每将各地之水称其轻重，因知水最佳者，其分量甚重。若遇不得好水之处，即蒸水以取其露，烹茶饮之。泽布尊旦巴胡突克图〔2〕多年以来所用，皆系水蒸之露也。

【题注】

选自清代康熙《庭训格言》。

清圣祖仁皇帝爱新觉罗·玄烨（1654—1722），清朝第四位皇帝，清定都北京后第二位皇帝，年号康熙。康熙帝8岁登基，14岁亲政，在位61年，是中国历史上在位时间最长的皇帝。康熙一生兢兢业业，修身、齐家、平天下都十分认真，可谓耗尽心血和精力。康熙治国六十年建树甚多，其创业、守成之功绩举世公认。他十分珍惜自己的事业，渴望能传之千秋万代，自信生命中的每一体会对后人都有益处，因此特别重视子孙教育。康熙身后

① （唐）李延寿撰：《南史》第六册，中华书局1975年版，第1899页。

② （南朝）陶弘景撰：《养性延命录》，（元）丘处机撰：《摄生消息论》，中华书局2011年版，第22～23页。

的儿孙们，多数能文能武，尤其在他之后的两个杰出帝王：雍正皇帝胤禛（1678—1735），功业显赫，见识超人；乾隆皇帝弘历（1711—1799），儒雅倜傥，自号“十全皇帝”。所有这些，都是受到了康熙皇帝的道德遗泽和他的《庭训格言》的影响。康熙死后，四子胤禛继位，年号雍正。《庭训格言》乃雍正八年（1730）胤禛追述其父在日常生活中对诸皇子的训诫而成，共246条，包括读书、修身、为政、待人、敬老、尽孝、驭下以及日常生活中的细微琐事。因为他是给他的儿子们讲的，所以很具体、生动而真实，没有什么虚饰。

【注释】

〔1〕朕（zhèn）：我，我的。秦始皇时起专用作皇帝自称。〔2〕泽布尊旦巴胡突克图：胡突克图是中国蒙古地区对藏传佛教中活佛的称呼，意思是化身。胡突克图又分为两大系统，漠北蒙古以泽布尊旦巴为首，漠南蒙古以章嘉胡突克图为首。

【译文】

养生之道，饮食很重要，喝什么水最关键。我经历过很多。常常把各地的水取来，称一称它们的轻重，因此知道最好的水比重也最大。如果没有好水的地方，就用水蒸馏，用蒸馏水煮茶喝。泽布尊旦巴胡突克图多年来所喝的水，都是蒸馏水。①

6.食不厌精，脍不厌细

食不厌精，脍〔1〕不厌细。食饐〔2〕而餲〔3〕，鱼馁〔4〕而肉败〔5〕，不食。色恶，不食。臭恶，不食。失饪，不食。不时〔6〕，不食。割不正〔7〕，不食。不得其酱，不食。肉虽多，不使胜食气〔8〕。惟酒无量，不及乱。沽酒市脯〔9〕不食。不撤姜食，不多食。

【题注】

选自《论语·乡党》。

坐有坐相，睡有睡相，吃有吃相。孔子对饮食很有讲究，在今天仍有参考价值。

【注释】

〔1〕脍（kuài）：细切的肉。〔2〕饐（yì）：（食物）腐败发臭。〔3〕餲（ài）：（食物）经久而变味。〔4〕馁（něi）：鱼腐烂。〔5〕败：肉腐烂。〔6〕不时：有两说：①过早的食物。《汉书·召信臣传》：“太官园种冬生葱韭菜茹，覆以屋庑，昼夜燃蕴火，待温气乃生，信臣以为此皆不时之物，有伤于人，不宜以奉供养。”②②不是三顿正餐的时间。〔7〕割不正：“割”和“切”不同。“割”指宰杀猪牛羊时肢体的分解。古人有一定的分解方法，不按规定方法分解的，便叫“割不正”。〔8〕不使胜食（sì）气：不使食肉多过饭的分量。〔9〕脯（fǔ）：肉干。

【译文】

粮食不嫌舂得精，鱼和肉不嫌切得细。粮食霉烂发臭，鱼和肉腐烂，都不吃。食物颜

① （唐）李世民著：《帝范》，（清）爱新觉罗·玄烨著：《庭训格言》，安徽师范大学出版社2016年版，第206页。

② （汉）班固：《汉书》第十一册，中华书局1962年版，第3642～3643页。

色难看，不吃。气味难闻，不吃。烹调不当，不吃。不到该当吃食的时候，不吃。不是按一定方法砍割的肉，不吃。没有一定调味的酱醋，不吃。席上肉虽然多，吃它不超过主食。只有酒不限量，却不至醉。买来的酒和肉干，不吃。吃完了，姜不撤除，但吃得不多。①

7.饮食箴

人身之贵，父母遗体，为口伤身，滔滔皆是。人有此身，饥渴洊[1]兴，乃作饮食，以遂其生。睠[2]彼昧者，因纵口味，五味之过，疾病蜂起。疾病生也，其机甚微，馋涎所牵，忽而不思。病之成也，饮食俱废，忧贻父母，医祷百计。山野贫贱，淡薄是谙，动作不衰，其身亦安。均气同体，我独多病。悔悟一萌，尘开镜净。曰“节饮食”[3]，《易》之象辞。养小失大[4]，孟子所讥。口能致病，亦败尔德。守口如瓶，服之无斁[5]。②

【题注】

选自元代朱震亨《格致余论》。

朱震亨（1281—1358），字彦修，婺州义乌（今浙江义乌市）人。人称丹溪翁，又称为朱丹溪，是金元四大医家（朱震亨、刘完素、张从正、李东垣）之一。朱震亨接受金元诸家之说，结合个人见解和临床所得，加以发挥，提出人身之中“阳常有余，阴常不足”的观点，被后世称为“滋阴派”的创始人。《格致余论》是朱震亨医学论文集，全书1卷，共收医论42篇，涉及内容相当广泛，《饮食箴》是其中一篇。

【注释】

〔1〕洊（jiàn）：古同“荐”，再，屡次，接连。〔2〕睠（juàn）：同“眷”，顾念，爱恋。〔3〕节饮食：语出《周易·颐·大象传》：“山下有雷，颐。君子以慎言语，节饮食。”〔4〕养小失大：语出《孟子·告子上》：“饮食之人，则人贱之矣，为其养小以失大也。”③〔5〕斁（yì）：厌倦，懈怠。

【译文】

人最宝贵的东西，是父母给的躯体，可是因为贪口而伤害身体的人，真是太普遍了。人有了这副身躯，饥饿口渴的问题就随之而生了，于是人们制作出饮食，用来满足生命的需要。而看那些糊涂人，因之就贪纵口味，又由于五味太过，疾病就会大量产生。病刚得的时候，它的先兆是很微细的，那些令人流口水的食物，迅速地不想了。一旦病患形成，就不吃不喝，这样给父母带来了忧愁，求医拜佛，用尽了各种办法。山乡荒村贫穷之人，只熟悉淡味薄食，而且常活动劳作，身体不易衰弱，也就平安无事。同胞兄弟同是父母所给的身体，但因我纵口贪味，独偏偏多病。悔悟之习一旦萌起，心里就像镜子擦去灰尘，

① 杨伯峻：《论语译注》，中华书局2009年版，第102页。以下引用该书只注明作者、书名、册数和页码。

② （元）朱震亨撰：《格致余论》，人民卫生出版社2005年版，第1页。

③ 傅佩荣译解：《孟子》，第206页。

清净明亮起来。要节制饮食，这是《易经》中《象》辞上讲的。养小失大，那是孟子所嘲笑的事情。贪口纵味既会招致病患，亦能败坏德性，因此要谨防馋口贪味，且常服食淡味薄食而不厌弃。

8.小大乱丧，亦罔非酒

目之所好，不可从也；耳之所乐，不可顺也；鼻之所喜，不可任也；口之所嗜，不可随也；心之所欲，不可恣也。故惑目者，必逸容[1]鲜藻[2]也；惑耳者，必妍音淫声[3]也；惑鼻者，必茝蕙[4]芬馥也；惑口者，必珍羞嘉旨也；惑心者，必势利功名也。五者毕惑，则或承之祸为身患者，不亦信哉！是以智者严檃括[5]于性理，不肆神以逐物，检之以恬愉，增之以长算。其抑情也，剧乎堤防之备决；其御性也，过乎腐辔[6]之乘奔。故能内保永年、外免衅累[7]也。盖饥寒难堪者也，而清节者不纳不义之谷帛焉；困贱难居者也，而高尚者不处危乱之荣贵焉。盖计得则能忍之心全矣，道胜则害性之事弃矣。夫酒醴[8]之近味[9]，生病之毒物，无毫分之细益，有丘山之巨损。君子以之败德，小人以之速罪，耽之[10]惑之，鲜不及祸。世之士人，亦知其然，既莫能绝，又不肯节，纵心口之近欲，轻召灾之根源，似热渴之恣冷，虽适己而身危也。小大乱丧，亦罔[11]非酒。

【题注】

选自东晋葛洪《抱朴子外篇·酒诫卷》。

葛洪（284—364），字稚川，自号抱朴子，晋丹阳郡句容（今江苏句容县）人，三国方士葛玄（164—244）之侄孙，世称小仙翁。据《葛洪传》记载，葛洪一生著述颇丰，主要有《抱朴子内外篇》《金匮药方》《神仙传》《肘后要急方》《西京杂记》等。然其最具影响的当数《抱朴子内外篇》了。在其《自序》中说："世儒徒知服膺周孔，莫信神仙之书，不但大而笑之，又将谤毁真正。故予所著《子》，言黄白之事，名曰《内篇》；其余驳难、通释，名曰《外篇》。大凡《内》《外》凡一百一十六篇。虽不足藏之名山，且欲缄之金匮，以示识者。"①

【注释】

〔1〕逸容：超众的美丽面容。〔2〕鲜藻：鲜艳的花纹。藻，文采。〔3〕妍（yán）音淫声：动听的靡靡之音。妍，美好，动听。〔4〕茝蕙（chǎi huì）：两种芳草名。〔5〕檃（yǐn）括：用来矫正曲木的工具。这里用作动词，指矫正。〔6〕腐辔（pèi）：腐朽的缰绳。辔，马缰绳。〔7〕衅（xìn）累：因争端而引起的灾难。衅，争端。〔8〕醴（lǐ）：甜酒，这里泛指酒。〔9〕近味：能够马上带来享受的美味。〔10〕耽（dān）之：沉溺于酒。耽，沉溺。〔11〕罔：无。

【译文】

眼睛所喜欢看到的，不可以随顺它；耳朵所乐意听到的，不可以顺从它；鼻子所喜爱

① （唐）房玄龄等撰：《晋书》第六册，中华书局1974年版，第1912页。

闻到的，不可以任随它；口中所愿意吃到的，不可以听凭它；心中所希望得到的，不可以听从它。因为那些能够迷惑眼睛的，必定是超众的美貌与鲜艳的花纹；能够迷惑耳朵的，必定是动听的靡靡之音；能够迷惑鼻子的，必定是茝蕙的芬芳气味；能够迷惑嘴巴的，必定是美味佳肴；能够迷惑人心的，必定是权利功名。如果这五个方面都被迷惑了，那么也许就会遇到灾祸使自身遭殃了，这种情况不也是真实存在的吗！因此聪明的人会严格地矫正自己的情绪和理智，不会放纵自己的情欲去追逐名利富贵，会用恬静愉悦的心情来约束自己的思想，会用长远的打算以提高自己的品德。他们抑制自己的情欲，超过了防止堤坝的决口；他们控制自己的性情，小心地超过了用腐朽的缰绳去驾驭奔马。因此他们能够内保长寿，外免祸患。饥饿寒冷是难以忍受的，然而那些具有高洁情操的人不会去接受不合道义的粮食布帛；贫困低贱的生活是难以忍耐的，然而那些具备高尚境界的人不会去接受能够引起危乱的富贵荣华。因为人生谋划得当的人能够保全自己那颗忍受饥寒的心，遵循正道战胜欲望的人能够抛弃那些损害心性的事物。酒这种能够马上给人带来享受的美味，却是使人产生疾病的毒药，没有一分一毫的小小益处，却会带来像高山一样巨大的损害。君子因为酒而败坏了自己的品行，小人因为酒而招致了犯罪，沉溺于酒迷乱于酒，很少有不遇到灾祸的人。世上的士人们，也都知道这一点，然而既没有人能够断绝饮酒，也没有人肯去节制饮酒，他们放纵自己的情欲和口腹去满足这一眼前的欲望，轻视这一能够招致灾祸的根源，这就好像在又热又渴的时候去恣意地痛饮凉爽的饮料一样，虽然感到舒服却伤害了自己的身体。大大小小的动乱丧亡，无不是因为饮酒而引起的。①

9.但减荤血味，聊以终天年

仲夏[1]斋戒月，三旬[2]断腥膻[3]。自觉心骨爽，行起身翩翩。始知绝粒人[4]，四体更轻便。初能脱病患，久必成神仙。御寇驭泠风[5]，赤松[6]游紫烟[7]。常疑此说谬，今乃知其然。我年过半百，气衰神不全。已垂两鬓丝，难补三丹田[8]。但减荤血味，稍结清净缘。脱巾[9]且修养，聊[10]以终天年。②

【题注】

所选为唐代白居易《仲夏斋戒月》诗。

白居易（772—846），字乐天，号香山居士，又号醉吟先生，祖籍太原，生于河南新郑。白居易与元稹（779—831）共同倡导新乐府运动，世称“元白”，与刘禹锡（772—842）并称“刘白”。白居易的诗歌题材广泛，形式多样，语言平易通俗，有“诗魔”和“诗王”之称。有《白氏长庆集》传世，代表诗作有《长恨歌》《卖炭翁》《琵琶行》等。本诗著于诗人体弱多病、心中苦闷之时，借斋月咏物抒情，表达了诗人逃避世事而享乐的思想。

---

① 张松辉、张景译注：《抱朴子外篇》上册，中华书局2013年版，第487～490页。

② 朱金城笺注：《白居易集笺校》第一册，上海古籍出版社1988年版，第445页。

【注释】

〔1〕仲夏：夏大的第二个月，包括芒种和夏至两个节气，一般在阴历五月份。〔2〕三旬：一个月有三十天，分上旬、中旬、下旬。这里指仲夏月三十天。〔3〕腥（xīng）羶（shān）：指肉食。腥，鱼或肉一类的食品。羶，同“膻”，像羊肉的气味。〔4〕绝粒人：指摒除火食、不进五谷的人，即辟谷者。〔5〕御寇驭泠（líng）风：御寇，即列御寇，又名列子。泠风，清凉风。《庄子·逍遥游》：“夫列子御风而行，泠然善也，旬有五日而后反。”〔6〕赤松：即赤松子，传说中的上古仙人。〔7〕紫烟：紫色瑞云。〔8〕三丹田：道教谓精、气、神之舍为三丹田。〔9〕脱巾：脱下头巾，这里指辞官。〔10〕聊：姑且，勉强。

10.与其病后能求药，不若病前能自防

仁者难寻思有常，平居慎勿恃无伤。争先径路机关恶[1]，近后语言滋味长。爽口物多须作疾，快心事过必为殃。与其病后能求药，不若病前能自防。①

【题注】

本文选自宋代邵雍《伊川击壤集》，诗名《仁者吟》。

邵雍（1011—1077），字尧夫，谥号康节，自号安乐先生、伊川翁，后人称百源先生。其先范阳（今河北涿州市）人，幼随父迁共城（今河南省辉县市）。少有志，读书苏门山百源上。宋仁宗嘉祐（1056—1063）及宋神宗熙宁（1068—1077）中，先后被召授官，皆不赴。创“先天学”，以为万物皆由“太极”演化而成。著有《观物篇》《先天图》《伊川击壤集》《皇极经世》等。

【注释】

〔1〕机关：原指整个机械的关键部分，后引申为周密的计谋。

【译文】

仁者也有思量不到的地方，平常做事不可以任性随意，满不在乎。凡事好抢风头，争强好胜就可能生出事端，招惹麻烦，而退让谦逊则能赢得退步的余地。一味贪图口欲之福，必定会落下疾病的根因；求取一时的快乐，则会种下未来的祸根。与其生病后求医问药，不如在生病之前就做好自我防范。

11.但于饮食嗜欲间，去其甚者即安乐

万物惟人为最贵，百岁光阴如旅寄[1]。自非留意修养中，未免病苦为心累。何必餐霞[2]饵大药[3]，妄意延龄等龟鹤[4]。但于饮食嗜欲间，去其甚者即安乐。

食后徐徐行百步，两手摩胁[5]并腹肚，须臾[6]转手摩肾堂[7]，谓之运动水与土[8]。

① （宋）邵雍著：《邵雍集》，中华书局2010年版，第261页。

仰面仍呵三四呵，自然食毒气消磨。醉眠饱卧俱无益，渴饮饥餐犹戒多。食不欲粗并欲速，宁可少餐相接续。若教一饱顿充肠，损气损脾非是福。生食粘腻筋韧物，自死禽兽勿可食。馒头闭气不相和，生冷偏招脾胃疾。鲊酱[9]胎卵兼油腻，陈臭腌藏[10]皆阴类，老年切莫喜食之，是借寇兵无以异。炙煿[11]之物须冷吃，不然损齿伤血脉。晚食常宜申酉前[12]，向夜须防滞胸膈。饮酒莫教饮大醉，大醉伤神损心志。酒渴饮水并吃茶，腰脚自兹成重坠。尝闻避风如避箭，坐卧须教预防患。况因饮后毛孔开，风才一入成瘫痪。不问四时俱暖酒，大热又须难向口。五味偏多不益人，恐随肺腑成殃咎。

视听行藏[13]不必久，五劳七伤[14]从此有。四肢亦欲尝小劳，譬如户枢终不朽。卧不厌缩觉[15]贵舒，饱则入浴饥则梳，梳多浴少益心目，默寝暗眠神晏如[16]。四时惟夏难将摄，伏阴在内腹冷滑[17]。补肾汤药不可无，食肉稍冷休哺啜[18]。心旺肾衰何所忌，特忌疏通泄精气。卧处尤宜绵密间，宴居静虑和心意。沐浴盥嗽皆暖水，卧冷枕凉皆勿喜。瓜茄生菜不宜食，岂独秋来多疟痢。伏阳在内三冬月，切忌汗多阳气泄。阴雾之中毋远行，暴雨震雷宜远避。道家更有颐生旨，第一令人少嗔恚[19]。秋冬日出始求衣[20]，春夏鸡鸣宜早起。夜后昼前睡觉来，瞑目叩齿二七回[21]。吸新吐故无[22]令误，咽漱玉泉[23]还养胎。摩热手心熨两眼，仍更揩擦额与面。中指时将摩鼻频，左右耳眼摩数遍，更能干浴遍身间，按胜暗须扭两肩。纵有风劳诸冷气，何忧腰背复拘挛。嘘呵呼吸吹及呬[24]，行气之人分六字。果能依用力其间，断然百病皆可治。情欲虽云属少年，稍知节养自无愆[25]。固精莫忘伤神气，莫使苞羽火中燃。有能操履长方正，于名无贪利无竞。纵向邪魔路上行，百行周身自无病。①

【题注】

选自明代高濂《遵生八笺》收录的《真西山先生卫生歌》。

高濂，明代著名戏曲作家、藏书家、养生学家，字深甫，号瑞南道人，钱塘（今浙江杭州）人，以戏曲名于世。约生于嘉靖（1507—1566）初年，主要生活在万历（1573—1620）时期。曾在北京任鸿胪寺官，后隐居西湖。能诗文，兼通医理，更擅养生。所作传奇剧本有《玉簪记》《节孝记》，诗文集《雅尚斋诗草二集》《芳芷楼词》，其养生著作《遵生八笺》是中国古代养生学的集大成之作。《遵生八笺》全书分为《清修妙论笺》《四时调摄笺》《延年却病笺》《起居安乐笺》《饮馔服食笺》《灵秘丹药笺》《燕闲清赏笺》《尘外遐举笺》等八笺，是一部内容广博又切实用的养生专著，也是我国古代养生学的主要文献之一。人民卫生出版社“中医临床必读丛书”有标点本《遵生八笺》。《遵生八笺·清修妙论笺》上卷收录有宋代真德秀的《真西山先生卫生歌》。

真德秀（1178—1235），字景元，后改景希，尊朱熹（1130—1200）学派，人称西山先生。撰有《西山甲乙稿》《大学衍义》《西山文集》等。其《真西山先生卫生歌》通俗易懂，

① （明）高濂著：《遵生八笺》，人民卫生出版社2007年版，第26～27页。

为养生佳篇。明代吴正伦《养生类要》引此歌，题为《陶真人卫生歌》①，词句略有不同。

【注释】

〔1〕旅寄：寄居他乡。〔2〕餐霞：即餐食日霞，指修仙学道。〔3〕大药：丹家对外丹的别称。〔4〕龟鹤：龟和鹤，古人以为长寿之物，因用以比喻长寿。〔5〕胁（xié）：从腋下到肋骨尽处的部分。〔6〕须臾：顷刻，瞬间。〔7〕摩肾堂：自我按摩疗法，以按摩肾区为主，促进肾区气血流注，从而防治由于肾气虚怯引起的各种病症。〔8〕水与土：肾与胃。〔9〕鲊（zhǎ）酱：鱼酱。鲊，一种用盐和红曲腌的鱼。〔10〕腌藏（yān cáng）：即腌渍储藏，把用盐浸渍、腌制后风干的鱼、肉、鸡、鸭等储藏起来。〔11〕炙（zhì）煿（bó）：指煎、炒、炸、烤、爆一类的烹调方法。炙，烤。煿，煎炒或烤干食物。〔12〕申酉前：下午三点或五点以前。申时，下午三点至五点。酉时，下午五点至七点。〔13〕行藏：指出处或行止。《论语·述而》："用之则行，舍之则藏。"〔14〕五劳七伤：泛指各种疾病和致病因素。五劳，《黄帝内经·素问·宣明五气篇》："五劳所伤：久视伤血，久卧伤气，久坐伤肉，久立伤骨，久行伤筋，是谓五劳所伤。"七伤，大饱伤脾，大怒气逆伤肝，强力举重久坐湿地伤肾，形寒饮冷伤肺，形劳意损伤神，风雨寒暑伤形，恐惧不节伤志。〔15〕觉（jiào）：睡眠（从睡着到睡醒）。〔16〕晏如：平静，安定。〔17〕冷滑：冷和滑润。〔18〕哺啜（bǔ chuò）：吃喝。〔19〕嗔恚（chēn huì）：怨恨和损害他人的心理。嗔，怒，生气。恚，恨，怒。〔20〕求衣：穿衣服，这里指起床。〔21〕二七回：十四下。〔22〕无：同"勿"。〔23〕玉泉：津液。〔24〕嘘呵呼吸吹及呬：指呼吸养生六字诀。〔25〕愆（qiān）：罪过，过失。

12.寿夭休论命，修行本在人

怒盛偏伤气〔1〕，思多太损神〔2〕，神疲心易役〔3〕，气弱病相萦。勿使悲欢极，当令饮食均，再三防夜醉〔4〕，第一戒晨嗔〔5〕。夜静鸣云鼓〔6〕，晨兴漱玉津〔7〕，妖邪难犯已，精气自全身。若要无诸病，常须节五辛〔8〕，安神当悦乐，惜气保和纯。寿夭休论命，修行本在人，若能遵此理，平地可朝〔9〕真〔10〕。②

【题注】

选自明代胡文焕编纂的《类修要诀》，原题目为《孙真人养生铭》。

胡文焕，字德甫，一作德父，号全庵，又号全庵道人、全庵居士、抱琴居士等，钱塘（今浙江杭州）人。生于嘉靖末年，大约1558年前后，卒年不详。胡文焕是明末著名的藏书家、出版家，一生以编书、刻书为乐，著名《格致丛书》即为其所编。亦以儒医名世，精晓养生之道，会通儒、释、道三家养生之学。其所编《寿养丛书》，收载前人养生佳作及自己编纂之书凡34种68卷，为明以前养生学著作之大成。其中属于胡氏自己编纂的有《摄

① （明）吴正伦：《养生类要》，中医古籍出版社2004年版，第6～10页。

② （宋）周守中：《养生月览》，（明）胡文焕：《类修要诀》，（明）万全：《养生四要》，湖南科学技术出版社2014年版，第131～132页。

生集览》《类修要诀》《养生导引法》《养生食忌》和《食物本草》五种。《类修要诀》是胡文焕亲手编纂的一部歌诀体养生专著，所集皆为明以前名家著名的养生歌诀，我们选择的《孙真人养生铭》即是其一。

孙真人，即孙思邈（581—682），京兆华原（今陕西铜川市耀州区）人，唐代医药学家，后人称之“药王”。他一生勤于著书，晚年隐居，专心立著，直至白首之年，未尝释卷。一生著书八十多种，其中以《千金要方》《千金翼方》影响最大，两部巨著60卷，药方论6500首。《千金要方》和《千金翼方》合称为《千金方》，它是唐代以前医药学成就的系统总结，被誉为我国最早的一部临床医学百科全书，对后世医学的发展影响深远。

【注释】

〔1〕伤气：此指大怒损伤肝脏之气。〔2〕损神：指思虑过多，容易耗伤人的精神。〔3〕役（yì）：使唤，役使。〔4〕夜醉：夜间醉酒。〔5〕嗔（chēn）：怒。〔6〕鸣云鼓：亦称鸣天鼓，一种保健功法。两手掌心紧按两耳外耳道，两手的食指、中指和无名指分别轻轻敲击脑后枕骨，共60下。然后掌心掩按外耳道，手指紧按脑后枕骨不动再骤然抬离，这时耳中有放炮样声响，如此连续开闭放响9下。以上算作1回。每次可做3回，每天可做3次。〔7〕漱玉津：气功术语，又称搅海，即以舌头在口中搅漱，促进唾液分泌和内分泌功能。〔8〕五辛：泛指各种辛辣食物。〔9〕朝：水流归海曰朝，此引申为达到。〔10〕真：本原也，自然之道也，此指人类本来应达到的自然寿命。

【译文】

愤怒的力量太大，过分就会伤害真气。无益的思考太多，会损伤精神。精神疲劳，心情就会受到牵连，就觉得累。真气弱了，疾病就要来侵犯。不要太多的悲伤和抱怨。吃吃喝喝是可以的，但注意结构合理。夜晚是用于睡眠的，不要醉酒。最要记住的是早上不要生气。晚上9点到11点左右睡觉，睡觉时敲敲耳朵。凌晨3点5点就起来，起床后清洁一下口腔，疾病不来侵犯，当然觉得浑身是劲。要想减少或者没有一些病症，就要少吃葱、姜、蒜、辣椒等刺激性的食品。心平气和，享受快乐，保持纯真的心。生命的长短和天命运气没有关系，和个人的生活态度修养密切联系。如果能做到这些，你就是真正的健康快乐幸福的人。

13.养生，养长，养收，养藏

春三月〔1〕，此谓发陈〔2〕。天地俱生，万物以荣，夜卧早起，广步于庭。被发〔3〕缓形〔4〕，以使志生。生而勿杀，予而勿夺，赏而勿罚。此春气之应，养生之道也。逆之则伤肝，夏为寒变〔5〕，奉长者少。

夏三月〔6〕，此谓蕃秀〔7〕。天地气交，万物华实，夜卧早起，无厌于日。使志勿怒，使华英〔8〕成秀，使气得泄，若所爱在外。此夏气之应，养长之道也。逆之则伤心，秋为痎疟〔9〕，奉收者少。

秋三月[10]，此谓容平[11]。天气以急，地气以明，早卧早起，与鸡俱兴。使志安宁，以缓秋刑，收敛神气，使秋气平，无外其志，使肺气清。此秋气之应，养收之道也。逆之则伤肺，冬为飧泄[12]，奉藏者少。

冬三月[13]，此谓闭藏[14]。水冰地坼[15]，勿扰乎阳，早卧晚起，必待日光。使志若伏若匿，若有私意，若已有得，去寒就温，无泄皮肤，使气[16]亟[17]夺[18]。此冬气之应，养藏之道也。逆之则伤肾，春为痿厥[19]，奉生者少。

【题注】

选自《黄帝内经·素问·四气调神大论篇》。

生活起居与四时相应，是中华养生学的主要精神之一。

【注释】

〔1〕春三月：指农历的正月、二月、三月，按节气为立春、雨水、惊蛰、春分、清明、谷雨。〔2〕发陈：推陈出新。〔3〕被（pī）发：披散开头发。被，同“披”。〔4〕缓形：松解衣带，使身体舒缓。〔5〕寒变：夏月所患寒性疾病之总名。〔6〕夏三月：指农历的四月、五月、六月。按节气为立夏、小满、芒种、夏至、小暑、大暑。〔7〕蕃（fán）秀：草木繁茂，华美秀丽。蕃，茂盛。〔8〕华英：这里指人的容貌面色。华，古“花”字。英，草之花。〔9〕痎（jiē）疟（nüè）：疟疾的总称。痎，二日一发的疟疾。〔10〕秋三月：指农历的七月、八月、九月。按节气为立秋、处暑、白露、秋分、寒露、霜降。〔11〕容平：盛满，草木到秋天已达成熟的景况。〔12〕飧泄：完谷不化的泄泻。飧，本意为夕食，引申为有水烧饭之意。〔13〕冬三月：指农历的十月、十一月、十二月。按节气为立冬、小雪、大雪、冬至、小寒、大寒。〔14〕闭藏：密闭暗藏，指万物生机潜伏。〔15〕坼（chè）：裂开。〔16〕气：指阳气。〔17〕亟（qì）：屡次。〔18〕夺：被耗伤。〔19〕痿（wěi）厥（jué）：四肢枯萎，软弱无力。痿，身体某部分萎缩或失去机能的病。厥，气闭，昏倒。

【译文】

春季三个月，是万物复苏的季节。大自然生机勃发，草木欣欣向荣。适应这种环境，应当夜卧早起，在庭院里散步。披开束发，舒缓身体，以使神志随着生发之气而舒畅。神志活动要顺应春生之气，而不要违逆它。这就与春生之气相应，是养生的方法。违背了这个方法，会伤肝，到了夏天就要发生寒变。这是因为春天生养的基础差，供给夏天成长的条件也就差了。

夏季三个月，是草木繁茂秀美的季节。天地阴阳之气上下交通，各种草木开花结果。适应这种环境，应该夜卧早起，不要厌恶白天太长。心中没有郁怒，使容色秀美。并使腠理宣通，如有为爱之物吸引一样，使阳气疏泄于外。这就是与夏长之气相应，是养长的办法。如果违背了这个道理，会损伤心气，到了秋天就会患疟疾。这是因为夏天长养的基础差，供给秋天收敛的能力也就差了。

秋季三个月，是草木自然成熟的季节。天气劲急，地气清明。适应这种环境，应当早卧早起，和鸡同时活动。保持意志安定，从而舒缓秋天劲急之气对身体的影响。精神内守，不急不躁，使秋天肃杀之气得以平和。不使意志外驰，使肺气清和均匀。这就是与秋收之气相应，是养收的方法。如果违背了这个方法，会损伤肺气，到了冬天就要生飧泄病。这是因为秋天收敛的基础差，供给冬天潜藏之气的能力也就差了。

冬季三个月，是万物生机潜伏闭藏的季节。寒冷的天气，使河水结冰，大地冻裂。这时不能扰动阳气。适应这种环境，应该早睡晚起，一定等到太阳出来时再起床。使意志如伏似藏，好像心里很充实。好像已经得到满足，还要避开寒冷，保持温暖。不要让皮肤开张出汗，而频繁损伤阳气。这就是与冬藏之气相应，是养藏的方法。如果违背了这个道理，会损伤肾气，到了春天，就要得痿厥病。这是因为冬天闭藏的基础差，供给春季生养的能力也就差了。①

14. 生不可不惜，不可苟惜

夫生不可不惜，不可苟惜〔1〕。涉险畏之途，干祸难之事，贪欲以伤生，谗慝〔2〕而致死，此君子之所惜哉；行诚孝而见贼，履仁义而得罪，丧身以全家，泯躯〔3〕而济国〔4〕，君子不咎也。自乱离已来，吾见名臣贤士，临难求生，终为不救，徒取窘辱，令人愤懑。

【题注】

选自《颜氏家训·养生》。

《颜氏家训》是我国第一部内容丰富、体系宏大的家训，也是一部学术著作。该书共有七卷二十篇，分别是序致第一，教子第二，兄弟第三，后娶第四，治家第五，风操第六，慕贤第七，勉学第八，文章第九，名实第十，涉务第十一，省事第十二，止足第十三，诫兵第十四，养心第十五，归心第十六，书证第十七，音辞第十八，杂艺第十九，终制第二十。作者颜之推（531—约595），字介，琅琊临沂（今山东临沂）人，北齐文学家。《颜氏家训》是颜之推为了用儒家思想教训子孙，以保持自己家庭的传统与地位，而写的一部系统完整的家庭教育教科书。

【注释】

〔1〕苟惜：以不正当手段爱惜。〔2〕慝（tè）：灾害，祸患。〔3〕泯躯：捐躯。〔4〕济国：利国。

【译文】

生命不能不珍惜，也不能以不正当手段来爱惜。走上邪恶危险的道路，卷入招致祸难的事情，追求欲望的满足而丧身，为奸作恶而致死，在这些方面，君子应该珍惜生命；做忠孝的事而被害，做仁义的事而获罪，舍弃自己的生命而保全家族，捐躯救国，在这些事情上舍弃生命，君子是不会怪罪的。自从梁朝乱离以来，我看到一些有名望的官吏和贤能

① 姚春鹏译注：《黄帝内经》，第12～14页。

的文士，面临危难，苟且求生，最终求生不得，还白白遭受窘迫和侮辱，真叫人愤懑。①

15.舍生取义

孟子曰："鱼，我所欲也；熊掌，亦我所欲也，二者不可得兼，舍鱼而取熊掌者也。生，亦我所欲也；义，亦我所欲也，二者不可得兼，舍生而取义者也。生亦我所欲，所欲有甚于生者，故不为苟得也；死亦我所恶，所恶有甚于死者，故患有所不辟也。如使人之所欲莫甚于生，则凡可以得生者，何不用也？使人之所恶莫甚于死者，则凡可以辟患者，何不为也？由是则生而有不用也，由是则可以辟患而有不为也。是故所欲有甚于生者，所恶有甚于死者，非独贤者有是心也，人皆有之，贤者能勿丧耳。一箪食，一豆[1]羹，得之则生，弗得则死。嘑[2]尔而与之，行道之人弗受；蹴[3]尔而与之，乞人不屑也。万钟则不辨礼义而受之。万钟于我何加焉？为宫室之美、妻妾之奉、所识穷乏者得我与？乡为身死而不受，今为宫室之美为之；乡为身死而不受，今为妻妾之奉为之；乡为身死而不受，今为所识穷乏者得我而为之，是亦不可以已乎？此之谓失其本心。"

【题注】

选自《孟子·告子上》。

生命非常宝贵，若有比生命还宝贵的，仍然可以舍弃生命。匈牙利人裴多菲·山陀尔（Petofi Sandor，1823—1849）的《自由与爱情》在我国广为流传：生命诚可贵，爱情价更高。若为自由故，两者皆可抛。

【注释】

〔1〕豆：古代盛羹汤之具。〔2〕嘑（hū）：同"呼"。〔3〕蹴（cù）：踢，踏。

【译文】

孟子说："鱼，是我所想要的；熊掌，也是我所想要的，两者如果不能一并获得，就放弃鱼而选择熊掌。生存是我所想要的，义行也是我所想要的，两者如果不能同时兼顾，就放弃生存选择义行。生存是我所想要的，但是我所想要的还有超过生存的，所以不做苟且偷生的事；死亡是我所厌恶的，但是我所厌恶的还有超过死亡的，所以有些祸患我不躲避。如果人们所想要的没有超过生存的，那么凡是可以求得生存的方法，哪有不用的呢？如果人们所厌恶的没有超过死亡的，那么凡是可以躲避祸患的事情，哪有不做的呢？照这么走就能保全生命，然而有人却不去走；照那么做就能避开祸患，然而有人却不去做，由此可见，所想要的还有超过生存的，所厌恶的还有超过死亡的。不单单是贤者有这样的心思，而是每个人都有，只是贤者能不丧失它罢了。一小筐饭，一碗汤，得到就能活，得不到就饿死，但如果吆喝着施舍给人，就是过路的饿人都不会接受；如果用脚踩过再施舍给

① 檀作文译注：《颜氏家训》，中华书局2016年版，第210页。以下引用该书只注明作者、书名、册数和页码。

人，就是乞丐也会不屑一顾；但是遇到一万钟的俸禄，竟不分辨是否合乎礼与义就接受了。一万钟的俸禄对我有什么好处呢？是为了住宅的华美、妻妾的侍奉、我所认识的穷人感激我吗？过去宁可死亡也不接受的，现在却为了妻妾的侍奉而接受了；过去宁可死亡也不接受的，现在却为了我所认识的穷人感激我而接受了，这些难道是没有办法停下来的吗？这种情况就叫作丧失了本来状态的心。”①

三、自强

《周易·乾卦·大象传》说：“天行健，君子以自强不息。”意思就是说，“天道”的特点是永远不停地运动变化着的，刚健不懈，永不止息，君子效法于“天”，也应发挥自己的能动性，修身行事必须始终奋发不止，努力进取，决不懈怠。“自强”代表着传统文化的普遍观念，表达的是一种自主自立、勤勉不懈、积极进取的精神。《乾·文言传》说：“君子进德修业，欲及时也”，“终日乾乾，与时偕行”。自强表现在“进德”上，不断地提升自己的道德境界，完善自己的人格；在“修业”上，就应不畏艰险，取得事业上的成功。当人们对自己从事的某项工作，有充分的信心和决心，就会克服任何前进中的障碍，达到理想的目的。一个民族，一个国家要想由弱变强，就要克服千难万险，发奋图强，变理想为现实。因此，自强心对一个人一个民族一个国家是十分重要的。历史和现实告诉我们，自强心不仅是一种美德，也是人们战胜困难，取得胜利的重要精神力量。②

刚健有为并非盲目的坚持与努力，而是建立在一定条件之上的自强不息的精神。自强，首先是对正义事业的自强不息，是对真理和正义的不懈的追求和坚定的信念。自强，还是以一定的知识、能力为基础的自强，只有拥有相应的知识、才干，才能克服艰难险阻，坚韧不拔，锲而不舍。

每一个有志于道的人，都应是一个自强不息的人。有这样的“自强”心，才能给自己和社会带来好处。在传统文化中，思想家们认识到一个人要实现人生价值，完善人生理想，达到人生目的，就必须在确立理想志向的同时，积极进取，发愤努力，孜孜不倦，奋斗终生。否则，人生价值、理想、目的，是不可能实现的。因此，他们强调在立志修身中要有自强不息的精神，通过不懈的艰苦努力，以成仁达道。这种自强不息、刚健有为、积极进取的精神正是中华民族优秀的民族精神和道德品格，中华民族素来有“自强不息”的优良传统，它激励着一代代的人们为祖国为事业而奋斗，从而维系着中华民族的生生不息。

---

① 傅佩荣译解：《孟子》，第203页。

② 宋希仁等著：《伦理学大辞典》，吉林人民出版社1989年版，第419～420页。以下引用该书只注明作者、书名、册数和页码。

1.十有五而志于学

子曰："吾十有五而志于学，三十而立，四十而不惑，五十而知天命[1]，六十而耳[2]顺，七十而从心所欲不逾矩[3]。"

【题注】

选自《论语·为政》。

孔子一生可以分为几个阶段，但最基础的、最核心的是"十有五而志于学"。

【注释】

〔1〕天命：使命。〔2〕耳：很多学者从考据方面、从哲理方面都强调"六十而顺"，"耳"是多出来的字。①〔3〕矩：曲尺。

【译文】

孔子说："我十五岁时立志求学，三十岁时可以立身处事，四十岁时可以免于迷惑，五十岁时可以领悟天命，六十岁时可以顺从天命，七十岁时可以随心所欲都不越出规矩。"

2.不患无位，患所以立

子曰："不患无位[1]，患所以立[2]。不患莫己知[3]，求为可知[4]也。"

【题注】

选自《论语·里仁》。

人生在世，最重要的是有真本事。

【注释】

〔1〕位：职位。〔2〕所以立：所以立乎其位者。〔3〕莫己知：莫知己。〔4〕求为可知：先求所以立于其位之才德。

【译文】

孔子说："不要愁得不到职位，该愁自己拿什么来立在这位子上。不要愁没人知道我，该求我有什么可为人知道的。"②

3.自强不息

天行健[1]，君子以自强不息[2]。

---

① 傅佩荣著：《论语300讲》上册，第45页。

② 钱穆著：《论语新解》，第97页。

【题注】

选自《周易·乾·大象传》。

1914年，梁启超（1873—1929）在清华学校作《君子》为题的讲演，以“自强不息”“厚德载物”勉励学生。后来，“自强不息”“厚德载物”被铸入校徽，高悬于大礼堂的上方，成为清华师生共同遵守的校训。“自强不息”出自《周易·乾·大象传》；“厚德载物”出自《周易·坤·大象传》：“地势坤，君子以厚德载物。”

【注释】

〔1〕天行健：天道刚健。天，乾卦卦象。行，《尔雅·释宫》：“行，道也。”〔2〕自强：《老子》第三十三章：“胜人者有力，自胜者强。”

【译文】

天道刚健，君子（效法此）当自强不息。①

4.男儿立身须自强

小来托身攀贵游〔1〕，倾财破产无所忧。暮拟经过石渠署〔2〕，朝将出入铜龙楼〔3〕。结交杜陵〔4〕轻薄〔5〕子，谓言可生复可死。一沉一浮会有时，弃我翻然如脱屣〔6〕。男儿立身须自强，十五闭户颍水阳。业就功成见明主，击钟鼎食坐华堂。二八蛾眉梳堕马，美酒清歌曲房下。文昌宫中赐锦衣，长安陌上退朝归。五侯宾从莫敢视，三省官僚揖者稀。早知今日读书是，悔作从来任侠非。②

【题注】

选自《全唐诗》，李欣《杂曲歌辞·缓歌行》。

李颀（690？—753？），唐代诗人。李颀少时家本富有，后结识富豪轻薄子弟，倾财破产。后隐居颍阳苦读10年，于唐玄宗开元二十三年（735）考取进士，曾任新乡县尉。任职多年，没有升迁，晚年仍过隐居生活。他一生交游很广，当时著名诗人王昌龄、高适、王维等都与他关系密切。

【注释】

〔1〕贵游：指无官职的王公贵族，亦泛指显贵者。〔2〕石渠署：长安典藏图书之所。〔3〕铜龙楼：长安城楼。〔4〕杜陵：地名，在今陕西省西安市东南。〔5〕轻薄：轻佻浮薄，行动不稳重，言语不庄重。〔6〕屣（xǐ）：鞋。

---

① 刘大钧、林忠军译注：《周易经传白话解》，第216页。

② （清）彭定求等编：《全唐诗》第二册，中华书局1960年版，第321页。以下引用该书只注明作者、书名、册数和页码。

5.鸟兽不厌高，鱼鳖不厌深

夫函[1]车之兽，介[2]而离山，则不免于罔罟[3]之患；吞舟之鱼，砀[4]而失水，则蚁能苦之。故鸟兽不厌高，鱼鳖不厌深。夫全其形生之人，藏其身也，不厌深眇[5]而已矣。

【题注】

选自《庄子·庚桑楚》。

《庄子》，亦称《南华经》，道家经典之一，为庄周及其后学的著作集。《汉书·艺文志》著录《庄子》52篇，但留下来的只有33篇。其中“内篇”七篇，一般定为庄子著；“外篇”“杂篇”可能掺杂有他的门人和后来道家的作品。《庄子》在哲学、文学上都有较高研究价值。

庄子（约前369—前286），名周，生卒年失考，与孟子同时。战国宋国时期蒙邑（今河南省民权）人，曾任漆园吏，是道家学派的代表人物，老子思想的继承和发展者。后世将他与老子并称为“老庄”。他也被称为蒙吏、蒙庄和蒙叟。据传，又尝隐居南华山，故唐玄宗天宝年初，诏封庄周为南华真人，称其著书《庄子》为《南华经》。

【注释】

〔1〕函：通“含”。〔2〕介：独。〔3〕罔罟（wǎng gǔ）：渔猎的网具。罔，古同“网”，用绳线等结成的捕鱼捉鸟器具。罟，渔网。〔4〕砀（dàng）：同“荡”。〔5〕深眇：深远。

【译文】

口能含车的巨兽，独自离开山林，就不免于网罗的祸患；吞舟的大鱼，流出江河而失水，就会被蝼蚁所困苦。所以鸟兽不厌高飞，鱼鳖不厌深入。全形养生的人，敛藏自己，也是不厌深远罢了。①

6.为山九仞，功亏一篑

呜呼！夙夜罔或不勤，不矜[1]细行[2]，终累[3]大德。为山九仞[4]，功亏一篑[5]。允迪兹，生民保厥居，惟乃世王。

【题注】

选自《尚书·周书·旅獒》。

《尚书》，儒家经典之一，又称《书》或《书经》。“尚”即“上”。《尚书》就是上古的书，它是中国上古历史文献和部分追述古代事迹著作的汇编。《尚书》所记基本是誓、命、训、诰一类的言辞。虽说文字大体古奥迂涩，但也有少数文字比较形象、朗畅。

---

① 陈鼓应：《庄子今注今译》下册，中华书局1983年版，第597页。以下引用该书只注明作者、书名、册数和页码。

《旅獒》讲的是周武王灭掉殷商，建立周朝，西旅国来献大犬。召（shào）公认为不可接受，他劝告武王当前首要的任务是重视贤能，安定国家，保护百姓，做一个圣明之君。他谏言说："不矜细行，终累大德。为山九仞，功亏一篑。"召公认为，一个圣明的君主，首先应该慎德，不事奢华。盛德之人不轻易侮慢百姓，不贪恋歌舞女色；不做无益的事来妨害有益的事，不重视珍奇物品，不收养珍禽奇兽，不宝爱远方的物品。从这些细行做起，就能积累大德。像造九仞高的土台那样，差一筐土也无法成功。召公以此劝勉武王早晚勤德，千万不可因细行不好，而使大德大业差一点而失败。

【注释】

〔1〕矜（jīn）：慎重。〔2〕细行：生活细节。〔3〕累：连累。〔4〕九仞：极言其高。仞，古代计量单位，周尺八尺或七尺为一仞（周尺一尺约合二十三厘米）。〔5〕篑（kuì）：盛土的筐。

【译文】

啊！从早到晚，不能有不勤奋的时候。不慎小德，终究损害大德。譬如堆垒九仞高的土山，只差一筐土，还是不算完成。您真能履行这些劝告，百姓永保安居，就可以世代称王。①

7.掘井九轫而不及泉，犹为弃井

孟子曰："有为者辟〔1〕若掘井，掘井九轫〔2〕而不及泉，犹为弃井也。"

【题注】

选自《孟子·尽心上》。

挖井没有挖出水，只是一个无用的坑洞。求知与行善，必须持之以恒，需要长期努力，累积到一定的程度，才可转化生命。

【注释】

〔1〕辟：同"譬"。〔2〕轫：同"仞"。

【译文】

孟子说："有所作为的人就像挖一口井，挖到六七丈深还没有出现泉水，仍然是一口废井。"②

8.一暴十寒

孟子曰："无或〔1〕乎王之不智也。虽有天下易生之物也，一日暴〔2〕之，十日寒之，未

---

① 江灏、钱宗武译注：《今古文尚书全译》，贵州人民出版社1992年版，第251页。以下引用该书只注明作者、书名、册数和页码。

② 傅佩荣译解：《孟子》，第253页。

有能生者也。吾见亦罕矣，吾退而寒之者至矣，吾如有萌焉何哉？今夫弈[3]之为数[4]，小数也；不专心致志，则不得也。弈秋[5]，通国之善弈者也。使弈秋诲二人弈，其一人专心致志，惟弈秋之为听。一人虽听之，一心以为有鸿鹄将至，思援弓缴[6]而射之，虽与之俱学，弗若之矣。为是其智弗若与？曰：非然也。"

【题注】

选自《孟子·告子上》。

持之以恒，专心致志，是做成一件事情的重要保证。

【注释】

〔1〕或：同"惑"，疑怪。〔2〕暴：同"曝"。〔3〕弈（yì）：古代称围棋为弈，此处指下棋。〔4〕数：技。〔5〕弈秋：善弈者名秋也。①〔6〕缴（zhuó）：系在箭上的丝绳。

【译文】

孟子说："对于大王的不明智，不必觉得奇怪。即使有天下最容易生长的东西，如果晒它一天，再冻它十天，也不能够生长。我与大王相见的次数太少了，我一离开，那些给他浇冷水的人就来了，我对他刚萌芽的一点善心又能怎样呢？譬如下棋，只是小技术；如果不专心致志，就学不好。弈秋是全国的下棋高手。假使让他教两个人下棋，其中一人专心致志，只听弈秋的讲解。另一人虽然也在听讲，却一心以为有只天鹅快要飞来，而想拿起弓箭去射它。这样，虽然与别人一起学习，成绩却不如别人。这是因为他的智力不如别人吗？我会说：不是这样的。"②

9.世之奇伟、瑰怪、非常之观，常在于险远

古人之观于天地、山川、草木、虫鱼、鸟兽，往往有得，以其求思之深而无不在也。夫夷[1]以近，则游者众；险以远，则至者少。而世之奇伟、瑰[2]怪、非常之观，常在于险远，而人之所罕至焉，故非有志者不能至也。有志矣，不随以止也，然力不足者，亦不能至也。有志与力，而又不随以怠，至于幽暗昏惑而无物以相之，亦不能至也。然力足以至焉，于人为可讥，而在己为有悔；尽吾志也而不能至者，可以无悔矣，其孰能讥之乎？此余之所得也！③

【题注】

选自王安石《游褒禅山记》。

王安石（1021—1086），字介甫，号半山，临川（今江西省抚州市临川区）人，北宋著名的思想家、政治家、文学家、改革家。绍圣元年（1094），获谥"文"，故世称王文公。中华书局有《临川先生文集》（1959年版），上海古籍出版社有《王荆文公诗笺注》（2010年版，

① （宋）朱熹：《四书章句集注》，第332页。

② 傅佩荣译解：《孟子》，第201～202页。

③ （宋）王安石：《临川先生文集》，中华书局1959年版，第869页。

全三册）。

【注释】

〔1〕夷：平坦。〔2〕瑰：珍奇。

【译文】

古人观察天地、山川、草木、虫鱼、鸟兽，往往有所得益，是因为他们探究、思考深邃而且广泛。平坦而又近的地方，前来游览的人便多；危险而又远的地方，前来游览的人便少。但是世上奇妙雄伟、珍异奇特、非同寻常的景观，常常在那险阻、僻远，少有人至的地方，所以，不是有意志的人是不能到达的。（虽然）有了志气，也不盲从别人而停止，但是体力不足的，也不能到达。有了志气与体力，也不盲从别人、有所懈怠，但到了那幽深昏暗而使人感到模糊迷惑的地方却没有必要的物件来支持，也不能到达。可是，力量足以达到目的（而未能达到），在别人（看来）是可以讥笑的，在自己来说也是有所悔恨的；尽了自己的主观努力而未能达到，便可以无所悔恨，这难道谁还能讥笑吗？这就是我这次游山的收获。

10.苟有恒，何必三更眠五更起

苟有恒，何必三更[1]眠五更起；最无益，莫过一日曝十日寒。

【题注】

这两句话是明代学者胡居仁书写的座右铭。

胡居仁（1434—1484），字叔心，号敬斋，江西省余干县梅港人。他致力于教育，从教二十余年，治学严谨，制订学规并亲自讲学，务求学生学以致用。著有《胡文敬公集》《易象抄》《居业录》及《居业录续编》等。万历十三年（1585），崇祀孔庙。

胡居仁此联受启于颜真卿（709—785）《劝学诗》：“三更灯火五更鸡，正是男儿读书时。黑发不知勤学早，白首方悔读书迟。”毛泽东曾改写胡居仁的座右铭以自勉：“贵有恒，何必三更起五更睡；最无益，只怕一日曝十日寒。”

【注释】

〔1〕更：古代时间名词。古代一昼夜分十二时辰，其中完全属于夜晚的有五个时辰，也叫五更。把晚上戌时（19：00—21：00）作为一更，亥时（21：00—23：00）作为二更，子时作为（23：00—1：00）三更，丑时（1：00—3：00）为四更，寅时（3：00—5：00）为五更。后来一般用三更来指深夜。

【译文】

如果有恒心，何必三更睡觉五更起床。最无益的事情，莫过于一曝十寒，即使最容易生长的植物，晒一天冻十天，也不可以生成。

11.持之以恒

尔之短处在言语欠钝讷[1]，举止欠端重，看书能深入而作文不能峥嵘[2]。若能从此三事上下一番苦工，进之以猛，持之以恒，不过一二年，自尔[3]精进而不觉。①

【题注】

选自《曾国藩家训》之《谕纪泽》。

曾国藩（1811—1872），字伯涵，号涤生。与胡林翼（1812—1861）并称“曾胡”，与李鸿章（1823—1901）、左宗棠（1812—1885）、张之洞（1837—1909）并称“晚清四大名臣”。官至两江总督、直隶总督、武英殿大学士，封一等毅勇侯，谥曰文正。梁启超（1873—1929）说：“曾文正者，岂惟近代，盖有史以来不一二睹之大人也已；岂惟我国，抑全世界不一二睹之大人也已。然而文正固非有超群绝伦之天才，在并时诸贤杰中称最钝拙；其所遭值事会，亦终身在拂逆之中。然乃立德、立功、立言，三并不朽，所成就震古烁今而莫与竞者，其一生得力在立志，自拔于流俗，而困而知，而勉而行，历百千艰阻而不挫屈；不求近效，铢积寸累，受之以虚，将之以勤，植之以刚，贞之以恒，帅之以诚，勇猛精进，坚苦卓绝。如斯而已，如斯而已！”②蒋介石（1887—1975）案头常年摆着《曾文正公全集》，时时翻阅。1917年，毛泽东（1893—1976）通读《曾文正公全集》后，得出了“余于近人，独服曾文正”的结论。2011年，中国书店出版十二册简体版传忠书局《曾文正公全集》。

【注释】

〔1〕讷（nè）：语言迟钝。〔2〕峥嵘（zhēng róng）：本形容山的高峻突兀或建筑物的高大耸立，此指文章跌宕起伏。〔3〕自尔：自然。

【译文】

你的短处在于语言上欠稳重，行为举止欠端庄持重，看书能深入庄重却不能跌宕起伏。如果能在这三件上下功夫，锐意进取，持之以恒，那么不用一两年的时间，自然会不知不觉地有重大的进步。

12.坚韧不拔

古之立大事者，不唯有超世之才，亦必有坚韧不拔之志。昔禹之治水，凿龙门，决大河而放之海。方其功之未成也，盖亦有溃冒[1]冲突可畏之患，唯能前知其当然，事至不惧，而徐[2]为之所，是以得至于成功。③

---

① （清）曾国藩著：《曾国藩家训》，岳麓书社1999年版，第100页。

② 梁启超著：《曾文正公嘉言钞序》，《饮冰室合集》第12册，中华书局2015年版，第3359页。

③ 孔凡礼点校：《苏轼文集》第一册，中华书局1986年版，第107页。以下引用该书只注明作者、书名、册数和页码。

【题注】

选自苏轼《晁错论》。

苏轼（1037—1101），字子瞻，号东坡居士，北宋眉州眉山（今属四川省眉山市）人。宋高宗时追赠太师，谥号“文忠”。苏轼在诗、词、散文、书、画等方面取得了很高的成就。其诗善用夸张比喻，独具风格，与黄庭坚（1045—1105）并称“苏黄”。其词开豪放一派，与辛弃疾（1140—1207）并称“苏辛”。其散文豪放自如，与欧阳修（1007—1072）并称“欧苏”，为“唐宋八大家”之一。苏轼亦善书，为“宋四家（苏黄米蔡）”之一。工于画，尤擅墨竹、怪石、枯木等。中华书局出版有《苏轼文集》（六册）、《苏轼诗集》（八册）。

《晁错论》为苏轼在宋仁宗嘉祐五年至六年（1060—1061）写就并呈与朝廷的文章之一。晁错（前200—前154），颍川（今河南禹州）人，是西汉文帝时的智囊人物。主张重农贵粟，力倡削弱诸侯，更定法令，招致王侯权贵忌恨。汉景帝四年（前154），吴、楚等七国以“讨晁错以清君侧”为名，发动叛乱，晁错因此被杀。

【注释】

〔1〕溃冒（kuì mào）：冲决泛滥。〔2〕徐：从容，慢慢地。

【译文】

自古以来凡是做大事业的人，不仅有出类拔萃的才能，也一定有坚韧不拔的意志。从前大禹治水，凿开龙门，疏通黄河，使洪水东流入海。当他的整个功业尚未最后完成时，可能也时有决堤、漫堤等可怕的祸患发生，只是他事先就预料到会这样，祸患发生时就不惊慌失措而能从容地治理它，所以能够最终取得成功。

13. 锲而不舍，金石可镂

积土成山，风雨兴焉；积水成渊，蛟龙生焉；积善成德，而神明自得，圣心备焉。故不积跬〔1〕步，无以至千里；不积小流，无以成江海。骐骥一跃，不能十步；驽马十驾，功在不舍。锲而舍之，朽木不折；锲而不舍，金石可镂。蚓无爪牙之利，筋骨之强，上食埃土，下饮黄泉，用心一也。蟹六跪〔2〕而二螯，非蛇鳝之穴无可寄托者，用心躁也。是故无冥冥之志者，无昭昭之明；无惛惛之事者，无赫赫之功。行衢〔3〕道者不至，事两君者不容。目不能两视而明，耳不能两听而聪。螣蛇无足而飞，鼫鼠五技而穷。《诗》曰：“尸鸠在桑，其子七兮。淑人君子，其仪一兮。其仪一兮，心如结兮！”故君子结于一也。

【题注】

选自《荀子·劝学》。

荀子（约前313—前238），名况，字卿，战国末期赵国人，时人尊称“荀卿”。西汉时，因避汉宣帝刘询讳，“荀”与“孙”二字古音相通，故又称孙卿。荀子曾三次出任齐国稷下学宫的祭酒，后为兰陵（位于今山东兰陵县）令。中华书局出版有王先谦撰《荀子集解》（上下册），岳麓书社“古典名著今译读本”有杨任之译《白话荀子》，上海古籍出版社有张觉译《荀子译注》。

【注释】

〔1〕跬(kuǐ):半步。古时称人行走，举足一次为跬，举足两次为步，故半步叫“跬”。〔2〕跪：足。〔3〕衢(qú):大路，四通八达的道路。

【译文】

土堆积起来成为山陵，风雨就在这里兴起；水汇积起来成为深渊，蛟龙就在这里生长。不断地做好事，养成高尚的品德，就自然聪明睿智，具备了圣人的思想境界。所以，若不半步半步地积累，就无法达到千里的远方；不汇集众多的小溪流，就无法成为江海。千里马一跃，不能超过十步；劣马跑十天也可以达到千里，成功的原因就在于不停地前进。拿雕刻来说，如果半途而废，即使是朽木也不能折断；如果不停地雕刻，就连金属和石头也可以刻成花纹。蚯蚓没有锐利的爪牙和强壮的筋骨，但它能在地里上吃泥土，下喝泉水，这是因为它用心专一的缘故。蟹有八只脚和两只螯，如果没有蛇或鳝鱼所居的洞穴，就无容身之地，这是因为它性情浮躁的缘故。所以，一个人没有精诚专一的志向，不可能通达事理；没有埋头苦干的行为，不可能有显赫的成绩。在歧路上徘徊的人，不能够达到目的地；侍奉两个君主的人，在道义上不能宽容。眼睛不能同时看清楚两件事物，耳朵不能同时听明白两个声音。没有脚的螣蛇能够凌空飞起，鼫鼠能飞不能上屋，能爬不能爬到树顶，能游不能渡涧，能挖洞不能掩身，能走不能先人，虽然有着上述五种技艺，但仍然穷困而没有办法。《诗经·曹风·尸鸠》上说：“布谷鸟居住在桑树上，专心哺育着它的七个小雏啊！那善人君子，行动要专一不邪啊！不但行动专一不邪，心也要像结束着那么坚定。”所以，君子为学或行事都应把心志集中在一点上。①

14.绳锯木断，水滴石穿

张乖崖[1]为崇阳[2]令，一吏自库中出，视其鬓旁巾下有一钱，诘[3]之，乃库中钱也。乖崖命杖之，吏勃然曰：“一钱何足道，乃杖我耶？尔能杖我，不能斩我也！”乖崖援[4]笔判曰：“一日一钱，千日一千，绳锯木断，水滴石穿！”自仗剑下阶斩其首，申[5]台府[6]自劾[7]。崇阳人至今传之。②

【题注】

选自宋代罗大经《鹤林玉露》。

罗大经，字景纶，庐陵（今江西吉水县）人。生平事迹不详，大约生于宋宁宗庆元(1195—1200)初年，卒于宋理宗淳祐(1241—1252)末年。罗大经有经邦济世之志，对先

① 杨任之译:《白话荀子》，岳麓书社1991年版，第3～4页。以下引用该书只注明作者、书名、册数和页码。

② （宋）罗大经:《鹤林玉露》，中华书局1983年版，第191页。以下引用该书只注明作者、书名、册数和页码。

秦、两汉、六朝、唐、宋文学评论有精辟的见解。著《易解》十卷。取杜甫《赠虞十五司马》诗“爽气金天豁，清淡玉露繁”之意写成笔记《鹤林玉露》一书。此书分甲、乙、丙三编，共18卷。半数以上评述前代及宋代诗文，记述宋代文人轶事，有文学史料价值。

【注释】

〔1〕张乖崖：张咏（946—1015），字复之，自号乖崖，濮州鄄城（今山东鄄城县）人，谥号忠定，北宋太宗、真宗两朝的名臣，尤以治蜀著称。北宋仁宗时期，士大夫们将他与赵普、寇准并列。他的文集也被命名为《张乖崖集》。〔2〕崇阳：县名，今湖北省崇阳县。〔3〕诘（jié）：盘问。〔4〕援：执，持。〔5〕申：陈述，说明。〔6〕台府：御史府。〔7〕劾（hé）：揭发罪状。

【译文】

张乖崖为崇阳县令，一个小吏从库房出来，张乖崖看见他头发旁的头巾下有一枚铜钱，就问他，他说是钱库中的。张乖崖就下令杖法伺候，那个小吏大为生气，说：“一枚铜钱怎么值得说，你就竟然棒打我。你能打我，可你不能杀我！”张乖崖提笔写下判语，又说道：“一天一枚铜钱，一千天就是一千枚铜钱；用绳子来锯木头，（时间长了）木头会断；水滴石头，（时间长了）石头会被水滴穿。”说完，亲自拿着剑，走下台阶，斩下他的首级，去申台府自首。崇阳县的人至今仍流传。

15. 当今之世，舍我其谁

孟子去〔1〕齐。充虞〔2〕路问曰：“夫子若有不豫〔3〕色然。前日虞闻诸夫子曰：‘君子不怨天，不尤人。〔4〕’”曰：“彼一时，此一时也。五百年必有王者兴，其间必有名世者。由周而来，七百有余岁矣。以其数则过矣，以其时考之则可矣。夫天，未欲平治天下也；如欲平治天下，当今之世，舍我其谁也？吾何为不豫哉？”

【题注】

选自《孟子·公孙丑下》。

伟人都有一种历史使命感。文天祥（1236—1283）：“人生自古谁无死，留取丹心照汗青。”（《过零丁洋》）谭嗣同（1865—1898）：“我自横刀向天笑，去留肝胆两昆仑。”（《狱中题壁》）毛泽东：“问苍茫大地，谁主沉浮。”（《沁园春》）及孟子以天下为己任、“当今之世，舍我其谁”的英雄气概，都蕴涵着强烈的社会责任感和历史担当，为后人顶礼膜拜。

【注释】

〔1〕去：离开。〔2〕充虞：孟子弟子。〔3〕豫：悦。〔4〕语出《论语·宪问》：子曰：“不怨天，不尤人。下学而上达。知我者其天乎！”

【译文】

孟子离开齐国，充虞在路上问说：“先生好像有些不愉快的样子。以前我听先生说过：‘君子不抱怨天，不责怪人。’”孟子说：“那是一个时候，这是一个时候。历史上每隔五百年必定会有圣君兴起，其间也必定会有辅佐圣君的贤臣出现。从周朝以来，已经七百多年了。按年数计算，已经超过了；按时势考察，圣君贤臣可以出现了。天还不想让天下太平吧，如果想让天下太平，在今天这个时代，除了我还有谁呢？我为什么不愉快呢？”[①]

四、节制

节，本义指的是竹节，引申为节制、节止、节约，指制约事物的发展，使其不至过分而达到恰到好处的程度。“节制”通常被理解为“约束”“限制”“压制”，也可以进一步理解为理性地控制欲望，即自觉地控制自己的情绪和欲望，约束自己的行为，以便使人有可能用最合理的方式行动，从而使自己的行动服从于人类群体生活的任务和要求的一种道德品质。

人在本质上具有动物性的一面，是自私、贪婪、趋利避害的，所以，生发于人本能的一部分欲望和情感也是自私自利的。然而人又是群体性的物种，在群体生活中就要处理好个人私利私欲与群体利益的关系，在群体性的社会生活中，如果人们都不对自己的情感和欲望加以节制，那么整个社会就会归于暴乱，每个人的利益也无法得到保障，对个人和社会都会带来不利的影响。所以，人应该运用理性对自己的欲望和情感进行适度的节制，对自己利益追求进行适当控制与约束，从而达到尊重他人权益，有助于整体和社会的进步，同时提高和完善自身的目的。

在我们的传统文化中，通常认为世间的恶都来自于善的被蒙蔽，而善之所以被蒙蔽，则是因为人的欲望的无限性。人欲无穷，像难填的深壑，放任则不可收拾。正是人无尽的欲望，使人沉沦于欲望的追逐，在这个过程中，善往往被丢弃，天道被隐匿。所以，要保持宏大的理想，保持志于道的初心，守住此心，要维持社会的稳定，必须要对人的欲望加以节制，不能任由它发展下去，这也是天道的一种表现。但节制、节约又不可过度，过度则形成苦行，人们在物质和精神上过于匮乏，过于吃苦，难以忍受，必然不能持久。所以节制要持中守和，无过无不及，以保持平衡和稳定。合乎规律的“节制”，有利于事物的正常发展，反之则致凶咎。

至于如何节制，传统文化通常以天道、天理为终极的根据，也就是以道节欲，以理节欲。节制的对象分为内外两个方面，对外节制事物的矛盾冲突和斗争，对内节制自身的情、欲、言、行。节制的方法也有两种，对内节制情欲靠的是自觉，而要达到内心的自觉，必须要通过修身以明道，明了天道天理，才能知道如何节制。对外节制冲突则要靠外在的礼法规则进行强制的约束。节制以理性自约涵养人的心性，以外在法则规约人的行为，通过对人欲望的节制，使人不至沉溺于欲望的深渊，保持理性和善性。节制是治学修身、成就各种德性的基础，不讲节制，就失去了德性存在的根基。

---

① 傅佩荣译解：《孟子》，第73页。

1.天地节而四时成

天地节[1]，而四时成。节以制度，不伤财，不害民。

【题注】

选自《周易·节·彖传》。

天地有节制，春夏秋冬四季冷热交替，否则一味地冷或一味地热就不得了。人活在世界上，就是“节制”二字。吃饭要有节制，运动要有节制，生活要有节制，等等。

【注释】

〔1〕节：节制，控制。

【译文】

天地（阴阳之气互相）节制，而四时的变化才形成。（圣人）以制度节制，不损伤财物，不妨害民众。①

2.君子有三戒

孔子曰：“君子有三戒：少之时，血气未定，戒之在色[1]；及其壮也，血气方刚，戒之在斗；及其老也，血气既衰，戒之在得[2]。”

【题注】

选自《论语·季氏》。

人活着，要依理而行，不要放纵自己。

【注释】

〔1〕色：女色。〔2〕得：贪婪。

【译文】

孔子说：“君子有三种警惕戒备：少年时代，精力不稳定，要警惕性生活放纵。中壮年时代，精力旺盛，要警惕争强好斗。老年时代，精力衰退，要警惕保守和贪婪。”②

3.小不忍则乱大谋

子曰：“巧言乱德，小不忍则乱大谋。”

【题注】

选自《论语·卫灵公》。

---

① 刘大钧、林忠军译注：《周易经传白话解》，第211页。

② 李泽厚：《论语今读》，生活·读书·新知三联书店2004年版，第459～460页。以下引用该书只注明作者、书名、册数和页码。

有的人个性急躁，遇到挫折或困难，便忍不住感情用事。感情用事往往招致灾难，刘备为报关羽被杀之仇，遭“火烧连营七百里”就是一例。

【译文】

孔子说：“动听的言语足以混淆道德判断。小事情不能忍耐，就会搅乱大的计划。”①

4.吕洞宾三剑

吕洞宾〔1〕尝自传，岳州有石刻。云：“吾乃京兆〔2〕人，唐末，累〔3〕举进士不第。因游华山，遇钟离〔4〕，传授金丹〔5〕大药之方；复遇苦竹真人，方能驱使鬼神；再遇钟离，尽获希夷〔6〕之妙旨。吾得道年五十，第一度郭上灶，第二度赵仙姑。郭性顽钝，只与追钱延年之法。赵性通灵，随吾左右。吾惟是风清月白，神仙会聚之时，常游两浙、汴京、谯郡。尝著白襕〔7〕角带，右眼下有一痣，如人间使者箸〔8〕头大。世言吾卖墨，飞剑取人头，吾闻哂〔9〕之。实有三剑：一断烦恼，二断贪嗔〔10〕，三断色欲，是吾之剑也。世有传吾之神，不若传吾之法；传吾之法，不若传吾之行。何以故？为人若反是，虽握手接武〔11〕，终不成道。”嗟乎，观吕之所著，皆自身心始。而学者不能正心修身，徒欲为侥幸之事，可乎？②

【题注】

选自宋代吴曾《能改斋漫录》，原题为《吕洞宾传神仙之法》。

吴曾，字虎臣，南宋崇仁（今江西省崇仁县）人，其生卒年代不详。吴曾平生博学，能文能诗，多有著述。其所编笔记文集《能改斋漫录》，分事始、辨误、事实、沿袭、地理、议论、记诗、记事、记文、类对、方物、乐府、神仙鬼怪十三类。以考证为主，阐释史事制度，钩索诗文典故，辑录名家佚文，《四库全书总目提要》称：“曾记诵渊博，故援据极为赅洽，辨析亦多精核。当时虽恶其人，而诸家考证之文，则不能不征引其说，几与洪迈《容斋随笔》相埒。置其人品而论其学问，弃其瑕类而取其英华，在南宋说部之中，要称佳本，则亦未可竟废矣。”③吴曾事迹，余嘉锡先生《四库提要辨证》论证特详。

【注释】

〔1〕吕洞宾：名岩，字洞宾，唐代道士，后道教奉为神仙，是“八仙”中传闻最广的一位仙人。〔2〕京兆：地名，相当于今陕西西安及其附近所属地区。〔3〕累：连续。〔4〕钟离：钟离权，姓钟离，名权，字云房，全真道尊他为“正阳祖师”，道教传说中的“八仙”之一。〔5〕金丹：道教有金丹术，又称黄白术、外丹术等。《抱朴子内篇·金丹》：“夫金丹之为物，烧之愈久，变化愈妙。黄金入火，百炼不消，埋之，毕天不朽。服此二物，炼人身体，故能令人不老不死。”④其方法是对一些矿石、药物进行神秘性的炼制，然后服食之。

① 傅佩荣：《论语300讲》下册，第494页。

② （宋）吴曾撰：《能改斋漫录》下册，上海古籍出版社1979年版，第504页。

③ （清）永瑢等撰：《四库全书总目》上册，中华书局1965年版，第1018～1019页。

④ 王明著：《抱朴子内篇校释》，中华书局1985年版，第71页。

〔6〕希夷：指陈抟。陈抟，字图南，号扶摇子、希夷先生，尊称为陈抟老祖、希夷祖师等。〔7〕白襕（lán）：古时士人的服装。襕，古代一种上下衣相连的服装。〔8〕箸（zhù）：筷子。〔9〕哂（shěn）：微笑。〔10〕嗔（chēn）：怒，生气。〔11〕握手接武：手握着手，脚步跟着脚步，比喻跟别人亦步亦趋地学。武，脚步。

5.酒色财气不动心

世言累人[1]者曰“酒色财气。”然酗酒斗狠，乡党自好者尚知儆戒[2]。唯“财色”二字，非有定识、定力，鲜不移其所守[3]。昔人言：“道有黄金不动心，室有美人不炫目，方是真正豪杰。”余独有要箴[4]二则，能临境猛省，便百魔俱退。财箴曰：“货悖而入者，亦悖而出。[5]”色箴曰：“淫人妻女者，妻女亦被人淫。”天道好还[6]，相在尔室[7]矣。①

【题注】

选自清代汪辉祖《双节堂庸训·律己》，原题为“财色两关尤当着力”。

汪辉祖（1730—1807），字焕曾，号龙庄，浙江萧山人。富于藏书，先后所积数万卷，藏于“环碧山房”之中，编撰有《环碧山房书目》，著有《元史本证》《读史掌录》《楚中杂咏》《龙庄四六稿》《史姓韵编》《九史同姓名略》《二十史同姓名录》《二十四史稀姓名录》《辽金元三史同姓名录》《学治佐证》《佐治药言》《续佐治药言》《学治臆说》《学治续说》《晚庐归稿》等20余种。《双节堂庸训》系为家教而作，其在《自序》开篇即言：“《双节堂庸训》者，龙庄居士教其子孙之所作也。中人以上，不待教而成；降而下之，非教不可。”全书分为述先、律己、治家、应世、蕃后、述师述友六卷。

【注释】

〔1〕累（lèi）人：使人受累、受害。〔2〕儆（jǐng）戒：戒备。〔3〕守：操守。〔4〕箴（zhēn）：即箴言，规谏劝诫的话。〔5〕货悖而入者，亦悖而出：此语出自《大学》：“是故言悖而出者，亦悖而入；货悖而入者，亦悖而出。”意思是，用不正当的方法得来的钱财，也会被别人用不正当的方法拿去。〔6〕天道好还（huán）：天道，天理。好，常常会。还，回报别人。旧指天可主持公道，善恶终有报应。〔7〕相在尔室：语出《诗经·大雅·抑》：“相在尔室，尚不愧于屋漏。”意思是，看看你的室中，在阴暗的地方也要光明磊落。

6.九世同居

张公艺[1]九世同居，唐高宗[2]临幸[3]其家，问本末，书“忍”字以对。天子流涕，遂赐缣帛[4]。

---

① （清）汪辉祖著：《病榻梦痕录》《双节堂庸训》，（清）蒯德模撰：《吴中判牍》，江西人民出版社2012年版，第131页。

【题注】

选自元代吴亮《忍经》。

吴亮，字明卿，钱塘人，其生平事迹已无从考证。其所著《忍经》，收录了自先秦至宋代173条有关隐忍的故事和言论。

【注释】

〔1〕张公艺（578—676）：郓州寿张（今山东阳谷）人，历北齐、北周、隋、唐四代，寿九十九岁。《旧唐书》卷一百八十八记载：“郓州寿张人张公艺，九代同居。北齐时，东安王高永乐诣宅慰抚旌表焉。隋开皇中，大使、邵阳公梁子恭亦亲慰抚，重表其门。贞观中，特敕吏加旌表。麟德中，高宗有事泰山，路过郓州，亲幸其宅，问其义由。其人请纸笔，但书百余‘忍’字。高宗为之流涕，赐以缣帛。”①〔2〕唐高宗：李治（628—683），唐太宗李世民第九子，唐朝第三任皇帝（649—683在位）。〔3〕临幸：谓帝王亲临。〔4〕缣（jiān）帛：一种光洁细薄的丝绢。

【译文】

张公艺一家九世同堂，唐高宗亲自光临他家。问他何以能九世同堂，张公艺在纸上写了一个大大的“忍”字回答唐高宗。高宗感动得流下眼泪，于是赏给了他家很多绸缎。②

7.知几

子曰：“知几[1]其神乎？君子上交不谄，下交不渎，其知几乎？几者动之微，吉之先见者也。君子见几而作，不俟[2]终日。《易》曰：‘介于石，不终日，贞吉。’[3]介如石焉，宁用终日，断可识矣。君子知微知彰，知柔知刚，万夫指望。”

【题注】

选自《周易·系辞下传》。

孔子强调“知几”，也就是要以清醒的理性把握变化的苗头、吉凶的先兆，由此而采取的行动自然耿介如石，合乎中正之道。因此，一个理想的君子人格，应该“知微知彰，知柔知刚”，如果能如此，也就成为众人仰慕的楷模了。

【注释】

〔1〕几：微。〔2〕俟：等待。〔3〕介于石，不终日，贞吉：豫卦六二爻辞。

【译文】

孔子说：“能知晓（事理的）几微，大概是神吧？君子与上相交不谄媚，与下相交不渎慢，这算是知晓几微了。几，是事物变动细微，吉的先现。君子见几而行动，不待终日。《周易》说：‘坚如磐石，不待终日，占问得吉。’（已经）坚贞如同磐石，（还）宁可用它终

---

① （后晋）刘昫撰：《旧唐书·列传第一百三十八·孝友》一五册，中华书局1975年版，第4920页。

② （元）吴亮撰，刘成荣评注：《忍经》，中华书局2013年版，第38～39页。

日，其决断可以明识了！君子知几微知彰著，知柔顺知刚健，(因而)万众仰慕。”①

8.胯下之辱

韩信，淮阴人也。家贫无行，不得推择为吏，又不能治生〔1〕为商贾〔2〕，常从人寄食〔3〕。其母死无以葬，乃行营高燥地，令傍可置万家者。信从下乡〔4〕南昌〔5〕亭长食，亭长妻苦之，乃晨炊〔6〕蓐食〔7〕。食时信往，不为具食。信亦知其意，自绝去。至城下钓，有一漂母〔8〕哀之，饭信，竟漂数十日。信谓漂母曰：“吾必重报母。”母怒曰：“大丈夫不能自食，吾哀王孙〔9〕而进食，岂望报乎！”淮阴少年又侮信曰：“虽长大，好带刀剑，怯耳。”众辱信曰：“能死，刺我；不能，出胯下。”于是信孰视，俯出胯下。一市皆笑信，以为怯。

【题注】

选自《汉书·韩彭英卢吴传》。

《汉书》，又名《前汉书》，东汉班固著，是我国第一部纪传体断代史。《汉书》沿用《史记》的体例而略有变更，改“书”为“志”，改“列传”为“传”，改“本纪”为“纪”，无“世家”。全书包括纪十二篇，表八篇，志十篇，传七十篇，共一百篇，记载上自汉高祖元年(前206)，下至王莽地皇四年〔23〕，共230年间历史。

班固(32—92)，字孟坚，扶风安陵(今陕西咸阳东北)人，东汉著名史学家、文学家。作为史学家，《汉书》是继《史记》之后中国古代又一部重要史书，“前四史”之一。作为辞赋家，班固是“汉赋四大家”(即司马相如、扬雄、班固、张衡)之一。同时，班固还是经学家，他编辑撰成的《白虎通义》，集当时经学之大成，使谶纬神学理论化、法典化。

【注释】

〔1〕治生：谋生。〔2〕商贾(gǔ)：古代称行走贩卖货物为商，住着出售货物为贾。二字连用，泛指做买卖的人。〔3〕寄食：投靠人家吃闲饭。〔4〕下乡：乡名。〔5〕南昌：下乡的一个亭名。〔6〕晨炊：大早做饭。〔7〕蓐(rù)食：床上吃饭。〔8〕漂母：漂洗丝绵的老母。〔9〕王孙：犹言“公子”，对青年人的尊称。

【译文】

韩信，淮阴县人。从小家庭贫穷，自己也没有好的品行，既不能被推选去做官，又不会做买卖以谋生，经常到别人家讨饭吃。他母亲死了，穷得无法安葬，就寻找了一块又高又干燥和四周宽敞地方做坟地，使日后在坟旁能安置下千万户人家。韩信曾投靠下乡南昌亭长家吃饭，亭长的妻子讨厌他，就很早起来把饭做好，端在床上吃掉。到吃早饭的时候，韩信去了，没有给他准备饭食。韩信知道她的用意，从此离去不再往来。韩信曾到城下钓鱼，有一位老妈妈在漂洗丝绵絮，很怜悯他，给他饭吃，一连几十天都是这样，直至漂洗完毕。韩信感激地对老妈妈说：“我将来一定要重重地报答你。”老人听了很生气，说：

① 刘大钧、林忠军译注：《周易经传白话解》，第306页。

“你一个大丈夫不能养活自己，我是可怜你这位年轻人，才给你饭吃，难道是想要你的报答吗！”淮阴城里有个青年欺侮韩信说：“你虽个子长得高大，还爱好佩带刀剑，可实际上胆怯得很！”并当众侮辱韩信说：“你要是不怕死，就用剑刺我；你要是怕死，就从我的胯下爬过去。”于是韩信盯着那个青年人仔细地看了看之后，弯下身子，从他的裤裆下爬了过去。满街上看热闹的人都取笑韩信，认为他没出息，是个胆小鬼。①

9. 斗筲之量

人有斗筲〔1〕之量者，有钟〔2〕鼎〔3〕之量者，有江河之量者，有天地之量者。“斗筲之量者，固不足算。”〔4〕若钟鼎、江河者，亦已大矣，然满则溢也。唯天地之量者，无得而损益。苟非圣人，孰能当之！②

【题注】

选自《河南程氏遗书》卷九。

《河南程氏遗书》，共二十五卷。该书是北宋理学家程颢（1032—1085）、程颐（1033—1107）的弟子记载二程平时的言行而成，其中言论居多。程颢，字伯淳，人称明道先生，河南府（今河南洛阳）人。程颐，字正叔，人称伊川先生，程颢之弟。程颢程颐兄弟，世称“二程”。《河南程氏遗书》是研究二程思想乃至宋明理学最重要的资料之一。上海古籍出版社“天地人丛书”收录该书，命名为《二程遗书》。中华书局出版的《二程集》上册，《河南程氏遗书》占了相当篇幅。

【注释】

〔1〕斗筲：斗，量器，容十升。筲，竹器，容一斗二升。比喻气量狭小和才识短浅。〔2〕钟：古代容量单位，春秋时齐国公室的公量，合六斛四斗。〔3〕鼎：古代烹煮用的器物。〔4〕斗筲之量者，固不足算：语出《论语·子路》：子曰：“噫！斗筲之人，何足算也。”③

【译文】

有的人气量像斗筲一样大，有的人气量像钟鼎一样大，有的人气量像江河一样大，有的人气量像天地一样广大。“斗筲气量的人，就不用说了。”像钟鼎、江河之量的人，已经算是气量大的了，然而也有边际，满了会外溢出来。只有天地之量是没有边际的，不会因为增加而满溢或减少。如果不是圣人，谁能做到这样呢！

---

① 许嘉璐主编：《二十四史全译·汉书》第二册，第849页。

② （宋）程颢、程颐著：《二程集》上册，中华书局2004年版，第108页。以下引用该书只注明作者、书名、册数和页码。

③ （宋）朱熹：《四书章句集注》，第146页。

10.一虫一蚁不忍伤残

一点不忍[1]的念头，是生民生物之根芽；一段不为的气节，是撑天撑地之柱石。故君子于一虫一蚁不忍伤残，一缕一丝勿容贪冒[2]，变可为万物立命、天地立心矣。

【题注】

选自明代洪应明《菜根谭》。

《菜根谭》是晚明时期的一部清言小品集，是一部格言体的人生智慧书。一般认为，《菜根谭》的作者是明代文人洪应明。生活在嘉靖（1522—1566）、万历（1573—1620）年间，籍贯不详。中华书局出版的由杨春俏评注的《菜根谭》，分修身、应酬、评议、闲适、概论五部分，凡264条。

【注释】

〔1〕不忍：不忍心伤害。〔2〕贪冒：贪得。

【译文】

一点不忍为害的念头，是供养人民、生长万物的根源；一段有所不为的气节，是顶天立地、支撑局面的柱石。故而君子对一只虫豸蚂蚁那样的微小生灵都不忍加以伤害，对一根蚕丝线缕那样的微小利益都不允许自己贪图，能够做到这两点，就可以为造福万物而修身养性，以奉天命，就可以为天地树立准则。①

11.仁足以长福而消祸，礼足以守成而防败

富而好礼[1]，孔子所诲；为富不仁[2]，孟子所戒。盖仁足以长福而消祸，礼足以守成而防败。怙富[3]而好凌人，子羽[4]已窥于子晳[5]；富而不骄者鲜[6]，史鱼[7]深警于公叔[8]。庆封之富非赏实殃[9]，晏子之富如帛有幅[10]，去其骄，绝其吝，惩其忿，窒其欲，庶几保九畴之福[11]。噫，可不忍欤！

【题注】

选自元代许名奎《劝忍百箴》。

如何破解“富不过三代”，许元奎给出的答案只有两个字：仁，礼。

【注释】

〔1〕富而好礼：语出《论语·学而》：子贡曰：“贫而无谄，富而无骄，何如？”子曰：“可也。未若贫而乐，富而好礼者也。”②〔2〕为富不仁：语出《孟子·滕文公上》：阳虎曰：

① （明）洪应明撰，杨春俏评注：《菜根谭》，中华书局2013年版，第10页。以下引用该书只注明作者、书名、册数和页码。

② （宋）朱熹：《四书章句集注》，第52页。

"为富不仁矣，为仁不富矣。"①〔3〕怙（hù）富：仗势财富。《左传·昭公元年》："叔向（晋大夫）出，行人挥送之。叔向问郑故焉，且问子皙。对曰：'其与几何？无礼而好陵人，怙富而卑其上，弗能久矣。'"②〔4〕子羽：名公孙挥，郑国行人（官名），曾助公孙侨（子产）相郑，是郑国著名的政治家和外交家。〔5〕子皙：公孙黑，字子皙，郑国大夫。〔6〕富而不骄者鲜：语出《左传·定公十三年》：初，卫公叔文子朝而请享灵公，退，见史鳅而告之。史鳅曰："子必祸矣。子富而君贪，罪其及子乎！"文子曰："然。吾不先告子，是吾罪也。君既许我矣，其若之何？"史鳅曰："无害。子臣，可以免。富而能臣，必免于难，上下同之。戌也骄，其亡乎。富而不骄者鲜，吾唯子之见。骄而不亡者，未之有也。戌必与焉。"③〔7〕史鱼：也称史鳅，字子鱼，春秋时卫国大夫。〔8〕公叔：公叔文子，即公叔发，卫献公之孙，名拔，谥号文，故称公叔文子，春秋时卫大夫。〔9〕庆封之富非赏实殃：庆封（？—前538），春秋时齐国大夫。公元前548年，崔杼杀齐庄公后，拥立景公，庆封与崔杼分任右相、左相。齐景公二年（前546），乘崔氏内乱，灭崔氏而当国。庆封耽于酒色，将国政交于其子庆舍，并移居大夫芦蒲嫳家。次年，遭陈氏、鲍氏、栾氏、高氏联合反对，庆舍被杀，他逃亡鲁国。鲁受齐责难，又奔吴，聚族居于朱方（今江苏镇江）。公元前538年，楚灵王伐吴，楚令屈申破朱方，杀庆封，灭其族。《左传·襄公二十八年》："子服惠伯谓叔孙曰：'天殆富淫人，庆封又富矣。'穆子曰：'善人富谓之赏，淫人富谓之殃。天其殃之也，其将聚而歼旃？'"④〔10〕晏子之富如帛有幅：晏子，即晏婴（前578—前500），字仲，谥平，春秋中后期齐国重要的政治家、思想家、外交家，以生活节俭、谦恭下士著称。《左传·襄公二十八年》："崔氏之乱，丧群公子。故鉏在鲁，叔孙还在燕，贾在句渎之丘。及庆氏亡，皆召之，具其器用而反其邑焉，与晏子邶殿其鄙六十，弗受，子尾曰：'富，人之所欲也，何独弗欲？'对曰：'庆氏之邑足欲，故亡。吾邑不足欲也。益之以邶殿，乃足欲。足欲，亡无日矣。在外，不得宰吾一邑。不受邶殿，非恶富也，恐失富也。且夫富如布帛之有幅焉，为之制度，使无迁也。夫民生厚而用利，于是乎正德以幅之，使无黜嫚，谓之幅利。利过则为败。吾不敢贪多，所谓幅也。'"⑤〔11〕九畴之福：传说天帝赐给禹治理天下的九类大法，其中第九法为五福。《尚书·洪范》："天乃锡禹《洪范》《九畴》，彝伦攸叙。初一曰五行，次二曰敬用五事，次三曰农用八政，次四曰协用五纪，次五曰建用皇极，次六曰乂用三德，次七曰明用稽疑，次八曰念用庶征，次九曰向用五福，威用六极。"⑥

---

① （宋）朱熹：《四书章句集注》，第254页。

② （春秋）左丘明撰，（晋）杜预集解，李梦生整理：《春秋左传集解》下册，凤凰出版社2010年版，第587页。以下引用该书只注明作者、书名、册数和页码。

③ （春秋）左丘明撰，（晋）杜预集解，李梦生整理：《春秋左传集解》下册，第814页。

④ （春秋）左丘明撰，（晋）杜预集解，李梦生整理：《春秋左传集解》下册，第544页。

⑤ （春秋）左丘明撰，（晋）杜预集解，李梦生整理：《春秋左传集解》下册，第544页。

⑥ （汉）孔安国传，（唐）孔颖达正义，黄怀信整理：《尚书正义》，上海古籍出版社2007年版，第449～450页。以下引用该书只注明作者、书名、册数和页码。

【译文】

孔子教诲子贡，富贵之后还应守礼；孟子告诫学生，不要一富贵就丧失了仁德。仁德可以增长福报而消减灾祸，礼义可以保持成果而避免破败。郑国的公孙黑仰仗着自己的富贵而喜欢欺凌他人，行人子羽预言他为时不久；卫国的史鱼告诫公叔文子，人之富贵后往往会骄奢无度。叔孙穆子说齐人庆封的富贵不是上天的奖赏而是责罚，齐国晏婴说富就像帛有幅，只有节制才能持续。如果能够做到戒除骄傲、断绝吝啬、警戒愤怒、减少欲望的话，或许可以拥有《尚书·洪范》中所说的寿、富、康宁、攸好德、考终命五福。唉，难道不应该隐忍吗？①

12.上善若水

上善若水〔1〕。水善利万物而不争，处众人之所恶〔2〕，故几〔3〕于道。居善地，心善渊〔4〕，与善仁，言善信，正善治，事善能，动善时。夫唯不争，故无尤。

【题注】

选自《老子》第八章。

《老子》，又名《道德经》。通行本《老子》，是魏晋时期王弼（226—249）注的版本，共81章。1973年，湖南长沙马王堆汉墓出土了一大批帛书，其中就有《老子》的帛书甲本与乙本。这两个版本大同小异，都是《德经》在前，《道经》在后，并且没有分章。1993年，湖北荆门郭店村战国楚墓又出土了许多竹简，其中有三种《老子》的摘抄本，分为甲、乙、丙三组。摘抄本的字数只有通行本的三分之一，并且丙组中的文句较为接近帛书本与通行本。关于《老子》一书的作者，司马迁（前145—前90）在《老子韩非列传》中记载了四位与《老子》有关的人物，即老聃、李耳、老莱子、太史儋。这四人之间是什么关系？哪一个才是《老子》的真正作者？司马迁也无法明辨，只好用“或曰”这样的词语来诸说并存。这说明在司马迁生活的时代，《老子》及其作者已经弄不清了。不过，在这篇传记中，司马迁还是明显倾向于《老子》的作者为老聃，并肯定老子为“隐君子”。要之，“老子开创了道家学派，并有庄子发展，所形成的思想及影响可以同儒家分庭抗礼，在深度与广度上则更有过之”②。

【注释】

〔1〕上善若水：上善之人，如水之性。③〔2〕恶（wù）：讨厌，憎恨。〔3〕几：近。〔4〕渊：形容沉静。

---

① （元）许名奎撰，刘成荣评注：《劝忍百箴》，中华书局2014年版，第45～46页。以下引用该书只注明作者、书名和页码。

② 傅佩荣译解：《老子》，东方出版社2012年版，第3页。以下引用该书只注明作者、书名和页码。

③ 王卡点校：《老子道德经河上公章句》，中华书局1993年版，第28页。

【译文】

上善的人好像水一样。水善于滋润万物而不和万物相争，停留在大家所厌恶的地方，所以最接近于“道”。居处善于选择地方，心胸善于保持沉静，待人善于真诚相爱，说话善于遵守信用，为政善于精简处理，处事善于发挥所长，行动善于掌握时机。只因为有不争的美德，所以没有怨咎。①

13. 圣之时者

伯夷〔1〕，圣之清者也；伊尹〔2〕，圣之任者也；柳下惠〔3〕，圣之和者也；孔子，圣之时者也。孔子之谓集大成。

【题注】

选自《孟子·万章下》。

孟子认为，孔子是“圣之时者”。什么是“圣之时者”？在《公孙丑上》中，孟子作了回答：“可以仕则仕，可以止则止，可以久则久，可以速则速，孔子也。”

【注释】

〔1〕伯夷：商末孤竹君长子。〔2〕伊尹：相传夏末商初助汤伐桀的商代大臣。〔3〕柳下惠（前720—前621）：展氏，名获，字子禽，一字季，春秋时期鲁国柳下邑（今山东平阴展洼人）人，鲁孝公的儿子公子展的后裔。“惠”是他的谥号，所以后人称他为“柳下惠”。

【译文】

伯夷是圣人中清高的，伊尹是圣人中负责的，柳下惠是圣人中随和的，孔子则是圣人中最合时宜的。孔子可以说是集圣人之大成。②

14. 不知足歌

终日奔波只为饥，方才一饱便思衣。衣食两般皆具足，又想娇容美貌妻。娶得美妻生下子，恨无田地少根基。买到田园多广阔，出入无船少马骑。槽头〔1〕扣了骡和马，叹无官职被人欺。县丞〔2〕主簿〔3〕还嫌小，又要朝中挂紫衣〔4〕。若要世人心里足，除是南柯一梦〔5〕西。③

【题注】

选自清代钱德苍辑录的《解人颐》之《懿行集》。

钱德苍，字沛恩，号慎斋，江苏长洲人，生平不详。《解人颐》共计八卷二十四集，分

---

① 陈鼓应：《老子注译及评介》，第91页。

② 傅佩荣译解：《孟子》，第176页。

③ （清）钱德苍辑：《解人颐》上册，岳麓书社2005年版，第38页。以下引用该书只注明作者、书名、册数和页码。

为懿行集、嘉言集、远观集、陶情集、旷怀集、遣兴集、寄感集、萦思集、博趣集、涤烦集、消闷集、寓意集、达识集、高致集、敦伦集、惊奇集、树德集、博雅集、超群集、寄怀集、群蠹集、说言集、丽情集、游戏集。里面收录的都是箴言、格言、诗词、歌赋，也有少量的趣谈、谜语、笑话等，内容以治国齐家、修身养性以及陶冶情操为主，又夹杂着一些戏谑、笑谈等。

【注释】

〔1〕槽头：给牲畜喂饲料的地方。〔2〕县丞：古代官名，县令之辅佐。〔3〕主簿：古代官名，是各级主官属下掌管文书的佐吏。〔4〕紫衣：官服，借指高官。〔5〕南柯一梦：出自唐代李公佐《南柯太守传》，形容一场大梦，或比喻一场空欢喜。《南柯太守传》，今存于《太平广记·昆虫三·淳于棼》。

【译文】

终日奔波，只为填饱肚子。刚刚能吃饱了，却又开始想要衣服。衣食问题都解决了，又想娶美貌娇妻。娶了美妻生了孩子，又嫌弃田地少家产不足。买了广阔良田后，又想要出门有车马舟船出行方便。有了骡马，又感叹没有一官半职被人欺负。做了县丞主簿，又觉得官职太小，还想着能做到高官。如果想让世人的欲望得到满足，除非是南柯一梦。

15.知足歌

知足歌，知足歌，栋垣何必要嵯峨〔1〕！茅屋数椽蔽风雨，颇堪容膝且由他。君不见世间还有无家者，露处沙眠可奈何。请看破，莫求过，竹篱茅舍心常足，便是神仙安乐窝。

知足歌，知足歌，田园何必苦谋多！只用平畴十数亩，或禾或菽自耕锄。君不见世间还有无田者，籽粒艰难可奈何。请看破，莫求过，一犁春雨常知足，身伴闲云挂绿蓑。

知足歌，知足歌，衣裳何必用绫罗！布衣亦足遮身体，破衲胸中寓太和。君不见世间还有无衣者，霜雪侵肌可奈何。请看破，莫求过，鹑衣〔2〕百结常知足，胜佩朝臣待漏珂。

知足歌，知足歌，盘餐何必羡鱼鹅！蔬食菜羹聊适口，欣然一饱便吟哦。君不见世间还有无粮者，餐冷烟消可奈何。请看破，莫求过。粗茶淡饭常知足，鼓腹遨游傲太和。

知足歌，知足歌，娶妻何必定娇娥〔3〕！荆钗布裙知勤俭，黾勉〔4〕同心乐更多。君不见世间还有无妻者，独宿孤眠可奈何。请看破，莫求过，妻房丑陋常知足，白首谐欢赛翠蛾〔5〕。

知足歌，知足歌，养儿何必尽登科！当知有子万事足，虽然顽钝可磋磨。君不见世间还有无子者，只影单形可奈何。请看破，莫求过，有儿绕膝常知足，切莫劳形作马骡。①

【题注】

选自清代钱德苍辑录的《解人颐》之《嘉言集》。

---

① （清）钱德苍辑：《解人颐》上册，第72～73页。

人活着，一方面要知足，一方面要不知足，所谓“一阴一阳之谓道”。不知足是进取的动力，知足者常乐。不知足易，知足难。许多人往往死于不知足。

【注释】

〔1〕嵯峨（cuó é）：形容盛多。〔2〕鹑衣：补缀的破旧衣衫。〔3〕娇娥：美貌少年。〔4〕黾（mǐn）勉：勉励，尽力。〔5〕翠娥：妇女细而长曲的黛眉，借指美女。

五、勇敢

“勇”是人类文化中重要的传统美德之一，然而，勇并非一开始就是一种德性。在中华传统文化中，勇是经过了孔子、孟子、荀子等思想家不断发展、完善，去除了私利和鲁莽之勇后才成为勇德的。《说文解字》：“勈，气也，从力甬声。”段注曰：“气，云气也，引申为人充体之气之称；力者，筋也；勇者，气也；气之所至，力亦至焉；心之所至，气乃至焉。故古文勇从心。”（段玉裁《说文解字注》）“勇”的本义只是一种能激发起行动力量的气，是指坚定不移的毅力与无所畏惧、勇往直前的精神，是一种“来自灵魂的、无所畏惧、所向无敌、不可战胜的精神力量”①。在中国传统社会早期，“勇”经常与“不畏死”、“不逃死”、勇于决断等联系在一起，更多的是指一种战场上无畏的精神。然而这种无畏的精神并不完全是一种良好的品德，如何理解发挥“勇”会带来完全不同的效果。后来以孔孟为代表的传统儒家对“勇”作了进一步诠释，认为“勇”有“小勇”和“大勇”、“血气之勇”和“义理之勇”之分，有“匹夫之勇”和“仁者之勇”之分，有“鲁勇”“莽勇”和“智勇”“义勇”之分。我们所谓的修身之修勇德，其实就是去除鲁莽血气的小勇，而涵养包含仁义智的义理之勇。以道义为根基的“义理之勇”是对于真理、正义、善根、至美的真诚追求所生发出的人性的内在的勇与毅。“勇”不仅是临危不惧、处惊不乱、敢于行动的能力，还是在个体生命成长中不断知耻改过，突破自我前进过程所展示出来的毅力与决心，这就是传统文化中所讲的君子人格的勇德。

1.知者不惑，仁者不忧，勇者不惧

子曰：“知者不惑，仁者不忧，勇者不惧。”

【题注】

选自《论语·子罕》。

在《论语·宪问》中还有类似记载：“子曰：‘君子道者三，我无能焉：仁者不忧，知者不惑，勇者不惧。’子贡曰：‘夫子自道也。’可见，孔子非常看重知、仁、勇。《中庸》

① （希腊）柏拉图著，王晓朝译：《柏拉图全集》第2卷，人民出版社2003年版，第334页。

将知、仁、勇三者称之“天下之达德也”①。北宋程颢（1032—1085）对知、仁、勇三者进一步阐释道：“‘仁者不忧，知者不惑，勇者不惧’，德之序也。‘知者不惑，仁者不忧，勇者不惧’，学之序也。知以知之，仁以守之，勇以行之。”②

【译文】

孔子说：“明智的人没有困惑，行仁的人没有忧虑，勇敢的人没有畏惧。”③

2. 好学近乎知，力行近乎仁，知耻近乎勇

子曰：好学近乎知，力行近乎仁，知耻近乎勇。知斯三者，则知所以修身。知所以修身，则知所以治人。知所以治人，则知所以治天下国家矣。

【题注】

选自《中庸》。

《中庸》原是《礼记》中的一篇，作者为孔子嫡孙子思（约前483—前402）。北宋程颢（1032—1085）、程颐（1033—1107）兄弟二人极力尊崇《中庸》。南宋朱熹（1130—1200）作《中庸章句》，并把《中庸》和《大学》《论语》《孟子》并列称为“四书”。

【译文】

孔子说：爱好学习就接近明智了，努力实践就接近仁德了，懂得羞耻就接近勇敢了。了解这三点，就知道如何修养言行；知道如何修养言行，就知道如何治理众人；知道如何治理众人，就知道如何治理天下国家了。④

3. 匹夫之勇，文王之勇，武王之勇

王曰：“大哉言矣！寡人有疾，寡人好勇。”对曰：“王请无〔1〕好小勇。夫抚剑疾视曰，‘彼恶〔2〕敢当我哉’！此匹夫之勇，敌一人者也。王请大之！《诗》云：‘王赫〔3〕斯怒，爰〔4〕整其旅，以遏徂〔5〕莒，以笃〔6〕周祜〔7〕，以对于天下。’此文王之勇也。文王一怒而安天下之民。《书》曰：‘天降下民，作之君，作之师。惟曰其助上帝宠之。四方有罪无罪，惟我在，天下曷〔8〕敢有越厥〔9〕志？’一人衡〔10〕行于天下，武王耻之。此武王之勇也。而武王亦一怒而安天下之民。今王亦一怒而安天下之民，民惟恐王之不好勇也。”

【题注】

选自《孟子·梁惠王下》。

---

① （宋）朱熹：《四书章句集注》，第29页。

② （宋）程颢、程颐：《二程集》，第125页。

③ 傅佩荣：《论语300讲》上册，第271页。

④ 傅佩荣译解：《大学》《中庸》，东方出版社2012年版，第70页。以下引用该书只注明作者、书名和页码。

孟子认为勇有大小，小勇为匹夫之勇，是血气之怒；大勇为文武王之勇，能除暴抚民以安天下，是理义之勇。

【注释】

〔1〕无：同“勿”。〔2〕恶（wū）：同“乌”，疑问词，哪，何。〔3〕赫（hè）：发怒。〔4〕爰（yuán）：于是。〔5〕徂（cú）：往。〔6〕笃：厚实。〔7〕祜（hù）：福。〔8〕曷（hé）：何。〔9〕厥（jué）：那个的。〔10〕衡：同“横”。

【译文】

齐宣王说：“这番话太伟大了。不过，我有个毛病，就是爱好勇敢。”孟子回答说：“希望大王不要爱好小勇。手按剑柄，怒目而视，说：‘他怎么敢抵挡我！’这是平凡人的勇敢，只能对付一个人。希望大王扩而大之。《诗经·大雅·皇矣》上说：‘文王勃然大怒，于是整顿军队，阻止侵略莒国的敌人，以增强周朝的福佑，并以此报答天下人的期望。’这是文王的勇敢。文王一发怒就安定了天下的百姓。《尚书·泰誓》上说：‘天降生万民，为万民立了君主也立了师傅，要他们协助上帝来爱护百姓。因此，四方百姓有罪的与无罪的，都由我来负责，天下谁敢超越他的本分？’有一个人在天下横行，武王觉得可耻，这就是武王的勇敢。武王也是一发怒就安定了天下的百姓。如果大王也是一发怒就安定了天下的百姓，那么百姓还只怕大王不爱好勇敢呢。”①

4.狗彘之勇，贾盗之勇，小人之勇，士君子之勇

有狗彘〔1〕之勇者，有贾〔2〕盗之勇者，有小人之勇者，有士君子之勇者。争饮食，无廉耻，不知是非，不辟〔3〕死伤，不畏众强，恈恈〔4〕然惟利饮食之见，是狗彘之勇也。为事利，争货财，无辞让，果敢而振，猛贪而戾〔5〕，恈恈然惟利之见，是贾盗之勇也。轻死而暴，是小人之勇也。义之所在，不倾于权〔6〕，不顾其利，举国而与之不为改视，重死持义而不桡，是士君子之勇也。②

【题注】

选自《荀子·荣辱》。

君子和小人在才性智能上基本相同，而君子与小人荣辱之别，在于君子持道而小人好斗。在荀子看来，勇有不同的层次。猪狗之勇在食，贾盗之勇在利，小人之勇在暴，君子之勇在文。

【注释】

〔1〕彘（zhì）：猪。〔2〕贾（gǔ）：做买卖的人，商人。〔3〕辟（bì）：同“避”，躲，设法躲开。〔4〕恈恈（móu móu）：因喜爱而想得到。〔5〕戾（lì）：暴恶。〔6〕权：权势。

---

① 傅佩荣译解：《孟子》，第22页。

② （清）王先谦：《荀子集解》上册，中华书局1988年版，第56页。以下引用该书只注明作者、书名、册数和页码。

【译文】

有狗和猪的勇敢，有商人和盗贼的勇敢，有小人的勇敢，有士君子的勇敢。争夺饮食，没有廉耻，不知道是与非，不逃避死伤的危险，不怕众人的强力，贪婪地只看到吃喝，这是狗和猪的勇敢。为了谋利，争夺财物，毫不谦让，行动果敢振奋，极端贪心而又暴戾，贪婪地唯利是图，这是商人和盗贼的勇敢。轻视生命而又暴虐，这是小人的勇敢。站在正义立场上，不为权势所屈服，不顾利益与否；即使举国众口嚣嚣都反对他，也不改变既定的看法；虽然重视死亡，但为了坚持正义绝不屈从，这是士君子的勇敢。①

5.上勇，中勇，下勇

有上勇者，有中勇者，有下勇者：天下有中〔1〕，敢直其身；先王有道，敢行其意；上不循于乱世之君，下不俗于乱世之民；仁之所在无贫穷，仁之所亡无富贵；天下知之，则欲与天下同苦乐之；天下不知之，则傀然〔2〕独立天地之间而不畏：是上勇也。礼恭而意俭，大齐信〔3〕焉而轻货财；贤者敢推而尚之，不肖者敢援〔4〕而废之：是中勇也。轻身而重货，恬〔5〕祸而广解，苟免，不恤是非、然不然之情，以期胜人为意：是下勇也。②

【题注】

选自《荀子·性恶》。

与孟子的“性善”论不同，荀子认为人性是恶的。人性生而好利，如果顺应人的本性，放纵人的情感，社会必定会动乱。因此，荀子认为必须通过后天礼义的约束，社会才能安定。能坚持仁之所在，才是真正的上等之勇；争强好胜，只是下等之勇。

【注释】

〔1〕中：中道。〔2〕傀（guī）然：独立的样子。〔3〕齐信：整齐于信。〔4〕援：牵引。〔5〕恬：安然，谓安于祸难。

【译文】

有上等勇敢的人，有中等勇敢的人，有下等勇敢的人。天下有了中正之道，敢于挺身而出；古代圣王之道还在，敢于按圣王的意思去实行；对上不因循乱世之君，对下不随从乱世之民；只要合乎仁，就无所谓贫穷困苦，不合乎仁，就无所谓富贵；天下人了解他，就愿与天下人共享欢乐；天下人不了解他，他就岿然屹立于天地之间而无所畏惧，这是上等勇敢的人。礼貌恭顺，心意谦逊，重视信用，轻视财货；敢于把贤明的人推荐上去，敢于把不贤的人拉下来，这是中等勇敢的人。轻视自己，重视财货，安于祸乱而多方解脱，逃避罪责，不顾是非与事情对不对的情况，只希望以胜过别人为满意，这是下等勇敢的人。③

---

① 杨任之译：《白话荀子》，第26页。

② （清）王先谦：《荀子集解》下册，第446～448页。

③ 杨任之译：《白话荀子》，第251～252页。

6.渔父之勇，猎夫之勇，烈士之勇，圣人之勇

孔子游于匡[1]，卫[2]人围之数匝，而弦歌不辍。子路入见，曰："何夫子之娱也？"孔子曰："来，吾语女。我讳穷[3]久矣，而不免，命也；求通久矣，而不得，时也。当尧、舜之时而天下无穷人，非知得也；当桀、纣之时而天下无通人，非知失也；时势适然。夫水行不避蛟龙者，渔父之勇也；陆行不避兕[4]虎者，猎夫之勇也；白刃交于前，视死若生者，烈士之勇也；知穷之有命，知通之有时，临大难而不惧者，圣人之勇也。由[5]处[6]矣！吾命有所制矣！"无几何，将甲者[7]进，辞曰："以为阳虎也，故围之；今非也，请辞而退。"

【题注】

选自《庄子·秋水》。

时势造英雄。孔子处变不惊，代表圣人之勇。

【注释】

〔1〕匡：卫国地名。鲁国的阳虎曾经欺压匡人，为孔子驾车的颜刻曾为阳虎驾过车，所以发生这场误会。《论语·子罕》记载了相关资料。〔2〕卫：原作"宋"，据司马彪之说改。①〔3〕穷：否塞。〔4〕兕（sì）：古书上所说的雌犀牛。〔5〕由：仲由。子路（前542—前480），姓仲名由，字子路，又称季路。〔6〕处：安息，处之。〔7〕将甲者：谓率领士兵之人。甲，指士兵。

【译文】

孔子周游到匡，卫国人把他重重围住，然而他还是不停止弹琴歌唱。子路进见孔子，问说："为什么先生还这样快乐呢？"孔子说："过来，我告诉你。要讳忌道行不能通达已经很久了，然而还是不免潦倒，这是命啊！我希望我的道行通达已经很久了，然而还是不能得到，这是时运啊！当尧舜的时代，天下没有不得志的人，并不是因他们的智慧高超；当桀的时代，天下没有得志的人，并不是因为他们的才能低落；这是时势造成的。在水里行走不躲避蛟龙，这是渔夫的勇敢；在陆上行走不躲避野牛和老虎，这是猎人的勇敢；光亮的刀子横在面前，把死亡看得和生存一样，这是烈士的勇敢；知道穷困是由于天命，知道勇敢是由于时机，遇着大难并不畏惧，这是圣人的勇敢。仲由，你安然处之吧，我的命运自有定数。"不多一会，有个带着兵器的军官进来，道歉说："我们把你当作阳虎，所以围住你，现在才知道你不是，我们撤退围兵，向你道歉。"②

7.君子勇于义，小人勇于气

勇，一也，而用不同，有勇于气者，有勇于义者。君子勇于义，小人勇于气。③

① 陈鼓应：《庄子今注今译》，第433页。

② 陈鼓应：《庄子今注今译》中册，第434页。

③ （宋）程颢、程颐：《二程集》上册，第392页。

【题注】

选自《河南程氏外书》卷七。

《河南程氏外书》，十二卷，程颢程颐兄弟门人所记，朱熹编次之，后《河南程氏遗书》五年，是研究二程理学思想体系的补充参考材料。朱熹在后序称："始熹序次《程氏遗书》二十五篇，皆诸门人当时记录之全书，足以正俗本纷更之谬，而于二先生之语则不能无所遗也，于是取诸人集录，参伍相除，得此十有二篇，以为《外书》。夫先生之言，非有精粗之异，而两书皆非一手所记，其浅深工拙，又未可以一概论。其曰《外书》者，特以取之之杂，或不能审其所自来，其视前书，学者尤当精择而审取之耳。"①

【译文】

勇本身没有什么特殊，是同一种东西，而使用不同。有的将勇用于意气，有的将勇用于道义。勇于道义的是君子之勇，勇于意气的是小人之勇。

8.天下有大勇者，卒然临之而不惊，无故加之而不怒

古之所谓豪杰之士者，必有过人之节、人情有所不能忍者。匹夫见辱，拔剑而起，挺身而斗，此不足为勇也。天下有大勇者，卒然临之而不惊，无故加之而不怒，此其所挟持者甚大，而其志甚远也。

夫子房[1]受书于圯[2]上之老人也，其事甚怪，然亦安知其非秦之世有隐君子者出而试之？观其所以微见其意者，皆圣贤相与警戒之义。世人不察，以为鬼物，亦已过矣。且其意不在书。

当韩之亡、秦之方盛也，以刀锯鼎镬[3]待天下之士，其平居无罪夷灭者，不可胜数，虽有贲、育[4]，无所复施。夫持法太急者，其锋不可犯，而其势未可乘。子房不忍忿忿之心，以匹夫之力而逞于一击之间；当此之时，子房之不死者，其间不能容发，盖亦已危矣。千金之子，不死于盗贼，何者？其身之可爱，而盗贼之不足以死也。子房以盖世之才，不为伊尹[5]、太公[6]之谋，而特出于荆轲[7]、聂政[8]之计，以侥幸于不死，此固圯上之老人所为深惜者也。是故倨傲鲜腆而深折之。彼其能有所忍也，然后可以就大事，故曰："孺子可教也。"

楚庄王伐郑，郑伯肉袒牵羊[9]以逆[10]。庄王曰："其君能下人，必能信用其民矣。"遂舍之。勾践[11]之困于会稽，而归臣妾于吴者，三年而不倦。且夫有报人之志，而不能下人者，是匹夫之刚也。夫老人者，以为子房才有余，而忧其度量之不足，故深折其少年刚锐之气，使之忍小忿而就大谋。何则？非有平生之素，卒然相遇于草野之间，而命以仆妾之役，油然而不怪者，此固秦皇之所不能惊，而项籍之所不能怒也。

观夫高祖之所以胜，而项籍之所以败者，在能忍与不能忍之间而已矣。项籍唯不能忍，

---

① （宋）程颢、程颐：《二程集》上册，第9~10页。

是以百战百胜而轻用其锋。高祖忍之，养其全锋而待其弊。此子房教之也。当淮阴[12]破齐而欲自王，高祖发怒，见于词色。由此观之，犹有刚强不忍之气，非子房其谁全之？

太史公疑子房以为魁梧奇伟，而其状貌乃如妇人女子，不称其志气。呜呼！此其所以为子房欤！①

【题注】

选自苏轼《留侯论》。

《留侯论》是北宋文学家苏轼的一篇散文，通过张良圯下受书及辅佐刘邦统一天下的事迹，说明了为成大事而能忍不耻之事方为大勇。

【注释】

〔1〕子房：张良（约前250—前186），字子房，封为留侯，谥号文成，与萧何、韩信同为汉初三杰。《史记》有《留侯世家》，《汉书》有《张良传》。〔2〕圯（yí）：桥。〔3〕刀锯鼎镬：刀、锯，古刑具，也指割刑和刖刑。鼎镬，古炊具，也指烹刑。指古代刑具，也泛指各种酷刑。〔4〕贲（bēn）育：战国时勇士孟贲和夏育的并称。〔5〕伊尹：相传夏末商初助汤伐桀的商代大臣。〔6〕太公（约前1128—约前1015）：本名吕尚，姜姓，字子牙，被尊称为太公望，后人多称其为姜子牙、姜太公。〔7〕荆轲（？—前227）：战国时期著名刺客。〔8〕聂政（？—前397）：战国时期著名刺客。〔9〕肉袒牵羊：古代战败投降的仪式。〔10〕逆：迎接。〔11〕勾践（约前520—前465）：春秋末年越国国君。前496年即位，曾败于吴国，被迫求和。返国后重用范蠡、文种，卧薪尝胆，使越国国力渐渐恢复起来。事迹具见《史记·越王勾践世家》。〔12〕淮阴：指韩信。

【译文】

古时候的人，所称做英雄豪杰的人，一定有胜过人的脾气，是人心里有不能够耐得过去的事体。那粗暴的人，被人欺侮了，便拔出剑跳起来，挺着身体便和人打起来，这种样子，不算是勇者的呢。天底下有一种十分有大勇的，忽然走到他跟前去，便不害怕，没有缘故去欺侮他，他也不生气。这个他心里打着的主意是很大的，但是他的志向十分远的呢。

大概那子房得兵书在圯上的老头儿的手里呢，他的事体，十分奇怪。但是怎么知道他不是秦朝的时候，有一种躲在山里明白道理的一种人，走出来试试他看。看他所做的事体，稍稍知道他的意思呢，都是有学问有德性的人，大家拿这个去警戒他的意思。但是世界上的人，不明白这个道理，那他认做是鬼东西，也已经错了。况且他的意思不在书上面。在那韩国灭去的时候，秦国正兴旺的时候呢，拿刀斧锯子油锅镬子去待天底下的人。那班平常住在家里没有事体得了杀头灭族的罪名的人，多的不能说得出数目。便是有大力气和贲育一般的人，没什么法子可以做得出来。大概那立王法立得太凶的，他的王法不可以去犯他，又是他的势力不能够去推翻他。子房不能够耐得住这气愤愤地心思，靠着一个人的力量，在这个一椎打下去的时候。在这样的时候，子房的不能送去这条性命啊，这个里面的

① 孔凡礼点校：《苏轼文集》第一册，第103～104页。

时间的短暂，不能够隔开一根头发，原来也是很危险的了！

家里有一千两黄金的儿子，不死在强盗贼子的手里，是什么道理呢？他的身子，是叫人可以看重，那做强盗贼子的不能够去杀死他呢！子房拿他的胜过一个世界人的才学，不想那伊尹太公的法子，却是特意去学那荆轲聂政一般刺客的计策，去做着冒险事体，侥幸不送去性命。这圯上的老头子所以为这个十分可惜他的呢！因为这个道理，做出那骄傲没有好样子，便去十分欺侮他。他是能够拿这个样子耐在肚子里呢，才能够去做大事体。所以说道：小孩子可以教训的呢！楚国的庄王，带兵去打郑国，郑国的国王露出了胸口的肉，拉着羊去迎接着，庄王说道："他的国王能够低头下气去待人，一定能够拿出他的信实来，叫他的百姓拿忠心待他的了。"便放去了他。越国国王勾践的打败仗在会稽地方，便去做着臣子做着小老婆一般的样子，到吴国去呢，三年功夫，却不敢大意。况且大概那有报仇在别人身上的志向，却不能够低心下气去待着人的，是一个没有心计的人的戆脾气罢了。

大概那老头子的意思，认做子房的才干是大的，却怕他的器量的不能够做得大事体，所以十分折磨他年纪轻的人的粗戆大胆的脾气，叫他耐着小小受气的事体却去做成那大计策。怎么知道他这样的情形呢？不是有多年知道的交情，忽然大家遇到在荒野的地方，却叫他做着那底下人小老婆做的事体，却很情愿的去做着不恨他的啊；这个原是秦始皇的所以不能够惊慌，那项籍的所以不能够生气的呢。

看到那汉高祖为什么能够打胜仗，项籍为什么能够打败仗的道理，是在能够耐气和不能够耐气里面的分别罢了！项籍只因为他不能够耐气，所以打一百回仗，胜一百回，却轻易叫他有力气的兵队去打仗。汉高祖耐着他的气，养着他许多兵士们的气力，却等到他没有气力的时候，去打他，这个法子，是张子房教他的呢。在那个封淮阴侯的韩信，打破齐国的时候，便要自己立做齐王；汉高祖便生气，在他的说话脸色上露出来。照这个样子看起来，他还有倔强不能够耐着性子的脾气，倘然没有子房，还有什么人帮他成功事体？

那太史公疑心子房这个人，说他是有大志向做大事体的人，但是他的相貌样子，却和那媳妇们女孩子一般的。不像他这样有志向有气力的人。唉！这个样子，才是可以称得是子房呢？①

9.君子有勇而无义为乱，小人有勇而无义为盗

暴虎冯河〔1〕，圣门不许；临事而惧，夫子所与。黝之与舍〔2〕，二子养勇，不如孟子，其心不动。故君子有勇而无义为乱，小人有勇而无义为盗〔3〕。圣人格言，百世诏诰。噫，可不忍欤！

【题注】

选自元代许名奎撰《劝忍百箴·勇之忍》。

① 许啸天译注：《古文观止》下册，天津古籍书店1981年版，第933～939页。

人不可有勇无谋，逞一时之勇，应该以义为先。

【注释】

〔1〕暴虎冯（píng）河：暴虎，空手搏虎。冯，同“凭”。冯河，过河不借助工具，即徒步涉水过河。比喻有勇无谋，鲁莽冒险。《论语·述而》：“子谓颜渊曰：‘用之则行，舍之则藏，惟我与尔有是夫！’子路曰：‘子行三军，则谁与？’子曰：‘暴虎冯河，死而无悔者，吾不与也。必也临事而惧，好谋而成者也。’”①〔2〕黝（yǒu）之与舍：黝，北宫黝。舍，孟施舍。《孟子·公孙丑上》：“北宫黝之养勇也：不肤挠，不目逃，思以一豪挫于人，若挞之于市朝；不受于褐宽博，亦不受于万乘之君。视刺万乘之君，若刺褐夫。无严诸侯。恶声至，必反之。孟施舍之所养勇也，曰：‘视不胜犹胜也。量敌而后进，虑胜而后会，是畏三军者也。舍岂能为必胜哉？能无惧而已矣。’孟施舍似曾子，北宫黝似子夏。夫二子之勇，未知其孰贤，然而孟施舍守约也。昔者曾子谓子襄曰：‘子好勇乎？吾尝闻大勇于夫子矣：自反而不缩，虽褐宽博，吾不惴焉；自反而缩，虽千万人，吾往矣。’孟施舍之守气，又不如曾子之守约也。”〔3〕君子有勇而无义为乱，小人有勇而无义为盗：语出《论语·阳货》：“子路曰：‘君子尚勇乎？’子曰：‘君子义以为上。君子有勇而无义为乱，小人有勇而无义为盗。’”

【译文】

空手打虎，徒步过河，孔子十分反对；碰到事情，谨慎小心，孔子非常欣赏。北宫黝和孟施舍，这两个人训练勇敢，比不上孟子，孟子四十岁的时候，可以做到内心不为外界干扰。因此君子只有勇敢而没有义的话就容易暴乱，小人只有勇敢而没有义的话就会沦为盗贼。孔子的谆谆教诲，堪为百世谨守的诏诰。唉，难道不应该隐忍吗？②

10.见义不为，无勇也

子曰：“非其鬼〔1〕而祭之，谄〔2〕也。见义不为，无勇也。”

【题注】

选自《论语·为政》。

“非其鬼而祭之”，是不当为而为；“见义不为”，是当为而不为。

【注释】

〔1〕鬼：古代人死都叫“鬼”，一般指已死的祖先而言，但也偶有泛指的。〔2〕谄（chǎn）：奉承，巴结。

【译文】

孔子说：“不是自己应该祭祀的鬼神，却去祭祀他，这是献媚。眼见应该挺身而出的事

---

① （宋）朱熹：《四书章句集注》，第95页。

② （元）许名奎撰，刘成荣评注：《劝忍百箴》，第197～198页。

情，却袖手旁观，这是怯懦。”①

11.有行之谓有义，有义之谓勇敢

聘、射之礼，至大礼也。质明〔1〕而始行事，日几中而后礼成，非强有力者弗能行也。故强有力者，将以行礼也，酒清〔2〕人渴而不敢饮也；肉干人饥而不敢食也，日莫〔3〕人倦，齐庄〔4〕正齐而不敢解〔5〕惰，以成礼节，以正君臣，以亲父子，以和长幼，此众人之所难，而君子行之，故谓之有行。有行之谓有义，有义之谓勇敢。故所贵于勇敢者，贵其能以立义也；所贵于立义者，贵其有行也；所贵于有行者，贵其行礼也。故所贵于勇敢者，贵其敢行礼义也。故勇敢强有力者，天下无事则用之于礼义，天下有事则用之于战胜。用之于战胜则无敌，用之于礼义则顺治。外无敌，内顺治，此之谓盛德。故圣王之贵勇敢、强有力如此也。勇敢、强有力，而不用之于礼义、战胜，而用之于争斗，则谓之乱人。刑罚行于国，所诛者乱人也。如此，则民顺治而国安也。②

【题注】

选自《礼记·聘义》。

《礼记》，又名《小戴礼记》。先秦把孔子定的典籍称为“经”，弟子对“经”的解说称为“传”或“记”，《礼记》因此得名。到西汉前期，《礼记》共有131篇。相传，戴德选编其中85篇，称为《大戴礼记》；戴圣选编其中49篇，称为《小戴礼记》。东汉后期，大戴本不流行；以小戴本专称《礼记》，而且和《周礼》《仪礼》合称“三礼”。《周礼》又称《周官》，讲官制和政治制度。《仪礼》记述有关冠、婚、丧、祭、乡、射、朝、聘等礼仪制度。《礼记》则是一部秦汉以前儒家有关礼仪制度、哲学思想的论著选集，其中既有礼仪制度的记述，又有关于礼的理论及其伦理道德、学术思想的论述。中华书局有清代孙希旦《礼记集解》（上中下三册），上海古籍出版社有杨天宇《礼记译注》等等。

【注释】

〔1〕质（zhì）明：天刚亮的时候。质，正。〔2〕清：通“瀓”，冷寒。〔3〕莫（mù）：同“暮”。〔4〕齐庄：即“斋庄”。齐，通“斋”。〔5〕解：通“懈”。

【译文】

聘礼、射礼，是最大的礼。天亮开始行礼，将近中午而后礼仪完成，不是身体强有力的人不能行这种礼。因此强有力的身体，是将用来行礼的。（在行礼过程中），虽有清酒，人渴了也不敢饮；虽有干肉，人饿了也不敢吃。到了黄昏时候人们都疲倦了，仍然庄重整齐，而不敢懈怠，这样来使礼节完成，使君臣关系端正，使父子相亲爱，使长幼相和睦，这是众人很难做到，而君子加以实行的，因此称作有德行。有德行就是有义，有义就是勇

---

① 杨伯峻：《论语译注》，第22页。

② （清）孙希旦撰：《礼记集解》下册，中华书局1989年版，第1465页。以下引用该书只注明作者、书名、册数和页码。

敢。因此勇敢的人所可贵的，就贵在他能确立义；确立义的人所可贵的，就贵在他能有德行；有德行的人之所可贵的，就贵在他能实行礼。因此勇敢者所可贵的，就贵在他敢于实行礼义。因此勇敢而强有力的人，天下太平就用于实行礼义，天下动乱就用于战胜敌人。用于战胜敌人就无敌于天下，用于实行礼义就可使民众顺从治理。国外无人可敌，国内顺从治理，这就叫做有盛德。因此圣王重视勇敢和强有力，就是像这样的。勇敢而强有力，如果不用在实行礼义和战胜敌人上，而用于相互争斗争强斗胜上去，就叫做乱人。刑罚施行于国中，所要惩治的就是乱人。惩处了乱人，就可以使民众顺从治理而国家安定了。①

12.若颜子者，可谓天下之大勇矣

古之学者，本非为人〔1〕，迁善改过〔2〕，莫不由己。善在所当迁，吾自迁之，非为人而迁也。过在所当改，吾自改之，非为人而改也。故其闻过则喜，知过不讳，改过不惮。颜氏有不善未尝不知，知之未尝复行。〔3〕岂为人哉？一闻“为仁由己”之言，“请问其目”不少后。既得视听言动之目，“请事斯语”不少逊。〔4〕某窃尝谓：若颜子者，可谓天下之大勇矣。故其言曰：“舜何人也，予何人也，有为者亦若是。”〔5〕圣人所贵于讼过者，以其知之必明而改之必勇也。②

【题注】

选自宋代陆九渊《与傅全美书》。

陆九渊（1139—1193），字子静，号象山，世人称存斋先生，谥文安。陆九渊主“心即理”，言“宇宙便是吾心，吾心即是宇宙”；“学苟知道，六经皆我注脚”。明代王守仁（1472—1529）继承并发展了陆九渊的学说，称之“陆王心学”，与“程朱理学”对应。中华书局出版的“理学丛书”有《陆九渊集》。

【注释】

〔1〕古之学者，本非为人：《论语·宪问》：“子曰：‘古之学者为己，今之学者为人。’”③《荀子·劝学》：“古之学者为己，今之学者为人。君子之学也，以美其身；小人之学也，以为禽犊。”④〔2〕迁善改过：《周易·益·大象传》：“风雷，益。君子以见善则迁，有过则改。”〔3〕语出《周易·系辞下传》：子曰：“颜氏之子，其殆庶几乎？有不善未尝不知，知之未尝复行也。《易》曰：‘不远复，无祇悔，元吉。’”〔4〕语出《论语·颜渊》：颜渊问仁。子曰：“克己复礼为仁。一日克己复礼，天下归仁焉。为仁由己，而由人乎哉？”颜

① 杨天宇撰：《礼记译注》下册，上海古籍出版社2004年版，第851～852页。以下引用该书只注明作者、书名、册数和页码。

② （宋）陆九渊著：《陆九渊集》，中华书局1980年版，第74～75页。

③ （宋）朱熹：《四书章句集注》，第155页。

④ （清）王先谦：《荀子集解》，第13页。

渊曰："请问其目。"子曰："非礼勿视，非礼勿听，非礼勿言，非礼勿动。"①〔5〕语出《孟子·滕文公上》：颜渊曰："舜何人也？予何人也？有为者亦若是。"②

【译文】

古时候学习的人，原来不是为了别人，因此遵从善行和改正过错，没有不是由自己来进行的。有善行应当遵从，我自己就去遵从它，而不是为别人去遵从。有过错应当改正，我自己就去改正它，而不是为别人而改正。因此，古时候学习的人，听到别人指出自己的过错就很高兴，知道自己的过错就不会隐讳，改正自己的过错就不会害怕。颜回对自己的不善之处没有不知道的，知道之后没有再犯过同样的错误。这怎么能是为了别人呢？颜回一听到"为仁由己"这样的话，就接着问行动的纲领，没有稍微的迟疑。听到孔子讲视听言动这些纲目之后，颜回就说要实行这些纲目，没有稍微的退避。我曾经说过，像颜回这样的人，可以称得上是大勇之人。颜回曾经说："舜是什么样的人，我也是什么样的人，有作为的人也会像他那样。"圣人之所以认为自责其过失是可贵的，是因为他能详细清楚地认识到自己的过错并勇敢地改正它。

13.勇而无礼则乱

子曰："恭而无礼则劳，慎而无礼则葸〔1〕，勇而无礼则乱，直而无礼则绞〔2〕。君子笃于亲，则民兴于仁；故旧不遗，则民不偷〔3〕。"

【题注】

选自《论语·泰伯》。

恭、慎、勇、直等品德，必须符合礼的规范和意义。只有符合礼的勇，才不致于乱，才能达到修身养性的目的。

【注释】

〔1〕葸（xǐ）：害怕，畏惧。〔2〕绞：尖刻刺人。〔3〕偷：淡薄，这里指人与人的感情而言。

【译文】

孔子说："注重容貌态度的端庄，却不知礼，就未免劳倦。只知谨慎，却不知礼，就流于畏葸懦弱。专凭敢作敢为的胆量，却不知礼，就会盲动闯祸。心直口快，却不知礼，就会尖刻刺人。在上位的人能用深厚感情对待亲族，那老百姓就会走向仁德。在上位的人不遗弃他的老同事、老朋友，那老百姓就不致对人冷淡无情。"③

---

① （宋）朱熹：《四书章句集注》，第131～132页。

② （宋）朱熹：《四书章句集注》，第251页。

③ 杨伯峻：《论语译注》，第77～78页。

14.好勇不好学，其蔽也乱

子曰：“由也，女闻六言[1]六蔽[2]乎？”对曰：“未也。”“居，吾语女。好仁不好学，其蔽也愚；好知不好学，其蔽也荡[3]；好信不好学，其蔽也贼[4]；好直不好学，其蔽也绞[5]；好勇不好学，其蔽也乱；好刚不好学，其蔽也狂。”

【题注】

选自《论语·阳货》。

做事要依理而行。道理精微，读书学习才能明理。好勇做却不好学，会勇无所依，导致暴乱。要戒除血气之勇，成就义理之勇，必须不断学习，明白勇之真谛。

【注释】

〔1〕六言：指仁、智、信、直、勇、刚。〔2〕六蔽：即愚、荡、贼、绞、狂、乱。〔3〕荡：指放肆。〔4〕贼：即伤害。〔5〕绞：急切。

【译文】

孔子说：“仲由！你听过有六种品德便会有六种弊病吗？”子路答道：“没有。”孔子道：“坐下！我告诉你。爱仁德，却不爱学问，那种弊病就是容易被人愚弄；爱耍聪明，却不爱学问，那种弊病就是放荡而无基础；爱诚实，却不爱学问，那种弊病就是（容易被人利用，反而）害了自己；爱直率，却不爱学问，那种弊病就是说话尖刻，刺痛人心；爱勇敢，却不爱学问，那种弊病就是捣乱闯祸；爱刚强，却不爱学问，那种弊病就是胆大妄为。”①

15.无师无法，勇则必为贼

人无师无法而知[1]则必为盗，勇则必为贼，云[2]能则必为乱，察则必为怪辩则必为诞。人有师有法而知则速通，勇则速威，云能则速成，察则速尽，辩则速论。故有师法者，人之大宝也；无师法者，人之大殃也。

【题注】

选自《荀子·儒效》。

人要有勇气，但要分场合和时机。荀子强调，如果没有老师的教育，不学习法度，有勇气就必定成为窃贼。

【注释】

〔1〕知：同“智”。〔2〕云：有。

【译文】

人要是没有老师的教育，不学习法度，却有智慧，就必定成为寇盗；有勇敢，就必定

① 杨伯峻：《论语译注》，第182页。

成为窃贼；有才能，就必定犯上作乱；审事精明，就必定成为奇谈怪论；能言善辩，就必定荒诞无稽。一个人要是有老师的教育，学习法度，又有智慧，很快就能够显达；有勇敢，很快就能树立威信；有才能，就能迅速做出成绩；审事精明，就能透彻地了解事理；能言善辩，就能迅速作出判断。所以人有老师的教育，又学习法度，是人的最大宝物；没有老师的教育，又不学习法度，就是人的最大灾难了。①

六、谨慎

慎，一般是指谨慎，是一种待人、处事的谨慎稳妥的态度。谨慎是修身中一种重要的道德品质和道德修养。谨慎作为一种美德指的是小心、慎重、严谨的意思，人们对外界的事物或自己的言行密切注意，三思而行，以免发生不幸或不利的事情。这种谨慎不是指“谨小慎微”，胆小怕事，畏缩不前，而是要求明智的行动，以深思为基础，以道德原则为准绳，是在工作、学习和为人处世上表现出严密的科学态度和很强的责任心，是处理问题时的慎重、严肃，绝不鲁莽、轻率，以减少不必要的失误。②

在传统文化中，谨慎在独处时的表现特别重要，即“慎独”。慎，谨慎，小心。独，个人独处。慎独是修身中一种重要的修养方法，也是一种基本的道德要求和追求的道德境界。《大学》《中庸》开宗明义提出慎独思想。《大学》第六章说：“所谓诚其意，毋自欺也。如恶恶臭，如好好色，此之谓自谦，故君子必慎其独也。”《中庸》第一章说：“故君子戒慎乎其所不睹，恐惧乎其所不闻，莫见乎隐，莫显乎微，故君子慎其独也。”“慎独”指人独处时，仍能谨慎地使自己的行为符合道德准则，它强调人恪守德操的自觉自律，一个人的道德品质是否高尚，修养的功夫是否高深，独居时是一个考验。一人独处时，其欲望不为人知，其行为不为人见，尤其应当小心谨慎。

“慎独”是传统文化中一种独特的修身方法，这是一种由内而外的自我修身的方法，在我国古代被看做是“入德之方”，是能使人的道德修养达到“尽性”的必要途径。人在独处时，没有了外在的约束和监督，最容易放纵自己的欲望，而做出不合道的行为，所以，人在独处闲居的时候，要修身就必须要特别警惕独处时的大意和放纵，不能偏离天道天理。这也是道德修养中最重要的方面之一。人们在独处时，是否能做到“慎独”及做到什么程度，是衡量人们修身程度的重要标准。要做到慎独，就要在个人独处时，能自觉地谨慎地把握自己的所言所行，杜绝违背道的欲念和行为，从而能够时刻坚持天道天理。慎独这种修身的方法，对人们提高修身的自觉性、成就理想人格、修道守道具有十分重要的作用。

① 杨任之译：《白话荀子》，第67页。

② 宋希仁等主编：《伦理学大辞典》，第1114页。

1.取四重，去四轻

或问："何如[1]斯谓之人？"曰："取四重，去四轻，则可谓之人。"曰："何谓四重？"曰："重言，重行，重貌，重好。言重则有法，行重则有德，貌重则有威，好重则有观。""敢问四轻。"曰："言轻则招忧，行轻则招辜[2]，貌轻则招辱，好轻则招淫[3]。"

【题注】

选自扬雄《法言·修身》。

扬雄（前53—18），字子云，西汉蜀郡成都（今四川成都）人。少好学，口吃，博览群书，长于辞赋。扬雄是继司马相如（约前179—前118）之后西汉最著名的辞赋家。唐代刘禹锡（772—842）《陋室铭》"西蜀子云亭"中的"西蜀子云"就是指扬雄。《法言》，是扬雄拟《论语》体裁，采用问答形式而撰写的哲学著作，共13卷，依次为：学行，吾子，修身，问道，问神，问明，寡见，五百，先知，重黎，渊骞，君子，孝至。

【注释】

〔1〕何如：怎么样。〔2〕辜：罪过。〔3〕淫：邪僻。

【译文】

有人问："怎样才可称为人？"扬子回答说："做到四种庄重，去掉四种轻浮，就可以称为人。"那人继续问："四种庄重是什么？"扬子回答说："庄重的语言，庄重的行为，庄重的容貌，庄重的爱好。言语庄重就会有准则，行为庄重就会有道德，容貌庄重就会有威仪，爱好庄重就会有显示于人的特长。""请问四种轻浮会怎样？"扬子回答说："言语轻浮就会招来忧患，行为轻浮就会招来罪过，容貌轻浮就会招来耻辱，爱好轻浮就会招来邪恶。"①

2.君子慎密

"不出户庭，无咎。"[1]子曰："乱之所生也，则言语以为阶[2]。君不密，则失臣；臣不密，则失身；几事不密，则害成；是以君子慎密而不出也。"

【题注】

选自《周易·系辞上传》。

病从口入，祸从口出，所以，古人云："逢人只讲三分话，不可全抛一片心"。此古训在今天仍有一定的意义，特别是对于年轻人。

【注释】

〔1〕此引《节》卦初九爻辞。〔2〕阶：契机。

① 韩敬译注：《法言》，中华书局2012年版，第69页。

【译文】

“不出门户庭院，无咎灾。”孔子说：“祸乱的产生，是以言语为契机。国君（说话）不机密则失掉大臣，大臣（说话）不机密则有杀身之祸。几微之事不保密，则妨害事情的成功。所以，君子谨守机密而不轻易出言。”①

3.知者不失人，亦不失言

子曰：“可与言而不与之言，失人；不可与言而与之言，失言。知[1]者不失人，亦不失言。”

【题注】

选自《论语·卫灵公》。

酒逢知己千杯少，话不投机半句多。言为心声，一定要察言观色，知言知人。“不知言，无以知人也。”（《论语·尧曰》）

【注释】

〔1〕知：同“智”。

【译文】

孔子说：“可以同他谈，却不同他谈，这是错失人才；不可以同他谈，却同他谈，这是浪费言语。聪明人既不错失人才，也不浪费言语。”②

4.慎言慎行

夫一出而不可反者，言也；一见而不可得掩者，行也。故夫言与行者，知[1]愚之表也，贤不肖[2]之别也。是以知者慎言慎行，以为身福；愚者易言易行，以为身灾。故君子言必可行也，然后言之，行必可言也，然后行之。呜呼，戒之哉，戒之哉！

【题注】

选自汉代贾谊《新书·大政上》。

贾谊（前200—前168），西汉时期洛阳（今河南省洛阳市）人。由于当过长沙王太傅，故世称贾太傅、贾生、贾长沙。贾谊是汉代杰出的政论家、思想家、文学家。《新书》是贾谊文著汇集，为西汉后期刘向整理编辑而成，最初称《贾子新书》。当时刘向整理过的其他一些书也称某某新书，以别于未经整理过的“旧书”。后来，别的书逐渐去掉了“新书”二字，《新书》就成了贾谊文集的专名。中华书局“新编诸子集成”收录出版有《新书校注》。

---

① 刘大钧、林忠军译注：《周易经传白话解》，第286页。

② 杨伯峻：《论语译注》，第161页。

【注释】

〔1〕知：同“智”。〔2〕不肖（xiào）：一指不才，不贤；二指品行不好，没出息。

【译文】

一旦发出而不能收回的，是语言；一旦做出而不能掩藏的，是行为。所以言语和行为，是明智和愚蠢的标志，贤能和无能的区别。因此聪明的人言行都很谨慎，以此为自己求得福分；愚蠢的人言行都很草率，因此为自己制造灾难。所以君子说出来的言论必定可以实行，然后才说；所做的事情一定是可以言说的，然后才去做。啊！要警戒，再警戒！①

5.言行，君子之枢机

“鸣鹤在阴，其子和之，我有好爵，吾与尔靡之。”〔1〕子曰：“君子居其室，出其言善，则千里之外应之，况其迩〔2〕者乎？居其室，出其言不善，千里之外违之，况其迩者乎？言出乎身，加乎民；行发乎迩，见乎远；言行，君子之枢机。枢机之发，荣辱之主也。言行，君子之所以动天地也，可不慎乎？”

【题注】

选自《周易·系辞上传》。

开弓没有回头箭。做人要嘉言善行，传递正能量。

【注释】

〔1〕此引《中孚》卦九二爻辞。阴，通“荫”。和，应和。爵，古代饮酒器，此指酒。靡，分享。〔2〕迩（ěr）：近。

【译文】

“大鹤在树荫啼叫，鹤雏啼叫应和。我有美酒一罐，我要与你共享。”孔子说：“君子住在屋内，说出的话有道理，那么千里之外的人也会呼应他，何况是身边的人？他住在屋内，说出的话没有道理，那么千里之外的人也会违背他，何况是身边的人？言语从自己口中说出，百姓都会听到。行为在身上表现出来，远处也会看到。言语与行为是君子处世的枢纽机关。枢机机关一发动，就决定了是获得荣耀还是招来耻辱。言语与行为，是君子借以感动天地的关键，可以不谨慎吗？”②

6.言寡尤，行寡悔，禄在其中矣

子张〔1〕学干禄〔2〕。子曰：“多闻阙〔3〕疑，慎言其余，则寡尤〔4〕。多见阙殆〔5〕，慎行其

① 方向东译注：《新书》，中华书局2012年版，第281页。以下引用该书只注明作者、书名、册数和页码。

② 傅佩荣译解：《易经》，东方出版社2012年版，第488页。以下引用该书只注明作者、书名、册数和页码。

余，则寡悔。言寡尤，行寡悔，禄在其中矣。”

【题注】

选自《论语·为政》。

要做到说话少犯错，做事少悔恨，并不容易，需要养成每天自我反省、不断改善的习惯。

【注释】

〔1〕子张：姓颛孙名师，字子张，孔子弟子，小孔子48岁。〔2〕干禄：指求得禄位。〔3〕阙（quē）：空置。〔4〕尤（yóu）：过失。〔5〕殆：危而不安。

【译文】

子张向孔子请教求得官职的方法。孔子说：“多听别人说道理，把可疑的搁置一旁，其余的也要谨慎去说，可以减少过失；多看别人的作为，把觉得不妥的搁置一旁，其余的谨慎去实行，可以减少悔恨。说话少过失，行事少后悔，禄位就在其中了。”①

7.安不忘危，存不忘亡，治不忘乱

子曰：“危者，安其位者也；亡者，保其存者也；乱者，有其治者也。是故，君子安而不忘危，存而不忘亡，治而不忘乱；是以，身安而国家可保也。《易》曰：‘其亡其亡，系于包桑。’〔1〕”

【题注】

选自《周易·系辞下传》。

安危、存亡、治乱相因，所以要有忧患意识。

【注释】

〔1〕此引《否》卦九五爻辞。

【译文】

孔子说：“凡是获得危险的人，都是因为他先前安逸于他的职位。灭亡的家国，是因为先前自以为国家可以长存。扰乱的国家，是因为先前自以为已经治好，而忽略荒殆，因此国家扰乱以致灭亡。所以君子必须居安思危，在安定的时候，不要忘记危险，幸存亡国的苦痛，治理的时候不忘祸乱的惨烈，以如此的谨慎小心，所以本身安定，而国家可以常保。《易经》否卦九五爻辞上说：‘它（指国家而言）将危亡吧，将危亡吧？天下国家的治安，就好像维系在丛生的苞桑一样，是要常常戒惕警惕的呀。’”②

① 曾仕强、曾仕良著：《论语的生活智慧》上册，第43～44页。

② 南怀瑾、徐芹庭译注：《白话易经》，岳麓书社1988年版，第389页。

8.靡不有初，鲜克有终

荡荡[1]上帝，下民之辟[2]。疾威[3]上帝，其命[4]多辟[5]。天生烝民[6]，其命匪谌[7]。靡[8]不有初，鲜克有终。

【题注】

选自《诗经·大雅·荡》。

《诗经》是我国最早的一部诗歌总集，它收集和保存了305首古代诗歌。《诗经》最初只称为《诗》或“诗三百”。到西汉时，被尊为儒家经典，称之《诗经》。依据音乐的不同，《诗经》分为《风》《雅》《颂》三部分。赋、比、兴是诗经的表现手法，即修辞。唐代孔颖达《毛诗正义》、清代王先谦《诗三家义集疏》、清人马瑞辰《毛诗传笺通释》，是研究《诗经》的重要著作。中华书局出版有周振甫《诗经译注》、王秀梅《诗经译注》。

【注释】

〔1〕荡荡：本指大水奔流的样子，此指法度废弛。〔2〕辟（bì）：君主。〔3〕疾威：暴虐。〔4〕命：本性，一说“政令”。〔5〕辟（pì）：邪僻。〔6〕烝（zhēng）民：众人。〔7〕匪谌（chén）：指命运无常不可信。谌，诚。〔8〕靡：无。

【译文】

骄纵放荡的上帝，他是下民的主宰。暴虐无常的上帝，政令偏邪多更改。上天生下众百姓，命运多变难确定。其初都以善开始，很少能够有善终。①

9.差若毫厘，谬以千里

故礼之教化也微，其止邪也于未形，使人日徙善远罪而不自知也，是以先王隆之也。《易》曰：“君子慎始。差若毫厘，谬以千里。”[1]此之谓也。

【题注】

选自《礼记·经解》。

“止邪也于未形”，防患于未然，都是强调预防意识。做人做事，一定要明察秋毫，防微杜渐，慎始善终。

【注释】

〔1〕今本《周易》无此文，《易通卦验》卷上作：“故正其本而万物理，失之毫厘，差以千里。”②

---

① 王秀梅译注：《诗经》下册，中华书局2015年版，第667页。以下引用该书只注明作者、书名、册数和页码。

② （清）赵在翰辑，钟肇鹏、萧文郁点校：《七纬》上册，中华书局2012年版，第131页。

【译文】

因此礼对人的教化作用很隐微，它防止邪恶于未然，使人天天向善，远离罪恶，而自己却不知不觉，因此先王都重视礼的教化作用。《易》说："君子要慎重事情的开始。如果开始相差毫厘，结果就会造成相差千里的大错。"就是说的这个意思。[①]

10.审微

善不可谓小而无益，不善不可谓小而无伤，非以小善为一足以利天下，小不善为一足以乱国家也。当夫轻始而傲微，则其流必至于大乱也，是故子民者谨焉。彼人也，登高则望，临深则窥。人之性，非窥且望也，势使然也。夫事有逐奸，势有召祸。老聃曰："为之于未有，治之于未乱。"[1]管仲曰："'备患于未形'[2]，上也。语曰：'焰焰弗灭，炎炎奈何，萌芽不伐，且折斧柯。'智禁于微，次也。"事之适乱，如地形之惑人也，机渐而往，俄而东西易面，人不自知也。故墨子见衢路而哭之，悲一跬而缪千里也。

【题注】

选自汉代贾谊《新书·审微》。

贾谊，西汉初年著名政论家、文学家，代表作有《过秦论》《论积贮疏》。《新书》是西汉刘向整理编辑而成的，最初标《贾子新书》，理存最早的版本是明代的仿宋刻本。"审微"讲的是要重视事情开始，对小的事情也要慎重。

【注释】

〔1〕语出《老子》第64章："其安易持，其未兆易谋。其脆易泮，其微易散。为之于未有，治之于未乱。"[②]〔2〕语出《管子·牧民》："唯有道者能备患于未形也，故祸不萌。"[③]

【译文】

好的事情不能认为小就没有益处，坏的事情不能认为小就没有害处。并不是做一件小的好事足以对天下有利，做一件小的坏事足以扰乱国家。轻视事情的开始，忽视微小的方面，发展下去必定至于大乱，所以统治者对小事都很慎重。人们登上高处一定会远望，面临深渊一定会小心注视，并不是人生性要注视要远望，而是形势使然。事情会形成奸邪，形势会引发灾祸。老子说："在事情没有发生之前就加以防范，在没有变乱之前就加以治理。"管子说："在祸患没有形成之前加以防备是上策。俗语说：'火焰刚刚烧起时不扑灭，熊熊燃烧时还能怎么办？萌芽的时候不砍伐，将来砍伐会折断斧子柄。'用智谋把祸患消灭在萌芽状态，是次一等的策略。"事情朝坏乱的方向发展，如同地形迷惑人一样。逐渐前往，忽而东忽而西改变了方向，人们却未察觉。因此墨子遇到四通八达的道路就会哭，悲

---

① 杨天宇撰：《礼记译注》下册，第653～654页。

② 陈鼓应：《老子注译及评介》，第309页。

③ 黎翔凤撰：《管子校注》上册，中华书局2004年版，第17页。以下引用该书只注明作者、书名、册数和页码。

伤的是走错一步就会走错千里。①

11.积微成显，积著成象

凡山陵之高，非削成而崛起也，必步增而稍上焉。川谷之卑，非截断而颠陷也，必陂池而稍下焉。是故积上不止，必致嵩山之高；积下不已，必极黄泉之深。非独山川也，人行亦然。有布衣积善不怠，必致颜闵〔1〕之贤；积恶不休，必致桀跖〔2〕之名。非独布衣也，人臣亦然。积正不倦，必生节义之志；积邪不止，必生暴弑之心。非独人臣也，国君亦然。政教积德，必致安泰之福；举错数失，必致危亡之祸。故仲尼曰："汤武非一善而王也，桀纣非一恶而亡也。三代之废兴也，在其所积。积善多者，虽有一恶，是为过失，未足以亡；积恶多者，虽有一善，是为误中，未足以存。"人君闻此，可以悚惧。布衣闻此，可以改容。是故君子战战栗栗，日慎一日，克己三省，不见是图。孔子曰："善不积不足以成名，恶不积不足以灭身。小人以小善谓无益而不为也，以小恶谓无伤而不去也，是以恶积而不可掩，罪大而不可解也。"〔3〕此蹶、踽所以迷国而不返，三季所以遂往而不振者也。夫积微成显，积著成象，鄂誉鄂誉；鄂致存亡，圣人常慎其微也。文王小心翼翼，武王夙夜敬止，思慎微眇，早防未萌，故能太平而传子孙。

【题注】

选自东汉王符《潜夫论·慎微》。

王符，字节信，安定临泾（今甘肃镇原县）人，东汉政论家、文学家、思想家，其生平事迹不可详考。王符性情耿介，不苟同于世俗，终身不仕，"乃隐居著书三十余篇，以讥当时失得，不欲彰显其名，故号曰《潜夫论》"②。中华书局"新编诸子集成"（第一辑）收录出版清代汪继培《潜夫论笺校正》，贵州人民出版社"中国历代名著全译丛书"收录张觉《潜夫论全译》。

【注释】

〔1〕颜闵：颜渊与闵子骞。《论语·先进》："德行：颜渊，闵子骞，冉伯牛，仲弓。"③〔2〕桀跖（jié zhí）：夏桀和柳下跖的并称，泛指凶恶残暴的人。《荀子·荣辱》："尧禹则常安荣，桀跖则常危辱。"④〔3〕此引《周易·系辞下传》。

【译文】

一般说来，山陵的高大，并不是笔直地砍削或突兀而起的，一定是一步步地增高而渐渐上升到山顶的。河流山谷的低下，也不是呈笔直地截断或一下子跌落之状的，一定是平

① 方向东译注：《新书》，第63页。

② （汉）范晔：《后汉书》第六册，中华书局1965年版，第1630页。以下引用该书只注明作者、书名、册数和页码。

③ （宋）朱熹：《四书章句集注》，第123页。

④ （清）王先谦撰：《荀子集解》，第63页。

缓地倾斜着而渐渐地下降到河底的。所以连续向上堆积而不停止，一定能达到摩天岭的高度；连续向下挖掘而不停止，一定能达到地下水的深度。不单单是山陵河流如此，人的品行也如此。如果有个平民百姓常常行善而不懈怠，就一定能获得颜回、闵子骞般的贤名；常常作恶而不罢休，就一定会招致夏桀、盗跖般的恶名。不单单是平民百姓如此，臣子也如此。积累正派的思想观念而不知疲倦，一定会产生出守节操、讲道义的志向；积聚起邪恶的念头而不加限制，一定会产生出行凶杀君的心思。不单单是臣子如此，国君也如此。在政治教化方面积累了恩德，一定会得到安定太平的福气；采取措施屡次失误，一定会招致危险灭亡的祸患。所以孔子说："商汤、周武王并不是做了一件好事就称王天下的，夏桀、商纣王并不是做了一件坏事就灭亡的。夏、商、周三个朝代的垮台和建立，取决于他们所积累的德行。积累善行多的，即使有一点罪恶，这也被认为是因疏忽而犯了错误，还不够使他灭亡；积累罪恶多的，即使有一点善行，这也被认为是无意中做对了，还不能使他存在下去。"君主听见了这些话，可以使他心中恐惧；平民听见了这些话，可以使他脸上变色。所以君子战战兢兢，一天比一天谨慎，克制自己，再三反省，设法对付尚未显现出来的小事，孔子说："善行不积累就不能用来成就好名声，罪恶不积累就不够用来毁灭自身。没有道德的小人认为很小的好事是毫无裨益的因而不去做，认为很小的罪恶是毫无妨碍的因而不改掉。因此他们的罪恶就积累起来以致无法掩盖，罪行极大以致不能赦免。"这就是蹶、踽一类的人使国家误入迷途而不知回头改正的原因，也就是夏、商、周三个朝代在最后衰亡的时期一直垮下去而不能挽救的缘由啊。积累起细微的就会变成显著的，积累起显著的就会变成具体的；直说或阿谀、谏诤或奉承、直说谏诤与阿臾奉承导致了国家的存在与灭亡。圣人常常谨慎地对待那些微小的事情。周文王小心翼翼，周成王从早到晚恭敬谨慎，一直在考虑如何谨慎地对待微小的事情，及早地防止还没有萌发的坏事，所以能够使天下太平而把王位传给子孙。①

12. 君子必慎其独也

所谓诚其意者，毋自欺也。如恶恶臭[1]，如好好色[2]，此之谓自谦[3]。故君子必慎其独也。小人闲居为不善，无所不至。见君子，而后厌然。揜其不善，而著其善。人之视己，如见其肺肝然，则何益矣。此谓诚于中，形于外，故君子必慎其独也。曾子曰："十目所视，十手所指，其严乎。"富润屋，德润身，心广体胖[4]，故君子必诚其意。

【题注】

选自《大学》。

《大学》是一篇论述儒家修身治国平天下思想的散文，原是《礼记》(《小戴礼记》)

① （汉）王符著，张觉译注：《潜夫论全译》，贵州人民出版社1999年版，第216～220页。以下引用该书只注明作者、书名、册数和页码。

第42篇，相传为曾子（前505—前435）所作。后经北宋程颢（1032—1085）、程颐（1033—1107）兄弟竭力尊崇，南宋朱熹（1130—1200）又作《大学章句》，最终和《中庸》《论语》《孟子》并称“四书”。《大学》提出的“三纲领”（明明德、亲民、止于至善）和“八条目”（格物、致知、诚意、正心、修身、齐家、治国、平天下），强调修己是治人的前提，修己的目的是为了治国平天下，说明治国平天下和个人道德修养的一致性。

【注释】

〔1〕恶（wù）恶（è）臭（xiù）：臭，同“嗅”。讨厌难闻的味道。〔2〕好（hào）好（hǎo）色（sè）：喜欢美丽的色彩。〔3〕谦（qiè）：同“慊”，满足，满意。〔4〕心广体胖（pán）：胖，安泰舒适。原指人心胸开阔，外貌就安详。后用来指心情愉快，无所牵挂，因而人也发胖。

【译文】

所谓真诚面对自己的意念，就是指不要欺骗自己。就像讨厌难闻的味道，就像喜欢美丽的色彩，这样才可以说是让自己满意了，因此君子一定要在自己独处时特别谨慎。小人平日就做不善的事，没有什么坏事不做的；看到君子之后，才闪闪躲躲的样子，遮掩他所做的坏事，并且张扬他所做的善事。别人看自己，就像看透自己的肺肝一样清楚，这样做又有什么用处呢？这叫做：心中的真正情况会显示于外在的言行上，因此君子一定要在独处的时候特别谨慎。曾子说：“十只眼在看着，十只手在指着，真是严厉啊！”财富可以装潢屋子，德行可以滋润身体，心胸开阔而体态舒适，因此君子一定要真诚面对自己的意念。①

13.君子必慎其所处

孔子曰：“吾死之后，则商〔1〕也日益，赐〔2〕也日损。”曾子曰：“何谓也？”子曰：“商也好与贤己者处，赐也好与不若己者。不知其子视其父，不知其人视其友，不知其君视其所使，不知其地视其草木。故曰：与善人居，如入芝兰之室，久而不闻其香，即与之化矣；与不善人居，如入鲍鱼之肆〔3〕，久而不闻其臭，亦与之化矣。丹之所藏者赤；漆之所藏者黑。是以君子必慎其所处者焉。”

【题注】

选自《孔子家语·六本》。

《孔子家语》一书最早著录于《汉书·艺文志》，凡27卷，孔子门人所撰，其书早佚。唐代颜师古（581—645）注《汉书》时，曾指出27卷本“非今所有家语”。颜师古所云今本《孔子家语》，乃三国时魏王肃（195—256）收集并撰写的10卷本。对《孔子家语》，历来颇多争议。晚近以来，学界疑古之风盛行，《家语》乃王肃伪作的观点几成定论。1973年，河

① 傅佩荣译解：《大学中庸》，第12页。

北定县八角廊西汉墓出土的竹简《儒家者言》，内容与今本《家语》相近。1977年，安徽阜阳双古堆西汉墓也出土了篇题与《儒家者言》相应的简牍，内容同样和《家语》有关。这些考古发现说明，今本《孔子家语》是有来历的，早在西汉即已有原型存在和流传，并非伪书，更不能直接说成是王肃所撰著。2009年齐鲁书社出版杨朝明《孔子家语通解》，对《孔子家语》进行分段、注释、翻译以及解读，是《孔子家语》研究的新近成果。

【注释】

〔1〕商：即卜商，字子夏，孔子弟子。〔2〕赐：即端木赐，字子贡，孔子弟子。〔3〕鲍鱼之肆：卖咸鱼的店铺，比喻环境恶劣。肆，店铺。

【译文】

孔子说："我死之后，子夏会一天比一天进步，子贡会一天比一天退步。"曾子问："为什么这样说呢？"孔子说："子夏喜欢与比自己贤能的人相处，子贡喜欢与不如自己的人相处。不了解他的儿子就看看他的父亲，不了解他本人的为人就看看他的朋友，不了解君主就看看他任命的大臣，不了解土地就看看地上生长的草木。所以说，与善人相处，就像进入有香草的屋子，时间长了就闻不到香味，说明已与香气融合在一起了。与不善的人相处，就如同进入咸鱼铺子，时间长了就闻不到臭味，这是被臭味同化了。装丹砂的容器会变成红色；装漆的容器会变成黑色。因此君子要谨慎地选择与自己相处的人。"①

14.染于苍则苍，染于黄则黄

子墨子〔1〕言〔2〕见染丝者而叹曰：染于苍则苍，染于黄则黄，所入者变，其色亦变，五入必〔3〕，而已则为五色矣。故染不可不慎也！

非独染丝然也，国亦有染。舜染于许由〔4〕、伯阳〔5〕，禹染于皋陶〔6〕、伯益〔7〕，汤染于伊尹〔8〕、仲虺〔9〕，武王染于太公〔10〕、周公。此四王者所染当，故王天下，立为天子，功名蔽天地。举天下之仁义显人，必称此四王者。夏桀染于干辛〔11〕、推哆〔12〕，殷纣染于崇侯〔13〕、恶来〔14〕，厉王〔15〕染于厉公长父〔16〕、荣夷终〔17〕，幽王染于傅公夷〔18〕、蔡公穀〔19〕。此四王者所染不当，故国残身死，为天下僇〔20〕。举天下不义辱人，必称此四王者。

齐桓染于管仲〔21〕、鲍叔〔22〕，晋文染于舅犯〔23〕、高偃〔24〕，楚庄〔25〕染于孙叔〔26〕、沈尹〔27〕，吴阖闾〔28〕染于伍员〔29〕、文义〔30〕，越勾践染于范蠡〔31〕、大夫种〔32〕。此五君者所染当，故霸诸侯，功名传于后世。范吉射〔33〕染于长柳朔〔34〕、王胜〔35〕，中行寅〔36〕染于藉秦〔37〕、高强〔38〕，吴夫差〔39〕染于王孙雒〔40〕、太宰嚭〔41〕，智伯摇〔42〕染于智国〔43〕、张武〔44〕，中山尚〔45〕染于魏义〔46〕、偃长〔47〕，宋康〔48〕染于唐鞅〔49〕、佃不礼〔50〕。此六君者所染不当，故国家残亡，身为刑戮，宗庙破灭，绝无后类，君臣离散，民人流亡。举天下之

① 王国轩、王秀梅译注：《孔子家语》，中华书局2016年版，第151页。以下引用该书只注明作者、书名、册数和页码。

贪暴苛扰者，必称此六君也。

凡君之所以安者何也？以其行理也，行理性[51]于染当。故善为君者，劳于论人而佚[52]于治官。不能为君者，伤形费神，愁心劳意；然国逾危，身逾辱。此六君者，非不重其国、爱其身也，以不知要故也。不知要者，所染不当也。

非独国有染也，士亦有染。其友皆好仁义，淳谨畏令，则家日益，身日安，名日荣，处官得其理矣，则段干木[53]、禽子[54]、傅说[55]之徒是也。其友皆好矜奋，创作比周，则家日损，身日危，名日辱，处官失其理矣，则子西[56]、易牙[57]、竖刀[58]之徒是也。《诗》曰"必择所堪，必谨所堪"[59]者，此之谓也。

【题注】

选自《墨子·所染》。

墨子，名翟（dí），姓墨氏，生卒年不可详考，司马迁仅于《史记·孟子荀卿列传》末尾粗略提到："盖墨翟，宋之大夫，善守御，为节用。或曰并孔子时，或曰在其后。"①他是墨家学派的创始人，也是战国时期著名的思想家、教育家、科学家、军事家。墨子创立的墨家学说在先秦时期影响很大，与儒家并称"显学"。《墨子》是阐述墨家思想的著作，一般认为是墨子的弟子及后学记录、整理、编纂而成。中华书局"新编诸子集成"收录出版有清代孙诒让撰写的《墨子闲诂》（上下两册）。上海古籍出版社"中华要籍集释丛书"收录出版有王焕镳的《墨子集诂》。

【注释】

〔1〕子墨子：墨子的弟子对老师的尊称。〔2〕言：疑为衍文。〔3〕必：同"毕"。〔4〕许由：唐尧时的隐士，以品德高尚闻名于世。〔5〕伯阳：传说是舜的七友之一，贤人。〔6〕皋陶（gāo yáo）：东夷部落首领，舜时为士师，禹时被聘为掌管刑狱的大理之官，是禹手下不可多得的能臣。〔7〕伯益：曾助禹治水有功，是禹的贤臣。〔8〕伊尹：最受汤重用的能臣。〔9〕仲虺（huī）：汤时的贤臣。〔10〕太公：即姜尚，年老后才遇到文王，后辅佐武王伐纣，封于齐。〔11〕干辛：又作"羊辛"，桀时的邪臣。〔12〕推哆（duō）：又作"推侈""雅侈"，桀时的暴臣。〔13〕崇侯：名虎，商纣王的谀臣。〔14〕恶来：商纣王的谀臣。〔15〕厉王：周厉王姬胡，贪财好利，统治手段暴虐，被国人赶出国都，死于彘地。〔16〕厉公长父：不详。〔17〕荣夷终：周厉王亲信的卿士。〔18〕傅公夷：不详。〔19〕蔡公穀：不详。〔20〕僇（lù）：侮辱。〔21〕管仲：名夷吾，齐桓公的贤相，帮助齐桓公取得诸侯霸主地位。〔22〕鲍叔：鲍叔牙，齐国贤大夫，曾推举管仲为相。〔23〕舅犯：狐偃，字子犯，晋文公之舅，晋文公的得力大臣。〔24〕高偃（yǎn）：即卜偃，晋国大夫。〔25〕楚庄：楚庄王熊侣，春秋五霸之一。〔26〕孙叔：孙叔敖，楚国令尹，历史上有名的贤相。〔27〕沈尹：名茎，楚国大夫。〔28〕阖闾（hé lǘ）：春秋末期吴国国君。〔29〕伍员：字子胥，吴国大夫。〔30〕文义：吴国大夫。〔31〕范蠡：字少伯，越国大夫，曾助越王勾践灭吴。〔32〕大夫种：即文种，字

① （汉）司马迁：《史记》第七册，第2350页。

子禽，越国大夫。〔33〕范吉射：即范昭子，春秋末年晋卿范献子士鞅之子，在晋国内讧中败于赵简子，被灭。〔34〕长柳朔：范吉射的家臣。〔35〕王胜：范吉射的家臣。〔36〕中行寅：即荀文子，春秋末年晋卿中行穆子之子，在晋国内讧中败于赵简子，被灭。〔37〕籍秦：中行寅的家臣。〔38〕高强：中行寅的家臣。〔39〕夫差（chāi）：吴国国君阖闾之子，曾败越，后为越王勾践所败，自杀。〔40〕王孙雒（luò）：吴国大夫。〔41〕太宰嚭（pǐ）：即伯嚭，太宰是官名。〔42〕智伯摇：即智襄子，又称智伯，晋国六卿中势力最大的一方。〔43〕智国：智伯家臣。〔44〕张武：即长武子，智伯家臣。〔45〕中山尚：战国初期中山国国君。〔46〕魏义：不详。〔47〕偃长：不详。〔48〕宋康：即宋康王，名偃，宋国末代国君。〔49〕唐鞅：宋康王的相国。〔50〕佃不礼：又作田不礼，宋康王臣子。〔51〕性：同“生”，源于。〔52〕佚：通“逸”。〔53〕段干木：复姓段干，名木。子夏弟子，魏文侯之师。〔54〕禽子：墨子的弟子禽滑釐。〔55〕傅说（yuè）：殷高宗武丁的贤臣，出身于版筑的奴隶，后被武丁发现并举为相。〔56〕子西：春秋时楚国令尹斗宜申。〔57〕易牙：齐桓公宠信的佞臣。〔58〕竖刀：齐桓公宠信的佞臣。〔59〕必择所堪，必谨所堪：不见于今《诗》，疑为逸诗。

【译文】

墨子看到染丝的人感叹道：丝用青色染就变成青色，用黄色染就变成黄色，所用的颜料不同，丝的颜色也就变了，五种颜色投放完毕，丝就被染成了五色。所以染色就不能不慎重啊。

并非只有染丝如此，治国也会受染。舜受到许由、伯阳的感染，禹受到皋陶、伯益的感染，汤受到伊尹、仲虺的感染，武王受到太公、周公的感染，这四位皇帝受到的感染是恰当的，所以能够称王天下，被拥立为天子，他们的功业名声盖过天地。如果要列举天下仁义之名最显赫的人，必定会称举这四位帝王。夏桀受到干辛、推哆的感染，殷纣受到崇侯、恶来的感染，厉王受到厉公长父、荣夷终的感染，幽王受到傅公夷、蔡公穀的感染。这四位帝王受到的感染是不恰当的，所以国破身亡，被天下人所耻笑。如果要列举天下不仁义而受世人羞辱的人，必然会提到这四位帝王。

齐桓公受到管仲、鲍叔的感染，晋文公受到舅犯、高偃的感染，楚庄王受到孙叔、沈尹的感染，吴王阖闾受到伍员、文义的感染，越王勾践受到范蠡、大夫种的感染。这五位国君受到的感染是恰当的，所以能够称霸诸侯，功名流传于后世。范吉射受到长柳朔、王胜的感染，中行寅受到籍秦、高强的感染，吴王夫差受到王孙雒、太宰嚭的感染，智伯摇受到智国、张武的感染，中山王受到魏义、偃长的感染，宋康王受到唐鞅、佃不礼的感染。这六位君主，所受到的感染是不恰当的，所以国家残破，自身受到刑戮，宗庙被毁，后世子孙断绝，君臣失离分散，百姓流离逃亡。如果要列举天下贪婪残暴苛刻侵扰人民的人，必定会提到这六位君主。

国君保持国家安定的原因何在？因为他做事合乎道循乎礼，做事合道循礼源于其受到的熏染恰当。所以，善于做国君的人，辛劳于选拔人才，而安逸于处理政务。不善于做国君的人，伤身费神，心烦意乱，国家反而更加倾危，自身所受到的耻辱也更多。这六位君主，不是不重视自己的国家，也不是不爱惜自己的身体，只是不知道治理国家的要领罢了。

而不知道要领，正是因为他们所受到的感染不恰当。

不仅国家会受到感染，士人也会受到感染，如果他的朋友都喜好仁义，淳朴谨慎，敬畏法令，那么他的家业就会日益兴旺，身体就会日益安康，名声就会日益荣显，为官深得其理，就像段干木、禽子、傅说这些人一样。如果他的朋友都喜好骄矜狂妄，结党营私，那么他的家业就会日益减损，身体就会日益危殆，名声就会日益败坏，为官不符正道，就像子西、易牙、竖刀这些人一样。《诗经》说："必须慎重选择染料，必须慎重对待所染。"说的就是这个道理。①

15.慎独则心安

自修之道，莫难于养心。心既知有善、知有恶，而不能实用其力，以为善去恶，则谓之自欺。方寸〔1〕之自欺与否，盖他人所不及知，而己独知之，故《大学》之"诚意"章，两言慎独。果能好善如"好好色"，恶恶如"恶恶臭"，力去人欲，以存天理，则《大学》之所谓"自慊"，《中庸》之所谓"戒慎""恐惧"，皆能切实行之，即曾子之所谓"自反而缩"〔2〕，孟子之所谓"仰不愧""俯不怍"〔3〕，所谓"养心莫善于寡欲"〔4〕，皆不外乎是。故能慎独，则内省不疚，可以对天地，质鬼神，断无"行有不慊于心则馁"〔5〕之时。人无一内愧之事，则天君泰然，此心常快足宽平，是人生第一自强之道，第一寻乐之方，守身之先务也。②

【题注】

选自《曾文正公全集·杂著卷四·日课四条》。

常言道：心安理得。要做到"心安"并不容易，曾国藩给出的养心要方是"慎独"。

【注释】

〔1〕方寸：指心。〔2〕此引《孟子·公孙丑上》：昔者曾子谓子襄曰："子好勇乎？吾尝闻大勇于夫子矣：自反而不缩，虽褐宽博，吾不惴焉；自反而缩，虽千万人，吾往矣。"③〔3〕此引《孟子·尽心上》：仰不愧于天，俯不怍于人，二乐也。④〔4〕此引《孟子·尽心下》：孟子曰："养心莫善于寡欲。其为人也寡欲，虽有不存焉者，寡矣；其为人也多欲，虽有存焉者，寡矣。"⑤〔5〕行有不慊于心则馁：语出《孟子·公孙丑上》："其为气也，至大至刚，以直养而无害，则塞于天地之间。其为气也，配义与道；无是，馁也。是集义所生

① 张永祥、肖霞译注：《墨子译注》，上海古籍出版社2015年版，第13～17页。以下引用该书只注明作者、书名、册数和页码。

② 李瀚章编撰，李鸿章校刊：《曾文正公全集》第七册，中国书店2011年版，第473页。以下引用该书只注明作者、书名、册数和页码。

③ （宋）朱熹：《四书章句集注》，第230页。

④ （宋）朱熹：《四书章句集注》，第354页。

⑤ （宋）朱熹：《四书章句集注》，第374页。

者，非义袭而取之也。行有不慊于心，则馁矣。”①

【译文】

自我修养，没有比养心更难的。心里既然知道有善有恶，却不能真正尽力为善去恶，这就是自己欺骗自己。心里是否自欺，别人是不知道的，只有自己知道。所以，《大学》中“诚意”这一章节，两次说到慎独。如果真能做到喜欢善如同喜好美色，讨厌恶事如同讨厌恶臭一样，尽力去掉人欲而存天理，那么《大学》中所说的自慊，《中庸》中所说的戒慎恐惧，都能够切实地做到。曾子所说的问心无愧，孟子所说的俯仰无愧于天地的境界，所谓养心，没有比寡欲更好的办法，都是这些内容。所以，能够慎独，则自我反省不会感到内疚，可以无愧于天地鬼神，肯定不会有行为不合于心意而导致不安。人若没有一件内心感到羞愧的事，心里就会泰然，常常感到愉快、平和，这是人生自强的首要之道，寻乐的最好方法，守身的首要之务。

---

①（宋）朱熹：《四书章句集注》，第231～232页。

第二篇　据于德

世界上有两件东西能够深深地震撼人们的心灵，一是我们头顶浩瀚灿烂的星空，一是我们心中崇高的道德法则。

——康德《实践理性批判》

我国历史上素有高度重视道德修养的传统，特别是作为传统社会主流意识形态的儒家文化，更是形成了重视道德修养的文化价值取向。早在西周时期，周人就确立了以“德”为先的价值原则，鲁国大夫叔孙豹提出“三不朽”思想，即：“太上有立德，其次有立功，其次有立言，虽久不废，此谓三不朽。”（《左传·襄公二十四年》）把“德”放在首位，这种文化价值取向，经历代思想家的继承、发扬、完善，逐渐形成了源远流长、内涵丰富的道德修养理论。

近年来，伴随着中国经济的高速发展，“道德无用论”“道德代价论”等不健康道德观念甚嚣尘上。加之部分人信仰缺失，心理失衡，为一己之私，不惜违背社会公德。这些不良社会风气也渗入到大学校园。某些大学生的行为，与社会行为准则和道德规范相悖。比如部分大学生贪图享受，不讲公德，金钱至上，诚信缺失，言行不一，过分强调自我等等，不仅严重损害了大学生群体的总体形象，在社会上也造成极为不良的影响。怎样的行为方能算得上不失德？近百年来西方伦理道德的传入，中国传统道德的沉沦，让国人不知所宗。孔子告诉我们，为人处世要“据于德”。

“据于德”者，“据”，即凭据、依据的意思。“德者，得也”，“德”就是“得”，按照道德规范去行事而心有所得。“据于德”就是指以道德作为行事的根据。“德”是源于道的东西，是孔子立人立己的第二项基本原则，是人之所以为人的根本所在。孔子告诉我们，思想要志于道，行为则要依据德行。也就是说，立志要高远，但追求天道要落实到人的行为。“据于德”从此成为儒家文化关于修身之道的关键环节之一。

《中庸》说：“苟不至德，至道不凝焉。”意思是，至道必须通过具备“至德”的人来体现和落实。孟子指出，人的道德根源于人性，故应该“内求外修”，强调要“尊德乐道”。天道无私，惟德是辅。道家同样重视“德”的重要作用，“道生之，德蓄之，物形之，势成之。是以万物莫不尊道而贵德。”（《老子》第51章）道法自然，人法道，则人亦应该保持素朴之心。道家认为，现实生活中的人需要做的，不是膨胀欲望，而是归于素朴、谦下、不争，追求本真之善。儒家之“德”主要强调人类个体对“道”的内化，道家之“德”重在体现个体之人效法天道的行为品行。

“德”包括哪些内容呢？春秋之前，“德”主要是发挥着政治功能；春秋之后，“德”的伦理道德因素被强化，遂涌现出大量的德行条目，孔子作了进一步的发展。《论语·学而》说：“弟子入则孝，出则悌，谨而信，泛爱众，而亲仁。行有余力，则以学文。”该句把孝、悌、信、爱、仁作为具体的道德价值表达形式。子贡评价孔子说：“夫子温、良、恭、俭、让以得之。”将温、良、恭、俭、让作为儒家推崇的一种美德。《中庸》又有“智”“仁”“勇”之“三达德”。至此，“德”涵盖了善恶、诚信、孝悌、仁义等道德范畴。孟子“性善论”强调道德主体的内在自律，并提出“仁义礼智”此“四德”作为人人生而具有的道德理性；荀子“性恶论”则重视礼义道德的他律性，主张用“礼”统摄德。兵家在《孙子兵法》里提到为将五德，即“智、信、仁、勇、严”。“仁义礼智信”五德，更是中国千百年来最具代表性的道德观。汉章帝建初四年以后，“五德”被确定为“五常”，成为中华传统道德的核心价值观。宋代把“孝悌忠信”与“礼义廉耻”合起来称为“八德”，又称“八端”。“八德”从宋代至明清，从中国至东亚，影响甚广。至清末，西方强势文化进入中国，对中华传统伦理道德观念影响较大。此后，孙中山、蔡元培等提出了“忠孝仁爱信义和平”新八德，但学界更重视“老八德”。王岐山曾说：“传统文化的核心就是‘八德’：孝悌忠信礼义廉耻。这些就是中华文化的DNA，渗透到中华民族每一个子孙的骨髓里。迄今为止，还没有哪个人敢挑战这八个字。”①

对于当代社会治理来说，我们需要提倡依法治国，但法家难免“严而少恩”，故也需要以德治国。法律和道德都具有规范社会行为、维护社会秩序的作用，“徒善不足以为政，徒法不足以自行”，良好的公民道德建设是法治社会的重要基础和前提，应该加强道德教育，弘扬中华民族传统美德，把法律与道德、自律与他律结合起来。大学生道德教育成为当前德育工作中的重要课题，儒家所提倡的道德教育观念，可以为当代大学生道德教育提供独特的文化资源。孔子言：“执德不弘，信道不笃，焉能为有？焉能为亡？”（《论语·子张》）一个人执守其德，不能弘大；信仰善道，不能笃厚。此人的存在与否似乎没有什么意义。当然，哲学概念的形上追寻不是我们研究的最终目的，只有据德而行，把外在之道德规范转化为内在之性，这才是德化教育的最终目的。南怀瑾说：“没有相当的德行为根据，人生是无根的，最后不能成熟。”②对于大学生来说，要以学修德，以俭养德，自觉把提高道德修养作为一种人生追求，一种生活方式，这才是真正的成人之学，也是当代大学生的必备素质。

古人云：“小胜靠智，大胜靠德。”小的胜利凭的是聪明，也就是我们说的小聪明。真正要在大事情上得胜，靠的是德行。历来成大器者都是以德取胜。如何修养德性呢？首先

① 王岐山：《反腐败是输不起的斗争》，《人民日报》，2014年11月3日版。

② 南怀瑾：《论语别裁》上册，复旦大学出版社1996年版，第320页。以下引用该书只注明作者、书名、册数和页码。

就要增厚其德，以深厚的德泽育人利物。其次要养善去恶，做事要符合一定的道德原则和行为规范。再者要做到孝悌，孝悌乃做人、做学问的根本。人知礼敬，才行孝悌。还要做到诚信，即内诚于心，外信于人，做事要诚实无欺，讲求信用；同时要心存敬畏，敬对内心，畏对外部。最后要行中庸之道，即一切不悖于本心之仁，自觉修养自我，培养具有理想人格，达到至德、至善、至诚、至孝、至敬、中庸的理想人物。

总之，中华传统文化中蕴含丰富的道德教化。2013年11月，习近平在山东曲阜考察孔府和孔子研究院座谈讲话时即提出："国无德不兴，人无德不立。必须加强全社会的思想道德建设，激发人们形成善良的道德意愿、道德情感，培育正确的道德判断和道德责任，提高道德实践能力尤其是自觉践行能力，引导人们向往和追求讲道德、尊道德、守道德的生活，形成向上的力量、向善的力量。"这是习近平总书记在孔府和孔子研究院参观考察，同有关专家学者座谈时谈到的内容。"国无德不兴，人无德不立"这两句话，是总结历史经验，针对当代中国社会道德建设的战略回应。用现代社会结构理念接洽传统文化中的伦理道德意识，构建与现代生活相适应的礼仪规范、道德规范，使人们的道德行为都能做到"据德而行"，这对于改善当前的社会道德，构建社会主义和谐社会，具有重要意义。

一、厚德

"厚德"是中华文化最突出的精神，是中华民族价值系统的核心。

"厚"字本是古人对大地形性的概括。古人经常将自然外物与人之品性相比拟，于是就有"观物比德"的说法。首次提出"厚德"的是《周易》，其中言："地势坤，君子以厚德载物。"这是对《周易·坤》卦之象的体会。所谓厚德，即有大德。以大地的淳厚之德比拟君子，认为君子应该禀承大地之德，增厚美德，容载万物。此后，"厚德"成为历代"君子"所追求的一种理想人格。

儒家的理想人格典范即"温柔敦厚"，孔子言："文质彬彬，然后君子。"（《论语·雍也》）宋代理学家强调人格修养与道德提升的关系，主张通过人的内在自觉提升道德修养。清代实学家指出，应该在日常生活的实际作为中修炼忠厚人格。

今人在谈到"厚德"时，主要从两个层次上理解：一是增厚美德，二是宽厚之德。按照第二种理解，张岱年先生说："厚德载物，即待人接物，要具有宽容、宽柔的态度。既肯定自己的主体性，也承认别人的主体性；既要保持自己的人格尊严，也要承认别人的人格尊严。"[①]大地的特性是宽厚，所以君子也应当效法大地，只有这样做才是恰当的、合理的。今天我们经常说的两个词"厚道""忠厚"，都是立足于"厚德"而发，指与人交往、相处时的美德，即宽厚、宽容、柔顺、爱人等。厚德强调的是人与自身、人与人、人与物的关系。人与自身的关系就是要善待自己，自尊、自爱、自强；人与人的关系即人们如何对待

① 张岱年：《炎黄传说与民族精神》，《张岱年全集》第七卷，河北人民出版社1996年版，第222页。

他人，要做到诚信、友善、宽容；人与物的关系即人们如何对待外在事物，要做到敬畏、共生、和谐。

当然，厚德并非绝对地排斥功利。现代社会更加强调个体的自由、独立、权利。但是，现代社会存在的一个问题是，个体欲望在放纵之时，却没有很好地加以限制，以至出现严重的社会问题，如人类社会的关系紧张，人类心灵的无处安放，以及对自然环境的过度消费。出现这些问题的重要原因，即在于人们对自我、他人及外物的轻视，把“我”、他人和外物都作为工具来利用，做不到“厚德”以待以化解现代社会的各种危机。所谓“厚德”，一个很重要的方面就是人们必须遵循一种普遍适用的规范，并在一定程度上克制自我、修养德性，宽以待人、厚以待物。厚德是中华文化的精神之魂，是儒家对理想人格的追求，也是我们应对目前出现的社会危机的重要方式。

我国正处于社会历史发展的新时期，需要面向现代化，也需要从传统文化中汲取养分。无论对人还是对整个社会而言，道德修养始终是一个需要不断建设的重要工程。对于大学生而言，一方面要不断提高自身的道德修养，提倡“厚德”，以宽厚、仁德、创新、包容的精神严于律己，容载万众万事万物；另一方面，道德的完善也要建立在扎实的专业知识之上；同时需要在日常生活中以实际行动践行高尚德操，包括对自身的爱护，人与人之间的交往，人与环境的相处。做人德为上，做事德为先，这正是我们需要培育的当代人的品格。

1.厚德载物

地势坤[1]，君子以厚德载物。

【题注】

选自《周易·坤·大象传》。

《周易》以《乾》卦表征天，以《坤》卦表征地。大地安宁宽裕，无物不载，无物不容，君子当效法大地，包容万事万物，包容一切。

【注释】

〔1〕地势坤：《坤》卦上下皆坤，坤为地，地有高下之势。

【译文】

大地的形势顺应无比，君子由此领悟要厚植自己的道德来承载众人。①

2.大德，必得其位，必得其禄，必得其名，必得其寿

子曰：“舜其大孝也与！德为圣人，尊为天子，富有四海之内。宗庙飨[1]之，子孙保之。故大德，必得其位，必得其禄，必得其名，必得其寿。故天之生物，必因其材而笃焉，

① 傅佩荣译解：《易经》，第23页。

故栽者培之，倾者覆之。《诗》曰：‘嘉乐君子，宪宪令德。宜民宜人，受禄于天。保佑命之，自天申之。’[2]故大德者必受命。”

【题注】

选自《中庸》。

舜自幼丧母，父亲续娶，生子象。父亲、继母、象三人都想杀死舜。但舜孝顺父母，关心幼弟，如果自己有小过错，就甘愿受罚。舜的孝行得到了善报。

【注释】

〔1〕飨（xiǎng）：祭祀。〔2〕此引《诗经·大雅·假乐》。

【译文】

孔子说：“舜是做到大孝的人了！德行至于圣人之境，尊贵至于天子之位，富裕到拥有四海内的一切。有宗庙来祭祀他，有子孙来继承他。因此，德行伟大的人必定得到高位，必定得到厚禄，必定得到声名，必定得到长寿。所以，上天造生万物，必定就一物的材质来增益他。所以，对种植者，就加以培育；对倾斜者，就让它覆亡。《诗·大雅·假乐》说：‘善良快乐的君子，充分彰显了美德。安顿百姓又领导众人，他承受上天赐予的禄位。上帝保佑他又任命他，这是上天一再重复的意旨。’所以，德行伟大的人必定受天所命。”①

3.知德者鲜矣

子曰：“由[1]！知德者鲜矣。”

【题注】

选自《论语·卫灵公》。

德必修于己而得于心，非生来就有，所以明白德的价值的人是很少的。

【注释】

〔1〕由：仲由（前542—前480），字子路，又字季路，孔子弟子。

【译文】

孔子说：“子路！懂德行的人很少了。”②

4.德者本也，财者末也

《诗》[1]云：“殷[2]之未丧师，克[3]配上帝[4]。仪[5]监[6]于殷，峻命[7]不易。”道得众，则得国；失众，则失国。是故君子先慎乎德。有德此有人，有人此有土，有土此有财，有财此有用。德者，本也。财者，末也。外本内末，争民施夺。是故财聚则民散，财

① 傅佩荣译解：《大学中庸》，第61～62页。

② 李泽厚著：《论语今读》，第417页。

散则民聚。是故言悖而出者，亦悖而入；货悖而入者，亦悖而出。《康诰》[8]曰：“惟命不于常。”道善则得之，不善则失之矣。《楚书》[9]曰：“楚国无以为宝，惟善以为宝。”舅犯[10]曰：“亡人[11]无以为宝，仁亲以为宝。”

【题注】

选自《大学》。

“为政以德”，才能得到民众支持。为人应以行善和爱人为珍宝。

【注释】

〔1〕诗：此指《诗经·大雅·文王》。〔2〕殷：商朝至盘庚时改国号为殷，习称殷商。〔3〕克：能够。〔4〕上帝：古人所相信的至上神，为人间万事的主宰，可以决定国家兴亡。〔5〕仪：宜。〔6〕监：鉴。〔7〕峻命：大命，指天命而言。〔8〕康诰：《尚书》篇名。〔9〕《楚书》：楚国的史册，可能是楚昭王时的史书。〔10〕舅犯：晋文公的母舅狐偃，字子犯，曾随公子重耳流亡在外。重耳后来回国继献公之位为文公，成就霸业。〔11〕亡人：流亡在外的人，指公子重耳。

【译文】

《诗经·大雅·文王》说：“殷商尚未丧失民众时，能够配合上帝的要求。应该借鉴于殷商的兴亡，知道保持天命不容易。”这是在说，得到民众支持就拥有国家，失去民众支持就失去国家。因此，君子首先要谨慎以对的是德行。有德行就有人民支持，有人民支持就有土地，有土地就有钱财，有钱财就有资源可用。德行是根本，钱财是末节。忽略根本而重视末节，相争的百姓就各施手段争夺。因此，钱财聚集起来，百姓就会离去；钱财分散出去，百姓就会聚集。因此，言论以违背道义的方式说出去，也会以违背道义的方式传进来；货物以违背道义的方式得到，也会以违背道义的方式失去。《尚书·康诰》说：“天命是不固定的。”这是说，行善就得到，不行善就失去。《楚书》说：“楚国没有什么是珍宝，只有行善才是珍宝。”舅犯说：“流亡的人没有什么是珍宝，行仁与爱人才是珍宝。”①

5.有德者必有言

子曰：“有德者必有言，有言者不必有德；仁者必有勇，勇者不必有仁。”

【题注】

选自《论语·宪问》。

言行应该一致，事实未必如此，我们应该提防能说会道的伪君子。

【译文】

孔子说：“有道德的人，必然有好言语；有好言语的人，不一定有道德。仁爱的人一定

① 傅佩荣译解：《大学中庸》，第30页。

勇敢，勇敢的人不一定仁爱。”①

6.君子怀德，小人怀土

子曰：“君子怀[1]德，小人怀土[2]。君子怀刑[3]，小人怀惠[4]。”

【题注】

选自《论语·里仁》。

因为志向不同，于是有了君子、小人之别。

【注释】

〔1〕怀：心念。〔2〕土：田产。〔3〕刑：法度。〔4〕惠：恩惠。

【译文】

孔子说：“君子心中所想的是道德，小人则是田产。君子心中所想的是法度的遵守，小人心中所想的是恩惠的获得。”②

7.小德川流，大德敦化

仲尼[1]祖述[2]尧舜，宪章[3]文武[4]，上律天时，下袭[5]水土。辟[6]如天地之无不持载，无不覆帱[7]。辟如四时之错行，如日月之代明。万物并育而不相害，道并行而不相悖，小德川流，大德敦化，此天地之所以为大也。

【题注】

选自《中庸》。

孔子的理想是宏大的，孔子的德业可与日月同辉。

【注释】

〔1〕仲尼：孔子，名丘，字仲尼。〔2〕祖述：效法遵循前人的学说或行为。〔3〕宪章：取法并发扬之。〔4〕文武：周文王与周武王。〔5〕袭：因循，顺从。〔6〕辟：同“譬”。〔7〕覆帱（dào）：覆盖照顾。

【译文】

孔子远承并讲述尧舜的理想，取法光大文王武王的德政。往上遵守天时的规律，往下顺从水土的趋势。可以譬喻他为天地，没有东西不持守承载，没有东西不覆盖照顾。可以譬喻他为四时的交替运行，如同日月轮流照耀。万物一起得到养育而不相妨害，道路各自分别通行而不相冲突。小的德行像河川一般滋润万物，大的德行就转化万物形成一体。这正是天地为何这么伟大的缘故。③

① 李泽厚著：《论语今读》，第379页。

② 曾仕强、曾仕良著：《论语的生活智慧》，第95页。

③ 傅佩荣译解：《大学中庸》，第95页。

8.以德服人

孟子曰：“以力假仁者霸，霸必有大国。以德行仁者王，王不待大。汤以七十里，文王以百里。以力服人者，非心服也，力不赡[1]也；以德服人者，中心悦而诚服也，如七十子之服孔子也。《诗》[2]云：‘自西自东，自南自北，无思不服。’此之谓也。”

【题注】

选自《孟子·公孙丑上》。

孟子主张王道，反对霸道。以德治国，每个人都会心悦诚服，尽心尽力，否则阳奉阴违，治乱循环。

【注释】

〔1〕赡(shàn)：富足，足够。〔2〕《诗》：指《诗经·大雅·文王有声》。

【译文】

孟子说：“仗恃实力然后假借仁义之名以号召征伐的可以称霸诸侯，称霸一定要凭借国力的强大；依靠道德来实行仁义的可以使天下归服，这样做不必以强大国家为基础——汤就仅仅用他纵横各七十里的土地，文王也就仅仅用他纵横各百里的土地(实行了仁政，而使人心归服)。仗恃实力来使人服从的，人家不会心悦诚服，只是因为他本身的实力不够的缘故；依靠道德来使人服从的，人家才会心悦诚服，好像七十多位大弟子的归服孔子一样。《诗经·大雅·文王有声》说过：‘从东从西，从南从北，无不心悦诚服。’正是这个意思。”①

9.夫易，圣人所以崇德而广业也

子曰：《易》，其至矣乎！夫《易》，圣人所以崇德而广业也。知崇礼卑，崇效天，卑法地，天地[1]设位，而《易》行乎其中矣。成性存存[2]，道义之门。

【题注】

选自《周易·系辞上传》。

如何度过一生？如何安顿自己的生命？《周易》给出的答案是“崇德广业”。

【注释】

〔1〕天地：指《乾》《坤》两卦，《乾》卦卦象为天，《坤》卦卦象为地。〔2〕存存：上“存”谓保存，下“存”为生存权。

【译文】

孔子说：《易》道真是美妙至极。圣人通过《易》来光大美德而增广事业。圣人既认识到崇高的一面又能履行卑顺的一面，因为崇高是效法天道的，卑顺是取法地道的。《乾》

---

① 杨伯峻：《论语译注》，第67页。

《坤》两卦一经确定，那么全部的《易》理就运行于其中了。正定万物的本然之性而维护其合理的生存，这便是通往道义的门径。①

10.君子进德修业

九三曰："君子终日乾乾，夕惕若，厉，无咎。"何谓也？子曰："君子进德修业。忠信，所以进德也。修辞立其诚，所以居业也。知至至之[1]，可与几也。知终终之[2]，可与存义也。是故居上位而不骄，在下位而不忧。故乾乾因其时而惕，虽危而无咎矣。"

【题注】

选自《周易·乾·文言传》。

谋事在人，成事在天。只要"进德修业""修辞立诚"，尽力而为，虽危无咎。孔子始终注意发挥人的主观能动性，充满正能量。

【注释】

〔1〕知至至之：第一个"至"为名词，第二个"至"用作动词。〔2〕知终终之：第一个"终"是名词，第二个"终"用作动词。

【译文】

九三爻辞说："君子整天勤奋不休，晚上还戒惕谨慎，有危险，但没有灾难"，这是什么意思呢？孔子说："这是讲君子应该增进德行与树立功业。做到忠诚而信实，由此可以增进德行；修饰言辞以确保其诚意，由此可以累积功业。知道时势将会如何来到，就设法使它来到，这样才可以同他谈论几微之理；知道时势将会如何终止，就坦然让它终止，这样才可以同他坚守正当作为。因此，处在上位而不骄傲，处在下位而不忧愁。所以能够勤奋不休，按所处的时势来警惕自己，这样即使有危险也不会有灾难啊。"②

11.德薄位尊，不胜其任

子曰："德薄而位尊，知小而谋大，力小而任重，鲜不及[1]矣。《易》[2]曰：'鼎折足，覆公餗[3]，其形渥[4]，凶。'言不胜其任也。"

【题注】

选自《周易·系辞下传》。

趋吉避凶，人之天性。孔子告诫我们，做事情一方面要量力而行，更重要的一方面是修德。

① 陈鼓应、赵建伟注译：《周易今注今译》，第605页。
② 傅佩荣译解：《易经》，第12页。

【注释】

〔1〕不及：不及于祸。〔2〕《易》：此引《鼎》卦九四爻辞。〔3〕餗（sù）：古代指鼎中的食物，后泛指美味佳肴。〔4〕渥（wò）：沾湿，沾润。

【译文】

孔子说："德能浅薄却居位尊显，智慧不足却图谋过分，能力有限却担负重任，这很难避免祸难。《周易》的《鼎》卦九四爻辞说：'鼎足折断，打翻了肉羹，浑身被沾污，有凶险。'这说的就是力不胜任的意思。"①

12. 勿以恶小而为之，勿以善小而不为

《诸葛亮集》载先主[1]遗诏敕后主[2]曰："朕初疾但[3]下痢耳，后转杂他病，殆[4]不自济。人五十不称夭[5]，年已六十有余，何所复恨，不复自伤，但以卿兄弟为念。射君[6]到，说丞相叹卿智量，甚大增修，过于所望，审能如此，吾复何忧？勉之，勉之！勿以恶小而为之，勿以善小而不为。惟贤惟德，能服于人。汝父德薄，勿效之。可读《汉书》《礼记》，闲暇历观诸子及《六韬》《商君书》，益人益智。闻丞相为写《申》[7]《韩》[8]《管子》《六韬》一通已毕，未送，道亡，可自更求闻达。"②

【题注】

选自《三国志·蜀书·先主传第二》。按：此段文字，在中华书局1960年版《诸葛亮集》位于"附录卷一"，名"遗诏"；在贵州人民出版社1997年版《诸葛亮文集全译》，位于卷一第二条，名"为先帝与后帝遗诏"。

《三国志》，西晋史学家陈寿（233—297）著，是一部记载魏、蜀、吴三国鼎立时期的纪传体断代史，"二十四史"中评价最高的"前四史"之一。其中，《魏书》30卷，《蜀书》15卷，《吴书》20卷，共65卷，记载了从魏文帝黄初元年（220年），到晋武帝太康元年（280年）60年的历史。《三国志》成书之后，由于叙事过于简要，到了南朝宋文帝时，著名史学家裴松之（372—451）便为其作注，又增补了大量材料。《魏书》《蜀书》《吴书》三书，原是各自为书，一直到北宋咸平六年（1003）才合而为一，改称《三国志》。

【注释】

〔1〕先主：刘备（161—223），字玄德，东汉末年幽州涿郡涿县（今河北省保定市涿州市）人，三国时期蜀汉开国皇帝，谥号昭烈皇帝，史家又称为先主。〔2〕后主：刘禅（shàn）（207—271），字公嗣，小名阿斗，刘备之子，三国时期蜀汉第二位皇帝。〔3〕但：只是。〔4〕殆：恐怕。〔5〕夭：短命。〔6〕射君：即射援，字文雄，扶风人，官至从事中郎、军议中郎将。〔7〕《申》：即《申子》，书名，相传为战国时申不害著。〔8〕《韩》：即

① 陈鼓应、赵建伟注译：《周易今注今译》，第663页。

② （晋）陈寿撰：《三国志》第三册，中华书局1982年版，第891页。以下引用该书只注明作者、书名、册数和页码。

《韩非子》，书名。

【译文】

《诸葛亮集》记载先主刘备给后主刘禅的遗诏："我刚生病的时候，只是腹泻，后来转化混杂其他病，恐怕无法挽救了。人五十岁不算早死，我已六十多了，还有什么值得遗憾的，不会再为自己悲伤了，只是因为惦念着你们兄弟。射援来，说丞相称赞你聪明，抱负很大，加强修养超过大家的期待。果真能这样，我还有什么忧虑！努力，努力！不要因为坏事小就去做，不要因为好事小而不作。只有贤德，才能服人。你父亲德行浅薄，不要效法。可读《汉书》《礼记》，空闲要逐本阅读诸子百家以及《六韬》《商君书》，这对人的思考智慧有好处。听说丞相为你抄写《申子》《韩非子》《管子》《六韬》一遍已经完毕，没有送到，在路上丢失了，你可自己再找来读一读，把里面的东西弄通。"①

13.君子以俭德辟难

天地不交[1]，否。君子以俭德辟[2]难，不可荣以禄。

【题注】

选自《周易·否·大象传》。

春生，夏长，秋收，冬藏。时行则行，时止则止。当天地不交之否时，应收敛自己，人在屋檐下，不能不低头。

【注释】

〔1〕天地不交：否卦上卦为乾，乾为天，下卦为坤，坤为地，天地阴阳不交。〔2〕辟：同"避"。

【译文】

天地不交和，否卦之象。君子（效此）当以节俭之德避难，（此时）不可得到荣誉和禄位。②

14.君子以反身修德

山上有水[1]，蹇。君子以反身修德。

【题注】

选自《周易·蹇·大象传》。

当遭遇山重水复蹇难之时，一定要反求诸己，进而寻求破解之道。

---

① 方家常注译：《诸葛亮文集全译》，第7页。

② 刘大钧、林忠军译注：《周易经传白话解》，第226～227页。

【注释】

〔1〕山上有水：蹇卦下艮上坎，艮为山在下，坎为水在上，故曰“山上有水”。

【译文】

山上水积，蹇卦之象。君子（效此）当以反省自身而修养道德。①

15.君子尊德性而道问学，致广大而尽精微，极高明而道中庸

大哉，圣人之道！洋洋乎，发育万物，峻极于天。优优[1]大哉！礼仪三百，威仪三千，待其人而后行。故曰：“苟不至德，至道不凝焉。”故君子尊德性而道问学，致广大而尽精微，极高明而道中庸。温故而知新，敦厚以崇礼。是故，居上不骄，为下不倍[2]。国有道，其言足以兴；国无道，其默足以容。《诗》[3]曰：“既明且哲，以保其身。”其此之谓与？

【题注】

选自《中庸》。

本段提出了君子的五种修养功夫，其中“尊德性而道问学”给宋朝乃至以后的学者带来不少困扰，据此分为道问学与尊德性两派。朱熹强调格物穷理，属于道问学派。陆象山、王阳明珍惜尊崇天生本性，属于尊德性派。

【注释】

〔1〕优优：从容有余。〔2〕倍：同“背”。〔3〕《诗》：指《诗经·大雅·烝民》。

【译文】

伟大啊，圣人所展现的理想！充实洋溢啊！发展及养育万物，高尚的程度抵达了天。从容有余而博大啊！礼节仪式多达三百种，动作威仪多达三千种，都要等待圣人出现才可以施行。所以说：“如果不是至高的德行，至高的理想是无法体现出来的。”因此，君子尊崇天生的本性并且努力请教及学习，追求广博宏大的领域并且详察精细微妙的部分，领悟最高明的境界并且实践中庸平常的道理。温习旧有的学问并且了解新颖的观点，敦厚自己的言行并且由此推崇礼仪的价值。因此，君子居上位不会骄傲，处下位不会背叛。国家上轨道，他的言论足以让自己升上高位；国家不上轨道，他的沉默足以让自己得到宽待。《诗经·大雅·烝民》说：“既明理又有智慧，如此可以保住自己的性命。”所说的就是这样啊。②

二、善恶

善恶观念是道德哲学中一对最基本的概念。“善”是会意字，从羊从言，像羊一样温顺，像羊一样说话就是善。东汉许慎《说文解字》说：“善，吉也。”从伦理学上讲，共同

---

① 刘大钧、林忠军译注：《周易经传白话解》，第252页。

② 傅佩荣译解：《大学中庸》，第88～89页。

满足即为善。儒家所谓“善”指修养心性，追求光明正大的品德，达到至善至美。孟子说：“可欲之谓善。”(《孟子·尽心下》)当然，孟子的“可欲”并不是人的各种情欲。按照孟子的思路，人之可欲可求有“求在外”与“求在我”之分，而“善”为人之本性，是内在于我、无需外求的。因此，循人之本性而为，即可达到至善。

“恶”跟“善”相反，即不好的，坏的行为。《说文》：“恶，过也。”基督教神学家圣·奥古斯丁(Aurelius Augustinus，354—430)提出：“恶是善的丧失”。佛教中，恶指能够招致恶果的不善之法。道教中，恶指招致灵魂堕落的思想与行径。孔子曾给子张解释什么是“四恶”：“不教而杀谓之虐；不戒视成谓之暴；慢令致期谓之贼；犹之与人也，出纳之吝，谓之有司。”(《论语·尧曰》)孔子对从政者进行制约，认为不进行教育而杀戮叫虐，不事先告诫而要求立即成功叫做暴，政令下达缓慢而要求下属限期完成叫做贼，同样是给人财物而又舍不得拿出去叫做吝啬。孔子要求“尊五美，屏四恶”，“五美”即“君子惠而不费，劳而不怨，欲而不贪，泰而不娇，威而不猛”。这些原则不仅对于从政，就是对于平常做人也是有好处的。

对待善恶的恰当态度应该是遏恶扬善。《周易·大有·大象传》说：“火在天上，大有。君子以遏恶扬善，顺天休命。”遏即阻止，扬即宣扬。君子应该禁绝坏事，宣扬好事。《中庸》又有“隐恶而扬善”，即包容别人的恶言，给人以改过的机会；宣扬别人的善言，使大家受到善良气氛的熏陶。道家认为惩恶即是扬善，故应该“遏恶扬善。”佛家说：“止恶行善。”可见儒佛道三家，圣人一类求同，都强调要阻止人去做恶，以免得他逐渐横行；要赞扬人为善，使他为善不倦。

如果出现恶行，如何惩治？蒲松龄(1640—1715)给我们提供的一条惩恶扬善的法则可资借鉴。《聊斋志异·考城隍》说：“有心为善，虽善不赏；无心为恶，虽恶不罚。”意思是，对善恶要从人的动机上判定，而不以效果作为判定的唯一标准。从实际出发，对善恶的后果作具体分析，然后赏罚分明，论功行赏。

从个人修养角度来说，如何去恶存善？明代吕坤(1536—1618)《呻吟语·修身》说：“祸福无他，在为善与不为善。”祸福乃人所自求。所谓自求，就是从高标准严格要求自我，而不去怨天尤人。一切外在的事物或者环境，都取决于我们自己的表现和态度。改变环境，从改变自我做起。儒家孔子把为善去恶的重点放在人的努力上，即道德修养和政治清明，而不是放在对天的祈祷上。我们常说人性本善，要保持人人具备的善良本心，养护人人具备的善良本性，人性之美好品德皆在这本心、本性之中。一方面要努力维护本心本性之善，另一方面要努力克制各种私欲、杂念等等不善，同时要努力去除恶的行为。在致力于善的修为过程中，要注意持之以恒，掌握至善之方，同时注重以德为本。

《周易·系辞下传》说：“善不积，不足以成名；恶不积，不足以灭身。小人以小善为无益而弗去也，以小恶为无伤而弗去也，故恶积而不可掩，罪大而不可解。”至善的达成是在日常点滴中积累而至。善恶无论大小，都不可轻视。积小善可以成就大善，积小恶可以酿成大祸。所谓“恶积而不可掩，罪大而不可解”，自己不要以为有点小毛病没有关系，累积起来就是大毛病了，故应该“诸恶莫作，众善奉行”。我们学习圣贤文化，读诗书经典，就是要“道人善”；而在日常生活中“见人恶”，就应该自我反省，有则改之，无则加勉。总之，从自身做起，遏恶而扬善。

1.止于至善

大学[1]之道[2]，在明明德[3]，在亲民，在止于至善[4]。知止而后有定，定而后能静，静而后能安，安而后能虑，虑而后能得。物有本末，事有终始，知所先后，则近道矣。

【题注】

选自《大学》。

“明明德”“亲民”“止于至善”，朱熹称之三纲领。

【注释】

〔1〕大学：大人之学。〔2〕道：原指途径，引申为正途、规则、理想等。〔3〕明明德：第一个“明”字指彰显。明德，光明的德行，表现为善的行为。〔4〕至善：就形式上说，指完美的目标。就内涵上说，指安顿一切人际关系，亦即抵达世界大同的世界。

【译文】

大学的理想，是要彰显一个人光明的德行，是要他亲近爱护百姓，是要他抵达完美的目标。知道目标何在，就会引发确定的志向；有了确定的志向，才可能保持平静的心情；保持平静的心情，才可能安于所处的环境；安于所处的环境，才可能进行周全的思虑；进行周全的思虑，才可能领悟目标的价值。外物的存在有根本部分，也有末节部分；事件的发生有结束阶段，也有开始阶段。知道这一切的先后次序，就接近大学的理想了。①

2.修其善则为善人，修其恶则为恶人

人之性也善恶混[1]。修其善则为善人，修其恶则为恶人。气也者，所以适[2]善恶之马也与？

【题注】

选自《法言·修身》。

关于人性，说法不一。孔子认为，“性相近，习相远”。孟子道性善，言必称尧舜。荀子提出，“人之性恶，其善者伪也”。董仲舒把人性分为上、中、下三等。扬雄主张，“人之性也善恶混”。

【注释】

〔1〕善恶混：善恶相杂，人性中有善也有恶。〔2〕适：往，走向。

---

① 傅佩荣译解：《大学中庸》，第3页。

【译文】

人的本性是善和恶混杂在一起的。培养人性中的善就成为善人，培养人性中的恶就成为恶人。气这个东西，就是人走向善或恶时所骑的马了吧？①

3.见善，修然必以自存也；见不善，愀然必以自省也

见善，修然〔1〕必以自存也；见不善，愀然〔2〕必以自省也。善在身，介然〔3〕必以自好也；不善在身，菑然〔4〕必以自恶〔5〕也。故非我而当者，吾师也；是我而当者，吾友也；谄谀我者，吾贼也。故君子隆师而亲友，以致恶其贼；好善无厌，受谏而能诫，虽欲无进，得乎哉？小人反是，致乱而恶人之非己也，致不肖而欲人之贤己也，心如虎狼，行如禽兽，而又恶人之贼己也。谄谀者亲，谏争者疏，修正为笑，至忠为贼，虽欲无灭亡，得乎哉！《诗》〔6〕曰："噏噏呰呰〔7〕，亦孔之哀。谋之其臧，则具是违；谋之不臧，则具是依。"此之谓也。

【题注】

选自《荀子·修身》。

荀子修身思想受启于孔子。《论语·里仁》："子曰：'见贤思齐焉，见不贤而内自省也。'"

【注释】

〔1〕修然：整饬的样子。〔2〕愀（qiǎo）然：忧惧的样子。〔3〕介然：坚固的样子。〔4〕菑（zāi）然：灾害在身的样子。菑，同"灾"。〔5〕恶（wù）：讨厌。〔6〕《诗》：指《诗经·小雅·小旻》。〔7〕噏噏（xī xī）呰呰（zǐ zǐ）：噏噏，众口附和。呰呰，诋毁。呰，同"訾"。

【译文】

看见了好的品行，一定要认真地省察自己有没有这种好的品行；看见了不好的品行，一定要怀着忧惧的心情反躬自问。自己有了好的品行，一定要坚定不移地加以珍视；自己有了错误，一定要如同被玷污了一样感到厌恶。所以，批评我而又中肯的人，就是我的老师；肯定我而又恰当的人，就是我的朋友；阿谀奉承我的人，是陷害我的贼寇。所以，君子要尊重老师，亲近朋友，十分憎恨陷害自己的贼寇。从善如流却没有厌倦之意，接受规劝而能警诫自己的人，即使主观上未要求进步，能不进步吗？小人与此相反，自己胡作非为，却憎恨别人对自己的批评；行为十分恶劣，却希望别人说自己贤；心似虎狼，行动像禽兽，却又厌恶别人说自己坏。对阿谀奉承的人亲近，对批评直谏的人疏远，有人对他提出纠正错误的意见，一笑置之，把别人规劝自己的极其忠诚的话，当成是陷害，这样的人

---

① 韩敬译注：《法言》，中华书局2012年版，第58页。以下引用该书只注明作者、书名、册数和页码。

即使不想灭亡，能不灭亡吗？《诗经·小雅·小旻》上说：“既吹吹捧捧，又相互诋毁，真是莫大的悲哀。凡是良谋善策，一一严加拒绝；凡是阴谋诡计，一一照着办理。”就是说的这个。①

4.善不积不足以成名，恶不积不足以灭身

“善不积，不足以成名；恶不积，不足以灭身。小人以小善为无益而弗为也，以小恶为无伤而弗去也，故恶积而不可掩，罪大而不可解。《易》曰：‘何校灭耳[1]，凶。’”

【题注】

选自《周易·系辞下传》。

丰子恺（1898—1975）说：使人生圆滑进行的微妙的要素，莫如“渐”；造物主骗人的手段，也莫如“渐”。（《渐》）渐，是事物变化的常态。所以，做事要循序渐进，做人要防微杜渐。

【注释】

〔1〕何（hè）校（jiào）灭耳：肩上担荷的刑具遮住了耳朵。何，同“荷”，担。校，古代刑具。

【译文】

“善行不累积，就不足以成名于天下；罪恶不累积，也不足以自灭其身。小人做事，完全以利害关系为出发点，以为做出小小的善事，不会得到什么好处，便索性不去做了，以为做些小的差错，无伤大体，便不改过，因此日积月累，罪恶盈满天下，以致无法掩盖和不可解救的地步。《易经》《噬嗑》卦上九爻辞上说：‘罪恶深重，刑具已负荷在头部，两耳都被灭没了，这是凶害达到极点的。’”②

5.积善之家必有余庆，积不善之家必有余殃

积善之家必有余庆，积不善之家必有余殃。臣弑[1]其君，子弑其父，非一朝一夕之故，其所由来者渐矣，由辩之不早辩也。《易》曰：“履霜，坚冰至。”盖言顺也。

【题注】

选自《周易·坤·文言传》。

菩萨畏因，众生畏果。任何“果”都是积渐而来，所以“圣人不治已病治未病，不治已乱治未乱”（《素问·四气调神大论》），要防患于未然。

---

① 杨任之译：《白话荀子》，第9页。

② 南怀瑾、徐芹庭译注：《白话易经》，第389页。

【注释】

〔1〕弑（shì）：古时称臣杀君、子杀父母。

【译文】

积善之家，必定福庆有余；积不善之家，必定灾殃有余。大臣杀掉国君，儿子杀死父亲，这并非一朝一夕所造成的，（祸患的产生）由来已久，渐积而成是由于没有及早察觉此事。《周易》说："踏霜之时，预示坚冰之日将至。"这是说顺从事物发展结果。①

6.福善祸淫

天道福善祸淫〔1〕，降灾于夏，以彰厥〔2〕罪。

【题注】

选自《尚书·汤诰》。

《汤诰》是《尚书》篇名，是商汤王对各方诸侯的一次讲话。他打败夏桀回国后，各方诸侯即来朝贺，商汤王乘机向各方诸侯再一次申明他之所以推翻夏桀的道理。指出，天道是没有偏私的，福善祸淫是上天的基本法则，夏之所以灭亡，完全是上天降灾的结果。

【注释】

〔1〕福善祸淫：行善的得福，作恶的受祸。〔2〕厥：其。

【译文】

老天的法则是降福给善人，降恶给恶人，因此，对夏降下灾祸，用来显示它的罪恶。②

7.自作孽，不可活

天作孽〔1〕，犹可违；自作孽，不可逭〔2〕。

【题注】

选自《尚书·太甲》。

《孟子·公孙丑上》《孟子·离娄上》引用此文，均作"天作孽，犹可违；自作孽，不可活"。

【注释】

〔1〕孽：罪恶，灾祸。〔2〕逭（huàn）：逃避。

【译文】

上帝造成的灾祸，还可以避开；自己造成的灾祸，就不可逃脱了。③

---

① 刘大钧、林忠军译注：《周易经传白话解》，第321页。

② 江灏、钱宗武译注：《今古文尚书全译》，贵州人民出版社1992年版，第124页。以下引用该书只注明作者、书名、册数和页码。

③ 江灏、钱宗武译注：《今古文尚书全译》，第141页。

8.祸福无门，惟人自召

祸福无门，惟人自召[1]。善恶之报，如影随形。

【题注】

选自《太上感应篇》。

《太上感应篇》是非常重要的一篇文章，其文句多取自东晋葛洪（284—364）《抱朴子内篇》的"对俗"与"微旨"两篇，全文1277字。

【注释】

〔1〕召（zhào）：召至，引来。

【译文】

人的祸福没有门路，完全是由自己招来。善有善报，恶有恶报，就像人影紧跟着形体一样，绝不差错。

9.与人为善

何谓与人为善？昔舜在雷泽[1]，见渔者皆取深潭厚泽，而老弱则渔于急流浅滩之中，恻然哀之，往而渔焉。见争者，皆匿其过而不谈；见有让者，则揄扬[2]而取法之。期年，皆以深潭厚泽相让矣。夫以舜之明哲，岂不能出一言教众人哉？乃不以言教而以身转之，此良工苦心也。

【题注】

选自明代袁了凡《了凡四训·积善之方》。

身教重于言教。《老子》43章："不言之教，无为之益，天下希及之。"2013年3月17日，十二届全国人大一次会议举行闭幕会，李克强总理在回答中央电视台记者提问时说："改革贵在行动，喊破嗓子不如甩开膀子。"

【注释】

〔1〕雷泽：一名雷夏泽。《尚书·禹贡》："雷夏既泽。"《史记·五帝本纪》："舜耕历山，渔雷泽。"〔2〕揄（yú）扬：宣扬。

【译文】

什么叫与人为善？从前舜在雷泽，看见打鱼的人都选潭深鱼多的地方，而年老体弱的渔夫便只能在水流湍急的浅滩中捉鱼。舜看到后，很悯恻哀怜他们。于是他自己也去打鱼，看见有人争抢，对于他们的行为不加评判；看见有彼此谦让的，他就加以赞赏宣扬并效法他们。过了一年，大家都把潭深鱼多的地方相互谦让出来。当时以舜的聪明才智，难道不能说几句话来教导大家吗？这是因为他不用言语教导，而是以身作则来转变人们的思想行为，这正是教导众人的良苦用心啊。①

10.为善在让，立身在敬

为善之端无尽，只讲一让[1]字，便人人可行；立身之道何穷，只得一敬字，便事事皆整。

【题注】

选自清代王永彬《围炉夜话》。

王永彬，字润芳，号宜山，人多称宜山先生，清朝咸丰时人。其所著《围炉夜话》，共221则内容，与《菜根谭》《小窗幽记》一起被称为“处世三大奇书”。

【注释】

〔1〕让：礼让，推辞。

【译文】

做善事的方法无穷无尽，只要讲求一个让字，就人人都能做善事；立身处世的道理无穷无尽，只要做到一个敬字，所有的事情就都能井然有序。②

11.一点贪污，便为大恶

万分廉洁，止是小善；一点贪污，便为大恶。

【题注】

选自明人陈继儒《小窗幽记》。

陈继儒（1558—1639），明代著名的诗文家和书画家。其所著《小窗幽记》，分为醒、情、峭、灵、素、景、韵、奇、绮、豪、法、倩十二集，内容主要阐明涵养心性及处世之道，表现了隐逸文人淡泊名利、乐处山林的陶然超脱之情，为明代清言的代表作之一。

【译文】

一万分的廉洁，只是小小的善行；一点点的贪污，就是大恶行。③

---

① （明）袁了凡撰，尚荣、徐敏、赵锐评注：《了凡四训》，中华书局2013年版，第164页。以下引用该书只注明作者、书名、册数和页码。

② （清）王永彬撰，张德建评注：《围炉夜话》，中华书局2014年版，第182页。以下引用该书只注明作者、书名、册数和页码。

③ （明）陈继儒纂辑，成敏评注：《小窗幽记》，中华书局2013年版，第80页。以下引用该书只注明作者、书名、册数和页码。

12.祸福无他，在为善与不为善

凡智愚无他，在读书与不读书；祸福无他，在为善与不为善；贫富无他，在勤俭与不勤俭；毁誉无他，在仁恕与不仁恕。①

【题注】

选自明代吕坤《呻吟语·修身》。

吕坤（1536—1618），字叔简，号新吾，晚号抱独居士、了醒亭居士，明代归德府宁陵（今河南商丘宁陵）人，明朝著名思想家、政治家。《呻吟语》是吕坤所著的语录体、箴言体的小品文集，积三十年心血写成。他在《原序》中称："呻吟，病声也。《呻吟语》，病时疾痛语也。"②全书共分六卷，前三卷为内篇，分为性命、存心、伦理、谈道、修身、问学、应务、养生八章；后三卷为外篇，分为天地、世运、圣贤、品藻、治道、人情、物理、广喻、词章等九章，一共有大约数百则含意深刻、富有哲理的语录笔记。

13.有心为善，虽善不赏；无心为恶，虽恶不罚

予姊丈〔1〕之祖，宋公讳焘，邑廪生〔2〕。一日，病卧，见吏人持牒，牵白颠马〔3〕来，云："请赴试。"公言："文宗〔4〕未临，何遽得考？"吏不言，但敦促之。公力疾乘马从去。路甚生疏。至一城郭，如王者都。移时入府廨〔5〕，宫室壮丽。上坐十余官，都不知何人，惟关壮缪〔6〕可识。檐下设几、墩各二，先有一秀才坐其末，公便与连肩。几上各有笔札。俄题纸飞下视之，八字云："一人二人，有心无心。"二公文成，呈殿上。公文中有云："有心为善，虽善不赏；无心为恶，虽恶不罚。"诸神传赞不已。

【题注】

选自清代蒲松龄《聊斋志异·考城隍》。

蒲松龄（1640—1715），字留仙，别号柳泉居士，世称聊斋先生，山东省淄博市淄川区洪山镇蒲家庄人。他一生热衷科举，却始终不得志，71岁时才破例补为贡生。他用毕生精力完成的《聊斋志异》，8卷，491篇，约40余万字。鲁迅（1881—1936）先生在《中国小说史略》中称，"专集之最有名者为蒲松龄之《聊斋志异》"③。郭沫若（1892—1978）为蒲松龄故居题联："写鬼写妖高人一等，刺贪刺虐入骨三分。"

【注释】

〔1〕姊丈：姐夫。〔2〕廪生：明清两代称由公家给以膳食的生员，又称廪膳生。〔3〕白

---

① （明）吕坤撰：《吕坤全集》中册，中华书局2008年版，第677页。以下引用该书只注明作者、书名、册数和页码。

② （明）吕坤撰：《吕坤全集》中册，第605页。

③ 周树人著：《鲁迅全集》第九卷，第215页。

颠马：白额马。〔4〕文宗：考试官。〔5〕廨（xiè）：官署，旧时官吏办公处所的通称。〔6〕关壮缪（mù）：即关羽，字云长，三国时蜀汉大将，死后追谥壮缪侯。

【译文】

我姐夫的祖父姓宋名焘，是县里的秀才。一天，宋先生患病躺在床上，忽然看见一个官差拿着官府文书，牵着一匹额头上生有白毛的马走上前来，说："请先生去参加考试。"宋先生说："主考的学政还没来，怎么突然举行考试了呢？"官差不说话，只是一再催促他启程。宋先生勉强支撑着骑马跟他去了，所走的道路都十分陌生。不久，便来到一座城市，好像是帝王居住的都城。过了一会儿，他们进入一座官府，宫殿巍峨壮观。大堂上坐着十几个官员，宋先生都不认识，只知道其中一个是壮缪侯关羽。堂下檐前设置几案、坐墩各两个，先前已经有一个秀才坐在了下首，宋先生便挨着他坐下。几案上各自放着纸和笔。一会儿，殿堂上传下写有题目的试题。宋先生一看，上面写有八个字："一人二人，有心无心。"两位先生写完文章后，便把答卷呈送殿上。宋先生的文章里有这样的话："有目的去做好事，虽然好，但不必给奖励；不是故意地办了坏事，虽然不好，也可以不必处罚。"殿上各位官员一边传看，一边不住地称赞。①

14. 大善则移，大恶则移

族祖雷阳公言，昔有遇冥吏〔1〕者，问："命皆前定，然乎？"曰："然。然特穷通寿夭之数，若唐小说所称预知食料，乃术士射覆〔2〕法耳。如人人琐记此等事，虽大地为架，不能庋〔3〕此簿籍矣。"问："定数可移乎？"曰："可。大善则移，大恶则移。"问："孰定之？孰移之？"曰："其人自定自移，鬼神无权也。"问："果报何有验有不验？"曰："人世善恶论一生，祸福亦论一生，冥司〔4〕则善恶兼前生，祸福兼后生，故若或爽也。"问："果报何以不同？"曰："此皆各因其本命。以人事譬之，同一迁官，尚书迁一级则宰相，典史〔5〕迁一级不过主簿〔6〕耳。同一镌秩〔7〕，有加级者抵，无加级则竟镌矣。故事同而报或异也。"问："何不使人先知？"曰："势不可也。先知之则人事息，诸葛武侯〔8〕为多事，唐六臣〔9〕为知命矣。"问："何以又使人偶知？"曰："不偶示之，则恃无鬼神而人心肆，暧昧难知之处，将无不为矣。"先姚安公尝述之曰："此或雷阳所论，托诸冥吏也。然揆之以理，谅亦不过如斯。"②

【题注】

选自清代纪昀《阅微草堂笔记》。

纪昀（1724—1805），字晓岚，一字春帆，晚号石云，道号观弈道人，直隶献县（今河北沧州市）人，曾任《四库全书》总纂修官。嘉庆十年（1805）二月，纪昀病逝，因其"敏

---

① 于天池译注：《聊斋志异》，中华书局2016年版，第17页。

② （清）纪昀著，孙致中等校点：《纪晓岚文集》第二册，河北教育出版社1991年版，第39页。

而好学可为文，授之以政无不达”（嘉庆帝御赐碑文），故卒后谥号文达，乡里世称文达公。纪昀学宗汉儒，博览群书，自己的著作只有《阅微草堂笔记》，为什么？他说过：“世间的道理与事情，都在古人的书中说尽，现在如再著述，仍超不过古人的范围，又何必再多著述。”[①]《阅微草堂笔记》是纪昀于乾隆五十四年（1789年）至嘉庆三年（1798年）间以笔记形式所编写成的文言短篇志怪小说，在清代大量的笔记小说中独树一帜，鹤立鸡群，是唯一能够与《聊斋志异》相媲美的作品，人们把这两部作品誉为清代笔记小说中的“双壁”，鲁迅先生在《中国小说史略》中，对《阅微草堂笔记》有过高度的评价：“惟纪昀本长文笔，多见秘书，又襟怀夷旷，故凡测鬼神之情状，发人间之幽微，托狐鬼以抒己见者，隽思妙语，时足解颐；间杂考辨，亦有灼见。叙述复雍容淡雅，天趣盎然，故后来无人能夺其席，固非仅借位高望重以传者矣。”[②]

【注释】

〔1〕冥吏：阴间的官吏。〔2〕射覆：古时的一种猜物游戏，亦往往用以占卜。〔3〕庋（guǐ）：置放。〔4〕冥司：阴间。〔5〕典史：古代官名，设于州县，为县令的佐杂官，但不入品阶，“未入流”。元始置，明清沿置，是知县下面掌管缉捕、监狱的属官。〔6〕主簿：古代官名，是各级主官属下掌管文书的佐吏。〔7〕镌（juān）秩：降职或降级。〔8〕诸葛武侯：诸葛亮（181—234），字孔明，三国时期蜀汉丞相。刘备死后，诸葛亮受封爵位武乡侯。病逝于五丈原后，追谥为忠武侯。后世常尊称诸葛亮为武侯或诸葛武侯。〔9〕唐六臣：指唐末张文蔚、杨涉、张策、赵光逢、薛贻矩、苏循六人。欧阳修《新五代史》卷三十五有《唐六臣传》。

【译文】

族祖雷阳公说，从前有个人遇见阴间的官吏，便问：“命运都是以前定好的，是这样吗？”阴间的官吏答：“是的。但只是因为困穷、亨通、长寿、短命的气数，像唐代小说中所说的能够预知人一生的食料，乃是术士的覆盖法——置物于覆器之下，让人猜测，用以占卜的游戏罢了。如果为每个人都要繁琐地记下这等事情，即使以大地为架子，也不能收藏完这类薄册了。”问：“因果报应为什么有应验有不应验？”答：“人世的善恶讲这一生，祸福也讲这一生。阴司则善恶连同前生，祸福连同后生，所以好像有时不应验。”问：“因果报应为什么不同？”答：“这都各自由于他本来的命运。用人事来打比方，同样是升官，尚书升一级就是宰相，典史升一级不过是主簿罢了。同样是降级，有加级的抵消，没有加级的那就降了。所以事情相同，报应有时不同。”问：“为什么不使人事先知道？”答：“情势不可以。事先知道了，那么人事就平息了，诸葛武侯变为多事、唐末的六个佞臣变为知道天命的了。”问：“为什么又使人偶而知道？”答：“不偶尔显示一下，那么仗着没有鬼神而人心可以放肆，暗昧难知的地方将无所不为了。”先父姚安公曾经讲述这件事，说：

① 南怀瑾：《谈历史与人生》，复旦大学出版社1995年版，第272页。

② 周树人：《鲁迅全集》第九卷，第220页。

“这个或者是雷阳的议论，假托之于阴间的官吏罢了。但是按照情理去度量，想来也不过如此。”①

15.王阳明“四句教”

丁亥年[1]九月，先生起复征思、田。将命行时，德洪[2]与汝中[3]论学。汝中举先生教言曰：“无善无恶是心之体，有善有恶是意之动，知善知恶是良知，为善去恶是格物。”德洪曰：“此意如何？”汝中曰：“此恐未是究竟话头。若说心体是无善无恶，意亦是无善无恶的意，知亦是无善无恶的知，物是无善无恶的物矣。若说意有善恶，毕竟心体还有善恶在。”德洪曰：“心体是天命之性，原是无善无恶的。但人有习心，意念上见有善恶在。格、致、诚、正、修，此正是复那性体功夫。若原无善恶。功夫亦不消说矣。”是夕侍坐天泉桥，各举请正。先生曰：“我今将行，正要你们来讲破此意。二君之见正好相资为用，不可各执一边。我这里接人原有此二种。利根[4]之人，直从本原上悟入。人心本体原是明莹无滞的，原是个未发之中。利根之人，一悟本体，即是功夫。人己内外，一齐俱透了。其次不免有习心在，本体受蔽，故且教在意念上实落为善去恶，功夫熟后，渣滓去得尽时，本体亦明尽了。汝中之见，是我这里接利根人的；德洪之见，是我这里为其次立法的。二君相取为用，则中人上下皆可引入于道。若各执一边，眼前便有失人，便于道体各有未尽。”既而曰：“已后与朋友讲学，切不可失了我的宗旨：无善无恶是心之体，有善有恶是意之动，知善知恶的是良知，为善去恶是格物，只依我这话头随人指点，自没病痛。此原是彻上彻下功夫。利根之人，世亦难遇，本体功夫，一悟尽透，此颜子、明道所不敢承当，岂可轻易望人？人有习心，不教他在良知上实用为善去恶功夫，只去悬空想个本体，一切事为俱不着实，不过养成一个虚寂。此个病痛不是小小，不可不早说破。”是日德洪、汝中俱有省。②

【题注】

选自明代王阳明《传习录》下。

王阳明晚年将自己的思想归纳为四句，被称为“四句教”。可以说，“四句教”是王阳明全部思想的高度概括和凝炼总结。

【注释】

〔1〕丁亥年：1527年。〔2〕德洪：钱德洪（1496—1574）名宽，字洪甫，因避先世讳，以字行。号绪山，尝读《易》于灵绪山中，人称绪山先生。〔3〕汝中：王畿（1498—1583），字汝中，号龙溪，为王阳明最赏识的弟子之一。〔4〕利根：佛教语，犹言慧性，谓易于悟解的根器。

---

① （清）纪昀著，邵海清等译：《白话全本阅微草堂笔记》，上海古籍出版社1995年版，第52页。

② （明）王守仁著：《王文成公全书》第一册，中华书局2015年版，第145～146页。以下引用该书只注明作者、书名、册数和页码。

【译文】

丁亥年九月，先生重新启用，征讨思、田。将要出发时，钱德洪与王汝中讨论学问。汝中引先生的教谕说："无善无恶，是心之体；有善有恶，是意之动，知善知恶，是良知；为善去恶，是格物。"德洪说："你以为这话如何？"汝中说："这话似乎还没有说得很透彻。如果说心体是无善无恶，那么，意也是无善无恶的意，知也是无善无恶的知，物也是无善无恶的物了。如果说意有善有恶的话，毕竟心体还有善恶。"德洪说："心体乃是天命之性，原本是无善无恶的，但是，人有受到习气影响的心，意念上就存在着善与恶了。格物、致知、诚意、正心、修身等，这些正是那要恢复性体的功夫。如果说原本就没有善恶功夫的话，也就不必说这些步骤了。"这天晚上，我们陪伴着先生在天泉桥，各自将自己的意见说出来请先生教正。先生说："即将远行，正要与你们说破这个意思。你们俩见解正好相互弥补着用，不用各执一端。我这里引导人，原来就有这两种说法。天资高的人，直接从本源上觉悟。人心的本体，原来是晶莹而没有阻滞的，原来就是所谓未发之中。天资高的人，一旦觉悟本体，就是功夫。别人也好，自己也好，心内也好，心外也好，一下子就透彻了。那次一点的人，不免有习气沾着之心，本体受到蒙蔽，所以姑且教他们在意念上切实地为善去恶。等到功夫熟练了，除尽了渣滓，本体也就明彻了。汝中你的见解，是我引导天资高者的方法；德洪你的见解，是我引导次一等人的方法。你们俩互补着运用，那么，中等人上下的人都可以引导入正道了。如果各执一端，眼下就有过失，而别人对正道之体也就各有不明白之处了。"一会儿，先生又说："以后跟朋友们讨论学问，千万不要离开了我的宗旨：无善无恶，是心之体；有善有恶，是意之动；知善知恶，是良知；为善去恶是格物。只要依照着我这口诀，任凭别人指手画脚，也不会有毛病的。这原来是贯通上下的功夫。天资高的人，世间也难碰上，一旦领悟了本体的功夫，就能一下子明彻儒道，这是颜回和程明道都表示不敢当的，难道能轻易地寄希望于人吗？人们有了习气沾着之心，如果不教他在良知上下实在的为善去恶的功夫，只去悬空想着本体，一切事情都不落实，不过就养成一个空洞虚寂。这可不是小毛病，不能不早点说穿。"这一天，德洪我和汝中都有所省悟。[①]

三、孝悌

孝悌是中国传统的重要道德规范之一，是古之仁人志士追求修身的基本要求。"孝"是会意字，像"子"用头承老人手行走之形。《尔雅·释训》："善父母为孝"。《说文》："孝，善事父母者，从老省，从子，子承老也。"段玉裁注："《礼记》：'孝者，畜也'。顺于道，不逆于伦，是之谓畜。"畜者，养也。概而言之，"孝"的基本含义是善于侍奉和赡养父母。

---

① 于民雄注，顾久译：《阳明传习录全译》，贵州人民出版社1998年版，第315～316页。以下引用该书只注明作者、书名、册数和页码。

"悌"字从心从弟，经典通用"弟"。"悌"本意为敬重乡中长辈（古时当时乡中皆是同族），后指敬爱兄长，引申为顺从长上。贾谊《道术》曰："弟爱兄谓之悌。"《说文》说："悌，善兄弟也。"儒家宣扬的是"兄友弟恭"的友爱之情，表达了人与人之间的良善关系。儒家常将"孝""悌"并列，称为"孝悌"，意思是，孝敬父母、友爱兄弟。"孝悌"不仅被儒家视为"德之本"，"教之所由生者"，也是中国传统文化最突出的特色之一，甚至有些学者认为中国文化在某种意义上就是孝文化。

孝悌观的形成是立足于古代中国以血缘亲情为基础而产生的关于人与人之间相处的观念，"孝"就是指对长辈的扶持和尊重，"悌"就是指对同辈人的理解与宽恕。孝悌乃做人、做学问的根本，是中国文化的精神。谈孝悌，即是提倡知礼敬，礼敬父母、兄弟，推己及人，自然礼敬一切，普遍行仁。像那些侵犯长上之人，是无礼、不敬，孝悌的人不会这么做。凡是不守家庭规矩，破坏社会秩序，违犯国家法律的人，大都非礼敬行仁，故孔子教弟子首先要"入则孝，出则弟。"孔子"仁"观念的提出，更是为孝悌观提供了哲学根基。

孟子将"孝悌"视为"仁义"最根本的体现，并提出五伦说及解决互相关系的准则，即"父子有亲，君臣有义，夫妇有别，长幼有序，朋友有信"（《孟子·滕文公上》）。孟子认为，古代设立庠、序、校，"皆所以明人伦也"。因为"人伦明于上，小民亲于下"，这样才能实现国治天下平的理想社会。《中庸》说："欲行仁道于天下，必先行孝悌以事父母兄长"，并提出"孝悌也者，其为仁之本与"。孝悌乃为仁之根本，故只有从自身做起，从爱亲人做起，推己及人，从而爱社会、爱国家、爱自然、爱宇宙。《孝经》更是提出："五刑之属三千，而罪莫大于不孝。"到了近代，特别是五四时期，对传统孝悌观进行了猛烈的批判，但这种批判并非不要孝悌，而是要求建立新型的父子兄弟关系。

当今社会，随着经济的高速发展，社会结构的变革，家庭结构的改变，特别是科技、工具理性，造成了人情逐渐淡漠，对长辈之尊、对平辈之恕的观念逐渐淡漠，自我中心观念膨胀，这对于社会道德观念的建构来说是十分危险的。特别是我国社会即将跨入老龄社会，"未富先老"成为中国的一大难题。如何妥善处理好养老问题，不仅关乎如何继承中国传统文化，也关乎如何保持社会稳定推动和谐社会发展的重大战略问题。一种理念，如果缺乏国民认同机制，必定会遭到被抛弃的命运。而孝悌观念是深植于中国人民心中，符合人民的愿望和要求的，是中国人亲情、天性的自然流露。因此，解决以上所说的社会问题关键不是要不要继承传统孝悌观，而是如何对传统孝悌伦理观念进行现代转化。

对于当代大学生来说，谈孝悌，就是要做到"父慈子孝，兄友弟恭"。一个人，如果连关爱、孝顺父母都做不到，他又如何能去爱他人、爱工作、爱社会、爱国家、爱人民呢？在家族血缘关系中，除了父母子女关系外，最亲近的就是兄弟姊妹关系了。当然，现在很多家庭是独生子女，所以，现代社会中"悌"的观念应该推广为同事、朋友之间的尊重与互助。《论语·颜渊》中说："君子敬而不失，与人恭而有礼，四海之内皆兄弟也。"现代社会更需要人与人之间的尊重与友爱，更需要"孝悌"的精神。总之，我们追求的目标，就是能够达到孔子所追求的"老者安之，朋友信之，少者怀之"（《论语·公冶长》）的理想境界。

1.入则孝，出则弟

子曰："弟子入则孝，出则弟[1]，谨而信，泛爱众，而亲仁。行有余力，则以学文[2]。"

【题注】

选自《论语·学而》。

清代康熙年间李毓秀根据此段文字，编撰《训蒙文》(后人改名《弟子规》)，列述弟子在家、出外、待人、接物与学习上应该恪守的行为规范，成为几百年间重要的启蒙读物。

【注释】

〔1〕弟(tì)：同"悌"。〔2〕文：文献，文章，这里指书本知识。

【译文】

孔子说："青少年在家要孝顺父母，出外要敬重兄长，行为谨慎而说话信实，普遍关怀众人，并且要亲近有善行的人。认真做好这些事，再去努力学习书本上的知识。"①

2.为仁之本

有子[1]曰："其为人也孝弟，而好犯上者，鲜矣；不好犯上，而好作乱者，未之有也。君子务本[2]，本立而道[3]生。孝弟也者，其为仁之本与！"

【题注】

选自《论语·学而》。

孝是不忘根本的表现。汉武帝采纳董仲舒策议后，孝道由家庭伦理扩展为社会伦理、政治伦理，"以孝治天下"成为2000年帝制社会治国纲领。

【注释】

〔1〕有子：有若，字子有，孔子弟子，后被尊称为有子。〔2〕本：事物的根源，与"末"相对。〔3〕道：人道。

【译文】

有子说："一个人能做到孝顺父母与尊敬兄长，却喜欢冒犯上司，那是很少有的。不喜欢冒犯上司，却喜欢造反作乱的，那是不曾有过的。君子要在根基上好好努力，根基稳固了，人生的正途就会随之展现开来。孝顺父母与尊敬兄长，就是做人的根基呀！"②

---

① 傅佩荣：《论语300讲》，第12页。

② 傅佩荣：《论语300讲》，第4页。

3.夫孝，德之本，教之所由生也

仲尼居，曾子侍。子曰：“先王有至德要道，以顺天下，民用和睦，上下无怨。汝知之乎？”曾子避席曰：“参不敏，何足以知之？”子曰：“夫孝，德之本也，教之所由生也[1]。复坐，吾语汝。身体发肤，受之父母，不敢毁伤，孝之始也。立身行道，扬名于后世，以显父母，孝之终也。夫孝，始于事亲，中于事君，终于立身。《大雅》[2]云：‘无念尔祖，聿修厥德[3]。’”

【题注】

选自《孝经·开宗明义章》。

《孝经》是专论“孝道”之书，通行本共18章，1903字①，一般认为成书于先秦。现在流行的版本是唐玄宗李隆基（685—762）注，北宋邢昺（932—1010）疏。《孝经》在唐代被尊为经书，南宋以后被列为《十三经》之一。

【注释】

〔1〕教之所由生也：古有“五教”之说，即：教父以义，教母以慈，教兄以友，教弟以恭，教子以孝。儒家学者认为，孝是一切道德的根本，一切教育的出发点。〔2〕《大雅》：指《诗经·大雅·文王》。〔3〕聿（yù）修厥德：指继承、发扬光大文王的美德。聿，句首语气词。厥，其。

【译文】

孔子在家中闲坐，曾参在一旁陪坐。孔子说：“先代的圣帝圣王，有一种至为高尚的品行，至为重要的道德，用它可以使得天下人心归顺，百姓和睦融洽，上上下下没有怨恨和不满。你知道这是什么吗？”曾子连忙起身离开席位回答说：“我生性愚钝，哪里能知道那究竟是什么呢？”孔子说：“孝，是一切道德的根本，所有的品性教化都是由孝行派生出来的。你还是回到原位去，我讲给你听。一个人的身体、四肢、毛发、皮肤，都是从父母那里得来的，（所以要特别地加以爱护，）不敢损坏伤残，这是孝的开始，（是基本的孝行。）一个人要建功立业，遵循天道，扬名于后世，使父母荣耀显赫，这是孝的终了，（是完满的、理想的孝行。）孝，开始时从侍奉父母做起，中间的阶段是效忠君王，最终则要建树功绩，成名立业，（这才是孝的圆满的结果。）《大雅》里说：‘怎么能不想念你的先祖呢？要努力去发扬光大你的先祖的美德啊！’”②

① （清）王弘撰撰：《山志》，第25页。

② 胡平生译注：《孝经译注》，中华书局1996年版，第4页。以下引用该书只注明作者、书名、册数和页码。

4.教民亲爱，莫善于孝；教民礼顺，莫善于悌

子曰："教民亲爱，莫善于孝。教民礼顺，莫善于悌。移风易俗，莫善于乐。安上治民，莫善于礼。礼者，敬而已矣。故敬其父，则子悦；敬其兄，则弟悦；敬其君，则臣悦；敬一人，而千万人悦。所敬者寡，而悦者众，此之谓要道也。"

【题注】

选自《孝经·广要道章》。

"广要道"，推广、阐发"要道"二字义理，进一步讲述为什么说"孝道"是至为重要的道德。

【译文】

孔子说："教育人民相亲相爱，再没有比孝道更好的了。教育人民讲礼貌，知顺从，再没有比悌道更好的了。要改变旧习俗，树立新风尚，再没有比音乐更好的了。使国家安定，人民驯服，再没有比礼教更好的了。所谓礼教，归根结底就是一个敬字而已。因此，尊敬他的父亲，儿子就会高兴；尊敬他的哥哥，弟弟就会高兴；尊敬他的君王，臣子就会高兴。尊敬一个人，而千千万万的人感到高兴。所尊敬的虽然只是少数人，而感到高兴的却是许许多多的人。这就是把推行孝道称为'要道'的理由啊！"①

5.教以孝，所以敬天下之为人父者也；教以悌，所以敬天下之为人兄者也

子曰："君子之教以孝也，非家至〔1〕而日见之〔2〕也。教以孝，所以敬天下之为人父者也；教以悌，所以敬天下之为人兄者也；教以臣，所以敬天下之为人君者也。《诗》〔3〕云：'恺悌〔4〕君子，民之父母。'非至德，其孰能顺民如此其大者乎！"

【题注】

选自《孝经·广至德章》。

"广至德"，推广、阐发"至德"二字的义理，进一步讲述为什么说"孝道"是至为高尚的道理的理由。

【注释】

〔1〕家至：到家，即挨家挨户地走到。〔2〕日见之：天天见面，指当面教人行孝。〔3〕《诗》：指《诗经·大雅·泂酌》。〔4〕恺悌：和乐安详，平易近人。

【译文】

孔子说："君子以孝道教化人民，并不是要挨家挨户都走到，天天当面去教人行孝。以

---

① 胡平生译注：《孝经译注》，第29页。

孝道教育人民，使得天下做父亲的人都能受到尊敬；以悌道教育人民，使得天下做兄长的人都能受到尊敬；以臣道教育人民，使得天下做君王的人都能受到尊敬。《诗经》里说：'和乐平易的君子，是人民的父母。'如果没有至高无上的道德，有谁能够教化人民，使得人民顺从归化，创造这样伟大的事业啊！"①

6.居则致其敬

子曰："孝子之事亲也，居则致其敬，养则致其乐，病则致其忧，丧则致其哀，祭则致其严。五者备矣，然后能事亲。事亲者，居上不骄，为下不乱，在丑〔1〕不争。居上而骄则亡，为下而乱则刑，在丑而争则兵〔2〕。三者不除，虽日用三牲之养，犹为不孝也。"

【题注】

选自《孝经·纪孝行章》。

"纪孝行"，纪录孝行的内容，即孝子在侍奉双亲时应当做到的具体事项。

【注释】

〔1〕在丑：指处于低贱地位的人。丑，众，卑贱之人。〔2〕兵：指动用兵器，即相互残杀。

【译文】

孔子说："孝子奉事双亲，日常家居，要充分地表达出对父母的恭敬；供奉饮食，要充分地表达出照顾父母的快乐；父母生病时，要充分地表达出对父母健康的忧虑关切；父母去世时，要充分地表达出悲伤哀痛；祭祀的时候，要充分地表达出敬仰肃穆。这五个方面都能做齐全了，才算是能侍奉双亲尽孝道。奉事双亲，身居高位，不骄傲恣肆；为人臣下，不犯上作乱；地位卑贱，不相互争斗。身居高位而骄傲恣肆，就会灭亡；为人臣下而犯上作乱，就会受到刑戮；地位卑贱而争斗不休，就会动用兵器，（相互残杀。）如果这三种行为不能去除，虽然天天用备有牛、羊、猪三牲的美味佳肴奉养双亲，那也不能算是行孝啊。"②

7.世俗所谓不孝者五

世俗所谓不孝者五：惰其四支，不顾父母之养，一不孝也；博弈好饮酒，不顾父母之养，二不孝也；好货财，私妻子，不顾父母之养，三不孝也；从〔1〕耳目之欲，以为父母戮〔2〕，四不孝也；好勇斗很〔3〕，以危父母，五不孝也。

【题注】

选自《孟子·离娄下》。

---

① 胡平生译注：《孝经译注》，第31页。

② 胡平生译注：《孝经译注》，第26～27页。

孟子列举的五种“不孝”，实即五种社会评价。

【注释】

〔1〕从（zòng）：同“纵”。〔2〕戮：羞辱。〔3〕很：同“狠”。

【译文】

世俗所说的不孝，有五种情况：手脚懒惰，不管父母的生活，这是一不孝；喜欢赌博喝酒，不管父母的生活，这是二不孝；贪图钱财，偏爱妻小，不管父母的生活，这是三不孝；放纵耳目欲望，使父母蒙受羞辱，这是四不孝；喜欢逞勇打斗，使父母陷于危险，这是五不孝。①

8.父有争子，则身不陷于不义

曾子曰：“若夫慈爱、恭敬、安亲、扬名，则闻命矣。敢问子从父之令，可谓孝乎？”子曰：“是何言与，是何言与！昔者天子有争臣七人，虽无道，不失其天下；诸侯有争臣五人，虽无道，不失其国；大夫有争臣三人，虽无道，不失其家；士有争友，则身不离于令名〔1〕；父有争子，则身不陷于不义。故当不义，则子不可以不争于父，臣不可以不争于君；故当不义，则争之。从父之令，又焉得为孝乎！”

【题注】

选自《孝经·谏诤章》。

世俗所谓孝就是“孝顺”，顺从父母、顺从长上，不管正确与否。实则，儒家孝道也是有原则的，并不是一味顺从。因此，“孝敬”比“孝顺”更能表达传统之孝内涵。

【注释】

〔1〕令名：好名声。令，善，美好。

【译文】

曾子说：“诸如爱亲、敬亲、安亲、扬名于后世等等，已听过了老师的教诲，现在我想请教的是，做儿子的能够听从父亲的命令，这可不可以称为孝呢？”孔子说：“这算是什么话呢！这算是什么话呢！从前，天子身边有敢于直言劝谏的大臣七人，天子虽然无道，还是不至于失去天下；诸侯身边有敢于直言劝谏的大臣五人，诸侯虽然无道，还是不至于亡国；大夫身边有敢于直言劝谏的家臣三人，大夫虽然无道，还是不至于丢掉封邑；士身边有敢于直言劝谏的朋友，那么他就能保持美好的名声；父亲身边有敢于直言劝谏的儿子，那么他就不会陷于错误之中，干出不义的事情。所以，如果父亲有不义的行为，做儿子的不能够不去劝谏；如果君王有不义的行为，做臣僚的不能够不去劝谏；面对不义的行为，一定要劝谏。做儿子的能够听从父亲的命令，又哪里能算得上是孝呢！”②

---

① 傅佩荣译解：《孟子》，第153～154页。

② 胡平生译注：《孝经译注》，第34页。

9.父母之行若中道，则从；若不中道，则谏

单居离[1]问于曾子曰："事父母有道乎？"曾子曰："有。爱而敬。父母之行，若中道则从，若不中道则谏，谏而不用，行之如由己。从而不谏，非孝也；谏而不从，亦非孝也。孝子之谏，达善而不敢争辨。争辨者，作乱之所由兴也。由己为无咎则宁，由己为贤人则乱。孝子无私乐，父母所忧忧之，父母所乐乐之。孝子唯巧变，故父母安之。若夫坐如尸，立如齐，弗讯不言，言必齐色，此成人之善者也，未得为人子之道也。"

单居离问曰："事兄有道乎？"曾子曰："有。尊事之以为己望也，兄事之不遗其言。兄之行若中道，则兄事之；兄之行若不中道，则养之。养之内，不养于外，则是越之也；养之外，不养于内，则是疏之也，是故君子内外养之也。"

单居离问曰："使弟有道乎？"曾子曰："有。嘉事不失时也。弟之行若中道，则正以使之；弟之行若不中道，则兄事之，诎事兄之道若不可，然后舍之矣。"

曾子曰："夫礼，大之由也，不与小之自也。饮食以齿，力事不让，辱事不齿，执觞觚杯豆而不醉，和歌而不哀。夫弟者，不衡坐，不苟越，不干逆色，趋翔周旋，俛[2]仰从命，不见于颜色，未成于弟[3]也。"

【题注】

选自《大戴礼记·曾子事父母》。

《大戴礼记》当初和《小戴礼记》（即《礼记》）并行而传。但《小戴礼记》因郑玄（127—200）作注而在唐代列为"经书"，《大戴礼记》却从此长期被冷落，多赖北周学者卢辩的注释得以流传。至清代，《大戴礼记》方日益受到重视，陆续有学者进行整理研究。成绩卓著者，当推清代孔广森（1752—1786）的《大戴礼记补注》和王聘珍的《大戴礼记解诂》（两书中华书局均有标点本）。1977年，台湾商务印书馆有限公司"今注今译丛书"，出版有高明注译的《大戴礼记今注今译》。

【注释】

〔1〕单居离：曾子弟子。〔2〕俛（fǔ）：同"俯"。〔3〕未成于弟：谓年未及成人者，其于弟道当如此。

【译文】

单居离问于曾子说："侍奉父母有途径吗？"曾子说："有，就是爱和敬。父母的行为如果合乎道理，就随从他们；如果不合乎道理，就劝谏他们。劝谏的话不为父母所采用，就照着父母的意思去做，好像是自己出的主意。随从父母的错误而不去劝谏，不是孝啊。劝谏父母无效，而不再随从，也不是孝啊。孝子的劝谏，在表达良善的道理，而不敢力争强辩；力争强辩，是作乱兴起的根由啊。叫父母经由自己劝谏的话去做，是为的没有过咎，就安宁了；叫父母经由自己劝谏的话去做，是为的博取贤声于人，就是犯上作乱了。孝子没有私自的快乐，以父母所忧愁的为忧愁，以父母所快乐的为快乐。孝子唯其能够随着父

母的忧或乐而善于变化，所以父母就舒服了。至于坐着象祭祀时的尸那样庄严，站着像斋戒那样的恭敬，不经讯问不说话，说话必定是容色庄严，这是成年人的好处，不得拿来作为做人儿子的道理啊。”

单居离问说：“侍奉哥哥有途径吗？”曾子说：“有。侍奉他，作为自己的榜样；把他作为哥哥侍奉，不遗忘他的话。哥哥的行为如果合乎道理，就把他作为哥哥侍奉；哥哥的行为如果不合乎道理，就为他担忧；在内心里为他担忧，在外貌不为他担忧，就是要超越他；在外貌为他担忧，在内心不为他担忧，就是要疏远他，所以君子为他的担忧是内外兼顾的。”

单居离问说：“指使弟弟有途径吗？”曾子说：“有。为弟弟举行冠礼、婚礼，不要错过时间。弟弟的行为如果合乎道理，就以对待弟弟的正道来指使他；弟弟的行为如果不合乎道理，就以敬待哥哥的礼来待他；尽了敬待哥哥的道理，还不能化导他，然后只有舍弃他了。”

曾子说：“礼是成年的大人要经由着做的，不可以教小孩子也一同经由着做。饮食要以年龄分先后，让年长的在前；劳力的事不退让给别人，自己抢着去做；侮辱的事是幼小的人应做的，不要考虑自己的年龄；拿着觞觚杯豆劝饮劝食，而不醉倒失仪；应合着年长的歌声，而不杂有一点哀伤。做弟弟的人在年长的面前，不横过来做，不随便超越，不干犯长者不愉快的荣色，快快轻轻地走着，周旋在年长的中间，一俯一仰都听从长者命令，不表现一点倦怠的颜色，年龄没有到成人的时候，做弟弟的应该这样。”①.

10.兄弟睦，孝在中

夫有人民而后有夫妇，有夫妇而后有父子，有父子而后有兄弟：一家之亲，此三而已矣。自兹以往，至于九族〔1〕，皆本于三亲焉，故于人伦为重者也，不可不笃。兄弟者，分形连气之人也。方其幼也，父母左提右挈〔2〕，前襟〔3〕后裾〔4〕，食则同案，衣则传服〔5〕，学则连业〔6〕，游则共方，虽有悖乱之人，不能不相爱也。及其壮也，各妻其妻，各子其子，虽有笃厚之人，不能不少衰也。娣姒〔7〕之比兄弟，则疏薄矣；今使疏薄之人，而节量亲厚之恩，犹方底而圆盖，必不合矣。惟友悌深至，不为旁人之所移者，免夫！

二亲既殁，兄弟相顾，当如形之与影，声之与响；爱先人之遗体，惜已身之分气〔8〕，非兄弟何念哉？兄弟之际，异于他人，望深则易怨，地亲〔9〕则易弭〔10〕。譬犹居室，一穴则塞之，一隙则涂之，则无颓毁之虑；如雀鼠之不恤，风雨之不防，壁陷楹〔11〕沦〔12〕，无可救矣。仆妾之为雀鼠，妻子之为风雨，甚哉！

兄弟不睦，则子侄不爱；子侄不爱，则群从疏薄；群从疏薄，则僮仆为仇敌矣。如此，

① 高明注译：《大戴礼记今注今译》，台湾商务印书馆有限公司1977年版，第183～188页。以下引用该书只注明作者、书名、册数和页码。

则行路皆踖[13]其面而蹈其心，谁救之哉？人或交天下之士，皆有欢爱，而失敬于兄者，何其能多而不能少也！人或将数万之师，得其死力，而失恩于弟者，何其能疏而不能亲也！

娣姒者，多争之地也，使骨肉居之，亦不若各归四海，感霜露而相思，伫[14]日月之相望也。况以行路之人，处多争之地，能无间者，鲜矣。所以然者，以其当公务而执私情，处重责而怀薄义也；若能恕己而行，换子而抚，则此患不生矣。

人之事兄，不可同于事父，何怨爱弟不及爱子乎？是反照而不明也。沛国刘琎[15]，尝与兄瓛连栋隔壁，瓛呼之数声不应，良久方答；瓛怪问之，乃曰："向来未着衣帽故也。"以此事兄，可以免矣。

江陵王玄绍，弟孝英、子敏，兄弟三人，特相友爱，所得甘旨新异，非共聚食，必不先尝，孜孜色貌，相见如不足者。及西台[16]陷没，玄绍以形体魁梧，为兵所围；二弟争共抱持，各求代死，终不得解，遂并命尔。

【题注】

选自《颜氏家训·兄弟》。

兄弟之间的感情是除了夫妻、父子之外最深厚的一种感情。父母健在时，兄弟要相亲相爱；父母去世后，兄弟之间更应该相亲相爱。兄弟和睦，即是孝。

【注释】

〔1〕九族：一般指本身以上的父、祖、曾祖、高祖和以下的子、孙、曾孙、玄孙。〔2〕挈（qiè）：带，领。〔3〕襟（jīn）：衣服的胸前的部分。〔4〕裾（jū）：衣服的大襟，衣服的前后部分。〔5〕传服：指大孩子用过的衣服留给小孩子穿。〔6〕连业：哥哥用过的经籍，弟弟又接着使用。业，古代书写经籍的大版。〔7〕娣姒（dì sì）：兄弟之妻互称，即"妯娌"。娣，古代称丈夫的弟妇。姒，古代称丈夫的嫂子或年长之妾。〔8〕分（fēn）气：分得的父母的血气。〔9〕地亲：地近情亲。〔10〕弥：止息。〔11〕楹：厅堂前的柱子。〔12〕沦：没落，塌陷，这里指摧折。〔13〕踖（jí）：践踏。〔14〕伫（zhù）：长时间站着。〔15〕刘琎（jīn）：南朝齐散文家，字子璥，沛国相（今安徽濉溪西北）人，刘瓛（huán）弟。〔16〕西台：古时指江陵。

【译文】

有了人类以后才有夫妇，有了夫妇以后才有父子，有了父子以后才有兄弟：一个家庭中的亲人，就这三者而已。由此三种关系发展出去，可以产生"九族"，九族都是来源于这三种亲属关系的，所以三亲是人伦关系中最为重要的部分，不可不加以重视。兄弟，是一母所生，外表不同而气息相通的人。他们小的时候，父母左手拉一个，右手牵一个，这个拽着父母的前襟，那个抓住父母的后摆。吃饭时，用一个几案。穿衣服，是哥哥穿过的传给弟弟。学习时，哥哥用过的课本，弟弟接着用。就连游学，也是兄弟同去一个地方。兄弟之中，即使有悖礼胡来的人，但也不能不相亲相爱。等到他们长大成人，各自娶了妻子，各自有了孩子，即便是忠诚厚道的人，兄弟间的感情也会渐渐减弱。妯娌比起兄弟来，关系就更加疏远淡薄了。如今让感情疏远淡薄的妯娌来节制度量亲密深厚的兄弟感情，就好像给方形的底座配上圆形的盖子，必定不会合适的。只有相亲相爱、感情至深、不会受别人影响而改变的兄弟，才可避免上述情况。

父母去世后，兄弟之间应当相互照顾，要如同形体与它的影子、声音与它的回声一样亲密。互相爱护先辈所给与的躯体，互相珍惜从父母那里分得的血气，不是兄弟的话，谁会这样互相爱怜呢？兄弟之间的关系是不同于旁人的，相互期望过高就容易产生不满，而彼此关系亲密的话，不满也就容易消除了。这就好比居住的房子，破了一个洞就立刻堵上，裂了一条缝就马上封住，那么这房子就没有倒塌的危险。如果对麻雀、老鼠的侵害不放在心上，对风雨的侵蚀不加防范，那么等到墙壁倒塌、屋柱摧折时，就无法补救了。奴仆、婢妾比起麻雀、老鼠，妻儿比起风雨，他们的威力是更加厉害的呀！

兄弟之间不和睦，那么子侄之间就不会互相爱护。子侄不互相爱护，整个家族中的子弟都会互相疏远，感情淡薄。族中子弟关系疏远，感情淡薄，则僮仆之间就会相互仇视敌对了。如果这样，那么陌生人就可以任意践踏、欺侮他们，谁还会来救他们呢？有些人能够结交天下之士，并且相互融洽，却不知敬爱自己的兄长。为什么他能和那么多人相互融洽，却不能善待自己仅有的一两个兄长呢？有的人能统率数万人的军队，使部下为他拼死效力，却不能善待自己的弟弟。为什么对关系疏远的人能广施恩惠，对关系亲密的人却薄情寡恩呢？

妯娌之间，非常容易产生争执，就好比是非之地，即使是同胞姐妹，与其让她们成为妯娌住在一起，也不如让她们远嫁各方，这样，她们长久分离之后，才会因感叹霜露降临而互相思念，久立观望日月的运行而期待相聚。更何况妯娌本来就是互不相识的陌生人，处于容易产生争执的环境里，能够互相不隔阂的实在是很少。之所以会这样，是因为在处理大家庭中的事务时大家都各怀私心，肩负重大责任时，心底却挂念着个人的恩怨。假如妯娌都能以宽恕仁爱的心处理事情，能用对待自己子女的态度去对待子侄，那么妯娌不和的事情就不会发生了。

人们不肯以对待父亲的态度敬事兄长，那何必埋怨兄长对弟弟不如对自家孩子疼爱呢？这是因为人们缺乏对自身的观照啊。沛国的刘琎住处与哥哥刘瓛的房子连在一起，两家的住房只隔一层墙壁。一次，刘瓛呼叫刘琎，连叫几声都没有人应答。过了好一会，才听见刘琎答应。刘瓛感到奇怪，问他为什么那么久才回答，他说："因为刚才还没有穿戴好衣帽。"以这样的态度敬事兄长，可以不必担心哥哥对弟弟不如对自家的孩子了。

江陵的王玄绍与他弟弟孝英、子敏一共兄弟三人，特别有爱，谁要得到美味新奇的食品，除非是三人在一起共享，否则绝不会有人先去品尝。兄弟间热诚的态度溢于言表。每次想见，总觉得在一起的时间不够。到了江陵陷没的时候，玄绍因为体形魁梧，被敌兵围困，两个弟弟争着抱住他，请求替哥哥去死，但终于未能解除厄运，三人一同被杀害。①

① 檀作文译注:《颜氏家训》，第17～22页。

11.孝子善事君，弟弟善事长

曾子曰：“君子立孝，其忠之用[1]，礼之贵[2]。故为人子而不能孝其父者，不敢言人父不畜其子者；为人弟而不能承其兄者，不敢言人兄不能顺其弟者；为人臣而不能事其君者，不敢言人君不能使其臣者也。故与父言，言畜子；与子言，言孝父；与兄言，言顺弟；与弟言，言承兄；与君言，言使臣；与臣言，言事君。君子之孝也，忠爱以敬，反是乱也。尽力而有礼，庄敬而安之，微谏不倦，听从而不怠，欢欣忠信，咎故不生，可谓孝矣。尽力无礼，则小人也；致敬而不忠，则不入也。是故礼以将其力，敬以入其忠；饮食移味，居处温愉，著心于此，济其志也。子曰：‘可人也，吾任其过；不可人也，吾辞其罪。’《诗》[3]云：‘有子七人，莫慰母心’，子之辞也。‘夙兴夜寐，无忝尔所生’[4]，言不自舍也。不耻其亲，君子之孝也。是故未有君而忠臣可知者，孝子之谓也；未有长而顺下可知者，弟弟[5]之谓也；未有治而能仕可知者，先修之谓也。故曰：孝子善事君，弟弟善事长，君子一孝一弟，可谓知终矣。”

【题注】

选自《大戴礼记·曾子立孝》。

三岁看小，七岁看老。在家孝敬父母的，工作了也一定会忠于职守、兢兢业业的。

【注释】

〔1〕其忠之用：君子建立孝道，他是用中心的恳诚。忠，中心的恳诚。〔2〕礼之贵：君子建立孝道，他的行为以合乎礼为贵。礼，行为的规范。〔3〕《诗》：指《诗经·邶风·凯风》。〔4〕此引《诗经·小雅·小宛》。〔5〕弟（dì）弟（tì）：能行悌道的弟弟。

【译文】

曾子说：“君子建立孝道，要用中心的恳诚，要重行为的规范。所以做人儿子而不能孝敬他父亲的，不敢说人家父亲不畜养他的儿子；做人弟弟而不能承奉他的哥哥的，不敢说人家哥哥不能顺爱他的弟弟；做人部属而不侍奉他的领袖的，不敢说人家领袖不能使用他的部属。所以和做父亲的说话，说畜养儿子的事；和做儿子的说话，说孝敬父亲的事；和做哥哥的说话，说顺爱弟弟的事；和做弟弟的说话，说奉承哥哥的事；和做领袖的说话，说使用部属的事；和做部属的说话，说侍奉领袖的事。君子的孝顺父母，忠诚、喜爱又加上尊敬；违反这做法，就是乱贼。竭尽自己的力量而有礼仪，庄严恭敬，而使父母感到舒服；微微的劝谏，不感觉倦劳；父母听从了，侍奉他们仍不懈怠，欢乐欣悦，更竭尽内心的忠诚，灾咎和变故就都不会发生，这可以说是孝了。能竭尽自己的力量，而没有礼仪，是没有良好教养的细民啊。做到恭敬，而不忠诚，就只是做表面的，没有进入内心的深处。所以礼仪是帮助他的力量，恭敬要注入他的忠诚；随着父母的意欲而改变饮食的滋味，使父母住的地方充满温暖和愉快，把心摆在这些事上，就可完成他的愿望了。孔子说：‘劝谏的话，可以说进去，我就担当那过错；不能说进去，我就数责自己的罪过。’《诗经·邶风·凯风》说：‘有子七人，莫慰母心。’是儿子数责自己的话。又说：‘夙兴夜寐，无忝尔所生。’是说一刻也不放松自己。不把耻辱加到他的父母的身上，这就是君子的孝啊。所以还没有君，就可以知道他会做忠臣，是指孝子说的；还没乡党的长者，就可以知道他会顺承谦下，是指能行悌道的弟弟说的；还没有治国治人的职责，就可以知道它能够出仕做官，是指在家庭里先做修身工夫说的。所以说，能行孝道的儿子最会侍奉君上，能行悌道的弟弟最会侍奉长者，君子只从他的一孝一悌，可以说是知道他后来的结果了。”①

12.母在一子寒，母去三子单

周，闵损[1]，字子骞。早丧母，父娶后妻，生二子。母恶损，所生子，衣绵絮，而衣损以芦花。父令损御车，体寒失靷[2]。父察知之，欲逐后妻。损启父曰：“母在一子寒，母去三子单。”父善其言而止。母亦感悔，视损如己子。

【题注】

选自《八德须知初集》。

《八德须知初集》，民初湖州蔡振绅编辑。

【注释】

〔1〕闵损（前536—前487）：春秋末期鲁国（今属山东省）人，字子骞，以字行，故又称“闵子骞”，孔子弟子，在孔门中以德行与颜渊并称。〔2〕靷（yǐn）：引车前进的皮带，一端套在车上，一端套在牲口胸前。

【译文】

周朝时候，有个孝子，姓闵名损，表字叫做子骞。生他的母亲，早已亡过了。他的父亲娶了一个后妻，生了两个儿子。那个后母很厌恶闵损。冬天的时候，给自己亲生的两个儿子，穿了棉絮做的衣裳。给闵损穿的衣裳，里面却是装着芦花的。有一次，他的父亲叫闵损推车子出外。可是因为衣裳单薄，身体寒冷，一个不小心，不觉失掉了车上驾马引轴的皮带子。他的父亲起初很生气，后来觉察了儿子是穿了芦花缘故，便要赶出那个后妻。闵损却对父亲说：“母亲在此，无非我一个儿子受着寒冷；倘若母亲去了，可怜三个儿子都要受着孤单了。”他的父亲觉得闵损的说话不错，也就罢了。他的后母，从此也感悟懊悔了，以后看待闵损就像自己亲生的儿子一样。

13.陆绩怀橘

陆绩字公纪，吴郡吴人也。父康，汉末为庐江太守。绩年六岁，于九江见袁术。术出橘，绩怀三枚，去，拜辞堕地，术谓曰：“陆郎作宾客而怀橘乎？”绩跪[1]答曰：“欲归

---

① 高明注译：《大戴礼记今注今译》，第170～174页。

遗[2]母。”术大奇之。

【题注】

选自《三国志·陆绩传》。

陆绩(187—219)“怀橘遗母”可能是天赋，但这则故事给我们的启示是，德行要从小培养。

【注释】

〔1〕跪：两膝着地，腰和股都伸直。〔2〕遗(wèi)：送给。

【译文】

陆绩，字公纪，是吴郡吴县人。他的父亲陆康，汉朝末年任庐江太守。陆绩年纪六岁，在九江拜见袁术。袁术拿出橘子招待，陆绩拿了三个藏在怀里，离开时，跪拜告辞，橘子掉到地上，袁术对他说：“陆郎作客却怀里藏橘子吗？”陆绩跪着回答说：“想回去送给母亲。”袁术对他非常惊奇。①

14.奉之如严父，保之如婴儿

光[1]孝友忠信，恭俭正直，居处有法，动作有礼。在洛时，每往夏县展[2]墓，必过其兄旦，旦年将八十，奉之如严父，保之如婴儿。自少至老，语未尝妄，自言：“吾无过人者，但平生所为，未尝有不可对人言者耳。”诚心自然，天下敬信，陕、洛间皆化其德，有不善，曰：“君实得无知之乎？”

【题注】

选自《宋史·司马光传》。

古今功成名就如司马光者，无不是孝悌模范。

【注释】

〔1〕光：司马光(1019—1086)，字君实，号迂叟，陕州夏县(今山西夏县)涑水乡人，世称涑水先生。〔2〕展：察看，省(xǐng)视。

【译文】

司马光这个人可以称得上是孝顺父母，友爱兄弟，忠于君王，取信于人，又恭敬、节俭、正直，他做的每一件事都有法度，每一言行每一举动都符合礼节。在洛阳时，他每次到夏县去扫墓，一定要经过他的哥哥司马旦的家。司马旦年近八十，司马光侍奉他仍像严父一样，保护他像抚育婴儿一样。从小到大到老，他说话从来没有随便说过一句，他自己说：“我没有什么超过别人的地方，只是我一生的所作所为，从来没有不可告人的。”他的诚心是出自天性，天下的人都敬重他、相信他，陕西、洛阳一带的人们都以他为榜样，与他对照，学习他的好品德。如果人们做了不好的事，就说：“司马君实莫非不知道吗？”

① 许嘉璐主编：《二十四史全译·三国志》第二册，第868页。

15. 牛弘不问

弘[1]荣宠当世，而车服卑俭，事上尽礼，待下以仁，讷于言而敏于行。上尝令其宣敕，弘至阶下，不能言，退还拜谢，云："并忘之。"上曰："传语小辩，故非宰臣任也。"愈称其质直。大业[2]之世，委遇称隆。性宽厚，笃志于学，虽职务繁杂，书不释手。隋室旧臣，始终信任，悔吝不及，唯弘一人而已。有弟曰弼，好酒而酗，尝因醉，射杀弘驾车牛。弘来还宅，其妻迎谓之曰："叔[3]射杀牛矣。"弘闻之，无所怪问，直答云："作脯[4]。"坐定，其妻又曰："叔忽射杀牛，大是异事！"弘曰："已知之矣。"颜色自若，读书不辍。其宽和如此。

【题注】

选自《隋书·牛弘传》。

《隋书》是唐代官修正史的代表作，修撰者皆饱学之士，具有很高的修史水平。它的纪传部分有本纪5卷，列传50卷，记载隋朝38年的历史；志的部分有十个门类30卷，记载的是整个南北朝时期的典章制度史，又称《五代史志》，由长孙无忌（594—659）、于志宁（588—655）等人撰修。

【注释】

〔1〕弘：牛弘（545—610），本姓寮，字里仁，安定鹑觚（今甘肃省灵台）人，少好学，博览群书。〔2〕大业：隋炀帝杨广年号，605—618年。〔3〕叔：丈夫的弟弟。〔4〕脯（fǔ）：肉干。

【译文】

牛弘荣耀恩宠极于当时，然而车马衣饰俭薄，事奉长上克尽礼节，对待下民充满仁心，言语木讷而行事勤敏。皇上曾经命他宣告敕命，牛弘走到阶下，不能开口，退回拜伏谢罪，说："全都忘了。"皇上说："传达言语是小小口才，本不是宰执大臣之事。"更加称赞其质朴忠直。大业之朝，信任礼遇更加隆厚。心性宽厚，笃志于学问研究，尽管官事繁杂，却总是书不离手。隋朝元老大臣，始终受到信任重用，未遇任何罪责祸灾的，惟有牛弘一人而已。有弟弟名牛弼，好酒闹事，曾经因醉酒射死牛弘驾车的牛。牛弘回家后，其妻子迎上来对他说："叔叔把牛射死了。"牛弘听后，全无诧异追问，只回答说："做成干肉。"坐下来后，其妻子又说："叔叔突然将牛射死，真是怪事！"牛弘说："已经知道了。"神情自然，读书不停。其心情宽和即是这样。①

① 许嘉璐主编：《二十四史全译·隋书》第二册，第1170页。

四、诚信

诚信是一个重要的社会道德范畴，其本义为以真诚之心，行信义之事。

关于“诚”，最早出现于《尚书·太甲下》：“鬼神无常享，享于克诚。”可以看出，“诚”的观念最早源于对待鬼神的态度，即虔诚和敬畏之心。《中庸》谈“诚”：“诚者，天之道也；诚之者，人之道也。”言天道即诚，人道则是追求诚。宋代思想家周敦颐（1017—1073）认为“诚”是“五常之本，百行之源”（《通书·诚》）。理学家朱熹认为：“诚者，真实无妄之谓，天理之本然也。”诚是儒家为人之道，它要求人们进德修业，须效法天道，做到诚实可信。

《说文解字》将“信”释为“诚”。《论语》中孔子提出“信”，是要求人们按照“礼”的规定互守信用，诚实不虚伪。孔子把“信”作为对学生进行教育的四大科目“文、行、忠、信”和五大规范“恭、宽、信、敏、惠”的重要内容，强调要“言而有信”，认为只有“信”，方能“信则人任焉”，即取得他人信任，并说：“民无信不立。”（《论语·颜渊》）信是天道，守信天经地义，政府能够得到百姓的信任比其他什么都重要。老子指出：“信不足，安有信。”（《道德经》第17章）认为说话没有信用的人行动也不会有结果。法家代表人物韩非子也说：“小信诚则大信立。”（《韩非子·解老》）做小事情讲信用，就能够建立起大的信用。汉代董仲舒（前179—前104）将“信”作为“五常”之一。宋代程颐（1033—1107）认为“以实之谓信”，也就是说，信要求人们说话、做事诚实可靠，信守承诺。可见，“信”是贯穿于中国传统文化中的基本要素。

后代思想家往往把“诚”与“信”互相通用，指诚实不欺、守信履诺、信任之意，即心里所想与外在行为一致，也就是所谓“诚于中，形于外”。孔子曰：“人而无信，不知其可也。”（《论语·为政》）信誉是一个人的道德品格，更是一种责任。“诚实守信”是为人之本，从业之要。后人大多把“诚信”作为立身处世的基本道德要求。诚信是人类社会良性运行与发展的重要条件，也是个人的重要品德，在与人交往中占有重要地位，所谓“人非行无以成，行非信无以立。”（《刘子·履信》）诚信不仅是立人之本、齐家之道，也是交友之基、为政之法。“季札赠剑”的故事，商鞅不讲诚信而遭受车裂之刑的故事，都在提醒我们，诚信是做人最基本的原则，是人生最永久的伴侣。

现今社会，人们急功近利，失信的现象十分严重，造成信用危机，影响经济发展，扰乱生活秩序。可以说，21世纪中国的经济发展是伴随着严重的诚信危机而行的。人们营营役役于物质财富的追逐，却恰恰遗忘对社会人生更为重要的精神世界、生命价值、崇高理想、道德情操的追求。我们怀疑陌生人、怀疑自己，甚至对国家的一些政策也持观望态度。我们对一切持怀疑的态度，不敢相信任何事情。这些有形和无形的诚信危机导致的损失是无法估量的。因此，重读经典，研究诚信建设的途径、方法和机制，即为回归诚信之道，重塑社会风气。

斯蒂文·W.范诺伊（Shaven W. Varamoy）在《给孩子的10个最伟大的礼物》一书中说：

诚信是在没有人看，没有人知道你在做什么时的行为。中国传统文化中有“慎独”的精神，即一个人在无人监督的情况下所做的事情，能够反映他的道德水平。与之极为相似。能够诚实地面对自己和他人，这是我们需要从自身做到的。从外在环境来说，应该把诚信道德教育作为高校思想德育的教育内容及整个社会宣扬的社会风气，同时加大对失信现象的惩罚力度。

1.子以四教

子以四教：文〔1〕，行〔2〕，忠，信。

【题注】

选自《论语·述而》。

孔子讲求因材施教，应该没有固定科目。“文、行、忠、信”应该是孔子教学的重点。

【注释】

〔1〕文：先代之遗文，指诗、书、礼、乐等。〔2〕行：德行。

【译文】

孔子教导弟子有四个重点：诗书礼乐，修养德行，存心忠厚，待人诚信。①

2.民无信不立

子贡问政。子曰：“足食，足兵，民信之矣。”子贡曰：“必不得已而去，于斯三者何先？”曰：“去〔1〕兵。”子贡曰：“必不得已而去，于斯二者何先？”曰：“去食。自古皆有死，民无信不立。”

【题注】

选自《论语·颜渊》。

对国家而言，“民无信不立”。对个人来说，人无信不立。为推进社会诚信体系建设，国务院印发《关于加强政务诚信建设的指导意见》（国发［2016］76号），对加强政务诚信建设作出部署。

【注释】

〔1〕去：去除。

【译文】

子贡请问怎样为政。孔子说：“充足粮食，修整军备，使人民信任政府。”子贡说：“如果迫不得已，在这三项中要先去除哪一项呢？”孔子说：“去除军备。”子贡说：“必不得已而去，在剩下两项中要去除哪一项呢？”孔子说：“去除粮食。自古以来，人都免不了一

① 曾仕强、曾仕良著：《论语的生活智慧》上册，第202页。

死。人民如果不信任政府，国家的威信就建立不起来。”①

3.大车无輗，小车无軏

子曰：“人而无信，不知其可也。大车无輗[1]，小车无軏[2]，其何以行之哉？”

【题注】

选自《论语·为政》。

2015年4月21日，习近平主席在巴基斯坦议会的演讲中说道：“巴基斯坦认为‘诚信比财富更有用’，中国认为‘人而无信，不知其可也’，两国传统文化理念契合相通。”

【注释】

〔1〕輗（ní）：古代大车车辕前端与车衡相衔接的部分。〔2〕軏（yuè）：古代车上置于辕前端与车横木衔接处的销钉。

【译文】

孔子说：“一个人如果没有信用，我不知道他怎么可以立身处世。就好像大车没有輗，小车没有軏，怎么能够走动呢？”②

4.与朋友交，言而有信

子夏[1]曰：“贤贤易色[2]。事父母，能竭其力。事君，能致其身。与朋友交，言而有信。虽曰未学，吾必谓之学矣。”

【题注】

选自《论语·学而》。

和朋友交往，有信用，靠得住，即使没读过什么书，没上过什么学，也是懂得道理可依托的人。

【注释】

〔1〕子夏（前507—前420）：孔子弟子，姓卜名商，“孔门十哲”之一。〔2〕贤贤易色：第一个“贤”为动词，尊重的意思。第二个“贤”是名词，指贤能的人。易色，指好比爱好美色的心态。

【译文】

子夏说：“将爱好美色的心态，推广到敬重贤能人士上。侍奉父母尽心尽力，对待君主忠于职守并不惜牺牲性命，与朋友交往言谈信实。这种人既是自谦说未学，我必定说他已经学过了。”③

① 曾仕强、曾仕良著：《论语的生活智慧》下册，第333页。
② 曾仕强、曾仕良著：《论语的生活智慧》上册，第48页。
③ 曾仕强、曾仕良著：《论语的生活智慧》上册，第9页。

5. 言而不信，何以为言

宋公[1]与楚人战于泓水之上，司马[2]子反曰："楚众我少，鼓险而击之，胜无幸焉。"襄公曰："君子不推人危，不攻人危，须其出。"既出，旌乱于上，陈[3]乱于下。子反曰："楚众我少，击之，胜无幸焉。"襄公曰："不鼓不成列，须其成列，而后击之。"则众败而身伤焉，七月而死。倍则攻，敌则战，少则守。人之所以为人者，言也；人而不能言，何以为人？言之所以为言者，信也；言而不信，何以为言？信之所以为信者，道也；信而不道，何以为道？道之贵者时，其行势也。

【题注】

选自《春秋谷梁传·僖公二十二年》。

《春秋谷梁传》为儒家经典之一，与《春秋左传》《春秋公羊传》同为解说《春秋》的"三传"之一，起于鲁隐公元年，终于鲁哀公十四年。《春秋谷梁传》以语录体和对话文体注解《春秋》，是研究儒家思想从战国时期到汉朝演变的重要文献。

宋襄公"不鼓不成列"的故事，在中国成为千古笑谈，恐怕是西方"契约"精神缺失的原因。

【注释】

〔1〕宋公：宋襄公（？—前637），宋国国君，公元前650年至637年在位。公元前638年，宋襄公讨伐郑国，与救郑的楚兵战于泓水。楚兵强大，宋襄公讲究"仁义"，要待楚兵渡河列阵后再战，结果大败受伤，次年伤重而死。〔2〕司马：官职名，也称大司马，掌管一国军事的最高长官。〔3〕陈：同"阵"。

【译文】

宋襄公与楚国在泓水附近交战，宋国的大司马子反说："楚国的兵多，我们的兵少，趁敌人还处在不利境地的时候就擂鼓向他们发起攻击，再也没有比这更侥幸的取胜机会了。"宋襄公却说："讲仁义的人不在别人危险的时候去排挤他，不在别人困难的时候去攻击他，还是等到敌人摆脱了险境再进攻吧。"楚军渡过了泓水，但军队的上空战旗凌乱，士兵的队形也错杂不齐。大司马子反说："楚国的兵多，我们的兵少，趁现在向他们发起进攻，再没有比这更侥幸的取胜机会了。"宋襄公却说："不能击鼓没有排好队形的军队，必须要等他们排好队形然后再发起攻击。"就这样，双方一交战，宋军大败，宋襄公也受了伤，七个月后就死了。双方作战，如果兵力超过对方一倍就可以主动进攻，如果双方兵力相当也可以交战，如果兵力比对方少那就只能防守了。人之所以称为人，就在于能够说话；如果人不能够说话，还算是什么人呢？言语之所以成其为言语，就在于讲究信义；如果虽能说话却不能够守信义，那还算什么言语呢？信义之所以成为信义，就在于符合正当的道理；如果虽讲信义但不符合正当的道理，那还算什么正道呢？正道的可贵之处就在于合乎时宜，根据时宜来实行正道，那就是顺应了形势的发展。①

6.诚者天之道也，思诚者人之道也

孟子曰："居下位而不获于上[1]，民不可得而治也。获于上有道，不信于友，弗获于上矣。信于友有道，事亲弗悦，弗信于友矣。悦亲有道，反身不诚[2]，不悦于亲矣。诚身有道，不明乎善[3]，不诚其身矣。是故诚者，天之道也；思诚者，人之道也。至诚而不动者，未之有也；不诚，未有能动者也。"

【题注】

选自《孟子·离娄上》。

人可以"诚"，也可以"不诚"。一个人要想有所成就，追求真诚是人生的正确途径。否则，只是虚伪、演戏，根本是一场空，那样的人生是空洞无趣的。

【注释】

〔1〕获于上：得其上之信任。〔2〕反身不诚：反求诸身而其所以为善之心有不实。〔3〕不明乎善：不能即事以穷理，无以真知善之所在。

【译文】

孟子说："身居下位而得不到长官的支持，是不可能治理好百姓的。要得到长官的支持有方法，如果不被朋友信任，就得不到长官的支持了。要被朋友信任有方法，如果侍奉父母未能让父母高兴，就不会被朋友信任了。要让父母高兴有方法，如果反省自己却不够真诚，就无法让父母高兴了。要真诚反省自己有方法，如果不明白什么是善，就不能真诚反省自己了。因此，真诚是天的运作模式，追求真诚是人的正确途径。极端真诚而不能使人感动，是不曾有过的事；如果没有真诚，是绝不能感动别人的。"②

7.至诚之道，可以前知

至诚之道，可以前知。国家将兴，必有祯祥[1]。国家将亡，必有妖孽。见乎蓍龟[2]，动乎四体[3]。祸福将至，善必先知之；不善，必先知之。故至诚如神。

【题注】

选自《中庸》。

荀子说："善为《易》者不占。"（《大略》）。人若至诚，即可见微知著，不占而知。

【注释】

〔1〕祯（zhēn）祥：吉祥的预兆。祯，吉祥。祥，吉凶的预兆。〔2〕蓍（shī）龟：蓍草

① 承载撰：《春秋谷梁传译注》，上海古籍出版社2004年版，第274～275页。

② 傅佩荣译解：《孟子》，第117页。

和龟甲。蓍草，多年生草本植物，全草可入药，茎、叶可制香料（通称“蚰蜒草”“锯齿草”），古代用其茎占卜。〔3〕四体：四肢。

【译文】

抵达真诚到极点的境界，可以预先知道未来。国家将要兴盛时，必定会有祥瑞征兆。国家将要灭亡时，必定会有妖孽作怪。它显示在蓍草与龟甲的占卜中，也影响了人的行为举止。灾祸与幸福将要来到时，是好的，必定可以先知道；是不好的，也必定可以先知道。所以，真诚到极点的人，简直就像神一样。①

8.不精不诚，不能动人

孔子愀然〔1〕而叹，再拜而起，曰：“丘再逐于鲁，削迹于卫，伐树于宋，围于陈蔡。丘不知所失，而离此四谤者何也？”客凄然变容曰：“甚矣，子之难悟也！人有畏影恶迹而去之走者，举足愈数〔2〕而迹愈多，走愈疾而影不离身，自以为尚迟，疾走不休，绝力而死。不知处阴以休影，处静以息迹，愚亦甚矣！子审仁义之间，察同异之际，观动静之变，适受与之度，理好恶之情，和喜怒之节，而几于不免矣。谨修而身，慎守其真，还以物与人，则无所累矣。今不修之身而求之人，不亦外乎！”

孔子愀然曰：“请问何谓真？”客曰：“真者，精诚之至也。不精不诚，不能动人。故强哭者，虽悲不哀；强怒者，虽严不威；强亲者，虽笑不和。真悲无声而哀，真怒未发而威，真亲未笑而和。真在内者，神动于外，是所以贵真也。其用于人理也，事亲则慈孝，事君则忠贞，饮酒则欢乐，处丧则悲哀。忠贞以功为主，饮酒以乐为主，处丧以哀为主，事亲以适为主。功成之美，无一其迹矣。事亲以适，不论所以矣；饮酒以乐，不选其具矣；处丧以哀，无问其礼矣。礼者，世俗之所为也；真者，所以受于天也，自然不可易也。故圣人法天贵真，不拘于俗。愚者反此。不能法天而恤于人，不知贵真，禄禄而受变于俗，故不足。惜哉，子之蚤〔3〕湛〔4〕于伪而晚闻大道也！”

【题注】

选自《庄子·渔父》。

儒家讲“诚”，道家讲“真”。道家的“真”落在人身上，即是儒家的“诚”，所谓“真者，精诚之至也。”

【注释】

〔1〕愀（qiǎo）然：脸色改变，多指悲伤、严肃。〔2〕数：借为“速”。〔3〕蚤（zǎo）：同“早”。〔4〕湛（chén）：同“沉”。

【译文】

孔子面有愧色而叹息，再拜而起说：“我两次被驱逐鲁国，在卫国被禁止居留，在宋国

---

① 傅佩荣译解：《大学中庸》，第82～83页。

遭受伐树的侮辱，围困在陈蔡，为什么会遭受到这四种毁辱？”客人悲伤变容说：“你真是太难觉悟了！有人畏惧影子、憎恶脚迹想抛弃它而走，跑得越多而脚迹越多，跑得越快却影不离身，自身以为还慢，快跑不停，弄得气力尽绝而死。不知道到阴暗的地方影子自然消失，静止下来脚迹自然没有，真愚昧呀！你留神于仁义之间，明辨同异的分际，观察动静的变化，均衡取舍的适度，疏导好恶的情感，调和喜怒的节度，你几乎不免于祸了。你要谨慎修身，保持你的本真，使人与物各归自然，那就没有累害了。现在你修己身而求责别人，不是很疏陋么！”

孔子悲伤地说：“请问什么是本真？”客人说：“本真乃是精诚的极至。不精不诚，就不能感动人。所以勉强哭泣的人虽然悲痛却不哀伤，勉强发怒的人虽然严厉却没有威势，勉强表示亲爱的人虽然笑脸却不感到和悦。真正的悲痛没有声音而哀伤，真正的愤怒没有发作而威严，真正的亲爱没有笑容而和悦。真性存于内心，使神采表现在外，这就是本真的可贵。将它用在人理上，侍奉双亲则孝慈，侍奉君主则忠贞，饮酒便欢乐，处丧便悲哀。忠贞以功名为主，饮酒以欢乐为主，处哀以悲哀为主，事亲以适宜为主，功绩的完美不拘于一定的途径。事亲求安适，不问为什么；饮酒求欢乐，不挑选酒菜杯具；处丧为尽哀，不讲究礼仪。礼节是世俗所为的，真性是禀受于自然，自然是不可以改变的。所以圣人效法自然珍贵本真，不拘于世俗。愚昧的人相反。不能够效法自然而体恤人，就不知道珍贵本真，庸庸碌碌随世俗变迁，所以不能知足。可惜呀！你沉溺于人伪太早而听闻大道太晚了。”①

9.人之所助者，信也

《易》[1]曰：“自天佑之，吉无不利。”子曰：“佑者助也。天之所助者，顺也；人之所助者，信也。履信思乎顺，又以尚贤也。是以‘自天佑之，吉无不利’也。”

【题注】

选自《周易·系辞上传》。

农业社会，靠天吃饭，风调雨顺极为重要，所谓“天之所助者顺也”。人与人之间只有彼此信任，才能相助，正所谓“人之所助者信也”。“农夫和蛇”的故事告诉人们，做人一定要分清善恶，彼此互信，否则好心未必有好报。

【注释】

〔1〕《易》：指大有卦上九爻辞。

【译文】

《周易》说：“自天佑之，吉无不利。”孔子说：“佑，就是佑助。天所佑助的，是顺从；人所佑助的，是诚信。履行诚信而思于顺天，又崇尚圣贤，所以‘自天佑之，吉无不

---

① 陈鼓应译注：《庄子今注今译》下册，第825～826页。

利’。”①

10.一为不信，终身取尤

信者行之基，行者人之本。人非行无以成，行非信之无以立。故行之于人，譬济之须舟也；信之于行，犹舟之待楫也。将涉大川，非舟何以济之？欲泛方舟，非楫何以行之？今人虽欲为善而不知立行，犹无舟而济川也；虽欲立行而不知立信，犹无楫而行舟也；是适郢土而首冥山[1]，背道愈远矣。

自古皆有死，人非信不立。故豚鱼著，信之所及也[2]。允矣哉，言非信不成。齐桓不背曹刿之盟[3]，晋文不弃伐原之誓[4]，吴起不亏移辕之赏[5]，魏侯不乖虞人之期[6]。用能德光于宇宙，名流于古今，不朽者也。故春之得风，风不信则花萼不茂，花萼不茂则发生之德废。夏之得炎，炎不信则卉木[7]不长；卉木不长则长赢之德废。秋之得雨，雨不信则百谷不实，百谷不实则收成之德废。冬之得寒，寒不信则水土不坚，水土不坚则安静之德废。以天地之灵，气候不信，四时犹废，而况于人乎？

昔齐攻鲁，求其岑鼎[8]，鲁侯伪献他鼎而请盟焉。齐侯不信，曰：“使柳季云是，则请受之。”鲁使柳季，柳季曰：“君以鼎为国，信者，亦臣之国。今欲破臣之国，全君之国，臣所难也。”乃献岑鼎。小邾[9]射以邑奔鲁，曰：“使季路要我，吾无盟矣。”乃使子路，子路辞焉。季孙谓之曰：“千乘之国，不信其盟而信子之一言，子何辱焉？”子路曰：“彼不臣而济其言，是不义也，由不能矣。”

夫柳季、季路，鲁之匹夫，立信于衡门，而声驰于天下。故齐、邾不信千乘之盟，而重二子之言，信之为德，岂不大哉！

秦孝公使商鞅攻魏，魏遣公子昂逆而拒之。鞅谓昂曰：“昔鞅与公子善，今俱为两国将，不忍攻，愿一饮燕[10]，以休二师。”公子许焉，遂与之会。鞅伏甲虏公子，击破魏军。及惠王即位，疑其行诈，遂车裂于市。

夫商鞅，秦之柱臣，名重于海内，贪诈伪之小功，弃诚信之大义，一为不信，终身取尤，卒至屠灭，为天下所笑也。呜呼！无信之弊，一至于此，岂不重乎？

故言必如言，信之符也。同言而信，信在言前；同教而行，诚在言外。君子知诚信之为贵，必抗信而行。指麾[11]动静，不失其符。以施救则立，以莅事[12]则正，以还远则附，以赏罚则明。由此而言，信之为行，其德大矣！②

【题注】

选自《刘子·履信》。

刘子，亦名刘昼，字孔昭，渤海阜城人，北齐思想家，其生平事迹不可详知。据《北

---

① 刘大钧、林忠军译注：《周易经传白话解》，第295页。

② 傅亚庶撰：《刘子校释》，中华书局1998年版，第88～89页。

史》《北齐书》本传记载，刘昼生活的年代，正是南北分裂，阶级矛盾、民族矛盾异常尖锐时期，北朝为异族统治，其所撰《刘子》一书，针对当时社会时弊，提出了自己治国安民的政治主张及为国建功立业，施展个人才能的政治抱负。《刘子》一书10卷，55篇，中华书局出版有傅亚庶《刘子校释》。

【注释】

〔1〕适郢（yǐng）土而首冥山：语出《庄子·天运》篇：“夫南行者至于郢，北面而不见冥山，是何也？则去之远也。”郢，古代楚国的都城。〔2〕豚鱼著，信之所及也：语出《周易·中孚·彖传》：豚鱼吉，信及豚鱼也。〔3〕齐桓不背曹刿（guì）之盟：齐桓公与鲁庄会与柯，曹刿手剑徒之。管仲曰：“君将何求？”曹子曰：“愿请汶阳之田。”仲顾公：“君许诺？”公曰：“诺。”曹子请盟，公下与之盟。曹子标剑而去，桓公亦不怒，自柯之盟始焉。〔4〕晋文不弃伐原之誓：晋文公伐原氏，令士卒斋三日粮，粮尽即还。至原城三日不降，文公令还，吏曰：“原不过三日将降矣，不如待之。”公曰：“已约得城。失信，吾不为也。”原人闻之，请命自降。诸侯由此多归附。〔5〕吴起不亏移辕之赏：吴起欲伐秦，恐士卒不信，乃埋车辕于市东门，书曰：“有能移西门者，给田百亩、黄金百斤。”三日无敢移。更书曰：“能移者，给田五百亩、黄金五百斤。”时一人来移，即赐之田五百亩、金五百斤。于是士卒勇于攻战，伐秦遂克。〔6〕魏侯不乖虞人之期：虞人，掌山泽之官也。文侯与虞人期猎，明日欲发遇大雨，左右谏止之。文侯曰：“吾志不急于兽禽也，吾固已与虞人期，恐失信。”遂冒雨以进。〔7〕卉木：草木，出自《诗·小雅·出车》：“春日迟迟，卉木萋萋。”〔8〕岑鼎：鲁国名鼎的名称。古代把鼎作为立国的重器。〔9〕邾（zhū）：今山东省境内的一个先秦古国，故址在今邹城市周围地区。〔10〕饮燕：同“饮宴”。〔11〕麾：古代指挥军队的旗子。〔12〕莅事：视事，处理公务。

11.信于仇贼，又况于非仇贼者乎

凡人主必信，信而又信，谁人不亲？故《周书》[1]曰：“允[2]哉！允哉！”以言非信则百事不满也。故信之为功大矣。信立则虚言可以赏矣。虚言可以赏，则六合之内皆为已府矣。信之所及，尽制之矣。制之而不用，人之有也；制之而用之，己之有也。已有之，则天地之物毕为用矣。人主有见此论者，其王不久矣；人臣有知此论者，可以为王者佐矣。

天行不信，不能成岁；地行不信，草木不大。春之德风，风不信，其华不盛，华不盛，则果实不生。夏之德暑，暑不信，其土不肥，土不肥，则长遂不精。秋之德雨，雨不信，其谷不坚，谷不坚，则五种不成。冬之德寒，寒不信，其地不刚，地不刚，则冻闭不开。天地之大，四时之化，而犹不能以不信成物，又况乎人事？

君臣不信，则百姓诽谤，社稷不宁。处官不信，则少不畏长，贵贱相轻。赏罚不信，则民易犯法，不可使令。交友不信，则离散郁怨，不能相亲。百工不信，则器械苦[3]伪，丹漆染色不贞。夫可与为始，可与为终，可与尊通，可与卑穷者，其唯信乎！信而又信，重袭于身，乃通于天。以此治人，则膏雨甘露降矣，寒暑四时当矣。

齐桓公伐鲁。鲁人不敢轻战，去鲁国五十里而封之。鲁请比关内侯以听，桓公许之。曹翙[4]谓鲁庄公曰：“君宁死而又死乎，其宁生而又生乎？”庄公曰：“何谓也？”曹翙曰：“听臣之言，国必广大，身必安乐，是生而又生也；不听臣之言，国必灭亡，身必危辱，是死而又死也。”庄公曰：“请从。”于是明日将盟，庄公与曹翙皆怀剑至于坛上。庄公左搏桓公，右抽剑以自承，曰：“鲁国去境数百里。今去境五十里，亦无生矣。钧[5]其死也，戮于君前。”管仲、鲍叔进，曹翙按剑当两陛之间曰：“且二君将改图，毋或进者！”庄公曰：“封于汶则可，不则请死。”管仲曰：“以地卫君，非以君卫地。君其许之！乃遂封于汶南，与之盟。归而欲勿予，管仲曰：“不可。人特劫君而不盟，君不知，不可谓智；临难而不能勿听，不可谓勇；许之而不予，不可谓信。不智不勇不信，有此三者，不可以立功名。予之，虽亡地，亦得信。以四百里之地见信于天下，君犹得也。”庄公，仇也；曹翙，贼也。信于仇贼，又况于非仇贼者乎？夫九合之而合，壹匡之而听，从此生矣。管仲可谓能因物矣。以辱为荣，以穷为通，虽失乎前，可谓后得之矣。物固不可全也。

【题注】

选自《吕氏春秋·离俗览·贵信》。

管仲劝说齐桓公对仇敌信守盟誓，成就了霸业。对待仇人敌人都讲诚信，何况是对待不是仇人敌人的人呢？

【注释】

〔1〕《周书》：古逸书，记载周代讯诰誓命之书。〔2〕允：诚信，真诚。〔3〕苦（gǔ）：粗劣。〔4〕曹翙（huì）：他书或作“曹刿”“曹沫”。〔5〕钧：同“均”。

【译文】

凡是君主一定要诚信，诚信而有诚信，谁能不亲附？所以《周书》上说：“诚信啊！诚信啊！”这是说如果不诚信，那么所有的事情都不能成功。因此，诚信所产生的功效太大了。诚信树立了，虚假的话就可以鉴别了。虚假的话可以鉴别，整个天下就都成为自己的了。诚信所达到的地方，就都能够控制了。能够控制却不加以利用，仍然会为他人所有；能够控制而又加以利用，才会为自己所有。为自己所有，那么天地间的事情就全都为自己所用了。君主如有知道这个道理的，那他很快就能称王了；臣子如果知道这个道理的，那就可以当帝王的辅佐了。

天的运行不遵循规律，就不能形成岁时；地的运行不遵循规律，草木就不能长大。春天的特征是风，风不能按时到来，花就不能盛开，花不能盛开，那么果实就不能生长。夏天的特征是炎热，炎热不能按时到来，土地就不肥沃，土地不肥沃，那么植物生长成熟的情况就不好。秋天的特征是雨，雨不能按时降下，谷粒就不坚实饱满，那么五谷就不能成熟。冬天的特征是寒冷，寒冷不能按时到来，地冻得就不坚固，地冻得不坚固，那么就不能冻开裂缝。天地如此之大，四时如此变化，尚且不能以不遵循规律生成万物，更何况人事呢？

君臣不诚信，那么百姓就会批评指责，国家就不得安宁。当官不诚信，那么年轻的就不敬畏年长的，地位尊贵的和地位低下的就会互相轻视。赏罚不诚信，那么百姓就会轻易犯法，不可以役使。结交朋友不诚信，那么就会离散怨恨，不能互相亲近。各种工匠不诚信，那么器物就会粗劣作假，丹和漆等颜料就不纯正。可以跟它一块开始，可以跟它一块终止，可以跟它一块尊贵显达，可以跟它一块卑微穷困的，大概只有诚信吧！诚信而又诚信，诚信重叠于身，就能与天意相通。靠这个来治理人，那么滋润大地的雨水和甜美的露水就会降下来，寒暑四季就会得当。

齐桓公攻打鲁国。鲁国人不敢轻率作战，离鲁国都城五十里封土为界。鲁国请求像齐国的封邑大臣一样服从齐国，桓公答应了。曹翙对鲁庄公说："您是愿意死而又死呢，还是愿意生而又生？"庄公说："你说的是什么意思呢？"曹翙说："您听从我的话，国土必定广大，您自身必定安乐，这就是生而有生；您不听从我的话，国家必定灭亡，您自身必定遭到危险耻辱，这就是死而有死。"庄公说："我愿意听从你的话。"第二天将要盟会时，庄公与曹翙都怀揣着剑到了盟会的土坛上。庄公左手抓住桓公，右手抽出剑来指着自己，说："鲁国都城本来离边境几百里，如今离边境只有五十里，反正也无法生存了。削减领土不能生存与跟你拼命同样是死，让我死在您面前。"管仲、鲍叔要上去，曹翙手按着剑站在两阶之间说："两位君主将另作商量，谁都不许上去！"庄公说："在汶水封土为界就可以，不然的话就请求一死。"管仲对桓公说："是用领土保卫君主，不是用君主保卫领土！"于是终于在汶水之南封土为界，跟鲁国订立了盟约。桓公回国以后想不还给鲁国土地，管仲说："不可以。人家只是要劫持您，并不想跟您订立盟约，可是您却不知道，这不能说是聪明；面对危难却不能不受人家胁迫，这不能说是勇敢；答应了人家却不还给人家土地，这不能算作诚信。不聪明、不勇敢、不诚信，有这三种行为的，不可以建立功名。还给它土地，这样虽说失去了土地，也还能得到诚信的名声。用四百里土地就在天下人面前显示出诚信来，您还是合算的。"庄公是仇人，曹翙是敌人，对仇人敌人都讲诚信，更何况对不是仇人敌人的呢？桓公多次盟会诸侯而能成功，使天下一切都得到匡正而天下能听从，就由此产生出来了。管仲可以说是能因势利导了。他把耻辱变成光荣，把困境变成通达。虽然前边有所失，不过可以说后来有所得了。事情本来就不可能十全十美啊。①

12.唐太宗不以诈道训俗

贞观初，有上书请去佞臣者，太宗[1]谓曰："朕之所任，皆以为贤，卿知佞者谁耶？"对曰："臣居草泽，不的知[2]佞者，请陛下佯怒以试群臣，若能不畏雷霆，直言进谏，则是正人，顺情阿旨[3]，则是佞人。"太宗谓封德彝曰："流水清浊，在其源也。君者政源，人庶犹水，君自为诈，欲臣下行直，是犹源浊而望水清，理不可得。朕常以魏武帝[4]多诡

① 陆玖译注：《吕氏春秋》下册，第723～727页。

诈，深鄙其为人，如此，岂可堪为教令？”谓上书人曰：“朕欲使大信行于天下，不欲以诈道训俗，卿言虽善，朕所不取也。”

【题注】

选自唐代吴兢《贞观政要·论诚信》。

《贞观政要》是唐代史学家吴兢（670—749）著的一部政论性史书。全书10卷40篇，分类编辑了唐太宗在位的23年中，与魏征（580—643）、房玄龄（579—648）、杜如晦（585—630）等大臣在治政时的问题，大臣们的争议、劝谏、奏议等，以规范君臣思想道德和治同军政思想。此外，也记载了一些政治、经济上的重大措施。

【注释】

〔1〕太宗：唐太宗李世民（598—649），唐高祖李渊和窦皇后的次子，唐朝第二位皇帝。〔2〕的（dí）知：的确知道。〔3〕顺情阿旨：顺从别人意旨。阿，曲从。旨，意旨。〔4〕魏武帝：曹操（155—220），字孟德，三国中曹魏政权的奠基人，谥号武王。

【译文】

贞观初年，有人上书请求太宗清除邪佞的臣子。太宗说：“我所任用的人，都以为是贤臣，你知道哪个是邪佞的臣子吗？”那人回答说：“臣住在荒野民间，不能确知哪个人是佞臣，请陛下假装发怒，用来试验群臣，假若能不惧怕陛下的雷霆之怒，仍能直言进谏的就是正人贤臣，如果依顺陛下情绪迎合旨意，阿谀奉承的就是奸邪谗佞之臣。”太宗对封德彝说：“流水的清浊，关键在于水源。国君是政令发出的源头，臣子百姓就好比是水，如果国君自己先以诈术骗人，而要求臣子行为忠直，这就好像水源浑浊而希望流水清澈一样，这在道理上是讲不通的。我常常认为魏武帝曹操为人诡诈，所以特别鄙视他的为人，如果我也这样，还怎么可以去制定教规和法令呢？”于是，太宗对上书劝谏的人说：“我想使大的诚信在天下实行，不想用伪诈的方法去引导风俗，你的方法虽好，但我不能采纳。”①

13.郭伋亭候

（郭伋）始至行部〔1〕，到西河美稷〔2〕，有童儿数百，各骑竹马〔3〕，道次迎拜。伋问“儿曹何自远来”。对曰：“闻使君到，喜，故来奉迎。”伋辞谢之。及事讫，诸儿复送至郭〔4〕外，问“使君何日当还”。伋谓别驾从事〔5〕，计日告之。行部既还，先期一日，伋为违信于诸儿，遂止于野亭〔6〕，须期〔7〕乃入。

【题注】

选自《后汉书·郭伋传》。

“郭伋亭候”告诉我们，只要讲信用是不会失信于人的，失信是没有理由的。

① （唐）吴兢著，骈宇骞译注：《贞观政要》，中华书局2011年版，第388～389页。

【注释】

〔1〕始至行部：郭伋刚担任并州牧，首次出巡。行部，出巡。〔2〕西河美稷：地名。〔3〕竹马：骑在胯下的竹竿。〔4〕郭：城外围着城的墙。〔5〕别驾从事：部下官吏。〔6〕野亭：郊野外的亭子。〔7〕期：约定的期限。

【译文】

郭伋开始去下属处巡视时，到达西河美稷，有数百名儿童，各自骑竹马，在道旁依次拜迎。郭伋问："孩子们为什么远道而来？"儿童们回答说："听说使君到来，我们很高兴，所以前来欢迎。"郭伋向他们表示感谢。事情办完后，各位儿童又将他送出城，并问"使君何时回来"。郭伋告诉别驾从事史，算好日子告诉他们。巡视后返回，比预计日期提前了一天，郭伋不想失信于儿童，于是在野外亭中留宿，等到了约定日期才进城。①

14.饮酒，人之常情；欺君，臣子之大罪也

宗道〔1〕为人刚正，疾恶〔2〕少容〔3〕，遇事敢言，不为小谨。为谕德〔4〕时，居近酒肆，尝微行就饮肆中，偶真宗亟召，使者及门久之，宗道方自酒肆来。使者先入，约曰："即上怪公来迟，何以为对？"宗道曰："第以实言之。"使者曰："然则公当得罪。"曰："饮酒，人之常情；欺君，臣子之大罪也。"真宗果问，使者具以宗道所言对。帝诘〔5〕之，宗道谢曰："有故人自乡里来，臣家贫无杯盘，故就酒家饮。"帝以为忠实可大用，尝以语太后。太后临朝，遂大用之。

【题注】

选自《宋史·鲁宗道传》。

《宋史》撰修于元朝末年，于元末至正三年（1343年）由丞相脱脱（1314—1355）和阿鲁图先后主持修撰，与《辽史》《金史》同时修撰。《宋史》是在原宋《国史》的基础上删削而成的。《宋史》全书有本纪47卷，志162卷，表32卷，列传255卷，共计496卷，约500万字，是二十四史中篇幅最庞大的一部官修史书。

【注释】

〔1〕宗道：鲁宗道（966—1029），字贯之。〔2〕疾恶：痛恨坏人坏事。〔3〕少容：不肯容忍。〔4〕谕德：教育太子的官。〔5〕诘（jié）：追问。

【译文】

宗道为人刚正，疾恶而少有宽容，遇事敢言，不会处处小心。在任职谕德官位时，住所挨近酒肆，曾穿便服到酒肆去饮酒，偶尔遇真宗急召入宫立刻要召见，使者到其家已等了好久，宗道方从酒肆归来。使者要先归覆命，与宗道商议说："如果圣上怪公来迟，该如何回答？"宗道说："那就如实回答。"使者又说："如果这样，你可能会获罪。"宗道说：

① 许嘉璐主编：《二十四史全译·后汉书》第二册，第780页。

“饮酒，人之常情；欺君，则为臣之大罪也。”入见后真宗果然问，使者按宗道所说如实回答。帝又质问宗道，宗道谢罪并解释说：“有故人从乡里来，臣家里较贫杯盘不齐备，所以就到酒家去招待客人。”皇帝听后认为他忠诚诚实大可任用，曾把此事告诉了太后，太后临朝后，于是大加任用。①

15. 商鞅移木建信

令〔1〕既具〔2〕，未布〔3〕，恐民之不信，已乃立三丈之木于国都市南门〔4〕，募民有能徙置北门者予十金。民怪之，莫敢徙。复曰“能徙者予五十金”。有一人徙之，辄〔5〕予五十金〔6〕，以明不欺。卒下令。

【题注】

选自《史记·商君列传》。

诚信就是言行一致，言必行，行必果，说到做到。君子一言，驷马难追。

【注释】

〔1〕令：法令。〔2〕具：准备就绪。〔3〕布：颁布，公布。〔4〕国都市南门：指都城后边市场南门。古代国都建制：前朝，后市，左祖，右社。〔5〕辄：就。〔6〕金：古代货币单位。

【译文】

新法已准备就绪，还没公布，怕老百姓不相信，于是在咸阳市场的南门立一根三丈长的大木杆，招募百姓中能把它移到北门，赏十金。百姓奇怪，没人敢移。又宣布：“能搬移的给五十金”。于是有一个人搬移了木杆，就给了他五十金，以此表明令出必行，绝不欺骗。接着公布了新法。②

五、敬畏

敬畏是指对待一切神圣事物的态度。“敬”指严肃、认真，“畏”指慎重、不懈怠。《左传·鲁僖公二十三年》曰：“能敬必有德。”认为敬是诸种美德的集中表现，能做到真诚而恭敬，必是有德之人。《论语·学而》有“敬事而信”，朱熹注：“敬者主一无适之谓。”梁启超《敬业与乐业》：“唯有朱子解得最好，他说：‘主一无适便是敬。’”成语“主一无适”即来自于此。

如何修炼敬畏之心？曾国藩（1811—1872）引曾子言：“内而专静纯一，外而整齐严肃，敬之功夫也；出门如见大宾，使民如承大祭，敬之气象也；修己以安百姓，笃恭而天下平，

① 许嘉璐主编：《二十四史全译·宋史》第十册，第6497页。

② 许嘉璐主编：《二十四史全译·史记》第二册，第931页。

敬之效验也。程子谓上下一于恭敬，则天地自位，万物自育，气无不和，四灵毕至，聪明睿智，皆由此出。以此事天飨地，盖谓敬则无美不备也。”所以“主敬则身强”，也就是说，一个人的精神状态极为重要，主敬能够达到身强的目的。

涵养德行需要用敬，即用敬将心存养，提高警觉，不使放肆。要是学问有所进境就要致知穷理。涵养与致知不可偏废，《中庸》谈到“尊德性而道问学”，也是这个道理。“敬”是防止邪念和保持“诚”的修养方法。开始时，一定要有“敬”的意念，久而久之，心中自然而然地无不敬了，即达到了诚。朱熹非常看重“敬”字工夫，他认为“敬字工夫，乃圣门第一义，彻头彻尾，不可顷刻间断”。朱子阐述修养论时强调“敬畏”，即要求整齐严肃、主一无适、常惺惺、其心收敛不容一物、心之贞、自心自省、专一、不做作、自心自作主宰、不放肆唤醒自心、时时提斯。

随着人类工业社会的发展，科技发展突飞猛进，人们在享受科技给我们带来的福利的同时，精神世界也发生了改变，其中表现较为明显的就是对待自然、外物的盲目自大、唯人类独尊的心态。人们只关注自我，只关注利我的行为，却忽视了对内心情感的反省与追寻。《论语·季氏》曰：“君子有三畏：畏天命，畏大人，畏圣人之言。小人不知天命而不畏也，狎大人，侮圣人之言。”中国古代社会从来不缺乏敬畏之心。敬畏祖先，敬畏老天爷，敬畏圣人，敬畏书，甚至是敬畏风水，敬畏金钱。孔子尚且知畏天命，而现代性的建立，恰恰是以“去敬畏化”为基础的。当今社会的道德滑坡、诚信缺失，恰恰是因为缺失了敬畏之心。当然，敬畏与道德并非是必然联系的，有敬畏的人，也未必就是道德高尚的人，但是，没有敬畏之心，必然是不讲道德的人。对生命、自己、事业都应该怀有敬意，推而论之，对人类、对自然界都应该怀有敬畏之情。“敬畏”是人对待事物的情感态度，是对事物人格化的一种尊重，是内在精神境界和价值追求的自然外化。我们应该对自己的行为作主动的反省与约束，做到有所为有所不为。

1.事上也敬

子谓子产〔1〕：“有君子之道四焉：其行己〔2〕也恭〔3〕，其事上也敬，其养民也惠，其使民也义。”

【题注】

选自《论语·公冶长》。

郑国大夫子产，比孔子年长，也是孔子敬重的人士。他非常推崇子产的四大优点：待人恭敬谦逊，事君谨慎尊敬，养民恩惠有加，使民合乎时宜，认为这合乎君子之道，值得从政的人学习。

【注释】

〔1〕子产：公孙侨（？—前522），字子产，春秋时郑国大夫。〔2〕行己（xíng jǐ）：立身行事。〔3〕恭：谦逊。

【译文】

孔子评论子产说："他有四种行为合乎君子为人的道理：待人的态度很谦逊，侍奉君上很诚敬，抚养民众有恩惠，使用民力很得宜。"①

2.执事敬

樊迟[1]问仁。子曰："居处恭，执事敬，与人忠。虽之[2]夷狄[3]，不可弃也。"

【题注】

选自《论语·子路》。

孔子从对自己、对事情和对别人三个方面提出仁的原则。那就是对自己要"恭"：态度端庄，安分守己，谨慎小心。对事情要"敬"：负责认真，尽心尽力，不辱使命。对别人要"忠"：言必行，忠实可靠。孔子关于仁的这三个原则，在今天仍然不能放弃。

【注释】

〔1〕樊迟：孔子弟子，七十二贤之一。〔2〕之：到。〔3〕夷狄：古称东方部族为夷，北方部族为狄。常用以泛称除华夏族以外的各族。

【译文】

樊迟请教如何行仁。孔子说："平时态度庄重，工作认真负责，与人交往真诚。即使到了偏远落后的地区，也不能没有这几种德行。"②

3.修己以敬

子路问君子。子曰："修己以敬。"曰："如斯而已乎？"曰："修己以安人。"曰："如斯而已乎？"曰："修己以安百姓。修己以安百姓，尧、舜其犹病[1]诸！"

【题注】

选自《论语·宪问》。

对内修己，待人以敬，是做人的基本要求。在此基础上，才能进而安人，安百姓。

【注释】

〔1〕病：不满。

【译文】

子路问怎样才算是君子。孔子说："持恭敬的态度修养自己。"子路又问："这样就够了吗？"孔子说："修养自己，进而使别人快乐。"子路又问："这样就够了吗？"孔子说："修养自己，再使百姓都得到快乐。修养自己，使百姓都得到安乐，连尧舜都恐怕不能完全

---

① 曾仕强、曾仕良著：《论语的生活智慧》上册，第131页。

② 傅佩荣：《论语300讲》下册，第386页。

做到呢！”①

4.君子敬以直内

直，其正[1]也。方，其义[2]也。君子敬以直内，义以方外，敬义立而德不孤。“直方大，不习，无不利”，则不疑其所行也。

【题注】

选自《周易·坤·文言传》。

宋儒程颐特推崇“敬以直内”句，几成为其座右铭。

【注释】

〔1〕正：从止一，其义守一以止。六二以阴爻居阴位故为“正”。〔2〕义：宜。六二居中，故为“义”。

【译文】

直，指的是内心恭敬。方，指的是行事合义。作为君子，恭敬使得他内心正直，合义使得他行事端方不苟，一旦做到了内心诚敬，行事合义，就会得到人们普遍的信赖。能够如坤卦六二爻辞所说的“正直端方，无所修习而所往皆利”，那么他在行动上也就可以无所疑虑了。②

5.敬人者，人恒敬之

仁者爱人，有礼者敬人。爱人者，人恒[1]爱之。敬人者，人恒敬之。

【题注】

选自《孟子·离娄下》。

力是物体对物体的作用，力不能脱离物体而单独存在。牛顿第三定律指出：两个物体之间的作用力和反作用力总是大小相等，方向相反，作用在一条直线上。人的“爱”“敬”也类似于“力”，“爱人者，人恒爱之。敬人者，人恒敬之”，就是人类社会的“牛顿第三定律”。

【注释】

〔1〕恒：持久。

【译文】

仁德者爱护别人，守礼者尊敬别人。爱护别人的，别人也总是爱护他。尊敬别人的，别人也总是尊敬他。

---

① 曾仕强、曾仕良著：《论语的生活智慧》下册，第436页。

② 陈鼓应、赵建伟注译：《周易今注今译》，第45页。

6.仁者必敬人

仁者必敬人。凡人非贤，则案不肖也。人贤而不敬，则是禽兽也；人不肖而不敬，则是狎虎也。禽兽则乱，狎虎则危，灾及其身矣。《诗》[1]曰："不敢暴[2]虎，不敢冯[3]河。人知其一，莫知其它。战战[4]兢兢，如临深渊，如履薄冰。"此之谓也。故仁者必敬人。

【题注】

选自《荀子·臣道》。

儒家的胸怀是宽大的。孔孟的"爱"是博爱，是大爱。荀子的"敬"是大敬，对贤人要敬，对不肖人也要敬。

【注释】

〔1〕《诗》：此指《诗经·小雅·小旻》。〔2〕暴：空手搏击。〔3〕冯（píng）：同"凭"，徒步涉水。〔4〕战战：同"颤颤"，恐惧发抖的样子。

【译文】

仁德之人必定尊敬别人。一般说来，一个人不贤能，那就是没有德才的人。别人贤能却不去尊敬他，那就是禽兽了；别人没有德才而不去尊敬他，那就是在戏弄老虎。人如禽兽就会胡乱妄为，戏弄老虎就会十分危险，灾难就会落到他身上了。《诗经·小雅·小旻》云："不敢空手打老虎，不敢光脚把河渡。人们只知这一点，不知其他有害处。要害怕啊要小心，要想面临那深渊，要像脚踩那薄冰。"说的就是这个。所以，讲究仁德的人必定尊敬别人。①

7.君子敬而无失

司马牛[1]忧曰："人皆有兄弟，我独亡[2]。"子夏[3]曰："商闻之矣：'死生有命，富贵在天。君子敬而无失，与人恭而有礼。四海之内，皆兄弟也。'君子何患乎无兄弟也？"

【题注】

选自《论语·颜渊》。

一般而言，兄弟和朋友的不同在于有无血缘关系。有的兄弟除了亲情之外，还不如朋友关系。有的朋友，除了亲情之外，胜过兄弟。只要敬而无失，恭而有礼，四海之内皆兄弟。

【注释】

〔1〕司马牛：孔子弟子，司马耕，字子牛。〔2〕亡（wú）：同"无"。〔3〕子夏：姓卜名商，字子夏。

---

① 张觉撰：《荀子译注》，上海古籍出版社2012年版，第188页。以下引用该书只注明作者、书名、册数和页码。

【译文】

司马牛很忧愁地说："人人皆有兄弟，独我没有呀！"子夏说："商曾听先生说过：'死生有命，富贵在天。君子只要能敬，做事没有差失，对人能恭，有礼，那就四海之内都是你的兄弟呀！'君子哪能怕没兄弟呢？"①

8.主敬免虑

学者先务，固在心志。有谓欲屏〔1〕去闻见知思，则是"绝圣弃智"〔2〕。有欲屏去思虑，患其纷乱，则是须坐禅入定。如明鉴在此，万物毕照，是鉴之常，难为使之不照。人心不能不交感万物，亦难为使之不思虑。若欲免此，唯是有主。如何为主？敬而已矣。有主则虚〔3〕，虚谓邪不能入。无主则实，实谓物来夺之。今夫瓶罂〔4〕，有水实内，则虽江海之浸，无所能入，安得不虚？无水于内，则停注之水，不可胜注，安得不实？大凡人心，不可二用。用于一事，则他事更不能入者，事为之主也。事为之主，尚无思虑纷扰之患。若主于敬，又焉有此患乎？所谓敬者，主一之谓敬。所谓一者，无适之谓一。且欲涵泳主一之义，一则无二三矣。言敬，无如圣人之言。《易》所谓"敬以直内，义以方外"〔5〕，须是直内，乃是主一之义。至于不敢欺，不敢慢，"尚不愧于屋漏"〔6〕，皆是敬之事也。但存此涵养，久之，自然天理明。②

【题注】

选自《河南程氏遗书》卷十五，伊川先生语一。

程颐（1033—1107），字正叔，河南省洛阳市伊川县人，世称伊川先生，与其胞兄程颢（1032—1085）同学于周敦颐（1017—1073），共创洛学，世称"二程"。程颢主敬，可能受启于佛家禅定主静。

【注释】

〔1〕屏（bǐng）：除去。〔2〕语出《老子》第19章。〔3〕虚：不自满。〔4〕罂（yīng）：古代大腹小口的酒器。〔5〕语出《周易·坤·文言传》。〔6〕语出《诗经·大雅·抑》。

9.敬是闲邪之道

敬是闲邪〔1〕之道。"闲邪存其诚"〔2〕，虽是两事，然亦只是一事。闲邪则诚自存矣。天下有一个善，一个恶。去善即是恶，去恶即是善。譬如门，不出便入，岂出入外更别有一事也。③

① 钱穆：《论语新解》，第309页。
② （宋）程颢、程颐著：《二程集》上册，第168～169页。
③ （宋）程颢、程颐著：《二程集》上册，第185页。

【题注】

选自《河南程氏遗书》卷十八，伊川先生语四。

程颐认为，主敬可以防止邪恶产生，使人走上正道。

【注释】

〔1〕闲邪：防止邪恶产生。闲，防止，防御。〔2〕语出《周易·乾·文言传》。

10.涵养须用敬

涵养〔1〕须用敬，进学〔2〕则在致知〔3〕。①

【题注】

选自《河南程氏遗书》卷十八，伊川先生语四。

“涵养须用敬”，是说德性修养需要敬。“进学则在致知”，是说取得学问须要穷究精神。朱熹说：“此两言者，如车之两轮，如鸟之两翼，未有废其一而可行可飞者。”（《与孙敬甫书》）

【注释】

〔1〕涵养：修身养性。〔2〕进学：使学业有进步。〔3〕致知：即“穷理”，穷究万物之理。

11.“敬”之一字，真圣门之纲领，存养之要法

“敬”字工夫，乃圣门〔1〕第一义，彻头彻尾，不可顷刻间断。“敬”之一字，真圣门之纲领，存养〔2〕之要法。一主乎此，更无内外精粗〔3〕之间。②

【题注】

选自《朱子语类》卷十二。

朱熹（1130—1200），字元晦，号晦庵，晚称晦翁，谥文，世称朱文公。朱熹是程颢、程颐的三传弟子李侗（1093—1163）的学生，闽学派的代表人物，儒学集大成者，尊称朱子。《朱子语类》是朱熹与其弟子问答的语录汇编。中华书局“理学丛书”收录出版有《朱子语类》（8册）。

【注释】

〔1〕圣门：谓孔子的门下，亦泛指传孔子之道者。〔2〕存养：“存心养性”的省略，保存本心，培养善性。儒家的一种修养方法。〔3〕精粗：精密和粗疏。

① （宋）程颢、程颐著：《二程集》上册，第188页。

② （宋）黎德靖编：《朱子语类》第一册，第211页。

12.君子有三畏

孔子曰："君子有三畏：畏天命，畏大人[1]，畏圣人之言。小人不知天命而不畏也，狎[2]大人，侮[3]圣人之言。"

【题注】

选自《论语·季氏》。

天的命令即是天命，孔子学习到五十岁才证知天命，并说："不知命，无以为君子也。"(《论语·尧曰》)

【注释】

〔1〕大人：古代对于在高位的人叫"大人"。〔2〕狎(xiá)：亲近而态度不庄重。〔3〕侮(wǔ)：欺负，轻慢。

【译文】

孔子说："君子表现三种敬畏的态度：敬畏天命，敬畏高位的人，敬畏圣人的话。小人不知天命而不敬畏，常见高位的人而轻忽了礼貌，不敬重圣人所说的话。"①

13.畏天之威，于时保之

逆[1]妇姜于齐，卿不行，非礼也。君子是以知出姜[2]之不允[3]于鲁也。曰："贵聘而贱逆之，君[4]而卑之[5]，立而废之[6]，弃信而坏其主[7]，在国必乱，在家必亡。不允宜哉！《诗》[8]曰：'畏天之威，于时[9]保之[10]'，敬主之谓也。"

【题注】

选自《春秋左传·文公四年》。

《春秋左传》，又名《左传》，相传为春秋末年的左丘明为解释孔子的《春秋》而作，是我国现存最早较为完备的编年体史书，是学习、研究先秦历史、文学、哲学和语言必读的典籍。全书六十卷，以《春秋》为纲，并仿照《春秋》体例，按照鲁国君主的次序，记载了自鲁隐公元年至鲁悼公十四年春秋霸主递嬗的历史，保存了许多当时社会文化、自然科学等方面的珍贵史料，在史学上占有极其重要的地位，梁启超称《左传》的出现是"商周以来史界之革命"(《中国历史研究法》)。《左传》除了阐释《春秋》思想之外，艺术成就也很高，是我国古代文学与史学完美结合的典范，对后世史书、小说、戏剧的写作都产生了深远的影响。现存最早的《左传》注本为晋杜预(222—285)《春秋经传集解》(凤凰出版社李梦生整理本)。中华书局出版有杨伯峻(1909—1992)《春秋左传注》(四册)，上海古籍出版社"十三经译注"出版有李梦生撰《左传译注》。

---

① 曾仕强、曾仕良著：《论语的生活智慧》下册，第494页。

【注释】

〔1〕逆：迎接。〔2〕出姜：即文公此次所娶齐女。〔3〕允：终。〔4〕君：即小君，国君夫人。〔5〕卑之：不以卿迎，古云“卑之”。〔6〕立而废之：立为夫人，又不以礼相迎，等于“废之”。〔7〕主：内主，即夫人。〔8〕《诗》：指《诗经·周颂·我将》。〔9〕于时：于是。〔10〕保之：保国家。

【译文】

去齐国迎接姜氏，卿没有去，这是不合乎礼的。君子因此而知道出姜在鲁国不会有好结果。君子说：“用尊贵的人去纳聘却用低贱的人迎亲，身份是国君夫人在礼节上却降低标准，立为夫人却废弃她，背信弃义而损害内主，这样的事发生在哪个国家这国家必定会混乱，发生在哪个家族这家族必然要灭亡。没有好结果是很适当的啊。《诗》说：‘崇敬天威尊天道，这样才能把国保。’就是要敬重内主。”①

14. 畏我父母，畏我诸兄，畏人之多言

将[1]仲子[2]兮，无踰[3]我里，无折我树杞。岂敢爱[4]之？畏我父母。仲可怀也，父母之言，亦可畏也。

将仲子兮，无踰我墙，无折我树桑。岂敢爱之？畏我诸兄。仲可怀也，诸兄之言，亦可畏也。

将仲子兮，无踰我园，无折我树檀。岂敢爱之？畏人之多言。仲可怀也，人之多言，亦可畏也。

【题注】

选自《诗经·郑风·将仲子》。

此诗是春秋时期流行在郑国一带的汉族民间情歌，是一位热恋中的少女赠给情人的一首优美的情诗。

【注释】

〔1〕将（qiāng）：请。〔2〕仲子：男子的字，犹言“老二”。〔3〕踰（yú）：从墙上爬过去。〔4〕爱：吝惜，舍不得。

【译文】

仲子哥啊听我讲，不要跨过里外墙，莫把杞树来碰伤。不是爱惜这些树，是怕我的爹和娘。无时不把哥牵挂，又怕爹娘来责骂，这事真叫我害怕。

仲子哥啊听我讲，不要翻过我家墙，莫碰墙边种的桑。不是爱惜这些树，是怕兄长来阻挡。无时不把哥牵挂，又怕兄长把我骂，这事真叫我害怕。

仲子哥啊听我讲，不要登我后园墙，莫让檀树枝干伤。不是爱惜这些树，是怕众人舌

① 李梦生撰：《左传译注》上册，上海古籍出版社2004年版，第354页。

头长。无时不把哥牵挂，闲话也能把人杀，这事真叫我害怕。①

15. 主敬则身强

敬之一字，孔门持以教人，春秋士大夫亦常言之。至程朱[1]则千言万语不离此旨。内而专静纯一，外而整齐严肃，敬之功夫也；“出门如见大宾，使民如承大祭”[2]，敬之气象也；“修己以安百姓”[3]，“笃恭而天下平”[4]，敬之效验也。程子谓“上下一于恭敬，则天地自位，万物自育，气无不和，四灵毕至，聪明睿智”[5]，皆由此出。以此事天飨地，盖谓敬则无美不备也。吾谓敬字切近之效，尤能固人肌肤之会筋骸之束[6]。庄敬日强，安肆日偷，皆自然之征应。虽有衰年病躯，一遇坛庙祭献之时，战阵危急之际，亦不觉神为之悚，气为之振，斯足知敬能使人身强矣。若人无众寡，事无大小，一一恭敬，不敢懈慢，则身体之强健，又何疑乎？

【题注】

选自《曾文正公全集·杂著卷四·日课四条》。

主敬是程朱开出的修身工夫，曾国藩特别服膺，并提升至养生的高度，所谓“主敬则身强”。

【注释】

〔1〕程朱：程颐（1033—1107）和朱熹（1130—1200）。〔2〕语出《论语·颜渊》：仲弓问仁。子曰：“出门如见大宾，使民如承大祭。己所不欲，勿施于人。在邦无怨，在家无怨。”仲弓曰：“雍虽不敏，请事斯语矣。”②〔3〕语出《论语·宪问》：子路问君子。子曰：“修己以敬。”曰：“如斯而已乎？”曰：“修己以安人。”曰：“如斯而已乎？”曰：“修己以安百姓。修己以安百姓，尧舜其犹病诸！”③〔4〕语出《中庸》：《诗》曰：“不显惟德！百辟其刑之。”是故君子笃恭而天下平。④〔5〕语出《河南程氏遗书》卷六，《二程集》（中华书局2004年版）。〔6〕固人肌肤之会筋骸之束：语出《礼记·礼运》：故礼仪也者，人之大端也，所以讲信修睦，而固人之肌肤之会，筋骸之束也；所以送生养死，事鬼神之大端也；所以达天道，顺人情之大窦也。

【译文】

“敬”这个字，是孔子、孟子用来教育人的，春秋时的士大夫也常常说到它。到二程与朱子的千言万语，都离不开“敬”这个主旨。内心静定纯一，没有杂念，外表则整齐严肃，这就是敬的功夫。出门如同是去见重要的客人，役使老百姓如同是参加隆重的祭祀活动，这就是敬的气象。内心修养以安天下百姓，诚笃恭敬则天下太平，这就是敬的效验。程子

① 王秀梅译注：《诗经》上册，第154～156页。
② （宋）朱熹：《四书章句集注》，第132～133页。
③ （宋）朱熹：《四书章句集注》，第159页。
④ （宋）朱熹：《四书章句集注》，第40页。

说如果上上下下都恭敬，那么，天地自安本位，万物自己化育，风调雨顺，各种祥瑞都会出现，人的聪明睿智，也都由此而产生。以此敬事上天，使天子感到满意，所以说敬则一切美事都会齐备。我认为“敬”对人们最切近的功效，尤其在于能使人身体健康。人若庄敬，身体就越来越强，人若贪图安逸，身体则越来越差。这都是自然而然的事情。即使已是年迈多病，但一遇到庙会祭祀等重大活动，或者是在战场上碰到危急时刻，也会觉得精神为之一振，仅这点就足以证明“敬”能够使人身体强壮。如果人能在无论人少或人多、无论事情大小的情况下，都能一一恭敬地做，不敢松懈怠慢，那么，身体必然强健，又有什么值得怀疑的呢？

六、中庸

中庸是孔子和儒家的重要思想及道德观念，具有重要的社会政治和伦理道德意义。“中”的本义为内、里，引申为中间，一定范围内部适中的位置。《说文》：“中，内也。从口；丨，上下通。”在中国古代哲学中，“中”代表不偏不倚、中正的意思，也表示一种为人处世的态度。“庸”的字面解释为“平常、日常”。《说文解字》：“庸者，用也。”《尔雅·释诂上》：“庸，常也。”三国何晏（？—249）《论语集解》释“庸”为“常行之常”，北宋程颐解释为“不易”，南宋朱熹释为“平常”。徐复观（1903—1982）认为：“‘庸’者，乃指‘平常的行为’而言。所谓平常的行为，是指随时随地，为每一个人所应实践、所能实现的行为。”①

《尚书》中最先提到中庸的思想，如：“人心惟危，道心惟微，惟精惟一，允执厥中。”（《尚书·大禹谟》）《周易》典籍中也有不少关于中庸思想的记载，如“有孚窒惕，中吉”“得尚于中行”“中以行正也”等。《左传》《周礼》中关于中庸的思想也不少。《论语》中首次提到“中庸”一词即“中庸之为德也，其至矣乎！民鲜久矣”（《论语·雍也》）。其后，在《庄子》《韩非子》《抱朴子》《淮南子》《墨子》《太玄经》中都可看到“守中”“执中”的概念。可见，中国古代思想非常重视“中庸”的境界，中庸成为中华民族精神世界的一种通用文化形态。至《孟子》，又延伸与拓展了关于“中庸”的思想内涵。孟子曰：“执中为近之。执中无权，犹执一也。所恶执一者，为其贼道也，举一而废百也。”（《孟子·尽心上》）意为，执中，就接近正道，但执中而不懂得权衡变通，还是执着于一点。之所以厌恶执着于一，是因为它损害了道。宋儒说，不偏不倚谓之中，不易谓之庸。中庸是最高的德行，是中道，即不偏于任何对立的双方，也称之为“中行”。黎立武（1243—1310）在《中庸指归》中言：“《中庸》者，群经之统会枢要也。”庞朴（1928—2015）认为：“中庸不仅是儒家学派的伦理学说，更是他们对待整个世界的一种看法，是他们处理事物的基

① 徐复观：《中国人性论史》，华东师范大学出版社2005年版，第70页。

本原则或方法论。”①

由于众多思想的涌入，人们对中庸的解释，显得众说纷纭。人们大多认为，中庸是一种折中调和均衡发展的状态。过分和不够，其实质都是一样的，那就是都不符合中庸的要求。《中庸》讲“至诚无息”“至诚之道，可以前知”，都是说明中庸乃天下之定理。程颐定义“中庸”为：天下最为正道的定理。“不偏之谓中，不易之谓庸”，“庸者，天下之定理”。这里所说的“不易”，即指在变动不居的自然社会后面，存在着一个不变的常数。因此，中庸也就是把中正和中和当作常道加以应用的高明之道。可见“中庸”是极备个性特色的一个词，而并非某些人所曲解的是非善恶不明说的“老好人”。

中庸并不是只要求人们在多么伟大的事情中坚守自己的道义，而是要求人们在日常生活中自觉维护一种中庸的尺度。我们的言行举止往往失之偏颇，或过于追求物质，或者过于追求理想主义。中庸强调做事不偏不倚，待人接物恰到好处，适可而止。对待自然不过分开发，保持精神的健康和谐与生态的平衡发展。在孔子那里，所谓中庸即一切不悖本心之仁，按照孟子的意思，即不悖于本心之良知。总之，中庸是要求人们依据生命宇宙的规律，按照人性自然去约束自己的行为。做人不要太苛，用物不要太过，享乐不要放纵。

中庸之道是中国传统文化中的一处亮点，是中国古人留给我们的一笔宝贵的文化遗产。我们今天要坚持科学发展观，要建设和谐社会，都可以从中庸之道中汲取营养。

1.中庸之为德也，其至矣乎

子曰：“中〔1〕庸〔2〕之为德也，其至〔3〕矣乎！民鲜久矣。”

【题注】

选自《论语·雍也》。

中庸就是恰到好处。凡事要把握好度。把握好火候并不容易，多方考虑，有原则地变通，避免过与不及，即是中庸的道理。

【注释】

〔1〕中：无过无不及。〔2〕庸：平常。〔3〕至：极。

【译文】

孔子说：“中庸这种美德，真是好极了！人们缺乏这种美德已经很久了。”②

2.君子中庸，小人反中庸

仲尼〔1〕曰：“君子中庸，小人反中庸。君子之中庸也，君子而时中〔2〕。小人之中庸也，

① 庞朴：《庞朴文集》第四卷，山东大学出版社2005年版，第1页。

② 曾仕强、曾仕良著：《论语的生活智慧》上册，第174页。

小人而无忌惮[3]也。”

【题注】

选自《中庸》。

中庸是一种德行，更是一种智慧，这种智慧即表现在“时中”上。“时中”是说：在适当的时机做正确的事。

【注释】

〔1〕仲尼：孔子（前551—前479），名丘，字仲尼。〔2〕时中：在适当的时机做正确的事。〔3〕忌惮（dàn）：对某些事或物有所顾忌、顾虑，表现为害怕、顾虑、畏惧。

【译文】

仲尼说：“君子做到的是中庸，小人做到的是反中庸。君子所做的中庸，是说君子在任何时机都合乎中的标准。小人所做的反中庸，是说小人没有任何顾忌害怕的事。”①

3.过犹不及

子贡[1]曰：“师[2]与商[3]也孰贤？”子曰：“师也过，商也不及。”曰：“然则师愈[4]与？”子曰：“过犹不及。”

【题注】

选自《论语·先进》。

过与不及不能用来判别优劣。过，不中。不及，也不中。不中就是不合理，不合用，效果不好，所以两者是一样的。

【注释】

〔1〕子贡：端木赐（前520—前456），字子贡（古同“子赣”），以字行。〔2〕师：颛孙师（前503—？），字子张，孔门弟子之一。〔3〕商：子夏（前507—前420），姓卜名商，字子夏。〔4〕愈：胜过。

【译文】

子贡问：“师与商两个人谁比较杰出？”孔子说：“师的言行过于急进，商则稍显不足。”子贡说：“那么师要好一点吗？”孔子说：“过度与不足同样不好。”②

4.执其两端用其中于民

子曰：“舜[1]其大知[2]也与！舜好问而好察迩[3]言，隐恶而扬善。执其两端，用其[4]中于民，其斯以为舜乎！”

① 傅佩荣译解：《大学中庸》，第40页。

② 傅佩荣著：《论语300讲》上册，第305页。

【题注】

选自《中庸》。

“执其两端”是衡量的方法，所需要的是智慧。孔子有“扣其两端”之说。“用其中于民”的“中”是适当合宜的措施，也即是具体的善行。“中庸”有“用中”之意，即“择善而行之”。

【注释】

〔1〕舜：古代帝王，名重华，史称虞舜。〔2〕知（zhì）：同“智”。〔3〕迩（ěr）言：浅近的话。〔4〕其：语气词，表示推测。

【译文】

孔子说：“舜可以说是具有大智慧的人吧！他喜欢向人请教问题，又善于从人们浅近平常的话语里分析其含义，不宣扬别人的恶言恶行，只表彰别人的嘉言善行，根据过与不及两端的情况，采用中庸之道来治理百姓，这就是舜之所以成为舜的原因吧！”①

5.不偏之谓中，不易之谓庸

不偏〔1〕之谓中，不易〔2〕之谓庸。中者天下之正道，庸者天下之定理。②

【题注】

选自《河南程氏遗书》卷七,二先生语七。

“不偏之谓中，不易之谓庸”，这是二程兄弟对“中庸”的解释，意思是：不偏不倚叫做中，一成不变叫做庸。

【注释】

〔1〕偏（piān）：歪，不在中间；不全面，不正确。〔2〕易：改变。

6.致中和，天地位焉，万物育焉

喜怒哀乐之未发，谓之中〔1〕；发而皆中节〔2〕，谓之和〔3〕。中也者，天下之大本也；和也者，天下之达道〔4〕也。致中和，天地位〔5〕焉，万物育〔6〕焉。

【题注】

选自《中庸》。

中、和是中国文化的精神。什么是中？什么是和？很难下定义。《中庸》用人类最常见的喜怒哀乐四种情绪描述，非常浅显，非常深刻，非常智慧。

---

① 王国轩译注：《大学中庸》，中华书局2016年版，第67页。以下引用该书只注明作者、书名、册数和页码。

② （宋）程颢、程颐著：《二程集》上册，第100页。

【注释】

〔1〕中：不偏不倚的状态。〔2〕中（zhòng）节：符合法度。〔3〕和：和谐，不乖戾。〔4〕达道：天下古今必由之路。〔5〕位：安于所处的位置。〔6〕育：成长发育。

【译文】

喜怒哀乐尚未表现出来时，称之为中；表现出来都能合乎节度，称之为和。中的状态是天下众人的共同基础，和的状态是天下众人通行的正路。天下众人完全做到中与和，天地就各安其位，万物就生育发展了。①

7.欲知《中庸》，无如权，须是时而为中

学《春秋》亦善，一句是一事，是非便见于此，此亦穷理〔1〕之要。然他经岂不可以穷？但他经论其义，《春秋》因其行事，是非较著，故穷理为要。尝语学者，且先读《论语》《孟子》，更读一经，然后看《春秋》。先识得个义理，方可看《春秋》。《春秋》以何为准？无如《中庸》。欲知《中庸》，无如权〔2〕，须是时而为中。若以手足胼胝〔3〕，闭户不出，二者之间取中，便不是中。若当手足胼胝，则于此为中；当闭户不出，则于此为中。权之为言，秤锤之义也。何物为权？义也。然也只是说得到义，义以上更难说，在人自看如何。②

【题注】

选自《河南程氏遗书》卷十五，伊川先生语一。

程颐用“权”释“中庸”，用“义”释“权”，是对孟子权变思想的发展。

【注释】

〔1〕穷理：穷究事物之理。〔2〕权：秤锤，衡量。〔3〕胼胝（pián zhī）：手上脚上因为劳动或运动被摩擦变硬了的皮肤。

8.嫂溺援之以手

淳于髡〔1〕曰：“男女授〔2〕受〔3〕不亲，礼与？”孟子曰：“礼也。”曰：“嫂溺，则援〔4〕之以手乎？”曰：“嫂溺不援，是豺狼也。男女授受不亲，礼也；嫂溺援之以手者，权也。”曰：“今天下溺矣，夫子之不援，何也？”曰：“天下溺，援之以道；嫂溺，援之以手。子欲手援天下乎？”

【题注】

选自《孟子·离娄上》。

---

① 傅佩荣译解：《大学中庸》，第37页。

② （宋）程颢、程颐著：《二程集》上册，第164页。

人生即选择。如何选择才好，是人们时常遇到的困惑。两害相权取其轻，两利相权取其重。面临生死抉择，“援之以手”就是中，就是最恰当的选择。

【注释】

〔1〕淳于髡（kūn）：战国时期齐国著名的政治家和思想家。其具体生卒时间不详，然与邹忌（约前385—前319）同时，略长于孟子（前372—前289），主要活动在齐威王和齐宣王之际。〔2〕授：给予。〔3〕受：接受。〔4〕援：帮助，救助。

【译文】

淳于髡问：“男女之间，不亲手递接东西，这是礼制吗？”孟子答道：“是礼制。”髡说：“那么，假若嫂嫂掉在水里，用手去拉她吗？”孟子说：“嫂嫂掉在水里，不去拉她，这简直是豺狼。男女之间不亲手递接，这是正常的礼制；嫂嫂掉在水里，用手去拉她，这是变通的办法。”髡说：“现在天下的人都掉在水里了，您不去救援，又是什么缘故呢？”孟子说：“天下的人都掉在水里了，要用‘道’去救援；嫂嫂掉在水里了，用手去救援——你难道要我用手去救援天下的人吗？”①

9.执中无权，犹执一也

孟子曰：“杨子〔1〕取为我，拔一毛而利天下，不为也。墨子兼爱，摩顶放踵〔2〕利天下，为之。子莫〔3〕执中。执中为近之。执中无权，犹执一也。所恶〔4〕执一者，为其贼〔5〕道也，举一而废百也。”

【题注】

选自《孟子·尽心上》。

权，秤锤，随时调整以求平衡。孟子认为，中不是固定的，须随时权变才能得中。

【注释】

〔1〕杨子：名朱。〔2〕摩顶放踵（zhǒng）：从头顶到脚跟都磨伤，形容不辞劳苦，舍己为人。踵，脚后跟。〔3〕子莫：鲁国贤人。〔4〕恶（wù）：讨厌，憎恨，与“好（hào）”相对。〔5〕贼：害。

【译文】

孟子说：“杨子主张‘为我’，拔一根汗毛可以对天下有利，他都不去做。墨子主张‘兼爱’，磨秃头顶，走伤脚跟，只要对天下有利，他都去做。子莫采取中间立场，采取中间立场就接近正确了。不过，采取中间立场而没有变通，就好像执着在一点上。我们讨厌执着在一点上，是因为那样会损害正道，抓住了一点而丢弃其他一切。”②

① 杨伯峻：《孟子译注》，第163页。
② 傅佩荣译解：《孟子》，第251页。

10. 回之为人也，择乎中庸

子曰："回[1]之为人也，择乎中庸，得一善，则拳拳服膺[2]而弗失之矣。"

【题注】

选自《中庸》。

"中庸"是一个原则，是活的，不是死的。因此，理解"中庸"，有时可以把重点放在"择"上，代表智慧。

【注释】

〔1〕回：颜回，孔子弟子。〔2〕拳拳服膺（yīng）：拳拳，奉持之貌。服，有如着衣。膺，胸。意即紧紧抱持在胸前，绝不让它失去。

【译文】

孔子说："颜回做人的方式，就是选择中庸去实践。他得到任何一种善，就紧紧抱住，谨守奉持，不让它再离开了。"①

11. 君子依乎中庸，遯世不见知而不悔

子曰："素[1]隐行怪，后世有述焉，吾弗为之矣。君子遵道而行，半途而废，吾弗能已[2]矣。君子依乎中庸，遯世不见知[3]而不悔，唯圣者能之。"

【题注】

选自《中庸》。

选择了"中庸"，是"明人"（明理之人），不一定是屡屡见诸媒体的"名人"，因此要耐得住寂寞，甘于平淡。

【注释】

〔1〕素：据《汉书》应为"索"，探索、寻求之意。〔2〕已：止，停止。〔3〕见知：被知。

【译文】

孔子说："探寻隐僻的道理，做些怪诞的事情，后世也许会有人来记述他，称赞他，但我绝不会这样做。君子按照中庸之道去做，但是半途而废，不能坚持下去，而我是绝不会停止的。真正的君子遵循中庸之道，即使隐遁在世间一生不被人知道，也绝不后悔，这只有圣人才能做得到。"②

---

① 傅佩荣译解：《大学中庸》，第46～47页。

② 王国轩译注：《大学中庸》，第78页。

12.《易》尚中和

《易》二五[1]为中和，坎上离下为《既济》[2]，天地位，万物育，中和之效也。《三统历》[3]曰："阳阴虽交，不得中不生，故《易》尚中和。二五为中，相应为和。"

【题注】

选自清代惠栋《易例》卷上。

惠栋（1697—1758），字定宇，号松崖，学者称小红豆先生，江苏元和（今江苏吴县）人。祖周惕（？—约1694），父士奇（1671—1741），皆治《易》学，三世传经，赞为一代佳话。惠栋早年，随其父至广东提督学政任所，父卒归里，课徒著述，终身不仕。其学沿顾炎武（1613—1682），一生治经以汉儒为宗，以昌明汉学为己任，尤精于汉代《易》学。中华书局标点出版有惠栋《周易述》（附《易汉学》《易例》）。

【注释】

〔1〕二五：《周易》六画卦（称之别卦）都由两个三画卦（称之经卦）组成。下经卦之中爻为第二爻（卦是从下往上数），上经卦中爻为第五爻，故名"二五为中和"。①〔2〕既济：卦名，上卦为坎，下卦为离。〔3〕《三统历》：中国史书上第一部记载完整的历法，被认为是世界上最早的天文年历的雏形。

13.德莫大于和，道莫正于中

循天之道以养其身，谓之道也。天有两和[1]，以成二中[2]，岁立其中，用之无穷。是北方之中用合阴，而物始动于下；南方之中用合阳，而养始美于上。其动于下者，不得东方之和不能生，中春[3]是也；其养于上者，不得西方之和不能成，中秋[4]是也。然则天地之美恶在[5]？两和之处，二中之所来归，而遂其为也。是故东方生而西方成，东方和生，北方之所起；西方和成，南方之所养长。起之，不至于和之所不能生；养长之，不至于和之所不能成。成于和，生必和也；始于中，止必中也。中者，天地之所终始也；而和者，天地之所生成也。夫德莫大于和，而道莫正于中。中者，天地之美达理也，圣人之所保守也，《诗》[6]云："不刚不柔，布政优优。"此非中和之谓与？是故能以中和理天下者，其德大盛；能以中和养其身者，其寿极命[7]。

【题注】

选自董仲舒《春秋繁露·循天之道》。

《春秋繁露》是董仲舒（约前179—前104）的主要著作，17卷，82篇。由于书中篇名和《汉书·艺文志》及本传所载不尽相同，后人疑其不尽出自董仲舒一人之手。至有清

① （清）惠栋：《周易述》下册，中华书局2007年版，第659页。

一代，《春秋繁露》才出现两个较完善的校注读本（卢文弨校本和凌曙注本）。清宣统年间，湖南平江人苏舆（？—1914）兼取庐校凌注，广采前人研究成果，完成《春秋繁露义证》，是目前校订《春秋繁露》较完善的本子，中华书局“新编诸子集成”有《春秋繁露义证》标点本。2012年，中华书局“中华经典名著全本全注全译丛书”有《春秋繁露译注》。

【注释】

〔1〕两和：指春分、秋分。春分为东方之和，秋分为西方之和。〔2〕二中：指夏至、冬至。夏至为南方之和，冬至为北方之和。〔3〕中春：春之中，即春分。〔4〕中秋：秋之中，即秋分。〔5〕恶（wù）在：在哪里。恶，哪里，怎么。〔6〕《诗》：指《诗经·商颂·长发》。〔7〕极命：尽其天年。

【译文】

遵循天道来保养身体，叫做有道。天有东方与西方两种和，而形成北方与南方两个中，每一年中都包含有这两和、两中，年年循环无尽。因此北方的中——冬至，阳气初生而跟阴气相合，万物在地下开始萌动；南方的中——夏至，阴气初生而跟阳气相合，万物在地上长得很好。在地下萌动的，得不到东方的和就不能生成，东方的和就是春分；在地上成长的，得不到西方的和就不能成熟，西方的和就是秋分。那么天地的美妙在哪里呢？两个和所在的地方，正是两个中所要趋向的地方，从而完成他们的作为。所以万物在东方生长而在西方成熟，东方的和能生育万物，最初源自北方的初生阳气；西方的和能使万物成熟，依赖于南方的阳气使万物滋长。北方阳气兴起，如果不到达东方的相和之处，万物就不能生长；南方阳气滋长万物，如果不到达西方的相和之处，万物就不能成熟。万物都在相和的地方成熟，生长之处也要相和；万物都从中正的地方开始生长，生长到极点后一定也终结在中正之处。所谓中，是天地的终结和开始；而所谓和，是天地的生长和成熟。德没有比和更大的，道没有比中更正的。中与和是天下最好的常理，也是圣人所要遵循的。《诗经》上说：“不刚强也不柔弱，施行政治很温和。”这不就是说的中和吗？所以能用中和来治理天下的人，他的德行一定非常完善；能用中和来保养身体的人，他的寿命一定很长。①

14. 中和即中庸

以性情言之，谓之中和；以礼义言之，谓之中庸，其实一也。以中对和而言，则中者体，和者用，此是指已发、未发而言。以中对庸而言，则又折转来，庸是体，中是用。如伊川〔1〕云“中者天下之正道，庸者天下之定理”是也。此“中”却是“时中”“执中”之

① 张世亮、钟肇鹏、周桂钿译注：《春秋繁露》，中华书局2012年版，第607～608页。

"中"。以中和对中庸而言，则中和又是体，中庸又是用。①

【题注】

选自《朱子语类》卷六十三。

"中和""中庸"是"中"的不同表达，不可拘泥。

【注释】

〔1〕伊川：即程颐（1033—1107）。

15.宥坐之器，虚则欹，中则正，满则覆

孔子观于鲁桓公〔1〕之庙，有欹器〔2〕焉。夫子问于守庙者，曰："此谓何器？"对曰："此盖为宥坐之器〔3〕。"

孔子曰："吾闻宥坐之器，虚则欹，中则正，满则覆。明君以为至诫，故常置之于坐侧。"顾谓弟子曰："试注水焉！"乃注之。水中〔4〕则正，满则覆。夫子喟然叹曰："呜呼！夫物恶〔5〕有满而不覆哉？"

子路进曰："敢问持满有道乎？"

子曰："聪明睿智，守之以愚；功被天下，守之以让；勇力振世，守之以怯；富有四海，守之以谦。此所谓损之又损之之道也。"

【题注】

选自《孔子家语·三恕》。

借用某种具体的形象的事物暗示特定的人物或事理的象征手法非常重要。"中"很难表达，"宥坐之器"直接明白，真有"拈花一笑"之快。

【注释】

〔1〕鲁桓公：惠公子，名轨，"桓"为谥号。〔2〕欹（qī）器：容易倾斜倒下的器物。〔3〕宥（yòu）坐之器：放在座位右边以示警戒的器物，相当于后来的座右铭。〔4〕中：指水不多不少，恰到好处。〔5〕恶（wū）：古同"乌"，疑问词，哪，何。

【译文】

孔子到鲁桓公的庙里去参观，在那里看到一件容易倾倒的器物。于是他问守庙的人："这是什么器物啊？"守庙人回答说："这是国君放在座位右边以示警戒的欹器。"

孔子说："我听说国君放在座位右边的欹器，空虚时就倾倒，水不多不少时就端正，水满时就倒下。贤明的国君把它作为最高警戒，所以常常把它放在座位边。"说完回头对弟子说："灌进水试试。"弟子把水灌进欹器，水不多不少时欹器就端正，水满时就倒下。孔子感叹道："唉，哪有东西盈满了不倒的呢！"

子路走上前去问道："请问保守成业有什么方法吗？"

---

①（宋）黎靖德编：《朱子语类》第四册，第1522页。

孔子说："聪明睿智的人，用愚朴来保守成业；功盖天下的人，用谦让来保守成业；勇力震世的人，用怯懦来保守成业；富有四海的人，用谦卑来保守成业。这就是退损再退损的方法。"[①]

① 王国轩、王秀梅译注：《孔子家语》，第86页。

第三篇　依于仁

要达“道”，需修“德”，人之德即为“仁”。“依于仁”是孔子仁学思想体系的主线索，也是中华传统文化的特色。“依于仁”即指依傍于仁，也就是说道与德的发挥以仁为旨归。何晏解释为：“依于仁：依，倚也，仁者功施于人，故可倚之也。”朱熹注曰：“依者，不违之谓。仁，则私欲尽去而心德之全也。功夫至此而无终食之违，则存养之熟，无适而非天理之流行矣。”“依仁，则德性常用而物欲不行。”（《四书章句集注》）钱穆释：“依，不违义。仁者，乃人与人相处之道，当依此道不违离。”①

“仁”在中国古代是一种含义极广的道德范畴，基本涵义就是指对他人的尊重与友爱。春秋之前，仁的观念包含在德的观念之中，仁是德的一个子目，主要指具体的道德行为规范。《左传·僖公十四年》记载：“北施，无亲；幸灾，不仁；贪爱，不祥；怒邻，不义。四德皆失，何以守国？”仁乃是“四德”之一。孔子在《左传》的基础上提升了“仁”的伦理道德意义，把德的含义融于仁中，并把礼乐文化植根于仁，从而构筑了以“仁”为核心的儒家思想体系。孔子释仁：“仁者人也，亲亲为大”（《中庸》）。《说文解字》依此解释为：“仁，亲也，从人从二。”“樊迟问仁，子曰：‘爱人。’（《论语·颜渊》）“仁”字从人从二，就表示人们相互依存、互助互爱。“仁”道的核心思想就是“爱”，就是对生命、对自然的爱。由爱自己、爱父母，推而及之，爱他人、爱社会、爱自然，达到“天人合一”的境界，这就是儒家追求的最高人生理想境界。朱熹说：“仁，则私欲尽去而心德之全也。”心无私欲，由仁民而爱物，这才是传统文化的精神。

“仁”的内涵极为丰富，孔子说：“刚毅木讷，近仁。”（《论语·子路》）刚强、果决、朴实、慎言，具有这四种品德的人近“仁”。又说：“能行五者于天下，为仁矣。”（《论语·阳货》）这五者便是恭、宽、信、敏、惠，因为“恭则不侮，宽则得众，信则人任焉，敏则有功，惠则足以使人”。又说：“博学而笃志，切问而近思，仁在其中矣。”（《论语·子张》）“孝弟也者，其为仁之本欤！”（《论语·学而》）“克己复礼为仁。一日克己复礼，天下归仁焉。为人由己，而由人乎哉！”（《论语·颜渊》）这就把“孝”“悌”“礼”也归到了仁的条目下。概括而言，孔子把整体的道德规范进行综合，使“仁”成为集孝、弟

① 钱穆：《论语新解》，第170页。

（悌）、忠、恕、礼、知、勇、恭、宽、信、敏、惠等内容于一体的伦理思想核心，其中孝悌是仁的基础。

如何做才能接近“仁”呢？孔子讲“克己复礼为仁”（《论语·颜渊》），以道德规范和礼仪制度来约束自己就是“仁”。“仁”应该是主体向内主动追求的结果，讲究“己欲立而立人，己欲达而达人”，“己所不欲，勿施于人”，即关注自身的发展。因此，首先要端正自己内心的态度。做到了“仁”，就能成德成君子。孔子始终把做人，做一个品德高尚的仁人作为为人处世的第一准则，由自己出发，推己及人，人己兼顾。“居处恭，执事敬，与人忠。”（《论语·子路》）仁者的表现是，生活起居庄重，处理事务认真，与人交往诚信。由“爱己”“爱人”出发，向外推展至爱国、爱家，所谓“泛爱众而亲仁”。孟子对儒家“仁”学理论作了进一步发展，并提出“四端说”，认为“恻隐、善恶、辞让、是非”之心，都是发乎于心。因此，“仁”就是指内心修养的自律，只有内心严格要求自己，用“仁”的境界反省考察自己的内心，才能完善自我。因此，人人都应该诚心诚意去求“仁”，而不是由他人或外力的推动。

孔子之“仁”并非仅关注个体的人，而是强调权势在握的统治者之仁。从这个角度出发，孔子把富民作为施教的前提。如《论语·子路》载：“子适卫，冉有仆。子曰：‘庶矣哉！’冉有曰：‘既庶矣，又何加焉？’曰：‘富之。’曰：‘既富矣，又何加焉？’曰：‘教之。’”儒家经典《周礼》即提出“慈幼、养老、振穷、恤贫、宽疾、安富”六项富民思想，此后的孟子则提出“仁政”思想。可见，使老百姓安居乐业，是儒家政治思想也是其“仁”学思想的重点。

两千年文化延续至今，“仁”的思想意义已经从最初的“爱人”“仁政”发展至今天的“爱人”“爱国”“爱家”。当然，“仁”与“爱”是不同的，“爱”有私心，有时表现为人为；“仁”则代表所有的美德。当前社会的经济与科技急速发展，虽然给我们带来了物质的丰腴，但是也带来了人与人、人与物的紧张，人所欲的外在之物日益增多，人的欲望也随之膨胀，各种“不仁”的现象频出。追求物欲的满足本身没错，但是，经济社会的发展，不能仅仅是为名利、权势，不能为了“物”而失却做“人”的根本，“成人”教育依然应该放在第一位，特别是在大学校园，更应该强调道德修养的重要性，更应该重视修身之学。“仁”学的核心就是内心的修养。孔子说：“仁远乎哉？我欲仁，斯仁至矣。”（《论语·述而》）仁不远，就在你我心中，只要我们想要达成仁，就一定能够做到。

要学仁，就要有“依于仁”的自觉。孔子说“苟志于仁矣，无恶也。”（《论语·里仁》）发现仁，追求仁，则会自觉抵触恶习的干扰。结合孔子的“仁”学系统，我们从识仁、行义、达礼、恕人、俭约、躬行六个目进行阐释，尽管挂一漏万，仍希望不揣愚笨，努力为当代大学生修身养德之行为提示一二。

一、识仁

“识仁”一词出自程颢（1032—1085）《识仁篇》，为程子哲学之精髓。其中言：“学者须先识仁。仁者，浑然与物同体，义、礼、智、信皆仁也。识得此理，以诚敬存之而已，不须防检，不须穷索。”识，即知道、了解。仁为仁爱。程子指出，求学的儒士首先必须了解“仁”，仁完全与万物共一形体，义、礼、智、信都是仁。认清了这个道理后，用诚、敬把仁放在心里，并用以修养自己固有的良善本性，不必防范和检束自己的行为，不必苦心思索自己是否能够正确地应对外物。刘宗周（1578—1645）曰：“程子首言识仁，不是教人悬空参悟，正就学者随事精察力行之中，先与识个大头脑所在，便好容易下工夫也。识得后，只须用葆任法，曰‘诚敬存之而已’。……后人不识仁，将天地间一种无外之理，封作一膜看，因并不识诚敬，将本心中一点活泼泼之灵，滞作一物用。”①程子认为仁与物同体，任何人都具有仁性，并通过诚、敬自省，修养仁性，能去除“习心”，改变“旧习”。

程子识仁的功夫论，就是对人的道德修养和如何达到道德至善等问题的孜孜求索。儒家远自孔子就已经开始探索“仁”之旨。在《论语》中，弟子每每问“仁”，而孔子的回答往往因人而异。孟子则在性与天道的结合中找到了“仁”的内在根据。他认为人天生具有道德善性，即蕴藏于人身之“四心”，而“四心”正是“仁”之端。充分扩展并践行这“四心”，即是“仁德”的实现。孟子以“仁义礼智”四德为核心的性善论的建立，为儒家哲学的仁学理论奠定了坚实的基础。

程颢将“仁”理解为主体对于外物的普遍关切之心，及由此达到的物我同体之境界。在程子看来，仁就是人以天地万物为一体的胸襟。所以，应该破除“与物有对”的执念，达到“与物无对”的理想状态。只有消除物我两分的界限，才能恢复宇宙万物本来面目。故“识仁”的方法就是顺其自然，万物皆备于我。

随着社会的发展，今天“仁”的意义已不能仅仅以“达己达人”而概括。从传统的理论发展至今，“仁”包含了深厚的情感性、自得性。为仁、识仁而求仁，首先是自我认知上的一种升华，是实现理想人格的过程中不可缺少的历程；同时要关注社会、关注现实生活。孔子曰：“志士仁人，无求生以害仁，有杀身以成仁。”（《论语·卫灵公》）“杀身成仁”成为历代知识分子为国付出的行为准则。

总之，“识仁”具有强烈的现实实践性。一个人只有具备了仁心、仁德，掌握一技之长，才能在现实社会实现自我价值。“仁”不需要任何外界的强制作用，而是某种自觉的内在情感行为。

1.仁者人也，亲亲为大

哀公〔1〕问政。子曰：“文武〔2〕之政，布在方策。其人存，则其政举；其人亡，则其政息。人道敏政，地道敏树。〔3〕夫政也者，蒲卢〔4〕也。故为政在人，取人以身，修身以道，修道以仁。仁者人也，亲亲为大。义者宜也，尊贤为大。亲亲之杀，尊贤之等，礼所生也。

---

① 吴光主编：《刘宗周全集》第二册，浙江古籍出版社2007年版，第236页。

（在下位不获乎上，民不可得而治矣。[5]）故君子不可以不修身。思修身，不可以不事亲。思事亲，不可以不知人。思知人，不可以不知天。”

【题注】

选自《中庸》。

修身以道，修道以仁。仁是儒家思想的核心概念，识仁以后方能言他。

【注释】

〔1〕哀公：春秋时鲁国国君，姓姬，名蒋，“哀”为谥号。〔2〕文武：周文王、周武王。〔3〕人道敏政，地道敏树：为政在人，所以用人得当则风动草偃，收获很快，犹如土地孕育树木。〔4〕蒲卢：芦苇。〔5〕在下位不获乎上，民不可得而治矣：此句重出，当删。

【译文】

鲁哀公向孔子询问政治。孔子说：“周文王、周武王的政治措施，都记载在典籍上了。这样的贤人在世，这些政事就能实施；他们去世，这些政事也就废弛了。贤人治理国家，政事就能迅速推行；沃土植树，树木就能快速生长。政事就像芦苇生长一样快速容易。所以处理好政事完全取决于用什么人，要得到适用的人在于修养自身，修养自身在于遵循道德，遵循道德要以仁为本。仁，就是人自身具有爱人之心，亲爱亲人是最大的仁。义，就是事事做得适宜，尊重贤人是最大的义。亲爱亲人要分亲疏，尊重贤人要有等级，这就产生了礼。所以，君子不可以不修身。想要修身，不能不侍奉父母亲人。要侍奉父母亲人，不能不了解人。要了解人，不能不知道天理。”①

2.夫仁，天之尊爵也，人之安宅也

孟子曰：“矢人[1]岂不仁于函人[2]哉？矢人唯恐不伤人，函人唯恐伤人。巫匠亦然，故术不可不慎也。孔子曰：‘里仁为美。择不处仁，焉得智？’[3]夫仁，天之尊爵也，人之安宅也。莫之御而不仁，是不智也。不仁、不智、无礼、无义，人役也。人役而耻为役，由[4]弓人而耻为弓，矢人而耻为矢也。如耻之，莫如为仁。仁者如射，射者正己而后发。发而不中，不怨胜己者，反求诸己而已矣。”

【题注】

选自《孟子·公孙丑上》。

仁是“天之尊爵”与“人之安宅”，不论从事什么职业，除了努力行仁，人生没有光明坦途。

【注释】

〔1〕矢（shǐ）人：造箭的人。矢，箭。〔2〕函（hán）人：造铠甲的人。函，铠甲。〔3〕此引《论语·里仁》。〔4〕由：同“犹”。

---

① 王国轩译注：《大学中庸》，第105～106页。

【译文】

孟子说："制箭的难道比制铠甲的更为残忍吗？制箭的唯恐不射伤人，制铠甲的唯恐人被射伤。治病的巫医与制棺的木匠之间也是如此，所以选择谋生之术不能不慎重啊。孔子说：'住在有仁德的地方才最理想。选择住处而错过了有仁德的地方，怎么算得上明智呢？'仁德，是天所赋予的尊贵爵位，是人所拥有的安定住宅。没有人阻挡而不行仁，是不明智的。无仁德、不明智、不守礼、无义行，这种人只能做仆役。做仆役又以被人役使为耻，就像制弓的人觉得制弓可耻，制箭的人觉得制箭可耻一样。如果觉得可耻，不如就行仁。行仁的人有如比赛射箭，射箭的人端正自己的姿势再发箭；如果没有射中，不抱怨胜过自己的人，而要反过来在自己身上寻找原因。"①

3.君子无终食之间违仁

子曰："富与贵是人之所欲也，不以其道得之，不处也。贫与贱是人之所恶〔1〕也，不以其道得之〔2〕，不去也。君子去仁，恶〔3〕乎成名？君子无终食之间〔4〕违仁，造次〔5〕必于是，颠沛〔6〕必于是。"

【题注】

选自《论语·里仁》。

一个人，做一件好事并不难，难的是一辈子只做好事，不做坏事。能够做到"无终食之间违仁"是儒家的真工夫。

【注释】

〔1〕恶（wù）：讨厌，憎恨，与"好（hào）"相对。〔2〕得之：杨伯峻先生认为，应该改为"去之"。②〔3〕恶（wū）：同"乌"，疑问词，哪，何。〔4〕终食之间：指一顿饭的时间，片刻。〔5〕造次：仓促急忙的意思。〔6〕颠沛：指艰苦的处境。

【译文】

孔子说："富贵是人人所喜爱的，但不应该得到却得到了，君子将不享有它。贫贱是人人所厌恶的，虽然不应该得而得到了，君子也不拒绝它。君子如果离开仁德，又如何成其为君子呢？君子没有一顿饭的片刻时间会离开仁德，仓促急忙时如此，艰苦困顿时也如此。"③

4.克己复礼为仁

颜渊问仁。子曰："克己〔1〕复礼〔2〕为仁。一日克己复礼，天下归仁焉。为仁由己，而

---

① 傅佩荣译解：《孟子》，第53页。

② 杨伯峻：《论语译注》，第35页。

③ 曾仕强、曾仕良著：《论语的生活智慧》上册，第88页。

由人乎哉？”颜渊曰：“请问其目[3]。”子曰：“非礼勿视，非礼勿听，非礼勿言，非礼勿动。”颜渊曰：“回虽不敏，请事斯语矣。”

【题注】

选自《论语·颜渊》。

“仁”是孔子思想的内核，“礼”是孔子思想的外壳。由“礼”释“仁”，无形无象之“仁”昭然若揭。

【注释】

〔1〕克己：克制自己的私欲。〔2〕复礼：实践礼节。〔3〕目：条目。

【译文】

颜渊请问仁德。孔子说：“克制自己的私欲，实践礼节就是仁德。只要能够做到这样的地步，天下的人都会称许你是个仁者。实践仁德需要靠自己下功夫，难道还要靠别人吗？”颜渊说：“请问实践的条目是什么？”孔子说：“不合礼的事不要看，不合礼的话不要听，不合礼的话不要说，不合礼的事不要做。”颜渊说：“我颜回虽然鲁钝，但愿意照着这些话去做！”①

5.仁者乐山

子曰：“知[1]者乐[2]水，仁者乐山。知者动，仁者静。知者乐[3]，仁者寿。”

【题注】

选自《论语·雍也》。

智者思虑不断，所以喜爱流水，永不停息。仁者重视内在修养，几乎亘古不变，所以喜爱山的坚定。

【注释】

〔1〕知（zhì）：同“智”。〔2〕乐（yào）：喜好，欣赏。〔3〕乐（lè）：欢喜，快活。

【译文】

孔子说：“智者爱好水，仁者爱好山。智者进取好动，仁者寡欲好静。智者快乐，仁者长寿。”②

6.夫仁者，己欲立而立人，己欲达而达人

子贡曰：“如有博施[1]于民而能济众，何如？可谓仁乎？”子曰：“何事于仁，必也圣乎！尧舜其犹病[2]诸！夫仁者，己欲立而立人，己欲达而达人。能近取譬[3]，可谓仁

① 曾仕强、曾仕良著：《论语的生活智慧》下册，第326页。

② 曾仕强、曾仕良著：《论语的生活智慧》上册，第168页。

之方[4]也已。”

【题注】

选自《论语·雍也》。

孔子的仁，除了颜回以外，曾子的体悟应该是十分深刻的。曾子说：“夫子之道，忠恕而已矣。”（《论语·里仁》）己立己达便是忠，立人达人便是恕。孔子说这是求仁之方，可见仁和忠恕是一以贯之的。

【注释】

〔1〕施：给予。〔2〕病：有所不足。〔3〕能近取譬（pì）：就近拿己身做例子，来为别人设想。〔4〕方：途径，方法。

【译文】

子贡说：“如果有人普遍照顾百姓，又能确实济助众人，这样如何呢？可以称得上行仁吗？”孔子说：“这样何止于行仁，一定要说的话已经算是成圣了！连尧舜都会觉得难以做到呢！所谓行仁就是在自己想要安稳立足时，也帮助别人安稳立足。在自己想要进展通达时，也帮助别人进展通达。能够从自己的情况来设想如何与人相处，可以说是行仁的方法了。”①

7.己所不欲，勿施于人

仲弓[1]问仁。子曰：“出门如见大宾[2]，使民如承大祭[3]。己所不欲，勿施于人。在邦[4]无怨，在家[5]无怨。”仲弓曰：“雍虽不敏，请事斯语矣。”

【题注】

选自《论语·颜渊》。

“己所不欲，勿施于人”，被称为人与人相处的黄金法则。凡事将心比心，换位思考，才能减少别人的怨恨。

【注释】

〔1〕仲弓：冉雍（前522—？），字仲弓，与冉耕（伯牛）、冉求（子有）皆在孔门十哲之列，世称“一门三贤”。〔2〕大宾：贵宾。〔3〕大祭：重大祭奠。〔4〕在邦：在诸侯国。〔5〕在家：指在卿、大夫家。

【译文】

仲弓请教如何行仁。孔子说：“走出家门像是去接待重要宾客，使唤百姓像是去承办重要的祭奠。自己不喜欢的，不要加在别人身上。在诸侯之国服务没有人抱怨，在大夫之家服务也没有人抱怨。”仲弓说：“我虽然不够聪明，也要努力做到这些话。”②

---

① 傅佩荣著：《论语300讲》上册，第190页。

② 傅佩荣著：《论语300讲》下册，第333～334页。

8.居处恭，执事敬，与人忠

樊迟[1]问仁。子曰："居处[2]恭，执事敬，与人忠。虽之[3]夷狄，不可弃也。"

【题注】

选自《论语·子路》。

孔子认为，实行仁德就在日常行为中，如修己以"恭"、处事以"敬"、待人以"忠"。通过人事修为，提升自己的心性，仁心仁德就达到了。

【注释】

〔1〕樊迟：即樊须，名须，字子迟，孔子弟子。〔2〕居处：日常起居。〔3〕之：往，到。

【译文】

樊迟请问"仁"的要义。孔子说："日常起居要恭谨，做事要敬慎，待人要忠诚。就算到了蛮夷的地方，也不可废弃这三个原则。"①

9.杀身成仁

子曰："志士[1]仁人[2]，无求生以害仁，有杀身以成仁。"

【题注】

选自《论语·卫灵公》。

生活再困苦，也不能轻生自杀。但是为了仁义的理想，居于国家、民族的需要，就算牺牲自己宝贵的生命，也死得其所。

【注释】

〔1〕志士：指有志走上正道的人。〔2〕仁人：指心存仁义，也能实践的人。

【译文】

孔子说："有志于仁道的读书人和具有仁德的人，不会为了保全性命而伤害仁德，只有牺牲性命来成全仁德。"②

10.当仁，不让于师

子曰："当仁[1]，不让[2]于师。"

【题注】

选自《论语·卫灵公》。

---

① 曾仕强、曾仕良著：《论语的生活智慧》下册，第376页。

② 曾仕强、曾仕良著：《论语的生活智慧》下册，第450页。

孔子教育学生在真理面前应当仁不让，这与亚里士多德的“吾爱吾师，吾更爱真理”有异曲同工之妙。

【注释】

〔1〕当仁：把行仁当作自己的任务。〔2〕不让：不因为尊师的缘故而有所礼让。

【译文】

孔子说：“遇到行仁的事，即使是师长，也不必谦让。”①

11.恭宽信敏惠

子张〔1〕问仁于孔子。孔子曰：“能行五者于天下，为仁矣。”“请问之。”曰：“恭，宽，信，敏，惠。恭则不侮〔2〕，宽则得众，信则人任〔3〕焉，敏则有功，惠则足以使人。”

【题注】

选自《论语·阳货》。

仁是各种德行的总称，孔子用恭、宽、信、敏、惠来表示。只能说仁包含这五样，不能反过来说这五样就是仁。

【注释】

〔1〕子张：颛孙师，字子张，孔门弟子之一。〔2〕不侮（wǔ）：不被人欺侮。侮，欺负，轻慢。〔3〕任：倚仗。

【译文】

子张向孔子请问行仁的方法。孔子说：“能够实践五种品德于天下，便是仁了。”子张请问五种品德的细目。孔子说：“谦恭，宽厚，诚实，勤敏，慈爱。谦恭就不会遭受侮辱，宽厚就能获得众人的拥护，诚实才能得到别人的信任，勤敏就会有工作成绩，对人慈爱才能使人乐于效劳。”②

12.恻隐之心，仁也

公都子〔1〕曰：“告子曰：‘性无善无不善也。’或曰：‘性可以为善，可以为不善；是故文武〔2〕兴，则民好善；幽厉〔3〕兴，则民好暴。’或曰：‘有性善，有性不善；是故以尧为君而有象〔4〕，以瞽瞍〔5〕为父而有舜；以纣〔6〕为兄之子且以为君，而有微子启〔7〕、王子比干〔8〕。’今曰‘性善’，然则彼皆非与？”

孟子曰：“乃若其情，则可以为善矣，乃所谓善也。若夫为不善，非才之罪也。恻隐之心，人皆有之；羞恶之心，人皆有之；恭敬之心，人皆有之；是非之心，人皆有之。恻隐

① 曾仕强、曾仕良著：《论语的生活智慧》下册，第477页。

② 曾仕强、曾仕良著：《论语的生活智慧》下册，第512～513页。

之心，仁也；羞恶之心，义也；恭敬之心，礼也；是非之心，智也。仁义礼智，非由外铄我也，我固有之也，弗思耳矣。故曰：'求则得之，舍则失之。'或相倍蓰[9]而无算者，不能尽其才者也。《诗》[10]曰：'天生蒸民，有物有则。民之秉夷，好是懿德。'孔子曰：'为此诗者，其知道乎！故有物必有则，民之秉夷也，故好是懿德。'"

【题注】

选自《孟子·告子上》。

孟子认为，仁是恻隐之心，人皆有之。

【注释】

〔1〕公都子：孟子弟子。〔2〕文武：周文王、周武王。〔3〕幽厉：周幽王、周厉王。〔4〕象：舜同父异母之弟。〔5〕瞽瞍（gǔ sǒu）：舜的父亲。〔6〕纣：商代最后的君主，相传是暴君。〔7〕微子启：商纣王的庶兄，为商汤的16世孙。〔8〕比干：商纣王的叔父。〔9〕蓰（xǐ）：五倍。〔10〕《诗》：指《诗经·大雅·烝民》。

【译文】

公都子说："告子说：'人性没有善，也没有不善。'有人说：'人性可以变得善，也可以变得不善；所以，周文王、周武王统治天下，百姓就喜欢善行；周幽王、周厉王统治天下，百姓就喜欢暴行。'还有人说：'有些人生性是善的，有些人生性是不善的；所以，以尧为君主，却有象这样的百姓；以瞽瞍为父亲，却有舜这样的儿子；以商纣为侄儿，并且以他为君主，却有微子启、王子比干这样的贤人。'现在您说'性善'，那么，这些说法都错了吗？"

孟子说："顺着人性的真实状态，就可以做到善，这便是我所谓的性善。至于有人做出不善的事，那不是天生资质的过错。怜悯心，每个人都有。羞耻心，每个人都有。恭敬心，每个人都有。是非心，每个人都有。怜悯心属于仁德，羞耻心属于义行，恭敬心属于守礼，是非心属于明智。仁德、义行、守礼、明智，不是由外界加给我的，而是我本来就具备的，只是没有去省思罢了。所以说：'寻求就会获得它们，放弃就会失去它们。'人与人相比，有相差一倍、五倍甚至无数倍的，就是因为差的人不能充分实现天生资质啊。《诗经·大雅·烝民》上说：'天生有众多百姓，有事物就有法则。百姓保持常性，所以爱好美德。'孔子说：'这篇诗的作者懂得人生正途啊！有事物就一定有法则；百姓保持了常性，所以就会爱好美德了。'"①

13.非仁无为也，非礼无行也

孟子曰："君子所以异于人者，以其存心也。君子以仁存心，以礼存心。仁者爱人，有礼者敬人。爱人者人恒爱之，敬人者人恒敬之。有人于此，其待我以横逆[1]，则君子必自

① 傅佩荣译解：《孟子》，第196～197页。

反也：我必不仁也，必无礼也，此物奚宜至哉？其自反而仁矣，自反而有礼矣，其横逆由是也，君子必自反也：我必不忠。自反而忠矣，其横逆由是也，君子曰：‘此亦妄人也已矣。如此则与禽兽奚择哉？于禽兽又何难[2]焉？’是故君子有终身之忧，无一朝之患也。乃若所忧则有之：舜人也，我亦人也。舜为法于天下，可传于后世，我由未免为乡人也，是则可忧也。忧之如何？如舜而已矣。若夫君子所患则亡矣。非仁无[3]为也，非礼无行也。如有一朝之患，则君子不患矣。”

【题注】

选自《孟子·离娄下》。

“仁”“礼”作为儒家思想的具体呈现，影响着一代又一代中国人的思想道德与行为方式。孟子强调，在个人修养中应该反躬自省，人与人之间互敬互爱。

【注释】

〔1〕横（hèng）逆：横暴无理的行为。〔2〕难（nàn）：责难。〔3〕无：同“勿”。

【译文】

孟子说：“君子与一般人的不同之处，在于他考察心思的方式。君子用仁德来考察心思，用守礼来考察心思。仁德者爱护别人，守礼者尊敬别人。爱护别人的，别人也总是爱护他；尊敬别人的，别人也总是尊敬他。假定这里有个人，他以粗暴蛮横的态度对待我，那么君子必定反省自己：我一定没仁德，我一定不守礼，不然这种态度怎么会冲着我来呢？反省之后肯定自己合乎仁德，反省之后也肯定自己做到守礼，而那人的粗暴蛮横还是一样，君子必定反省自己：我一定没有尽心竭力。反省之后肯定自己尽心竭力了，而那人的粗暴蛮横还是一样。君子就会说：‘这不过是个狂妄的人罢了。像他这样，同禽兽有什么区别呢？对于禽兽又有什么好责怪的呢？’因此，君子有终身的忧虑，而没有一时的烦恼。至于要忧虑的则有：舜是个人，我也是个人；舜为天下人树立典范，影响流传到后代，我却仍然不免是个平凡的人，这是值得忧虑的。忧虑了又怎么办呢？像舜那样去做罢了。至于君子一时的烦恼，那是没有的。不是仁德的事不去做，不是守礼的事不去做。即使有一时的烦恼，君子也不认为那是值得烦恼的。”①

14.我欲仁，斯仁至矣

子曰：“仁远乎哉？我欲仁，斯仁至矣。”

【题注】

选自《论语·述而》。

孔子认为，仁是人天生的本性。要达到仁，需要的是人的道德自觉，是人的主观努力。

---

① 傅佩荣译解：《孟子》，第151页。

【译文】

孔子说："行仁离我很远吗？只要我愿意行仁，立刻就可以行仁。"①

15.求仁则人悦

凡人之生，皆得天地之理以成性，得天地之气以成形。我与民物，其大本乃同出一源。若但知私己而不知仁民爱物，是于大本一源之道，已悖而失之矣。至于尊官厚禄，高居人上，则有拯民溺、救民饥之责；读书学古，粗知大义，即有觉后知、觉后觉之责。若但知自了，而不知教养庶汇〔1〕，是于天之所以厚我者，辜负甚大矣。孔门教人，莫大于求仁，而其最切者，莫要于"欲立立人，欲达达人"〔2〕数语。立者，自立不惧，如富人百物有余，不假外求。达者，四达不悖，如贵人登高一呼，群山四应。人孰不"欲己立己达"，若能推以立人达人，则与物同春矣。后世论求仁者，莫精于张子之《西铭》〔3〕，彼其视民胞物与，宏济群伦，皆事天者性分当然之事，必如此，乃可谓之人，不如此，则曰悖德，曰贼。诚如其说，则虽尽立天下之人，尽达天下之人，而曾无善劳之足言，人有不悦而归之者乎？

【题注】

选自《曾文正公全集·杂著·日课四条》。

曾国藩的家教家风为后人所传诵，他认为，孔门教人，莫大于求仁，而其中最急切的就是"欲立立人，欲达达人"数语。

【注释】

〔1〕庶(shù)汇：平民，百姓。〔2〕欲立立人，欲达达人：《论语·雍也》：子贡曰："如有博施于民而能济众，何如？可谓仁乎？"子曰："何事于仁，必也圣乎！尧舜其犹病诸！夫仁者，己欲立而立人，己欲达而达人。能近取譬，可谓仁之方也已。"〔3〕《西铭》：《西铭》原名《订顽》，为《正蒙·乾称篇》中的一部分，张载曾将其录于学堂双牖的右侧，题为《订顽》，后程颐将《订顽》改称为《西铭》，才有此独立之篇名。《西铭》论仁，把握了儒家强调的万物一体之精神和境界，对后世道学影响甚大。

【译文】

大凡人的出生，都是禀赋天地之理而成性，得到天地的气而成形体。我与百姓及世间万物，从根本上说是同出一源，如果只知道爱惜自己而不知道为百姓万物着想，那么，就违背了这同一的根本。至于做大官，享受优厚的俸禄，高居于百姓之上，则有拯救百姓于痛苦饥饿之中的职责。读圣贤的书，学习古人，粗略知道了其中的大义，就有启蒙还不知大义之人的责任。如果只知道自我完善，而不知道教养百姓，就会大大地辜负了上天厚待我的本心。儒家教育，最重要的就是教育人们要追求仁，而其中最急切的，就是"自己若想成就事业，首先就要帮助别人成就事业，自己想要显达，首先就要帮助别人显达"这几

---

① 傅佩荣著：《论语300讲》上册，第222页。

句话。已经成就事业的人对自己能否成功是不用担心的，如同富人本就很富裕，并不需要去向别人借；已显达的人，继续显达的途径很多，好比是身份尊贵的人，登高一呼，四面响应的人就很多。人哪有不想自己成就事业让自己显达的呢？如果能够推己及人，让别人也能成就事业，能够显达，那么，就像万物回春一样美满了。后世谈论追求仁的，没有超过张载的《西铭》的，他认为推仁于百姓与世间万物，广济天下苍生，都是敬事上天的人理所应当的事。只有这样做，才算是人，否则就违背了做人的准则，只能算贼。如果人们真的如张载所说的那样，那么使天下的人都能成就事业，都能够显达，自己却任劳任怨，天下还有谁能不心悦诚服地拥戴他呢？

二、行义

“行义”者，躬行仁义也。“义”是贯穿于中国伦理学史的一个重要概念，也是传统社会价值体系的重要组成部分。

“义”之本义为公正、合理而应当做的。管子（前725—前645）最早提出“义”，并将“义”作为国之“四维”之一。道家将义放置于宇宙自然的范围。《老子》第十八章：“大道废，有仁义。智慧出，有大伪。”当大道行时，社会并不讲仁义。大道不行，不仁不义就盛行于世，于是需要人为的“仁义”。庄子继承老子的观点，认为“道德不废，安取仁义”（《庄子·马蹄》）。庄子认为当社会混乱之际，真正由心而发履行仁义的人少之又少，而借助仁义之名谋取私利的人则增多，因此，多行仁义者大多是借此行私利的伪君子。儒家主张重义轻利，孔子把“义”发展成为被社会各阶层所普遍认同的道义，并在《论语》中有深入说明，如：“见义不为，无勇也。”（《论语·为政》）“君子义以为上。”（《论语·阳货》）“君子喻于义，小人喻于利。”（《论语·里仁》）由此可见，孔子认为义是与仁、礼并列的伦理范畴，也是君子的重要品格。孟子继承孔子的义，并提出“舍生取义”说。《孟子·梁惠王上》说：“何必曰利？亦有仁义而已矣。”朱熹集注说：“仁者，心之德，爱之理。义者，心之制，事之宜也。”孟子由义及仁，发展出了仁义论。荀子上承孔孟，形成礼义论。《荀子·礼论》说：“礼者，断长续短，损有余，益不足，达爱敬之文，而滋成行义之美者也。”荀子认为，义应该由礼规制，由义约束的忠孝才能算得上真正的忠孝。刘向《说苑·指武》说：“纵马华山，放牛桃林，示不复用。天下闻者咸谓武王行义于天下，岂不大哉。”汉代“独尊儒术”之后，“义”的概念也发生了重大转变，汉儒董仲舒将“仁义”作为社会道德的最高原则。宋代以后，理学家进一步阐发、推崇“义”的涵义，将“义”引入“理”中。朱熹说：“义者，天理之所宜；利者，人情之所欲。”[①]清初颜元（1635—1704）则一反汉代董仲舒“正其谊不谋其利，明其道不计其功”的命题，把道义与公利结合起来，提出“正其谊以谋其利，明其道而计其功。”以更加严谨的态度理解“义”“利”的关系。

① （宋）朱熹：《四书章句集注》，第73页。

今天我们所谈的“义”规范的是个体成员的利益行为，要求人的行为应当符合社会正当原则，并强调人们应该扬善抑恶，在任何情况下都坚持对善的选择。行义与获利并不截然对立，主要看获利的途径是否正当。在现实社会中，言不及义、见利忘义的行为是难以避免的，所以应当正确处理个人与社会、当前与长远、个人与环境之间的关系，正所谓“君子爱财，取之有道”。现代社会最基本的伦理修养，就是对他人正当权利的尊重与维护。所以，我们要自觉保持自身利益与他人利益的适当边界，在个人适处的位置体现自己的价值。

1.君子喻于义，小人喻于利

子曰：“君子〔1〕喻〔2〕于义〔3〕，小人喻于利〔4〕。”

【题注】

选自《论语·里仁》。

利益有应当得的，也有不应当得的。应当得的利益合乎义，当然可求。不应当得的利益不合乎义，最好不要求。君子只拿应得的利益，小人不管是应得不应得的利益都拿。

【注释】

〔1〕君子：有道德修养的人。杨伯峻说：这里的“君子”是指在位者，还是指有德者，还是两者兼指，孔子原意不得而知。①〔2〕喻：通晓。〔3〕义：宜。〔4〕利：人情之所欲。

【译文】

孔子说：“与君子谈事情，他们只问道德上该不该做；跟小人谈事情，他只是想到有没有利可图。”②

2.正其谊不谋其利，明其道不计其功

久之，王〔1〕问仲舒〔2〕曰：“粤〔3〕王勾践与大夫泄庸、种〔4〕、蠡〔5〕谋伐吴，遂灭之。孔子称殷有三仁，寡人亦以为粤有三仁。桓公〔6〕决疑于管仲〔7〕，寡人决疑于君。”仲舒对曰：“臣愚不足以奉大对。闻昔者鲁君问柳下惠〔8〕：‘吾欲伐齐，何如？’柳下惠曰：‘不可。’归而有忧色，曰：‘吾闻伐国不问仁人，此言何为至于我哉！’徒见问耳，且犹羞之，况设诈以伐吴乎？由此言之，粤本无一仁。夫仁人者，正其谊不谋其利，明其道不计其功。是以仲尼之门，五尺之童羞称五伯〔9〕，为其先诈力而后仁谊也。苟为诈而已，故不足称于大君子之门也。五伯比于他诸侯为贤，其比三王，犹武夫之与美玉也。”王曰：“善。”

【题注】

选自《汉书·董仲舒传》。

---

① 杨伯峻：《论语译注》，第38页。

② 南怀瑾：《论语别裁》上册，第194页。

义利之辨是中国古代思想中的重要命题。孔孟荀都谈到义利问题，董仲舒针对诸侯王咨询越国三仁问题时提出正谊明道，此后被视为儒家义利观的经典语言。

【注释】

〔1〕王：即易王刘非（前168—前127），汉景帝之子。〔2〕仲舒：董仲舒（前179—前104），汉代思想家、哲学家、政治家、教育家。〔3〕粤（yuè）：古同“越”。〔4〕种：文种，也作“文仲”。〔5〕蠡：范蠡。〔6〕桓公：齐桓公。〔7〕管仲：管子（前719—前645），姬姓，管氏，名夷吾，字仲，谥敬，被称为管子、管夷吾、管敬仲。〔8〕柳下惠（前720—前621）：展氏，名获，字子禽，一字季，春秋时期鲁国柳下邑（今山东平阴展洼）人，鲁孝公的儿子公子展的后裔。“惠”是他的谥号，所以后人称他为“柳下惠”。他担任过鲁国大夫，后来隐遁，成为“逸民”。柳下惠被认为是遵守中国传统道德的典范，有关他“坐怀不乱”的故事广为传颂。〔9〕伯（bà）：古同“霸”，古代诸侯联盟的首领。

【译文】

过了一段时间，易王问董仲舒说：“越王勾践和大夫泄庸、文种、范蠡密谋攻打吴国，后来终于灭了吴国。孔子说殷纣王有三位仁人，我认为越王勾践也有三位仁人。春秋时的齐桓公有疑难的事让管仲解答，我有疑问请您解说。”董仲舒回答说：“臣愚昧不能解答您提出的问题。我听说春秋时鲁国国君鲁僖公问鲁国大夫柳下惠：‘我想攻打齐国，怎么样？’柳下惠说：‘不行。’他回家后面有忧色，说：‘我听说攻伐别的国家不问有仁德的人，国君想攻打齐国为什么问我呢！’柳下惠只不过被询问罢了，尚且感到羞愧，何况是设谋诈降来攻打吴国呢？由此说来，越国根本没有一位仁人。仁人端正他的义却不谋取私利，阐明他的道却不计较自己的功劳，所以在孔子的门徒里，即使是尚未成年的儿童也羞于谈论五霸，因为五霸推崇欺诈武力不注重仁义。越王君臣不过是实行不正当的诈术罢了，所以不值得孔子的门徒谈论。五霸比其他诸侯贤明，可是和三王相比，就好像似玉的石块和美玉相比一样啊。”易王说：“讲得好。”①

3.不义而富且贵，于我如浮云

子曰：“饭〔1〕疏食〔2〕饮水〔3〕，曲肱〔4〕而枕之，乐亦在其中矣。不义而富且贵，于我如浮云。”

【题注】

选自《论语·述而》。

在孔子看来，君子应该安贫乐道，而不应该为衣食住行费尽心机。

【注释】

〔1〕饭：动词，吃。〔2〕疏食：粗饭。〔3〕水：冷水。古代常以“汤”和“水”对言，

① 许嘉璐主编：《二十四史全译·汉书》第二册，第1208～1209页。

“汤”的意义是热水，“水”就是冷水。〔4〕肱（gōng）：胳膊上由肘到肩的部分。

【译文】

孔子说：“吃的是粗食，喝的是冷水，弯起手臂做枕头，这样的生活也有乐趣。用不正当手段得来的富贵，对我就好像浮云一样。”①

4.见利思义，见危授命，久要不忘平生之言

子路问成人〔1〕。子曰：“若臧武仲〔2〕之知〔3〕，公绰〔4〕之不欲，卞庄子〔5〕之勇，冉求〔6〕之艺，文〔7〕之以礼乐，亦可以为成人矣。”曰：“今之成人者何必然？见利思义，见危授命，久要〔8〕不忘平生之言〔9〕，亦可以为成人矣。”

【题注】

选自《论语·宪问》。

孔子所说的“成人”，便是现代的完人，也就是人格完美的人。

【注释】

〔1〕成人：全人。〔2〕臧武仲：即臧武纥（hé），鲁国大夫。〔3〕知（zhì）：同“智”。〔4〕公绰（chuò）：即孟公绰，鲁国大夫。〔5〕卞庄子：鲁国的勇士。〔6〕冉求（前522—？）：字子有，通称“冉有”，孔子弟子。〔7〕文：事物错综所造成的纹理或形象，此指修饰。〔8〕久要：指旧约，长久以前的邀约。〔9〕平生之言：指平日所许诺的约定。

【译文】

子路问道：“如何才可算一成人了？”先生说：“像臧武仲那般的智，孟公绰那般的不欲，卞庄子那般的勇，冉求那般的多艺，再加上礼乐修养，也可算得一成人了。”先生又说：“至于在今天，要算一成人，又何必这样呀！见有利，能思量到义。见有危，能不惜把自己生命交出。平日和人有诺言，隔久能不忘。这样也可算是一成人了。”②

5.义然后取，人不厌其取

子问公叔文子〔1〕于公明贾〔2〕曰：“信乎，夫子不言，不笑，不取乎？”公明贾对曰：“以〔3〕告者过也。夫子时然后言，人不厌其言；乐然后笑，人不厌其笑；义然后取，人不厌其取。”子曰：“其然，岂其然乎？”

【题注】

选自《论语·宪问》。

应该拿的才拿，不该拿的不拿，这就是“义”。拿了不该拿的东西就是贪，这样做的官

---

① 傅佩荣著：《论语300讲》上册，第210页。

② 钱穆著：《论语新解》，第363页。

员就是贪官。

【注释】

〔1〕公叔文子：卫国大夫公孙拔，《左传》称之公孙发。〔2〕公明贾（jiǎ）：应该是公叔文子的朋友或部属，所以孔子向他请教。〔3〕以：代词，此。

【译文】

孔子向公孙贾问到公叔文子这个人，他说："公叔先生平常不说话，不笑，也不拿取财物，这是真的吗？"公明贾回答说："这是传话的人说得夸张了。公叔先生在适当的时候才说话，别人不讨厌他说话；真正高兴了才笑，别人不讨厌他笑；应该拿取的财物他才拿取，别人不讨厌他拿取。"孔子听了之后说："你说得好，但是真有你说得那么好吗？"①

6.见得思义

孔子曰："君子有九思〔1〕：视思明，听思聪，色思温，貌思恭，言思忠，事思敬，疑思问，忿思难〔2〕，见得思义。"

【题注】

选自《论语·季氏》。

"见得思义"警示我们，利字当头的时候，人们很容易忘记义的约束。

【注释】

〔1〕思：用心思虑的意思。〔2〕难：指患难，祸害。

【译文】

孔子说："君子有九种用心思虑的事情：看的时候要想看得明白，听的时候要想听得清楚，脸色要想表现得温和，容貌要想到谦恭，说话要想到忠实，行事要想到认真，疑惑要想到提问，发怒要想到事后的祸害，看见财利要想到合理不合理。"②

7.隐居以求其志，行义以达其道

孔子曰："见善如不及，见不善如探汤〔1〕。吾见其人矣，吾闻其语矣。隐居以求其志〔2〕，行义以达其道〔3〕。吾闻其语矣，未见其人也。"

【题注】

选自《论语·季氏》。

人生之路不是一帆风顺的。在不得志时，隐居求志，独善其身；在得志时，坚持正义，兼善天下。这样的人，孔子认为很难见到。

---

① 傅佩荣著：《论语300讲》，第417页。

② 曾仕强、曾仕良著：《论语的生活智慧》下册，第497页。

【注释】

〔1〕探汤：指试探热水的温度，意思是很快就把手移开。〔2〕求其志：守其所达之道。〔3〕达其道：行其所求之志。

【译文】

孔子说："看见善良，像赶不上似地去追求。看见邪恶，像手碰到沸水那样去避免。我看见这种人了，我听到他们讲话了。隐居起来以保持自己的志向，出来便实施正义而行得通。我是听见这样的话了，却还没看见这样的人啊。"①

8.君子有勇而无义为乱，小人有勇而无义为盗

子路曰："君子尚[1]勇乎？"子曰："君子义以为上。君子有勇而无义为乱，小人有勇而无义为盗。"

【题注】

选自《论语·阳货》。

勇敢的意思就是敢作敢为。敢作敢为必须合乎"义"的要求才值得鼓励。

【注释】

〔1〕尚：崇尚。

【译文】

子路问："君子崇尚勇敢吗？"孔子说："君子认为道义最为崇高。君子只有勇而没有义就会作乱，小人只有勇而没有义就会偷盗。"②

9.贼仁者谓之贼，贼义者谓之残

齐宣王问曰："汤放桀[1]，武王伐纣[2]，有诸？"孟子对曰："于传[3]有之。"曰："臣弑[4]其君可乎？"曰："贼仁者谓之贼，贼义者谓之残。残贼之人谓之一夫[5]。闻诛[6]一夫纣矣，未闻弑君也。"

【题注】

选自《孟子·梁惠王下》。

不仁不义，众叛亲离。

【注释】

〔1〕汤放桀（jié）：汤，殷商的开国之君。桀，夏朝末代君主。据古代传说，夏桀暴虐，汤兴兵讨伐他，把桀流放到南巢。〔2〕武王伐纣：商纣王无道，周武王捧着文王的木主（木

① 李泽厚著：《论语今读》，第464页。

② 曾仕强、曾仕良著：《论语的生活智慧》下册，第531页。

制的神位）兴兵讨伐，纣王大败，自焚而死。〔3〕传（zhuàn）：传记。〔4〕弑（shì）：古时称臣杀君、子杀父母。〔5〕一夫：指众叛亲离的人，暴君。〔6〕诛：把罪人杀死。

【译文】

齐宣王问道："商汤流放夏桀，武王讨伐殷纣，真有这回事吗？"孟子答道："史籍上有这样的记载。"宣王说："做臣子的杀掉他的君王，这是可以的吗？"孟子说："破坏仁爱的人叫做'贼'，破坏道义的人叫做'残'。这样的人，我们叫他作'独夫'。我只听说过周武王诛杀了独夫殷纣，没有听说过他是以臣杀君的。"①

10.告子未尝知义，以其外之也

"敢问何谓浩然〔1〕之气？"曰："难言也。其为气也，至大至刚，以直养而无害，则塞于天地之间。其为气也，配义与道；无是，馁〔2〕也。是集义所生者，非义袭而取之也。行有不慊〔3〕于心，则馁矣。我故曰，告子未尝知义，以其外〔4〕之也。必有事焉而勿正，心勿忘，勿助长也。无若宋人然：宋人有闵〔5〕其苗之不长而揠〔6〕之者，芒芒〔7〕然归。谓其人曰：'今日病矣，予助苗长矣。'其子趋而往视之，苗则槁〔8〕矣。天下之不助苗长者寡矣。以为无益而舍之者，不耘苗者也；助之长者，揠苗者也。非徒无益，而又害之。"

【题注】

选自《孟子·公孙丑上》。

浩然之气，义行与正道缺一不可。告子把义行看成外在的东西，所以不曾懂得义行，当然更不懂浩然之气。

【注释】

〔1〕浩然：盛大流行之貌。〔2〕馁（něi）：萎缩。〔3〕慊（qiè）：满足，满意。〔4〕外：动词意动用法，以……为外。〔5〕闵（mǐn）：古同"悯"，忧虑。〔6〕揠（yà）：拔。〔7〕芒芒：赵岐注："芒芒，疲倦之貌。"②〔8〕槁（gǎo）：枯干。

【译文】

公孙丑说："请问什么叫做浩然之气？"孟子说："很难说清楚的。那一种气，最盛大也最刚强，以正直去培养而不加妨碍，就会充满在天地之间。那一种气，要和义行与正道配合；没有这些，它就会萎缩。它是不断集结义行而产生的，不是偶然的义行就能装扮成的。如果行为让内心不满意，它就萎缩了。所以我说，告子不曾懂得义行，因为他把义行看成外在的东西。对这种气，一定要在行事上努力，但不可预期成效；内心不能忘记它，但不可主动助长，不要像宋国人那样。宋国有个担心禾苗不长而去拔高的人，十分疲困地回去，对家人说：'今天累坏了！我帮助禾苗长高了。'他的儿子赶快跑去一看，禾苗都枯

① 杨伯峻：《孟子译注》，第39页。

② （清）焦循撰：《孟子正义》上册，中华书局1987年版，第204页。

槁了。天下不帮助禾苗长高的人很少啊。以为养气没有用处而放弃的，是不为禾苗锄草的人；主动助长的，是拔苗的人，不但没有好处，反而伤害了它。”①

11.仁，人之安宅也；义，人之正路也

孟子曰：“自暴者，不可与有言〔1〕也；自弃者，不可与有为也。言非〔2〕礼义，谓之自暴也；吾身不能居仁由义，谓之自弃也。仁，人之安宅也；义，人之正路也。旷安宅而弗居，舍正路而不由，哀哉！”

【题注】

选自《孟子·离娄上》。

住宅、道路都是比喻，表示一个人心有仁德，任何地方都可以安顿；实践义行，走到哪里都可以通达顺畅。

【注释】

〔1〕有言：杨伯峻先生认为，“有言”“有为”均应看作固定词组。有为，“有所作为”之意。有言，“有善言”之意。②〔2〕非：此处作及物动词，实是动词的意动用法，“以……为非”。

【译文】

孟子说：“残害自己的人，不可能同他商议事情；放弃自己的人，不可能同他有所作为。说话诋毁礼制与义行，就叫做残害自己；以为自己不能以仁居心、由义而行，就叫做放弃自己。仁德，是人类安稳的住宅；义行，是人类正当的道路。空着安稳的住宅不去住，舍弃正当的道路不去走，真是可悲啊！”③

12.言不必信，行不必果，惟义所在

孟子曰：“大人者，言不必信，行不必果，惟义所在。”

【题注】

选自《孟子·离娄下》。

“惟义所在”的“义”是“宜”的意思，亦即根据具体情况做出正确选择，找出“应该”所在。事物一直在变化之中，如果不能通权达变，言行都可能陷入困境。

【译文】

孟子说：“有德行的人，说话不一定句句守信，行为不一定贯彻始终，与义同在，依义

---

① 傅佩荣译解：《孟子》，第44～45页。

② 杨伯峻：《孟子译注》，第158页。

③ 傅佩荣译解：《孟子》，第115～116页。

而行。”①

13.仁，人心也；义，人路也

孟子曰：“仁，人心也；义，人路也。舍其路而弗由，放其心而不知求，哀哉！人有鸡犬放，则知求之；有放心，而[1]不知求。学问之道无他，求其放心而已矣。”

【题注】

选自《孟子·告子上》。

“仁，人心也”，意即仁德是人要保住的心。“义，人路也”，这个“路”是就人的选择而言。众多选择所合成的人生途径，应该以义为依归。

【注释】

〔1〕而：则。

【译文】

孟子说：“仁是人的心，义是人的路。放弃了那条正路而不走，丧失了那善良之心而不晓得去找，可悲得很呀！一个人，有鸡和狗走失了，便晓得去寻找；有善良之心丧失了，却不晓得去寻求。学问之道没有别的，就是把那丧失的善良之心找回来罢了。”②

14.士穷不失义，达不离道

孟子谓宋勾践[1]曰：“子好游[2]乎？吾语子游。人知之，亦嚣嚣[3]；人不知，亦嚣嚣。”曰：“何如斯可以嚣嚣矣？”曰：“尊德乐义，则可以嚣嚣矣。故士穷不失义，达不离道。穷不失义，故士得己焉；达不离道，故民不失望焉。古之人，得志，泽加于民；不得志，修身见于世。穷则独善其身，达则兼善天下。”

【题注】

选自《孟子·尽心上》。

孟子指出，人穷困的时候不要丧失道德标准，发达的时候不要丢掉做人的原则。

【注释】

〔1〕宋勾践：其人姓名不见于其他古籍，已不可知。〔2〕游：游说。〔3〕嚣嚣：自得无欲之貌。

【译文】

孟子对宋勾践说：“你喜欢游说诸侯吗？我告诉你游说的态度。别人理解，我悠然自得；别人不理解，我也悠然自得。”宋勾践说：“要怎么样才可以做到悠然自得呢？”孟子

① 杨伯峻：《孟子译注》，第173页。

② 杨伯峻：《孟子译注》，247页。

说："崇尚品德，爱好义行，就可以悠然自得了。所以，士人穷困时不放弃义行，显达时不背离正道。穷困时不放弃义行，所以士人能保住自己的操守；显达时不背离正道，所以百姓不会失望。古代的人，得志时，恩泽广施百姓；不得志时，修养自己立身于世。穷困时，努力使自己趋于完美；显达时，就使天下人一起走向完美。"①

15. 义胜利者为治世，利克义者为乱世

义与利者，人之所两有也。虽尧舜不能去民之欲利，然而能使其欲利不克其好义也。虽桀纣不能去民之好义，然而能使其好义不胜其欲利也。故义胜利者为治世，利克义者为乱世。上重义则义克利，上重利则利克义。故天子不言多少，诸侯不言利害，大夫不言得丧，士不通货财。有国之君不息牛羊，错质〔1〕之臣不息〔2〕鸡豚〔3〕，冢卿〔4〕不修币〔5〕，大夫不为场圃〔6〕，从士以上皆羞利而不与民争业，乐分施而耻积藏。然故民不困财，贫窭〔7〕者有所窜其手〔8〕。

【题注】

选自《荀子·大略》。

从孔子到孟子到荀子，儒家一直严格区分道义与功利，荀子更是站在社会治乱的角度谈义利关系，认为：义胜过了利的就是安定的社会，利胜过义的就是混乱的社会。

【注释】

〔1〕错质：错，同"措"。错质，等于说"委质"。古代做臣子，先把自己的名字写在策书上，把自己当做人质而交给君主，表示为君主献身，这叫做"委质"。②〔2〕息：繁殖，滋生。〔3〕豚（tún）：小猪，亦泛指猪。〔4〕冢（zhǒng）卿：上卿。冢，长（zhǎng）。〔5〕修币：经营货币，指放高利贷之类。〔6〕场圃：打谷与种菜的地方。古人场、圃同地，春夏种菜即为圃，秋冬则将圃修筑成平整的场地，用来打谷与翻晒粮食，所以连称"场圃"。〔7〕窭（jù）：贫穷，贫寒。〔8〕有所窜其手：指能够着手料理自己的生活。窜，措，安置。

【译文】

义与利，是人们都有的两个东西。即使是尧舜，也不能除掉民众的利欲之心，可是能使民众利欲之心不能胜过好义之心。即使是桀纣，也不能除掉人民好义之心，可是能使人民好义之心胜不过利欲之心。所以，义胜过了利的，就是安定的社会；利胜过义的，就是混乱的社会。统治者重视义，义就会胜过利；统治者重视利，利就会胜过义。所以，天子不计较财货的多少，诸侯就不计较事情的利害，大夫就不计较行为的得失，士人就不议论经营财货的问题。国家的君主不养殖牛羊，献身于君主的臣子就不养殖鸡和猪，上卿就不钻营钱财，大夫就不种植庄稼、蔬菜。从士人以上都耻笑私利，不和人民争夺财产，乐于

① 傅佩荣译解：《孟子》，第239页。
② 张觉撰：《荀子译注》，第414页。

施舍而以积藏为耻。这样，人民就不为钱财所困，贫穷的人都会有事情做。[①]

三、达礼

达礼者，通晓礼义、懂得礼节也。“礼”原是宗教祭祀仪式上的一种仪态，《说文解字》：“礼，履也，所以事神致福也。”可见礼原来并没有伦理道德方面的含义。随着社会的发展，为了区分不同的社会身份，礼才逐渐转化为一种身份制度。《释名》：“礼，体也。言得事之体也。”《礼记·礼器》：“忠信，礼之本也；义理，礼之文也。无本不立，无文不行。”礼是一个人为人处世的根本，孔子言：“不学礼，无以立。”（《论语·季氏》）对普通老百姓，孔子认为应该“道之以德，齐之以礼”（《论语·为政》）。孟子把仁、义、礼、智作为基本的道德规范，荀子则专门著《礼论》，论证了礼的起源和社会作用。《礼记》：“夫礼者，所以定亲疏，决嫌疑，别同异，明是非也。”（《曲礼上》）在长期的历史发展中，礼不断被赋予新的内容，规范着中国社会的行为准则。

中国素称礼仪之邦，礼文化是儒学和中国传统文化的重要组成部分，但是中华民族的礼文化现状却不容乐观。在近现代几次大的文化运动中，“礼”的本质和礼文化的本来面目逐渐被遮蔽而变得模糊不清。再加上市场经济的影响，西方文化的激荡，使得部分国人把礼文化作为与现代文化水火不融的部分而抛弃掉，礼文化面临着严重的挑战与困境。

对待文化的态度，能反映一个民族精神文明的成熟度。中国今天的发展离不开对优秀传统文化的继承，社会的发展需要礼文化。冯友兰先生（1895—1990）曾指出：“近几年来，物质文明成绩比较显著，城市经济改革已成为中国历史发展必然趋势。但相比之下，精神文明建设的步伐还跟不上。必须有一种哲学把上层建筑各个领域、各个方面贯穿起来才行。虽然我们有了马克思主义毛泽东思想的指导，但是还得随历史的发展而发展。而在这个发展过程中，切不可忽视中国传统文化，尤其是中国古典哲学的影响。”[②]礼文化作为传统文化的重要内容，正以其独特的无可替代的功能满足着中华民族生存和发展的需要。尽管经济社会的发展对礼制的破坏比较严重，但是，一定形式的礼，无论对于个人还是对于社会来说，都是必不可少的。曾国藩说：“风俗之厚薄奚自乎？自乎一二人心之所向也。”[③]每一个个体的人如果都能够做到达礼、守礼，不良社会风尚的改变就指日可待了。

所以，我们仍然需要借助古代礼仪文化中的优秀部分，并赋予其符合现代文明的新内容，对公民进行道德教育。孔子说：“克己复礼为仁。”（《论语·颜渊》）杨伯峻译曰：“抑制自己，使言语行动都合于礼，就是仁。”[④]通过端正和规范人的行为，使其修身养性，达到行为合乎“礼”。作为大学生，首先要了解礼仪方面的基本知识，知道可为与不可为；其次

---

① 杨任之：《白话荀子》，第282页。

② 魏承思：《访三松堂主冯友兰》，《南方人物周刊》2013年8月15日。

③ 曾国藩：《原才》，《曾文正公全集》第七册，第259页。

④ 杨伯峻：《论语译注》，第121页。

要用礼仪规范作为自己行动的指南，在实践中自觉坚守礼仪规范。

1.礼起于物欲相持而长

礼起于何也？曰：人生而有欲，欲而不得，则不能无求；求而无度量分界，则不能不争；争则乱，乱则穷。先王恶[1]其乱也，故制礼义以分[2]之，以养人之欲，给人之求。使欲必不穷乎物，物必不屈[3]于欲，两者相持而长，是礼之所起也。

【题注】

选自《荀子·礼论》。

供给与需求之间的矛盾一直是人类的主要矛盾。许多制度，包括礼义制度，可以说都是为了解决这一矛盾而创造设计的。

【注释】

〔1〕恶（wù）：讨厌，憎恨，与“好（hào）”相对。〔2〕分（fèn）：名分，这里作动词用，表示确定名分，即划定各人的等级地位职分等。〔3〕屈（jué）：竭尽。

【译文】

礼是在什么情况下产生的呢？回答说：人生来就有欲望；如果想要什么而不能得到，就不能没有追求；如果一味追求而没有标准限度，就不能不发生争夺；一发生争夺就会有祸乱，一有祸乱就会陷入困境。古代的圣王厌恶那祸乱，所以制定了礼义来确定人们的名分，以此来调养人们的欲望、满足人们的要求，使人们的欲望绝不会由于物资的原因而不得满足，物资绝不会因为人们的欲望而枯竭，使物资和欲望两者在互相制约中增长。这就是礼的起源。①

2.国有四维

国有四维。一维绝则倾，二维绝则危，三维绝则覆，四维绝则灭。倾可正也，危可安也，覆可起也，灭不可复错也。何谓四维？一曰礼、二曰义、三曰廉、四曰耻。礼不逾节，义不自进，廉不蔽恶，耻不从枉。故不逾节则上位安，不自进则民无巧诈，不蔽恶则行自全，不从枉则邪事不生。

【题注】

选自《管子·牧民》。

“孝、悌、忠、信”与“礼、义、廉、耻”合称“八德”，是做人的根本，是中华传统文化的核心。

【译文】

立国的根本在于有四维维系。一维断绝，国将倾倒；二维断绝，国将危险；三维断绝，

① 张觉撰：《荀子译注》，第264页。

国将倾覆；四维断绝，国将灭亡。倾倒可以扶正，危险可转安定，倾覆可再振起，灭亡就不能再恢复了。什么叫四维？一称为礼，二称为义，三称为廉，四称为耻。遵守礼，就不会超越规范；讲求义，就不会自行钻营；做到廉，就不会掩饰过错；懂得耻，就不会追随邪曲。因此，不超越规范，君主的地位就稳固；不自行钻营，百姓就不会投机取巧；不掩饰过错，品行就自然端正；不追随邪曲，坏事就不会产生。①

3.人无礼则不生，事无礼则不成，国家无礼则不宁

扁〔1〕善之度，以治气养生，则后彭祖〔2〕；以修身自强，则名配尧禹。宜于时〔3〕通，利以处穷，礼信是也。凡用血气、志意、知虑，由礼则治通，不由礼则勃〔4〕乱提〔5〕僈〔6〕；食饮、衣服、居处、动静，由礼则和节，不由礼则触陷生疾；容貌、态度、进退、趋行，由礼则雅，不由礼则夷固僻违，庸众而野。故人无礼则不生，事无礼则不成，国家无礼则不宁。《诗》〔7〕曰："礼仪卒度，笑语卒获。"此之谓也。

【题注】

选自《荀子·修身》。

先秦儒家，孔子讲"仁"，孟子讲"义"，荀子讲"礼"。所以，有人称荀子为礼学家。

【注释】

〔1〕扁（biàn）：同"遍"。〔2〕彭祖：姓篯（jiān），名铿（kēng），尧封之于彭城，传说他经历了虞夏商周，活了八百岁。〔3〕时：通"跱"（zhì），处。〔4〕勃：通"悖"。〔5〕提：通"偍"（tí），行动缓慢。〔6〕僈：同"慢"。〔7〕《诗》：指《诗经·小雅·楚茨》。

【译文】

处处完全合乎美德的法则是：调理血气，保养身体，那么自己就可以步寿星彭祖的后尘；培养道德品质，自立自强，那么名声就可与尧、禹媲美。既善于适应顺境，又善于度过逆境，靠的便是礼法和信义了。凡是运用血气、志意、智慧和思虑去处理问题，又遵循礼法的，那么事事都办得通；不遵循礼法，就会悖乱松懈；凡是饮食、衣服、居处、一举一动遵循礼法的，就能和谐有节奏，不遵循礼法，就毛病百出；凡是容貌、态度、进退、走路，遵从礼法就文雅，不遵循礼法就傲慢孤僻，庸俗粗野。所以，做人没有礼法就不能生存，干事没有礼法就办不成，国家没有礼法势必国无宁日。《诗经·小雅·楚茨》上说："礼仪恰如其分，言笑正到好处。"就是说的这个。②

---

① 谢浩范、朱迎平译注：《管子全译》上册，贵州人民出版社2009年版，第3页。以下引用该书只注明作者、书名、册数和页码。

② 杨任之撰：《白话荀子》，第9～10页。

4.人有礼则安，无礼则危

道德仁义，非礼不成。教训正俗，非礼不备。分争辨讼，非礼不决。君臣上下，父子兄弟，非礼不定。宦学[1]事师，非礼不亲。班朝、治军、莅官、行法，非礼威严不行。祷祠、祭祀，供给鬼神，非礼不诚不庄。是以君子恭、敬、撙[2]、节、退、让以明礼。鹦鹉能言，不离飞鸟。猩猩能言，不离禽兽。今人而无礼，虽能言，不亦禽兽之心乎。夫唯禽兽无礼，故父子聚麀[3]。是故圣人作，为礼以教人，使人以有礼，知自别于禽兽。

太上[4]贵德，其次[5]务施报。礼尚往来。往而不来，非礼也。来而不往，亦非礼也。人有礼则安，无礼则危。故曰：礼者，不可不学也。夫礼者，自卑而尊人，虽负贩者，必有尊也，而况富贵乎。富贵而知好礼，则不骄不淫。贫贱而知好礼，则志不慑。

【题注】

选自《礼记·曲礼上》。

中华民族是礼仪之邦，礼乐文化特别发达。西方国家是法治社会，中国传统社会可以说是礼治社会。

【注释】

〔1〕宦学：犹言游学。〔2〕撙（zǔn）：抑损，节制。〔3〕麀（yōu）：母鹿，泛指母兽。〔4〕太上：谓传说中的三皇五帝之世。〔5〕其次：谓后世之王。

【译文】

道德仁义，没有礼就不能成就。教训人民端正风俗，没有礼就不能完满。分辨争讼的是非，没有礼就不能决断。君臣、上下、父子、兄弟，没有礼，名分就不能确定。外出从师学习，没有礼，师生之间就不能亲密。排列朝廷的官位和整治军旅，莅临官职执行法令，没有礼，就失去威严。临时的祭祀和定期的祭祀，供奉鬼神，没有礼，就不能虔诚庄重。因此，君子态度恭敬、凡事有节制、对人谦让，这样来体现礼。鹦鹉能学舌，终是飞鸟；猩猩能言语，终是禽兽。现在作为人而无礼，虽然能说话，不也是禽兽的心态吗？只有禽兽才无礼，所以父子共一雌兽。因此有圣人兴起，制定礼来教育人，使人因此而有礼，知道把自己和禽兽区别开来。

上古时代以德为贵，后世讲究施惠和报答。礼提倡往来：我前往施惠而受惠者不来报答，不符合礼；有人来施惠而我不前往报答，也不符合礼。人有礼，社会就安定；无礼，社会就会危乱，因此说：礼，是不可不学的。礼的原则，要求自我谦卑而尊重别人，即使是挑担子的小贩，也一定有值得尊敬的，何况富贵的人呢？富贵而知道喜好礼，就不会骄奢淫佚；贫贱而知道喜好礼，就不会志怯心疑。①

---

① 杨天宇撰：《礼记译注》上册，第2～4页。

5.不知礼，无以立也

子曰：“不知命[1]，无以为君子也。不知礼，无以立也。不知言[2]，无以知人也。”

【题注】

选自《论语·尧曰》。

在孔子看来，在社会上立足，礼的规范是必要的。没有礼的规范连与别人一起坐车，要坐哪个位置，都会让人不知所措。因此，不知礼，便无法立足社会。

【注释】

〔1〕知命：即知道自己的命运和使命。〔2〕知言：即辨识对方所说的话是否正确。

【译文】

孔子说：“不知道自己的命运和使命，便不能成为一个君子。不知礼，便无法立足社会。不知辨识别人语言的是非，便无法辨别人的好坏。”①

6.恭近于礼，远耻辱也

有子[1]曰：“信近于义，言可复也。恭近于礼，远耻辱也。因[2]不失其亲，亦可宗[3]也。”

【题注】

选自《论语·学而》。

对人过分恭敬，令人产生讨好的感觉，有时会招来不必要的耻辱。因此待人接物，必先求合乎礼，不卑不亢，恰到好处。

【注释】

〔1〕有子：有若（前505或518—？），字子有，孔子弟子，被尊称为有子。〔2〕因：犹依。〔3〕宗：犹主。

【译文】

有子说：“与人约而求信，必先求近义，始可践守。向人恭敬，必先求合礼，始可远于耻辱。遇有所因依时，必先择其可亲者，亦可依若宗主了。”②

7.子入大庙，每事问

子入大庙[1]，每事问。或曰：“孰谓鄹人[2]之子知礼乎？。”子闻之，曰：“是礼也。”

---

① 曾仕强、曾仕良著：《论语的生活智慧》下册，第588页。

② 钱穆著：《论语新解》，第19页。

【题注】

选自《论语·八佾》。

请教人家，是一种礼貌，表示尊重的意思。

【注释】

〔1〕大（tài）庙：鲁祭周公之庙。大，同“太”。〔2〕鄹（zōu）人：指孔子父亲叔梁纥。鄹，古地名，在今山东省曲阜市东南，孔子的家乡。

【译文】

孔子到了周公庙，每件事情都发问。有人便说：“谁说叔梁纥的这个儿子懂得礼呢？他到了太庙，每件事情都要向别人请教。”孔子听到了这话，便道：“这正是礼呀。”①

8.恭而无礼则劳，勇而无礼则乱

子曰：“恭而无礼〔1〕则劳，慎而无礼则葸〔2〕，勇而无礼则乱，直而无礼则绞〔3〕。君子笃于亲，则民兴于仁；故旧不遗，则民不偷〔4〕。”

【题注】

选自《论语·泰伯》。

在孔子看来，“恭”“慎”“勇”“直”都必须在“礼”的引导下，才算是符合正道。

【注释】

〔1〕礼：指礼的本质。〔2〕葸（xǐ）：害怕，畏惧。〔3〕绞（jiǎo）：尖刻刺人。〔4〕偷：指人情淡薄。

【译文】

孔子说：“注重容貌态度的端庄，却不知礼，就未免劳倦；只知谨慎，却不知礼，就流于畏葸懦弱；专凭敢作敢为的胆量，却不知礼，就会盲动闯祸；心直口快，却不知礼，就会尖刻刺人。在上位的人能用深厚感情对待亲族，那老百姓就会走向仁德；在上位的人不遗弃他的老同事、老朋友，那老百姓就不致对人冷淡无情。”②

9.情安礼，知若师，则是圣人也

礼者，所以正身也。师者，所以正礼也。无礼，何以正身？无师，吾安知礼之为是也？礼然而然，则是情安礼也。师云而云，则是知若师也。情安礼，知若师，则是圣人也。故非礼，是无法也；非师，是无师也。不是师法，而好自用，譬之是犹以盲辨色，以聋辨声也，舍乱妄无为也。故学也者，礼法也。夫师以身为正仪〔1〕而贵自安者也。《诗》〔2〕云：

---

① 杨伯峻撰：《论语译注》，第28页。

② 杨伯峻撰：《论语译注》，第77～78页。

“不识不知，顺帝之则。”此之谓也。

【题注】

选自《荀子·修身》。

荀子修身之术很多，其根本就是遵循礼义。

【注释】

〔1〕正仪：正确的准则，榜样。〔2〕《诗》：指《诗经·大雅·皇矣》。

【译文】

礼，是为了端正自己的行为的。老师，是为了正确地解释礼法的。没有礼，怎么能够端正自己的行为呢？没有老师，怎么知道礼应当是这个样子呢？礼法如何规定就如何去做，这就是性情习惯于尊礼而行。老师如何说，就遵照这如何说，那么知识有如老师。性情习惯于尊礼而行，知识又有如老师，这就是圣人了。所以，违背了礼，就是没有法度；违背了老师，就是心中没有老师。不遵照师法的教导去做，喜好自搞一套，就好比用盲人去辨别颜色，用聋子去辨别声音，除了胡作非为之外，再也不会有什么作为了。所以，学习的宗旨，就是学习礼法。那老师，就是要以身作则，而且重要的是自己心安理得地遵礼去做。《诗经·大雅·皇矣》上说：“不知不觉，顺应天地的法则。”就是说的这个。①

10. 圣人，审之礼也

请问为人君？曰：以礼分施〔1〕，均遍〔2〕而不偏。

请问为人臣？曰：以礼侍君，忠顺而不懈。

请问为人父？曰：宽惠而有礼。

请问为人子？曰：敬爱而致〔3〕文〔4〕。

请问为人兄？曰：慈爱而见友。

请问为人弟？曰：敬诎而不苟。

请问为人夫？曰：致功而不流，致临而有辨。

请问为人妻？曰：夫有礼则柔从听侍，夫无礼则恐惧而自竦〔5〕也。

此道也，偏立而乱，俱立而治，其足以稽〔6〕矣。

请问兼能之奈何？曰：审之礼也。古者先王审礼以方皇〔7〕周浃〔8〕于天下，动无不当也。故君子恭而不难〔9〕，敬而不巩〔10〕，贫穷而不约，富贵而不骄，并遇变态而不穷，审之礼也。故君子之于礼，敬而安之；其于事也，径而不失；其于人也，寡怨宽裕而无阿；其为身也，谨修饰而不危；其应变故也，齐给便捷而不惑；其于天地万物也，不务说其所以然，而致善用其材；其于百官之事伎艺之人也，不与之争能，而致善用其功；其待上也，

① 杨任之：《白话荀子》，第13～14页。

忠顺而不懈；其使下也，均遍而不偏；其交游也，缘类而有义；其居乡里也，容而不乱。是故穷则必有名，达则必有功，仁厚兼覆天下而不闵[11]，明达用天地理万变而不疑，血气和平，志意广大，行义塞于天地之间，仁智之极也。夫是之谓圣人，审之礼也。

【题注】

选自《荀子·君道》。

荀子从君臣、父子、兄弟、夫妻的相处之道谈起，说明君子如何以礼待人，接物行事。

【注释】

〔1〕分施：施舍，给人恩惠。〔2〕均遍：公平。〔3〕致：极。〔4〕文：礼貌。〔5〕竦（sǒng）：肃敬。〔6〕稽：通“楷”，楷模。〔7〕方（páng）皇：广大。〔8〕周浃（jiā）：普遍深入。〔9〕难：畏惧。〔10〕巩：通“恐”，恐惧。〔11〕闵：通“昧”，昏暗。

【译文】

请问怎样做君主？回答说：要按照礼仪去施舍，公平而不偏私。

请问怎样做臣子？回答说：要按照礼仪去侍奉君主，忠诚顺从而不懈怠。

请问怎样做父亲？回答说：要宽厚仁爱而有礼节。

请问怎样做儿子？回答说：要敬爱父母而极有礼貌。

请问怎样做哥哥？回答说：要仁慈地爱护弟弟而付出自己的友爱。

请问怎样做弟弟？回答说：要恭敬顺服而一丝不苟。

请问怎样做丈夫？回答说：要尽力取得功业而不放荡淫乱，尽力亲近妻子而又有一定的界限。

请问怎样做妻子？回答说：丈夫遵行礼仪就温柔顺从听命侍候他，丈夫不遵行礼仪就诚惶诚恐而独自保持肃敬。

这些原则，只能部分地做到，那么天下仍会混乱；全部确立了，天下就会大治；它们足够用来作为楷模了。

请问要全部做到这些该怎么办？回答说：必须弄清礼仪。古代圣主弄明白了礼义而普遍施行于天下，行动没有不恰当的。所以君子谦恭但不胆怯，肃敬但不恐惧，贫穷却不卑屈，富贵却不娇纵，同时遇到各种事变也能应付自如而不会束手无策，这都是因为弄明白了礼义的缘故。所以君子对于礼仪，敬重并遵守它；他对于事务，做起来直截了当但不出差错；他对于别人，很少埋怨、宽宏大量但不阿谀逢迎；他做人的原则，是谨慎地加强修养而不险诈；他应付事变，迅速敏捷而不糊涂；他对于天地万物，不致力于解说他们形成的原因而能做到很好地利用其材；他对于各种官府中的官吏和有技术的人才，不和他们竞争技能的高下而能做到很好地利用他们的工作成果；他侍奉君主，忠诚顺从而不懈怠；他使唤下边的人，公平而不偏私；他与人交往，依循道义而有法度；他住在家乡，待人宽容而不胡作非为。所以君子处境贫困时就一定享有名望，显达时就一定能建立功勋；他的仁爱宽厚之德普照天下而不昏暗，他的明智通达能够整治天地万物、处理各种事变而不疑惑；他心平气和，思想开阔，德行道义充满在天地之间，仁德智慧达到了极点。这种人就叫做圣人，这是因为他们弄明白了礼义的缘故啊。①

11.修身践言，谓之善行；行修言道，礼之质也

夫礼者，所以定亲疏，决嫌疑，别同异，明是非也。礼不妄说〔1〕人，不辞费。礼不逾节，不侵侮，不好狎。修身践言，谓之善行；行修言道，礼之质也。礼闻取于人，不闻取人。礼闻来学，不闻往教。

【题注】

选自《礼记·曲礼上》。

礼之规范，实言行之规范。所以，行为有修养，言谈符合道理，就体现了礼的本质。

【注释】

〔1〕说(yuè)：同“悦”。

【译文】

礼，是用来确定亲疏、决断嫌疑、区别同异、辨明是非的。依礼而言，不随便讨好人，不说多余的话。依礼而行，不超越节度，不侵辱他人，不与人亲昵失敬。加强自身修养，说到做到，叫做善行。行为有修养，言谈符合道理，就体现了礼的本质。关于礼的学问，只听说被人取法学习，没听说主动要求别人来学习；只听说前来投师学习，没听说主动上门去教授的。②

12.礼有三本

礼有三本：天地者，生之本也；先祖者，类之本也；君师者，治之本也。无天地，恶〔1〕生？无先祖，恶出？无君师，恶治？三者偏亡，焉〔2〕无安人。故礼，上事天，下事地，尊先祖，而隆君师。是礼之三本也。

【题注】

选自《荀子·礼论》。

礼之三本，即天地君亲师。天地君亲师，为中国民间祭祀的对象，充分地表现出中国人对天地的感恩，对君师的尊重，对长辈的怀念之情。

【注释】

〔1〕恶(wū)：同“乌”，疑问词，哪，何。〔2〕焉：则。

【译文】

礼有三个根本：天地是生存的根本，祖先是种族的根本，君长是政治的根本。没有天

---

① 张觉撰：《荀子译注》，第167页。

② 杨天宇撰：《礼记译注》，第2页。

地，怎么生存？没有祖先，种族从哪里产生？没有君长，怎么能使天下太平？这三样即使部分地缺失了，也不会有安宁的人民。所以礼，上侍奉天，下侍奉地，尊重祖先而推崇君长。这是礼的三个根本。①

13.乐者，天地之和也；礼者，天地之序也

乐者，天地之和也；礼者，天地之序也。和，故百物皆化〔1〕。序，故群物皆别。乐由天作，礼以地制。过制则乱，过作则暴。明于天地，然后能兴礼乐也。

【题注】

选自《礼记·乐记》。

称中国文化为礼乐文化，可能源于《礼记·乐记》。

【注释】

〔1〕化：犹生。

【译文】

乐，表现天地间的和谐；礼，表现天地间的秩序。因为和谐，所以能够化生万物；因为有秩序，所以万物都有所区别。乐，依照天的道理而作；礼，依照地的道理而制。礼制定的有错误就会引起各种秩序的混乱，乐制作的有错误就会导致文乐和武乐不分。懂得天地的道理，然后才能兴起礼乐。②

14.礼之用，和为贵

有子曰："礼之用，和为贵。先王之道，斯〔1〕为美，小大由之。有所不行，知和而和，不以礼节之，亦不可行也。"

【题注】

选自《论语·学而》。

中华文化的精华在"和""合"二字。张立文(1935—)教授认为，"和合"是中国思想文化中被普遍接受和认同的人文精神，积淀于各个时代的各派思想文化之中，体现着中国思想文化的首要价值和精髓。(《中国和合文化导论》)

【注释】

〔1〕斯：此，指"礼"，亦指"和"。

【译文】

有子说："礼在应用的时候以形成和谐最为可贵，古代帝王的治国作风就以这一点最为

① 张觉撰：《荀子译注》，第267页。

② 杨天宇撰：《礼记译注》下册，第476页。

完美，无论小事大事，都要依循礼的规定。遇到有些地方行不通时，如果只知为了和谐而求和谐，没有以礼来节制的话，恐怕还是成不了事的。”①

15.兴于诗，立于礼，成于乐

子曰：“兴[1]于诗，立于礼，成于乐。”

【题注】

选自《论语·泰伯》。

孔子教育学生要全面发展，诗、礼、乐不可或缺。

【注释】

〔1〕兴：兴起。

【译文】

孔子说：“诗可以鼓励人心，兴起向善的意志。礼可以端正人的行为，使人坚持既定的原则。乐可以涵养性情，使人养成高尚的人格。”②

四、恕人

“恕道”是中华民族的优秀品格之一，也是中华民族重要的文化资源。“恕”是一个会意字，上“如”下“心”，即指用己心去推他人之心，推己及人。许慎《说文解字》：“恕，仁也，从心，如声。”《论语》提出“忠恕之道”是可以终身行之的，是“一贯之道”，也是为人必须坚守的道德准则。汉代贾谊《新书·道术》：“以己量人谓之恕。”宋戴侗《六书故》卷十三说：“推己及物之谓恕。己欲立而立人，己欲达而达人，施诸己而不愿，亦勿施于人，恕之道也。”朱熹《论语集注》：“推己之谓恕。”这些论述，都将“恕”解释为“推己及人”，即以己心度人之腹。恕道由孔子开创，但是并非儒家一家提倡恕道。墨家的兼爱，老子的“以正治国”，管子的“非其所欲，勿施于人”“己之所不安，勿施于人”，都是强调宽恕之道。

宽恕之道有三层含义：一是己所不欲，勿施于人。就是要求人们秉持真心、善心待人。二是薄责于人。就是要求人们善于自我批评，这是一种自我修养。凡人往往责人之时多，责己之时少。我们应该做到的是“责人之心责己，恕己之心恕人”。对他人应该做到宽恕而不怨。三是立人达人。这是对自身提出的更高的修养要求，就是在满足个人愿望的同时，也希望帮助别人满足愿望。因此，我们不仅不能施恶，而且还要达德，在道德的约束中追求人格的完美，从而建立稳定的社会秩序和道德规范。

---

① 傅佩荣著：《论语300讲》上册，第20页。

② 曾仕强、曾仕良著：《论语的生活智慧》上册，第228页。

随着西学的传入，东西方文化的激荡，人们的思想发生了极大的变化，更加注重个性的解放与个人价值的实现。以经济建设为中心的政策，使我们在短短三十多年的时间，大大缩小了与西方发达国家的差距。但是，忠恕之道、仁义之统，却渐渐被削弱。恕道的缺失，引发了多方面的问题。分析恕道的含义，通过恰当的方式宣扬恕道，使其进入人心，成为指导人们行为的最低道德准则，为构建和谐社会提供丰富的资源，就显得尤为迫切。

1. 夫子之道，忠恕而已矣

子曰："参[1]乎！吾道一以贯之。"曾子曰："唯[2]。"子出，门人问曰："何谓也？"曾子曰："夫子之道，忠恕而已矣。"

【题注】

选自《论语·里仁》。

曾参认为孔子的道是"忠恕"，这是曾参的心得，并不等于这就是孔子一以贯之的道。

【注释】

〔1〕参（shēn）：曾子（前505—前435），名参，字子舆。〔2〕唯：是。

【译文】

孔子说："参呀！我的学说贯穿着一个基本观念。"曾子说："是。"孔子走出去以后，别的学生便问曾子道："这是什么意思？"曾子道："他老人家的学说，只是忠和恕罢了。"①

2. 己所不欲，勿施于人

子贡问曰："有一言而可以终身[1]行之者乎？"子曰："其恕乎！己所不欲，勿施于人。"

【题注】

选自《论语·卫灵公》。

"己所不欲，勿施于人"，堪称为"恕"的金科玉律。

【注释】

〔1〕终身：一生。

【译文】

子贡问道："有一句话可以一生遵循的吗？"孔子说："大概是'恕'吧：自己所不想要的，便不要给予别人。"②

---

① 杨伯峻：《论语译注》，第38页。

② 李泽厚著：《论语今读》，第434页。

3. 絜矩之道

所谓平天下在治其国者，上老老[1]而民兴孝，上长长[2]而民兴弟[3]，上恤[4]孤[5]而民不倍[6]，是以君子有挈矩之道[7]也。所恶[8]于上，毋[9]以使下。所恶于下，毋以事上。所恶于前，毋以先后。所恶于后，毋以从前。所恶于右，毋以交于左。所恶于左，毋以交于右。此之谓絜矩之道。

【题注】

选自《大学》。

"絜矩之道"是"己所不欲，勿施于人"最具体的实践方法。

【注释】

〔1〕老老：尊敬老人。前一个"老"是动词，后一个"老"是名词。〔2〕长长：尊重长辈。前一个"长"是动词，后一个"长"是名词。〔3〕弟（tì）：同"悌"。〔4〕恤（xù）：怜悯，周济。〔5〕孤：孤儿。〔6〕倍（bèi）：同"背"。〔7〕絜（xié）矩之道：指言行要有规矩准绳，要有示范作用。絜，量物体的周围长度；也泛指衡量。矩，画直角和方形的尺子，引申为法度、规则。〔8〕恶（wù）：讨厌，憎恨，与"好（hào）"相对。〔9〕毋（wú）：不要，不可以。

【译文】

所谓平定天下在于先治理好自己的国家，是因为，在上位的人尊敬老人，老百姓就会兴起孝顺自己父母的风气；在上位的人尊重长辈，老百姓就会形成尊重长者的风气；在上位的人怜恤孤幼，老百姓也同样不会背弃这一美德。所以，君子总是实行以身作则、推己及人的"絜矩之道"。凡是处于上位的人的某种行为为我所厌恶，就不用这种做法去对待处于下位的人；凡是处于下位的人的某种作为为我所厌恶，就不用这种做法去对待处于上位的人；我若厌恶前面人的作为，就不用这种做法去对待后面的人；我若厌恶后面的人的某种做法，就不用这种做法去对待前面的人；我若厌恶右边的人的某种做法，就不用这种做法去对待左边的人；我若厌恶左边的人的某种做法，就不用这种态度去对待右边的人。这就叫做推己及人的"絜矩之道"。①

4. 以己量人谓之恕，反恕为荒

以人自观谓之度，反度为妄；以己量人谓之恕，反恕为荒。

【题注】

选自《新书·道术》。

---

① 王国轩译注：《大学中庸》，第36～37页。

"横看成岭侧成峰，远近高低各不同。"（苏轼）看问题应该从多个角度观照才能参透。"恕"就是从自己的角度考虑别人，所谓换位思考。

【译文】

从对方的角度看自己叫做度，度的反面是狂妄。从自己的角度去思量别人叫做恕，恕的反面是迷惘。①

5. 恕而行之，德之则也，礼之经也

王〔1〕取邬〔2〕、刘、蒍〔3〕、邘〔4〕之田于郑，而与郑人苏忿生〔5〕之田：温、原、絺〔6〕、樊、隰郕〔7〕、欑茅〔8〕、向、盟、州、陉〔9〕、隤〔10〕、怀。君子是以知桓王之失郑也。恕而行之，德之则也，礼之经也。己弗能有而以与人，人之不至，不亦宜乎？

【题注】

选自《春秋左传·隐公十一年》。

周天子收回被郑国占领的邬、刘、蒍、邘这四个城邑的土地，却给郑国苏忿生的土地。不按照恕道行事，最终只能失去郑国领土。

【注释】

〔1〕王：周桓王，前720年—前697年在位。〔2〕邬（wū）：古地名。〔3〕蒍（wěi）：古地名。〔4〕邘（yú）：古地名。〔5〕苏忿生：周武王司寇。〔6〕絺（chī）：古地名。〔7〕隰郕（xí chéng）：古地名。〔8〕欑（cuán）茅：古地名。〔9〕陉（xíng）：古地名。〔10〕隤（tuí）：古地名。

【译文】

周桓王从郑国割取邬、刘、蒍、邘的田地，而把原来属于苏忿生的温、原、絺、樊、隰郕、欑茅、向、盟、州、陉、隤、怀的田地给郑国。君子由此而知道周桓王会失去郑国了。按照恕道行事是道德的准则、礼的常规。自己不能保有而拿来送给别人，别人不肯来附，不也是很应该的吗？②

6. 人之情欲不可拂，当用顺之之法以调之，其道只在一恕字

己之情欲不可纵，当用逆之之法以制之，其道只在一忍字；人之情欲不可拂，当用顺之之法以调之，其道只在一恕字。今人皆恕以适己而忍以制人，毋乃不可乎！

【题注】

选自《菜根谭·应酬》。

---

① 方向东译注：《新书》，第255页。

② 李梦生撰：《左传译注》上册，第47页。

严以律己，宽以待人，应该是处理人际关系的基本原则。

【译文】

自己的情感欲望不可以放纵，应当用拂逆情欲的方法来克制它，其方法只在一个忍字；别人的情感欲望不可以拂逆，应当用顺势利导的方法去调节它，其方法只在一个恕字。当今世人都把“恕”字留给自己，用以满足自己的私欲，却把“忍”字留给别人，用以压制别人的欲望，恐怕不行吧？①

7.以恕己之心恕人，则全交

以恕己之心恕人，则全交；以责人之心责己，则寡过。

【题注】

选自《格言联璧·持躬类》。

《格言联璧》，清代金缨编。全书主要内容可分为学问类、存养类、持躬类、摄生类、敦品类、处事类、接物类、齐家类、从政类、惠言类。金缨，清代学者，浙江山阴（绍兴）人，生平不详。黄山书社有《格言联璧》译注本。

【译文】

以宽恕自己的心态宽恕别人，那么好友与日俱增；以责怪他人之心来责怪自己，就会少犯错误。②

8.一恕字是接物之要，所以终身可行也

一信字是立身之本，所以人不可无也；一恕字是接物之要，所以终身可行也。

【题注】

选自《围炉夜话》。

做人要讲信，待人要讲恕，所谓内外有别。

【译文】

一个信字是树立人格的根本，因此做人不能没有信誉；一个恕字是与人交往的关键，因此做人终身都应该奉行。③

9.明恕而行，要之以礼，虽无有质，谁能间之

郑武公、庄公为平王卿士[1]。王贰于虢[2]，郑伯怨王，王曰“无之”。故周、郑交

① （明）洪应明撰、杨春俏评注：《菜根谭》，第32页。

② 段干木明译注：《格言联璧》，黄山书社2011年版，第71页。

③ （清）王永彬撰，张德建评注：《围炉夜话》，第11页。

质[3]，王子狐为质于郑，郑公子忽为质于周。王崩，周人将畀[4]虢公政。四月，郑祭足[5]帅师取温之麦。秋，又取成周之禾。周、郑交恶[6]。君子曰："信不由中[7]，质无益也。明恕而行，要之以礼，虽无有质，谁能间之？苟有明信，涧溪[8]沼沚[9]之毛[10]，蘋蘩蕰藻之菜，筐筥锜釜之器，潢污行潦之水，可荐于鬼神，可羞于王公，而况君子结二国之信，行之以礼，又焉用质？《风》有《采蘩》《采蘋》，《雅》有《行苇》《泂酌》，昭忠信也。"

【题注】

选自《春秋左传·隐公三年》。

诚信、宽恕等不仅是处理人与人之间关系的原则，也是处理组织之间、国家之间关系的重要原则。

【注释】

〔1〕卿士：周朝的执政官。〔2〕虢（guó）：指西虢公，仕于周。〔3〕交质：交换人质。〔4〕畀（bì）：给予。〔5〕祭足：即祭仲，郑大夫。〔6〕交恶（è）：互相憎恨。〔7〕中：同"衷"，内心。〔8〕涧溪：山间小水沟。涧，山间流水的沟。溪，山里的小河沟。〔9〕沼沚（zhǐ）：均为小池塘。〔10〕毛：植物，这里指野草。

【译文】

郑武公、郑庄公先后担任周平王的卿士。平王又偏信虢公，想把政权分一部分给虢公，郑庄公埋怨平王，平王说："没有这回事。"所以周、郑交换人质，王子狐到郑国去作人质，郑公子忽到周作为人质。平王去世，周人准备把政权交给虢公。四月，郑国的祭足带领军队割取了温地的麦子。秋天，又割取了成周的谷子。周、郑就此互相憎恨。君子说："诚信不是出自内心，交换人质是没有益处的。彼此互相体谅而后行事，以礼仪来加以约束，虽然没有什么抵押作保证，又有谁能离间他们呢？只要彼此了解，诚信相待，涧溪、沼沚中长的野草，蘋蘩、蕰藻一类野菜，筐、筥、锜、釜一类器具，浅池、行潦中的水，都可以供奉鬼神，可以献给王公，何况君子缔结两个国家的信任，按礼仪行事，又哪里还用得着人质？《国风》有《采蘩》《采蘋》篇，《大雅》有《行苇》《泂酌》篇，就是为了表明忠诚信用。"①

10.君子有三恕

孔子曰："君子有三恕：有君不能事，有臣而求其使，非恕也；有亲不能报，有子而求其孝，非恕也；有兄不能敬，有弟而求其听令，非恕也。士能明于三恕之本，则可谓端身[1]矣。"

【题注】

选自《孔子家语·三恕》。

---

① 李梦生撰：《左传译注》上册，第15页。

孔子说："其身正，不令而行；其身不正，虽令不从。"(《论语·子路》)要求别人做到的，自己首先要做到。自己不孝敬父母，怎么要求孩子孝敬自己呢？所以"三恕"的意义就在于先端正自己。

【注释】

〔1〕端身：正身，使行为端正。

【译文】

孔子说："君子有三恕：有国君而不能侍奉，有臣子却要役使，这不是恕；有父母不能孝敬，有儿子却要他报恩，这不是恕；有哥哥不能尊敬，有弟弟却要求他顺从，这也不是恕。读书人能明了这三恕的根本意义，就可以算得上行为端正了。"①

11.忠恕违道不远，施诸己而不愿，亦勿施于人

子曰："道不远人。人之为道而远人，不可以为道。"《诗》[1]云："'伐柯伐柯[2]，其则不远。'执柯以伐柯，睨[3]而视之，犹以为远。故君子以人治人[4]，改而止。忠恕违道不远，施诸己而不愿，亦勿施于人。君子之道四，丘未能一焉。所求乎子以事父，未能也；所求乎臣以事君，未能也；所求乎弟以事兄，未能也；所求乎朋友先施之，未能也。庸德[5]之行，庸言之谨，有所不足，不敢不勉，有余不敢尽。言顾行，行顾言，君子胡[6]不慥慥[7]尔。"

【题注】

选自《中庸》。

"施诸己而不愿，亦勿施于人"是"己所不欲，勿施于人"的另一种表达方法。

【注释】

〔1〕《诗》：指《诗经·豳风·伐柯》。〔2〕伐柯(kē)：砍削斧柄。柯，斧子的柄。〔3〕睨(nì)：斜着眼睛看。〔4〕以人治人：以人固有之道来治理人。朱熹注："若以人治人，则所以为人之道，各在当人之身，初无彼此之别。故君子之治人也，即以其人之道还治其人之身。其人能改，即止不治。盖责之以其所能知能行，非欲其远人以为道也。"②〔5〕庸德：平常的道德。庸，平常的，不高明的。〔6〕胡：何，怎么。〔7〕慥慥(zào zào)：忠厚诚实的样子。

【译文】

孔子说："道是不能离开人的。如果有人实行道却离开人，那就不可能实行道了。《诗经·豳风·伐柯》说：'砍削斧柄，砍削斧柄，斧柄的式样就在眼前。'握着斧柄砍削树木来做斧柄，应该说不会有什么差异，但如果你斜眼去看，还会以为差异很大。所以君子根

① 方向东译注：《孔子家语》，第84页。

② (宋)朱熹：《四书章句集注》，第23页。

据为人的道理来治理人，只要他能改正错误实行道就行。一个人做到忠恕，离道也就不远了。什么叫忠恕呢？自己不愿意做的事，也不要施加给别人。君子的道有四项，我孔丘连其中的一项也没有能够做到：用我所要求儿子侍奉父亲的标准来孝顺父亲，我没有能够做到；用我所要求臣下服事君王的标准来竭尽忠诚，我没有能够做到；用我所要求的弟弟对哥哥做到的敬重恭顺，我没有能够做到；用我所要求朋友应该先做到的，我没有能够做到。实践平常的道德，谨慎平常的言论，还有不足的地方，不敢不再努力；言谈要留有余地，不说过头话。言论要符合自己的行为，行为要符合自己的言论，这样的君子怎么会不忠厚诚实呢？”①

12.恕者仁之本也，平者义之本也，恭者礼之本也，守者信之本也

《诗》[1]云：“德輶[2]如毛，民鲜克举之。”世有大难者四，而人莫之能行也，一曰恕，二曰平，三曰恭，四曰守。夫恕者仁之本也，平者义之本也，恭者礼之本也，守者信之本也。四者并立，四行乃具，四行具存，是谓真贤。四本不立，四行不成，四行无一，是谓小人。

所谓恕者，君子之人，论彼恕于我，动作消息于心；己之所无，不以责下，我之所有，不以讥彼；感己之好敬也，故接士以礼，感己之好爱也，故遇人有恩；“己欲立而立人，己欲达而达人”[3]；善人之忧我也，故先劳人，恶人之忘我也，故常念人。凡品则不然，论人不恕己，动作不思心；无之己而责之人，有之我而讥之彼；己无礼而责人敬，己无恩而责人爱；贫贱则非人初不我忧也，富贵则是我之不忧人也。行己若此，难以称仁矣。

所谓平者，内怀鸤鸠[4]之恩，外执砥矢[5]之心，论士必定于志行，毁誉必参于效验；不随俗而雷同，不逐声而寄论；苟善所在，不讥贫贱；苟恶所错，不忌富贵；不谄上而慢下，不厌故而敬新。凡品则不然，内偏颇于妻子，外僭惑于知友；得则誉之，怨则谤之；平[6]议无埻[7]的，讥誉无效验；苟阿[8]贵以比党，苟剽声以群吠；事富贵如奴仆，视贫贱如佣客；百至秉权之门，而不一至无势之家。执心若此，难以称义矣。

所谓恭者，内不敢傲于室家，外不敢慢于士大夫；见贱如贵，视少如长；其礼先入，其言后出；恩意无不答，礼敬无不报；睹贤不居其上，与人推让；事处其劳，居从其陋，位安其卑，养甘其薄。凡品则不然，内慢易于妻子，外轻侮于知友；聪明不别真伪，心思不别善丑；愚而喜傲贤，少而好陵[9]长；恩意不相答，礼敬不相报；睹贤不相推，会同不能让；动欲择其佚[10]，居欲处其安，养欲擅其厚，位欲争其尊；见人谦让，因而嗤之，见人恭敬，因而傲之，如是而自谓贤能智慧。为行如此，难以称忠矣。

所谓守者，心也。有度之士，情意精专，心思独睹，不驱于险墟之俗，不惑于众多之口；聪明悬绝，秉心塞渊，“独立不惧，遁世无闷”[11]，心坚金石，志轻四海，故守其心而

① 王国轩译注：《大学中庸》，第83～84页。

成其信。凡器则不然，内无持操，外无准仪；倾侧险诐，求同于世，口无定论，不恒其德，二三其行。秉操如此，难以称信矣。

夫是四行者，其轻如毛，其重如山，君子以为易，小人以为难。孔子曰："仁远乎哉？我欲仁，仁斯至矣。"[12]又称"知德者尟"[13]。俗之偏党，自古而然，非乃今也。凡百君子，竞于骄僭，贪乐慢傲，如贾一倍，以相高。苟能富贵，虽积狡恶，争称誉之，终不见非；苟处贫贱，恭谨，祇为不肖，终不见是。此俗化之所以浸败，而礼义之所以消衰也。

【题注】

选自汉代王符《潜夫论·交际》。

王符认为，仁义礼信是为人之本，恕平恭守又分别是仁义礼信之本。

【注释】

〔1〕《诗》：指《诗经·大雅·烝民》。〔2〕輶（yóu）：轻。〔3〕语出《论语·雍也》："夫仁者，己欲立而立人，己欲达而达人。"〔4〕鳲（shī）鸠：布谷鸟。〔5〕砥矢：原指磨石与箭，后喻指平直。〔6〕平：同"评"。〔7〕埻（zhǔn）的：原意为箭靶，引申为标准。〔8〕阿（ē）：阿谀，迎合。〔9〕陵：通"凌"。〔10〕佚：通"逸"，安闲，舒适。〔11〕语出《周易·大过·象传》："泽灭木，大过，君了以独立不惧，遁世无闷。"〔12〕语出《论语·述而》：子曰："仁远乎哉？我欲仁，斯仁至矣。"〔13〕语出《论语·卫灵公》：子曰："由，知德者鲜矣。"尟（xiǎn），同"鲜"。

【译文】

《诗经》上说："道德轻得像毛发，民众很少能举它。"世上有男子汉应该奉行的四种重大道德规范，但人们却没有谁能奉行它们。第一种是恕道，第二种是公平，第三种是恭敬，第四种是操守。恕道，是仁爱的根本；公平，是道义的根本；恭敬，是礼仪的根本；操守，是信用的根本。这四种根本的道德都能确立起来，行仁爱、讲道义、顾礼仪、守信用这四种品行也就具备了；这四种品行都存在于身上，这叫做真正的贤人。这四种根本的道德不能确立起来，行仁爱、讲道义、顾礼仪、守信用这四种品行也就不能养成；这四种品行一样都没有，这叫做小人。

所谓恕道，就是：有道德的君子，议论别人时把他们当作自己来考虑，采取行动时先在心里想一想；自己没有的品德，不拿来要求下属；自己具备的品德，不用来指责别人；感到自己喜欢被人尊敬，所以按照礼仪去接待士人；感到自己喜欢被人爱抚，所以对待别人就有恩典；自己想在社会上站住脚，也让别人在社会上站住脚；自己想显贵，也使别人显贵；赞赏别人为自己担忧，所以先为别人担忧；憎恨别人忘记自己，所以常常惦记别人。平庸的人就不是这样：议论别人时不想想自己，采取行动时不在心里考虑一下；自己身上没有那种品德，却拿它去要求别人；自己有了那种品德，就拿它去指责别人；自己对人没有礼节却要求别人尊敬自己，自己对人没有恩典却要求别人爱抚自己；贫穷卑贱时便责怪别人不为自己担忧，富裕高贵了就认为自己不为别人担忧是正确的。立身行事像这个样子，就难以称之为仁爱了。

所谓公平，就是：对家里的人怀着布谷鸟那种平均如一的恩爱之情，对外人则坚持公平正直的态度；议论士人时一定根据他们的志向品行来评定，毁谤或赞誉时一定先对事实证据进行检验考察；不随从世俗去附和，不跟着别人的论调去搭腔；如果善行在他身上，就不因其贫穷卑贱而加以指责；如果罪恶在他身上，就不因其富裕高贵而避忌不说；不奉承上级而怠慢下级，不厌弃旧友而敬重新交。平庸的人就不是这样：在家中则偏爱妻子儿女，在外则过分地迷信知己朋友；满意就称赞他，怨恨就诽谤他；评议士人时没有一定的标准，指责或赞誉时没有事实根据；苟且阿谀奉迎权贵而拉党结派，苟且地掠取别人的论调而成群结对地狂吠乱叫；侍奉富裕高贵的人时就像奴仆一样，对待贫穷卑贱的人则如同对待雇佣来的外人一样；成千上百次到掌权的人家去，却一次也不到无权无势的人家。居心如此，就难以称之为道义了。

所谓恭敬，就是：在家中不敢傲视家里的人，在外不敢怠慢大小官吏；见到卑贱的人就像见到尊贵的人一样，对待年少的就像对待年长的一样；他的礼节比别人先行，他的话比别人后说；对别人的恩惠情意没有不酬答的，对别人的礼遇敬重没有不报答的；看见了比自己贤能的人就不再处在他的上位，聚会时能和别人推让；做事待在那劳苦的地方，居住跟随那有德的人，在职位方面安心于那卑微的，在给养方面甘心于那菲薄的。平庸的人就不是这样：在家中怠慢看不起自己妻子儿女，在外轻视怠慢知己朋友；耳朵眼睛不能分辨真假，脑子不能分辨善恶；自己愚蠢却喜欢傲视贤人，自己年轻却喜欢凌辱长者；对别人的恩惠情意不去酬答，对别人的礼遇敬重不去报答；看见贤人不去推举，与人聚会不能谦让；做事要挑那安逸的，居住要住在那安稳处，在给养方面要霸占那丰厚的，在职位方面要争夺那尊贵的；看见别人谦让，就去嗤笑他；看见别人恭敬，就高傲地对待他；像这样却还自以为贤能聪明，所作所为像这个样子，就难以称之为忠厚了。

所谓操守，是指思想意志而言。有法度的士人，情感意念精诚专一，思想有独到的见解；不为险恶的世俗观念所驱使，不被众人的言语所迷惑；他的聪明与众人相差极远，他所具有的思想充实而又深远；独自立身行事而毫不畏惧，隐居避世而不忧愁苦闷；思想意志像金石一样坚不可摧，志向高洁得把拥有天下都看得很轻微；所以能保持自己的思想观念而成全自己的信用。平庸的人就不是这样：内心没有执着的操守，在外没有一定的仪表；品行不端险恶邪僻，只求为所欲为以逞其意；口中没有确定不移的言论，不能保持自己的德行经久不变，常使自己的行为反复无常。把握自己的操行像这个样子，就难以称之为讲信用了。

这四种德行，可以说轻得像毛发，也可以说重得像山陵；君子认为做到它们是容易的，小人认为做到它们是困难的。孔子说："仁德远吗？我想要仁德，仁德就来了。"又说："明瞭道德的人不多。"世俗的偏袒不正拉党结派，自古以来就是如此，并不只是今天的事。所有的大小官吏，都争着骄傲放纵，贪图享乐简慢高傲；至如做买卖能成倍赚钱的事，他们也拿来互相标榜。只要他能够富裕高贵，即使有很多狡诈罪恶的行径，人们也争着去称赞他，始终不会被人非议；如果他处在贫穷卑贱的境地，即使保持着恭敬谨慎，也只被人们认为没有德才，始终不会被人称是。这就是习俗风气逐渐败坏的原因，也是礼仪道义逐渐消失衰微的缘故啊！①

13.恕字甚大，然恕不可独用，须得忠以为体

问："忠恕可贯道否？"曰："忠恕固可以贯道，但子思[1]恐人难晓，故复于《中庸》降一等言之，曰：'忠恕违道不远'[2]。忠恕只是体用，须要理会得。"又问："恕字，学者可用功否？"曰："恕字甚大，然恕不可独用，须得忠以为体。不忠，何以能恕？看忠恕两字，自见相为用处。孔子曰：'君子之道四，丘未能一焉。'[3]恕字甚难。孔子曰：'有一言可以终身行之者，其恕乎。'[4]"②

【题注】

选自《河南程氏遗书》第十八，伊川先生语四。

自曾子"忠恕"二字连用后，《中庸》、程颐都认为"忠恕"为孔子之道。

【注释】

〔1〕子思：名孔伋，字子思，孔子的嫡孙、孔鲤的儿子。大约生于周敬王三十七年（前483），卒于周威烈王二十四年（前402），享年82岁。〔2〕语出《中庸》：忠恕违道不远，施诸己而不愿，亦勿施于人。〔3〕语出《中庸》：君子之道四，丘未能一焉：所求乎子以事父，未能也；所求乎臣以事君，未能也；所求乎弟以事兄，未能也；所求乎朋友先施之，未能也。〔4〕语出《论语·卫灵公》：子贡问曰："有一言而可以终身行之者乎？"子曰："其恕乎！己所不欲，勿施于人。"

14.如心谓之恕

如心谓之恕。君子之恕，如其心之忠也。小人之恕，如其心之邪也。小人以己之贪，度人之贪，因生嫉妒。③

【题注】

选自明代王夫之《楚辞通释·离骚经》。

王夫之（1619—1692），字而农，号姜斋，湖南衡阳人。晚年，隐居于石船山，著书立说，自署船山病叟、南岳遗民，学者遂称之为船山先生。他与顾炎武（1613—1682）、黄宗羲（1610—1695）并称明清之际三大思想家。王夫之著作很多，岳麓书社整理出版的《船山全书》有16册。这里所选文字，是王夫之诠释屈原（前340—前278）之《离骚》"恕己以量人兮，各兴心而嫉妒"的一段文字。

---

① （汉）王符著，张觉译注：《潜夫论全译》，第539～547页。
② （宋）程颢、程颐著：《二程集》上册，第184页。
③ （明）王夫之著：《船山全书》第十四册，岳麓书社1996年版，第218页。

15. 中以应实曰知恕

公[1]曰："请学忠信之备。"子曰："唯社稷之主，实知忠信。若丘也，缀学之徒，安知忠信？"公曰："非吾子问之而焉也？"子三辞，将对。公曰："强[2]避！"子曰："强侍。丘闻：大道不隐。丘言之君，发之于朝，行之于国，一国之人莫不知，何一之强辟[3]？丘闻之：忠有九知——知忠必知中，知中必知恕，知恕必知外，知外必知德，知德必知政[4]，知政必知官[5]，知官必知事，知事必知患，知患必知备。若动而无备，患而弗知，死亡而弗知，安与知忠信？内思毕心[6]曰知中，中以应实曰知恕，内恕外度曰知外，外内参意曰知德，德以柔政曰知政，正义辨方曰知官，官治物则曰知事，事戒不虞曰知备，毋患曰乐，乐义曰终。"

【题注】

选自《大戴礼记·小辨》。

"恕"就是将心比心。怎样才能做到将心比心呢？内心以真诚相应，就会领悟将心比心。

【注释】

〔1〕公：鲁哀公。〔2〕强：人名。〔3〕辟：同"避"。〔4〕知德必知政：《论语·为政》："为政以德，譬如北辰，居其所而众星共之。"〔5〕官：分职任政的人。〔6〕毕心：尽心。

【译文】

哀公说："请让我向你学习原原本本的忠信的道理吧。"夫子说："只有主持国家的领袖才真正懂得忠信的道理，像我，不过是个拉杂学习的人，怎能知道忠信的道理呢？"哀公说："我不问你，问谁呢？"孔子辞让了三次，正要回答，哀公说："强，你回避一下。"夫子说："强还是留在这儿好了。我听说，大道理是公开的。我向你报告过后，就在朝廷里表现出来，然后推行到全国，全国的人都没有不知道的，为什么独独要强一个人回避呢？我听说，要知道忠的道理，有九句话：知道竭诚尽忠，就必定知道自己的内心；知道自己的内心，就必定知道将心比心；知道将心比心，就必定知道外界的事物；知道外界的事物，就必定知道外得于物而内得于心；知道外得于物而内得于心，就必定知道政治的道理；知道政治的道理，就必定知道官员的职分；知道官员的职分，就必定知道公共的事务；知道公共的事务，就必定知道祸患发生的原因；知道祸患发生的原因，就必定知道怎样去防备。如果行动时没有防备，祸患发生也不知道，死亡临头也不知道，怎么能知道忠信的道理呢？尽心去思想就会知道自己的内心；内心以真诚相应，就会知道将心比心；内能将心比心又外能替别人设想，就会知道外界的事物；沟通外物和内心，就会知道外得于物而内得于心的德行，以这种德行来从事政治，就会知道政治的道理；能端正名义使官有常道，就会知道官员的职分；能使官职有规矩，事物都依常法，就会知道公共的事务；凡事都提防意外发生，就会知道防备；没有祸患就会安乐；乐于道义，就会有美好的成果。"①

---

① 高明注译：《大戴礼记今注今译》，第393～394页。

五、俭约

俭约是中华民族的传统美德。俭是形声字，本义为在思想行为等方面对自己加以约束，特指节省，不浪费。《说文》："俭，约也。"约是形声字，本意为专门对一件物品进行绑定，引申为拘束、限制、约束。俭约即指俭省节约。《论语》讲五德"温良恭俭让"，把俭约作为人的重要品德。《周易·否·大象传》："君子以俭德避难。"商初大臣伊尹指出"慎乃俭德，维怀永图"（《尚书·太甲上》），墨子有"节用节葬，为饮食不可不节"，韩非子说"俭于财用，节于衣食"（《韩非子·难二》）。《荀子·非十二子》："上功用，大俭约而僈差等。"要求节省用度。东汉郎顗说："救奢必于俭约，拯薄无若敦厚。"（《后汉书·郎顗传》）唐代诗人李绅（772—846）《悯农》有"谁知盘中餐，粒粒皆辛苦"的诗句，曾国藩家训称："家之兴在于和睦、孝道、勤俭，居屋莫太宏丽。"清康熙年间朱柏庐的《治家格言》更是说得明白："一粥一饭，当思来之不易；半丝半缕，恒念物力维艰。"即便是在今天，老百姓都知道"家中有粮，心中不慌"的道理。可见中华民族崇尚俭约、反对奢侈的优良传统源远流长。

今天，我们的日子越来越好，生活水平日渐提高，身为纯消费群体的大学生，不用发愁吃喝用度，家长的唯一需求似乎就是好好学习就可以了。然而我们环顾校园，在大学生身上看到的浪费现象却是极为惊人的。包括餐厅浪费、衣物浪费、电子产品的浪费，甚至对时间的浪费、对生命健康的浪费。媒体也经常报道贫困地区的穷苦状况，但是很多大学生似乎无法理解，因为他们从未经历过这些事情，对此毫无体验，自然无法情同感受。当然，这也与当前浮躁的社会心态密不可分。俗话说，"由俭入奢易，由奢入俭难"。当前拜金主义的狂潮会把我们推向对物质的绝对崇拜中，从而消解了对人自我本身的关注，这会对整个社会的价值体系造成严重的不良影响。

习近平总书记非常重视勤俭节约，并把它提到了国家兴亡的高度。在《在第十八届中央纪律检查委员会第二次全体会议上的讲话》（2013年1月22日）中，习近平就提到："我们的财力是不断增加了，但决不能大手大脚糟蹋浪费！要坚持勤俭办一切事业，坚决反对讲排场比阔气，坚决抑制享乐主义和奢靡之风。"这是习近平同志关于勤俭节约的一次讲话。习近平曾多次引用名言警句告诫全党全军全国人民，要厉行节约、反对浪费。如"国奢则用费，用费则民贫""俭则约，约则百况俱兴；侈则肆，肆则百恶俱纵"等，中央政治局甚至把"厉行节约、反对浪费"以党内法规的形式固定下来。

上至国家，下至个人，都应该提倡节俭过日子。作为大学生的我们唯有把俭约作为自己的行为准则，使之"内化于心，外化于行"，自身养成俭约的习惯；在此基础上，影响人，带动人，"善禁者，先禁其身而后人"，共同营造勤俭节约的良好社会风气。

1.恭者不侮人，俭者不夺人

孟子曰："恭者不侮人，俭者不夺人。侮夺人之君，惟恐不顺焉，恶[1]得为恭俭？恭俭岂可以声音笑貌为哉？"

【题注】

选自《孟子·离娄上》。

"恭俭"之德源于孔子。《论语·学而》记载："子禽问于子贡曰：'夫子至于是邦也，必闻其政，求之与？抑与之与？'子贡曰："夫子温良恭俭让以得之。夫子之求之也，其诸异乎人之求之与？'"在孟子看来，做什么比说什么更重要。如果没有合宜的行动，或者行动荒诞离奇，光靠"声音笑貌"是无法长期蒙骗大众的。

【注释】

〔1〕恶（wū）：古同"乌"，疑问词，哪，何。

【译文】

孟子说："谦恭的人不会侮辱别人，节俭的人不会掠夺别人。有些君主，侮辱别人也掠夺别人，唯恐别人不顺从他，怎么算得上谦恭与节俭呢？谦恭与节俭难道可以靠好听的声音与微笑的脸孔来伪装吗？"①

2.奢则不孙，俭则固

子曰："奢则不孙[1]，俭则固[2]。与其不孙也，宁固。"

【题注】

选自《论语·述而》。

孔子没有仇视富贵的观念，却十分反对过分奢侈。在太过奢侈和太过节俭之中，孔子宁愿选择后者，不惹人注意，不自找麻烦。

【注释】

〔1〕孙（xùn）：同"逊"，谦让，恭顺。〔2〕固：固执。

【译文】

孔子说："奢侈的人不谦逊，节俭的人固执。与其不谦逊，宁肯固执。"②

---

① 傅佩荣译解：《孟子》，第120～121页。

② 李泽厚著：《论语今读》，第220页。

3.恭俭庄敬，《礼》教也

孔子曰："入其国，其教可知也：其为人也，温柔敦厚，《诗》教也；疏通知远，《书》教也；广博易良，《乐》教也；絜[1]静精微，《易》教也；恭俭庄敬，《礼》教也；属[2]辞比事，《春秋》教也。故《诗》之失愚，《书》之失诬，《乐》之失奢，《易》之失贼，《礼》之失烦，《春秋》之失乱。其为人也，温柔敦厚而不愚，则深于《诗》者也。疏通知远而不诬，则深于《书》者也。广博易良而不奢，则深于《乐》者也。絜静精微而不贼，则深于《易》者也。恭俭庄敬而不烦，则深于《礼》者也。属辞比事而不乱，则深于《春秋》者也。"

【题注】

选自《礼记·经解》。

在"六经"中，节俭属于礼教的范围。

【注释】

〔1〕絜(jié)：同"洁"，干净。〔2〕属(zhǔ)：连缀，接连。

【译文】

孔子说："进入一个国家，就可以看出这个国家对国民的教化怎样：观察他们的为人，温柔而厚道，是得力于《诗》的教化；知识通达而又了解历史，是得力于《书》的教化；豁达平易而又善良，是得力于《乐》的教化；纯洁、文静而有细心，是得力于《易》的教化；恭谦、节俭、庄重而又恭敬，是得力于《礼》的教化；善于连缀文辞、比附事实(而判断是非)，是得力于《春秋》的教化。《诗》的教化强调得过分，就会使人变得愚钝；《书》的教化强调得过分，就会使人的知识失实；《乐》的教化强调得过分，就会使人奢侈；《易》的教化强调得过分，就会使人互相伤害；《礼》的教化强调得过分，就会使人变得烦琐；《春秋》的教化强调得过分，就会使人乱伦犯上。如果这个国家的民众为人温柔厚道而不愚钝，这是正确施行《诗》教的结果；知识通达、了解历史而不失实，这是正确施行《书》教的结果；豁达、平易、善良而不奢侈，这是正确施行《乐》教的结果；纯洁、文静、细心而不互相伤害，这是正确施行《易》教的结果；恭谦、节俭、庄重、恭敬而不烦琐，这是正确施行《礼》教的结果；善于文辞、能够列举事实(判断是非)而不乱伦犯上，这是正确施行《春秋》之教的结果。"①

4.恭近礼，俭近仁，信近情

子曰："恭近礼，俭近仁，信近情。敬让以行，此虽有过，其不甚矣。夫恭寡过，情可

① 杨天宇撰：《礼记译注》下册，第650～651页。

信，俭易容也，以此失之者，不亦鲜乎？《诗》[1]曰：‘温温恭人，惟德之基。’”

【题注】

选自《礼记·表记》。

节俭的人，就是多省一些给别人。做老板的多省一些给员工，多省一些去做公益慈善事业，就是仁慈。

【注释】

[1]《诗》：指《诗经·大雅·抑》。

【译文】

孔子说：“恭敬近于礼，节俭近于仁，诚信近于真情。恭敬谦让而行，这样即使有过失，也不至于严重。恭敬少过失，真情可信赖，节俭易为人接纳，这样做而犯过失的，不是很少吗？《诗》说：‘温和恭敬的人，是德的根基。’”①

5.俭，德之共也；侈，恶之大也

吾本寒家，世以清白相承。吾性不喜华靡，自为乳儿，长者加以金银华美之服，辄羞赧[1]弃去之。二十忝[2]科名[3]，闻喜宴[4]独不戴花。同年[5]曰：“君赐不可违也。”乃簪[6]一花。平生衣取蔽寒，食取充腹，亦不敢服垢弊[7]以矫俗[8]干名[9]，但顺吾性而已。

众人皆以奢靡为荣，吾心独以俭素为美。人皆嗤吾固陋，吾不以为病。应之曰：孔子称：“与其不逊也，宁固。”[10]又曰：“以约失之者鲜矣。”[11]又曰：“士志于道，而耻恶衣恶食者，未足与议也。”[12]古人以俭为美德，今人乃以俭相诟病。嘻，异哉！

近岁风俗，尤为侈靡，走卒类[13]士服，农夫蹑[14]丝履。吾记天圣[15]中，先公[16]为群牧判官[17]，客至，未尝不置酒，或三行五行[18]，多不过七行。酒沽[19]于市，果止于梨、栗、枣、柿之类，肴止于脯醢[20]、菜羹[21]，器用瓷漆。当时士大夫家皆然，人不相非也。会数而礼勤，物薄而情厚。近日士大夫家，酒非内法，果肴非远方珍异，食非多品，器皿非满案，不敢会宾友。常数日营聚，然后敢发书，苟或不然，人争非之，以为鄙吝，故不随俗靡者盖鲜矣。嗟乎！风俗颓弊如是，居位者虽不能禁，忍助之乎！

又闻昔李文靖公[22]为相，治居第[23]于封丘门内，厅事[24]前仅容旋马。或言其太隘，公笑曰：“居第当传子孙，此为宰相厅事诚隘，为太祝[25]、奉礼[26]厅事已宽矣。”参政鲁公[27]为谏官，真宗遣使急召之，得于酒家。既入，问其所来，以实对。上曰：“卿为清望官[28]，奈何饮于酒肆？”对曰：“臣家贫，客至无器皿肴果，故就酒家觞[29]之。”上以其无隐，益重之。张文节[30]为相，自奉养如为河阳掌书记[31]时，所亲或规之曰：“公今受俸不少，而自奉若此，公虽自信清约，外人颇有公孙布被[32]之讥。公宜少从众。”公叹曰：“吾今日之俸，虽举家锦衣玉食，何患不能？顾人之常情，由俭入奢易，由奢入俭难。吾今

① 杨天宇撰：《礼记译注》下册，第719页。

日之俸岂能常有？身岂能常存？一旦异于今日，家人习奢已久，不能顿俭，必致失所。岂若吾居位去位，身在身亡，常如一日乎？”呜呼！大贤之深谋远虑，岂庸人所及哉！

御孙[33]曰：“俭，德之共也；侈，恶之大也。”[34]共，同也。言有德者，皆由俭来也。夫俭则寡欲，君子寡欲则不役于物，可以直道而行；小人寡欲，则能谨身节用，远罪丰家。故曰：“俭，德之共也。”侈则多欲，君子多欲则贪慕富贵，枉道速祸；小人多欲则多求妄用，败家丧身；是以居官必贿，居乡必盗。故曰：“侈，恶之大也。”

昔正考父[35]饘[36]粥以糊口，孟僖子[37]知其后必有达人。季文子[38]相三君，妾不衣帛，马不食粟，君子以为忠。管仲镂簋朱纮[39]，山粢藻棁[40]，孔子鄙其小器。公叔文子[41]享卫灵公[42]，史鳍[43]知其及祸，及戌，果以富得罪出亡。何曾[44]日食万钱，至孙，以骄溢倾家。石崇[45]以奢靡夸人，卒以此死东市。近世寇莱公[46]豪侈冠一时，然以功业大，人莫之非，子孙习其家风，今多穷困。

其余以俭立名，以侈自败者多矣，不可遍数，聊举数人以训汝。汝非徒身当服行，当以训汝子孙，使知前辈之风俗云。①

【题注】

选自《司马温公集》，原题为《训俭示康》。

司马光（1019—1086），字君实，陕州夏县（今山西夏县）涑水乡人，世称涑水先生。历仕仁宗、英宗、神宗、哲宗四朝，卒赠太师、温国公，谥文正。司马光生平著作甚多，主要有《资治通鉴》《温国文正司马公文集》《稽古录》《涑水记闻》《潜虚》等。巴蜀书社出版《司马温公集编年校笺》（六册）。《训俭示康》是司马光写给其子司马康（1050—1090），教导他应该崇尚节俭的一篇家训。

【注释】

〔1〕赧（nǎn）：因羞惭而脸红。〔2〕忝（tiǎn）：辱，有愧于，常用作谦辞。〔3〕科名：科举功名。〔4〕闻喜宴：皇帝赐予新科进士宴会。〔5〕同年：科举时代称同榜或同一年考中者。〔6〕簪（zān）：插，戴。〔7〕垢弊：亦作“垢敝”，又脏又破。〔8〕矫俗：矫正世俗。〔9〕干名：求名。干，求。〔10〕语出《论语·述而》：子曰：“奢则不孙，俭则固，与其不孙也，宁固。”〔11〕语出《论语·里仁》：子曰：“以约失之者鲜矣。”〔12〕语出《论语·里仁》：子曰：“士志于道，而耻恶衣恶食者，未足与议也。”〔13〕类：类似。〔14〕蹑（niè）：踩，踏。〔15〕天圣：宋仁宗赵祯年号，1023—1032。〔16〕先公：亡父。〔17〕群牧判官：群牧司（主管国家公用马匹的机构）的判官。〔18〕行（xíng）：行酒，依次斟酒。〔19〕沽：买。〔20〕脯醢（fǔ hǎi）：佐酒的菜肴。脯，肉干，水果蜜渍后晾干的成品。醢，用肉、鱼等制成的酱。〔21〕菜羹（gēng）：用蔬菜煮的羹。羹，用蒸煮等方法做成的糊状、冻状食物。〔22〕李文靖公：李沆（947—1004），字太初，谥文靖，《宋史》卷二八二有传。

① （宋）司马光撰、李之亮笺注：《司马温公集编年笺注》第五册，巴蜀书社2009年版，第257～259页。

〔23〕居第：住宅。封丘门：北宋汴京外城东门。〔24〕厅事：古作“听事”，指官署视事问案的厅堂。〔25〕太祝：又称大祝，官名。太常寺的官，主管祭祀。〔26〕奉礼：官名，属太常寺，掌君臣版位，以奉朝会祭祀之礼。〔27〕鲁公：鲁宗道（966—1029），字贯之，《宋史》卷二百六有传。〔28〕清望官：指地位贵显、有名望的官职。〔29〕觞（shāng）：本为酒器，引申为欢饮、进酒。〔30〕张文节：张知白（？—1028），字用晦，谥文节，《宋史》卷三一〇有传。〔31〕河阳掌书记：河阳的官员。河阳，地名。掌书记，观察使或节度使的属官。〔32〕公孙布被：典出《史记·平津侯主父列传》。公孙弘认为做臣子最大的毛病在于不节俭。他盖布被子，吃饭仅有一个肉菜，饭是小米饭，并用自己的俸禄供给宾客，家中没有什么积蓄。后借指生活俭朴，严于律己。〔33〕御孙：鲁国大夫。〔34〕语出《左传·庄公二十四年》：二十四年，春，刻其桷，皆非礼也。御孙谏曰：“臣闻之：‘俭，德之共也；侈，恶之大也。’先君有共德，而君纳诸大恶，无乃不可乎？”〔35〕正考父：孔子祖先，曾为宋国上卿。〔36〕饘（zhān）：稠（粥）。〔37〕孟僖子：姬姓，孟氏，名貜，谥僖，春秋后期鲁国司空，三桓之一，孟孝伯之子。〔38〕季文子：姬姓，季氏，谥文，史称“季文子”，春秋时期鲁国的正卿。〔39〕镂簋（guǐ）朱纮（hóng）：刻有花纹的簋和红色的帽带。镂，刻。簋，古代盛食物的器具，圆口，双耳。纮，系于颌下的帽带。〔40〕山楶藻棁（shān jié zǎo zhuō）：形容居处豪华奢侈，越等僭礼。山楶，刻成山形的斗拱。楶，斗拱，支承大梁的方木。藻棁，画有藻文的梁上短柱。棁，梁上的短柱。〔41〕公叔文子：名拔，或作发，谥“文”，故称公叔文子，乃卫献公之孙，又称公孙拔。〔42〕卫灵公：春秋时期卫国第28代国君，著名的昏君之一。〔43〕史鳝：春秋时卫国大夫，字子鱼，也称史鱼。〔44〕何曾（199—278）：西晋大臣，开国元勋。〔45〕石崇（249—300）：字季伦，小名齐奴，西晋开国元勋石苞第六子。〔46〕寇莱公：寇准（961—1023），字平仲。皇佑四年（1053），宋仁宗诏翰林学士孙抃撰神道碑，谥“忠愍”，复爵“莱国公”，追赠中书令，故后人多称“寇忠愍”或“寇莱公”。

【译文】

我本来出身在卑微之家，世世代代以清廉的家风相互承袭。我生性不喜欢奢华浪费，从幼儿时起，长辈把金银饰品和华丽的服装加在我身上，总是感到羞愧而把它们抛弃掉。二十岁忝中科举，闻喜宴上独有我不戴花。同年中举的人说：“皇帝的恩赐不能违抗。”于是才在头上插一枝花。一辈子对于衣服取其足以御寒就行了，对于食物取其足以充饥就行了，但也不敢故意穿脏破的衣服以显示与众不同而求得好名声，只是顺从我的本性做事罢了。

一般的人都以奢侈浪费为荣，我心里唯独以节俭朴素为美。人们都讥笑我固执鄙陋，我不认为这有什么不好。回答他们说：“孔子说：‘与其骄纵不逊，宁可简陋寒酸。’又说：‘因为节约而犯过失的很少。’又说：‘有志于探求真理而以穿得不好吃得不好为羞耻的读书人，是不值得跟他谈论的。’古人把节俭看作美德，当今的人却因节俭而相讥议，唉，奇怪啊！

近年来的风气，尤为奢侈浪费，跑腿的大多穿士人衣服，农民穿丝织品做的鞋。我记得天圣年间我的父亲担任群牧司判官，有客人来未尝不备办酒食，有时行三杯酒，或者行五杯酒，最多不超过七杯酒。酒是从市场上买的，水果只限于梨子、枣子、板栗、柿子之类，菜肴只限于干肉、肉酱、菜汤，餐具用瓷器、漆器。当时士大夫家里都是这样，人们并不会有什么非议。聚会虽多，但只是礼节上殷勤，用来作招待的东西虽少，但情谊深。近来士大夫家，酒假如不是按宫内酿酒的方法酿造的，水果、菜肴假如不是远方的珍品特产，食物假如不是多个品种，餐具假如不是摆满桌子，就不敢约会宾客好友，常常是经过了几个月的经办聚集，然后才敢发信邀请。如果这样做，人们就会争先责怪他，认为他鄙陋吝啬，所以不跟着习俗随风倒的人就少了。唉！风气败坏的像这样，有权势的人即使不能禁止，能忍心助长这种风气吗？

又听说从前李文靖公担任宰相时，在封丘门内修建住房，厅堂前仅仅能够让一匹马转过身。有人说地方太狭窄，李文靖公笑着说："住房要传给子孙，这里作为宰相办事的厅堂确实狭窄了些，但作为太祝祭祀和奉礼司仪的厅堂已经很宽了。"参政鲁公担任谏官时，真宗派人紧急召见他，是在酒馆里找到他的。入朝后，真宗问他从哪里来的，他据实回答。皇上说："你担任清要显贵的谏官，为什么在酒馆里喝酒？"鲁公回答说："臣家里贫寒，客人来了没有餐具、菜肴、水果，所以就到酒馆请客人喝酒。"皇上因为鲁公没有隐瞒，更加敬重他。张文节担任宰相时，自己生活享受如同从前当河阳节度判官时一样，亲近的人有的劝告他说："您现在领取的俸禄不少，可是自己生活享受像这样俭省，您虽然自己知道确实是清廉节俭，外人有很多对您有张文节像公孙弘盖布被搞欺诈的讥评。您应该稍微随从一般人的习惯做法才是。"张文节叹息说："我现在的俸禄，即使全家穿绸挂缎、膏粱鱼肉也没问题，然而人之常情，由节俭进入奢侈很容易，由奢侈进入节俭就困难了。像我现在这么高的俸禄难道能够一直拥有？身躯难道能够一直活着？如果有一天我罢官或死去，情况与现在不一样，家里的人习惯奢侈的时间已经很长了，不能立刻节俭，那时候一定会导致无存身之地。哪如无论我做官还是罢官、活着还是死去，家里的生活情况都永久如同一天不变呢？"唉！大贤者的深谋远虑，哪里是平常的人所能比得上的呢？

御孙说："节俭，是最大的品德；奢侈，是最大的恶行。"共，就是同，是说有德行的人都是从节俭做起的。因为，如果节俭就少贪欲，有地位的人如果少贪欲就不被外物役使，可以走正直的路；没有地位的人如果少贪欲就能约束自己，节约费用，避免犯罪，使家室富裕。所以说："节俭，是各种好的品德共有的特点。"如果奢侈就多贪欲，有地位的人如果多贪欲就会贪恋爱慕富贵，不循正道而行，招致祸患；没有地位的人多贪欲就会多方营求，随意挥霍，败坏家庭，丧失生命。因此，做官的人如果奢侈必然贪污受贿，平民百姓如果奢侈必然盗窃别人的钱财。所以说："奢侈，是最大的恶行。"

过去正考父用饘粥来维持生活，孟僖子因此推知他的后代必出显达的人。季文子辅佐鲁文公、宣公、襄公三君王时，他的小妾不穿绸衣，马不喂小米，当时有名望的人认为他忠于公室。管仲使用的器具上都精雕细刻着多种花纹，戴的帽子上缀着红红的帽带，住的房屋里，连斗拱上都刻绘着山岳图形，连梁上短柱都用精美的图案装饰着。孔子看不起他，认为他不是一个大才。公叔文子在家中宴请卫灵公，史鳍推知他必然会遭到祸患，到了他儿子公叔戌时，果然因家中豪富而获罪，以致逃亡在外。何曾一天饮食要花去一万铜钱，到了他的孙子这一代就因为骄奢而家产荡尽。石崇以奢侈靡费的生活向人夸耀，最终因此而死于刑场。近代寇莱公豪华奢侈堪称第一，但因他的功劳业绩大，人们没有批评他，子孙习染他的这种家风，现在大多穷困了。其他因为节俭而树立名声，因为奢侈而自取灭亡的人还很多，不能一一列举，上面姑且举出几个人来教导你。你不仅仅自身应当实行节俭，还应当用它来教导你的子孙，使他们了解前辈的作风习俗。

6.恭俭者，偋五兵也

憍〔1〕泄〔2〕者，人之殃也；恭俭者，偋〔3〕五兵也。虽有戈矛之刺，不如恭俭之利也。故与人善言，暖于布帛；伤人以言，深于矛戟〔4〕。故薄薄〔5〕之地，不得履之，非地不安也，危足无所履者，凡在言也。巨涂〔6〕则让，小涂则殆，虽欲不谨，若云不使。

【题注】

选自《荀子·荣辱》。

人与人之间的矛盾以及许多社会矛盾，根源在于贫富差距。如果有钱人注意节俭，把省下来的钱接济他人，有时会免杀身之祸。

【注释】

〔1〕憍(jiāo)：自高自大，后世都写作“骄”。〔2〕泄：通“媟”，轻慢，不庄重。〔3〕偋(bǐng)五兵：免除杀身之祸。偋，同“屏”。五兵，五种兵器，或指刀、剑、矛、戟、箭，或指矛、戟、钺、盾、弓箭。〔4〕戟(jǐ)：古代一种合戈、矛为一体的长柄兵器。〔5〕薄薄(báo báo)：同“溥博”，磅礴，广大无边的样子。〔6〕涂：同“途”。

【译文】

傲慢和轻薄，是人的祸患。恭敬而有节制，能免除杀身之祸，即使有戈矛锋利刺人，也不如恭敬有节制这种美德的作用大。所以，和别人说善意的话，比穿着棉衣还温暖；用恶语伤人，比矛戟刺人还要厉害。所以，在广阔的大地上，不能行走，并不是由于地面不平稳，侧着脚无地可容，全都在于他恶语伤人所致。在通衢大道上拥挤不堪，在小路上有崎岖有危险，即使想不谨慎从事也不行。①

7.由俭入奢易，由奢入俭难

由俭入奢易，由奢入俭难。饮食衣服，若思得之艰难，不敢轻易费用。酒肉一餐，可

① 杨任之撰：《白话荀子》，第24页。

办粗饭几日；纱绢一匹，可办粗衣几件。不饥不寒足矣，何必图好吃好着？常将有日思无日[1]，莫待无时思有时，则子子孙孙常享[2]温饱矣。①

【题注】

选自卢正言主编《中国历代家训观止》。

这段文字是明代周怡写给儿子的一封信。周怡（1506—1569），字顺之，号讷溪，明嘉靖年间进士。在这封信中，周怡教训儿辈应节俭过日子。

【注释】

〔1〕有日思无日：有吃有穿的日子想想没吃没穿的日子。〔2〕常享：长久享有。

8. 辨于黄金之理则知侈俭，知侈俭则百用节矣

黄金者，用之量也。辨于黄金之理则知侈俭[1]，知侈俭则百用节矣。故俭则伤事[2]，侈则伤货[3]。俭则金贱，金贱则事不成，故伤事。侈则金贵，金贵则货贱，故伤货。货尽[4]而后知不足，是不知量也。事已[5]而后知货之有余，是不知节也。不知量，不知节，不可谓之有道。

【题注】

选自《管子·乘马》。

管仲言，黄金是国家用来计量财用的工具，可以用它来调节国家各项用度。国家用度过于俭省，黄金价格就低，不利事业发展；反之，国家用度过于奢侈，黄金价格就高，金价高则商品贱，就会浪费资源。牛顿（1643—1727）作铸币局局长（Master of Royal Mint）时，提出金本位制（Gold Standard）。现代社会，各国都有自己的黄金储备，作为保证货币稳定的手段。这些虽然与管仲“黄金之理”不同，但重视黄金价值作用，古今相通。

【注释】

〔1〕侈俭：指国家财用的奢侈或节俭。〔2〕伤事：指抑制生产。〔3〕伤货：指浪费物资。〔4〕货尽：指物资用完。〔5〕事已：指生产完成。

【译文】

黄金是财富计算的尺度，懂得了黄金的这个作用，就可以了解国用的奢侈或节俭，知道了国用奢侈或节俭的情况，各种需求就能调节平衡。国用过于节俭就会抑制生产，过于奢侈就会浪费物资。因为过于节俭，金价就低贱，金价低贱，就不利生产发展，因而就会抑制生产；过于奢侈，金价就贵重，金价贵重，物价就下跌，因而就会浪费物资。物资消耗完才知道不足，这是不了解所需的数量；生产完成后才知道有余，这是不懂得物资的调节。不了解所需的数量，不懂得物资的调节，不能说是治国有方。②

---

① 卢正言主编：《中国历代家训观止》，学林出版社2004年版，第372页。

② 谢浩范、朱迎平译注：《管子全译》上册，第49页。

9.审度量，节衣服，俭财用，禁侈泰，为国之急也

入国邑[1]，视宫室，观车马衣服，而侈俭之国可知也。夫国城大而田野浅狭者，其野不足以养其民。城域大而人民寡者，其民不足以守其城。宫营大而室屋寡者，其室不足以实其宫。室屋众而人徒寡者，其人不足以处其室。囷仓[2]寡而台榭[3]繁者，其藏不足以共[4]其费。故曰：主上无积而宫室美，氓家[5]无积而衣服修，乘车者饰观望[6]，步行者杂文采，本资[7]少而末用多者，侈国之俗也。国侈则用费，用费则民贫，民贫则奸智生，奸智生则邪巧作。故奸邪之所生，生于匮不足；匮不足之所生，生于侈；侈之所生，生于毋度。故曰：审度量，节衣服，俭财用，禁侈泰[8]，为国之急也。不通于若计者，不可使用国[9]。故曰：入国邑，视宫室，观车马衣服，而侈俭之国可知也。

【题注】

选自《管子·八观》。

日本作家山下英子撰写的《断舍离》一书（广西科学技术出版社2013年6月1版）出版后，一时洛阳纸贵。其“断绝不需要的东西，舍弃多余的废物，脱离对物品的迷恋”，应该成为现代人生活的理念。单位组织也应该“断舍离”，拒绝贪大求洋、奢侈浮华。

【注释】

〔1〕邑：国都。〔2〕囷（qūn）仓：贮藏粮食的仓库。囷，圆形粮仓。仓，方形的粮仓。〔3〕台榭（xiè）：台和榭，此处泛指楼台等建筑物。榭，建筑在台上的房屋。〔4〕共：通“供”。〔5〕氓家：民家。〔6〕观望：观瞻，外表。〔7〕本资：指生活必需品。〔8〕侈泰：奢侈浪费。泰，过分。〔9〕用国：治国。

【译文】

进入一个国家的京城，视察它的官殿房屋，观看它的车马衣服，国家的奢侈节俭就可了解。因为国家的城市大而田地小，田地就不能供养百姓；城区大而百姓少，百姓就不能守卫城市；官院的规模大而房屋少，房屋就不能布满官院；房屋多而民众少，人们就不能住满房屋；粮仓少而亭台多，贮藏的粮食就不能供给费用。所以说，君主没有积贮而官殿房屋华美，民家没有积贮而衣着服饰讲究，乘坐车子的人讲究装饰的派头，步行走路的人讲究衣着的华丽，生活必需品少而奢侈品多，这是奢侈国家的习俗。国家奢侈，费用就多；费用多，百姓就贫困；百姓贫困，奸诈的念头就产生；奸诈的念头产生，邪恶虚伪的行为就出现。所以邪恶虚伪的产生，是由于贫困；贫困的产生，是由于奢侈；奢侈的产生，是由于没有节制。所以说，严格制度标准，节制衣着服饰，俭省财务费用，禁止奢侈浪费，这是国家的急务，不精通这些核算的人，是不能让他治理国家的。所以说，进入一个国家的京城，视察它的官殿房屋，观看它的车马衣服，国家的奢侈节俭就可了解。①

---

① 谢浩范、朱迎平译注：《管子全译》上册，第158页。

10. 静以修身，俭以养德

夫君子之行，静以修身，俭以养德。非澹泊[1]无以明志，非宁静无以致远。夫学须静也，才须学也，非学无以广才，非志无以成学。淫慢[2]则不能励精[3]，险躁则不能冶性[4]。年与时驰，意与日去，遂成枯落，多不接世，悲守穷庐[5]，将复何及！

【题注】

选自《诸葛亮集》，原题为《诫子书》。

有人说："我的劳动所得，我愿怎么花就怎么花，你管得着吗？"我们认为，无节制地乱花钱，有悖于中国传统节约精神。"俭以养德"。节俭不仅是经济问题，还牵连到一个人的品德。在生活上节俭，自然待人谦恭，做事认真，等等。

【注释】

〔1〕澹（dàn）泊：也写作"淡泊"，清静而不贪图功名利禄。〔2〕淫慢：放纵怠惰。〔3〕励精：振奋精神。〔4〕冶性：陶冶性情。〔5〕穷庐：破房子。

【译文】

君子要做的，心静以修养身心，俭朴以陶冶德行，不恬静寡欲无法明确志向，不安定清静无法实现远大理想。学习一定要心静，才干一定要经过学习，不学习无法增长才干，没有志向无法完成学业。放纵则不能振奋精神，急躁则不能修养心性。年龄随着时光飞逝，意志随着岁月一天天消失，终于使精力衰竭，学识无成，大多不为社会接纳，只好悲伤地守着那穷困的家，到那时再后悔怎么来得及呢！①

11. 俭有四益

李若谷[1]为长社[2]令，日悬百钱于壁，用尽即止。东坡[3]谪[4]齐安[5]，日用不过百五十。每月朔[6]，取钱四千五百，断为三十块，挂屋梁上，平旦[7]用画叉[8]挑取一块，即藏去。又以竹筒贮用不尽者，以待宾客。云："此贾耘老[9]法也。"又《与李公择[10]书》云："口腹之欲，何穷之有！每加节俭，亦是惜福延寿之道。"张无垢云："余平生贫困，处之亦自有法。每日用度不过数十钱，亦自足，至今不易也。"有客自耒阳来，言郑亨仲日以数十钱悬壁间，椒桂葱姜皆约以一二钱。曰："吾平生贫苦，晚年登第，稍觉快意，便成奇祸。今学张子韶[11]法，要见旧时齑盐[12]风味甚长久也。"仇泰然守四明，与一幕官[13]极相得。一日问及"公家日用多少？"对以"十口之家，日用一千"。泰然曰："何用许多钱？"曰："早具少肉，晚菜羹。"泰然惊曰："某为太守，居常不敢食肉，只是吃菜，公为小官，乃敢食肉，定非廉士。"自尔见疏[14]。余尝谓节俭之益非止一端。大凡贪淫之过，未

① 方家常译注：《诸葛亮文集全译》，第115～116页。

有不生于奢侈者，俭则不贪不淫，是可以养德也。人之受用，自有剂量，省啬淡泊，有久长之理，是可以养寿也。醉醲饱鲜，昏入神志，若疏食菜羹，则肠胃清虚，无滓无秽，是可以养神也。奢则妄取苟求，志气卑辱，一从俭约，则于人无求，于己无愧，是可以养气也。故老氏〔15〕以为一宝。①

【题注】

选自宋代罗大经《鹤林玉露·俭约》。

明代徐榜之《宦游日记》有《俭有四益》篇，即来自于此文。清代怪杰石成金之《传家宝全集·涉事方略》收有此文，取名“俭约”。

【注释】

〔1〕李若谷：字子渊，进士出身，历任太宗、真宗、仁宗三朝，官至资政殿大学士、吏部侍郎，以太子少傅致仕，卒年80岁，追赠太子太傅，谥号“康靖”，《宋史》卷二九一有传。〔2〕长社：古邑名。〔3〕东坡：苏轼（1037—1101），字子瞻，号东坡居士。〔4〕谪（zhé）：古时特指官吏降职，调往边外地方。〔5〕齐安：地名，今湖北省黄冈黄州一带。〔6〕朔（shuò）：农历每月初一。〔7〕平旦：寅时，早晨三点至五点。〔8〕画叉：用以悬挂或取下高处立幅书画的长柄叉。〔9〕贾耘老：贾收（1033—？），字耘老，有诗名，喜饮酒，与苏东坡交好。贾收家境不宽裕，苏轼经常记挂，并画枯木怪石相赠。〔10〕李公择：李常（1027—1090），字公择，《宋史》卷三四四有传。〔11〕张子韶：张九成（1092—1159），字子韶，《宋史》卷三七四有传。〔12〕齑（jī）盐：朝齑暮盐，早餐用腌菜下饭，晚饭蘸盐进餐，形容饮食简单，生活清苦。齑，捣碎的姜、蒜、韭菜等。〔13〕幕官：幕僚。〔14〕见疏：受到疏远。〔15〕老氏：指道家。

【译文】

李若谷在长社当县令，每天在墙上挂一百铜钱，用完为止。苏轼贬官齐安，每天不过用一百五十个铜钱。每月农历初一，取四千五百个铜钱，分为三十块，挂在屋梁上，早晨平旦时用画叉挑取一块，就藏起来。用竹筒装着没有用完的钱，留着招待客人。说：“这是贾耘老的办法。”他又在《与李公择书》中说：“饮食的欲望，永远也无法满足的。每天加以节约，这也是爱惜福分和延长寿命的好办法。”张无垢说：“我一生贫困，处之也自有办法。每天最多不过用几十个铜钱，至今不变。”有客人从耒阳来，说郑亨仲每天把几十个铜钱挂在墙壁上，椒桂葱姜花费皆控制在一二个铜钱以内。郑亨仲说：“我一生清贫困苦，到了晚年才考中进士，稍微觉得高兴一些，但立刻又遭到了出人意外的灾祸。现在学习张子韶的办法，总要显示家常盐风味，乃是长久之计。”仇泰然在浙江宁波府当太守，与手下一个幕僚非常要好。一天问他“你家日常费用要多少”，回答说“我家十口人，每天用一千钱”。泰然说：“为什么用这么多钱？”回答说：“早上买点肉，晚上吃菜羹。”泰然吃惊道：“我做太守，平常不能吃肉，只是吃蔬菜。你做小官，就敢吃肉，一定不是廉洁的人。”幕

① （宋）罗大经撰：《鹤林玉露》，第208页。

僚从此以后受到疏远。我曾经说过，节约俭省的好处不仅仅只有一个方面。大凡贪婪淫荡的过错，没有不是从奢侈开始的。节俭就不会贪婪淫荡，这是可以培养一个人的道德品质的。人一生的享受，是有一定限量的，节省吝惜，不求名利，福分自有长久的道理，这是可以延长人的寿命的。饱食鱼肉，酒醉醺醺，使人神志不清。如果饮食清淡，就肠胃清洁虚空，没有污秽渣滓，这就可以使人的精神大振。奢侈就会擅自索取，苟且追求，人的志气就很卑下，深到屈辱。一旦勤俭节约，就无所求于他人，自己心里也不会惭愧，这是可以培养胸中浩然之气的。所以道家认为这是一个宝物。

12.奢俭由人，安危在己

夫圣代之君，为乎节俭。富贵广大，守之以约。睿智聪明，守之以愚。不以身尊而骄人，不以德厚而矜物。茅茨不剪[1]，采椽不斫[2]，舟车不饰，衣服无文，土阶[3]不崇，大羹不和。非憎荣而恶味，乃处薄而行俭。故风淳俗朴，比屋可封[4]。斯二者，荣辱之端。奢俭由人，安危在己。五关近闭，则令德[5]远盈。千欲内攻，则凶源外发。是以丹桂[6]抱蠹，终摧曜月之芳。朱火含烟，遂郁凌云之焰。故知骄出于志，不节则志倾。欲生于心，不遏则身丧。故桀纣肆情而祸结，尧舜约己而福延，可不务乎？

【题注】

选自唐代李世民《帝范·崇俭篇》。

《帝范》，唐太宗李世民（598—649）自撰的论述人君之道的一部政治文献。共十二篇：君体，建亲，求贤，审官，纳谏，去谗，诫盈，崇俭，赏罚，务农，阅武，崇文。为文虽短，但文辞有力而优美，展现出一代英主对人生和世界的体悟，同时也是一篇马上争天下、马下治天下的开国君主一生经验的总结。其充满哲理性的语言，或一言中的，或一语道破天机。不但闪露着看问题的高瞻远瞩，也隐含着论理的深邃透彻。

【注释】

〔1〕茅茨不剪：用茅草覆盖屋顶，而且没有修剪整齐。〔2〕采椽（chuán）不斫（zhuó）：比喻生活简朴。采，柞木。椽，放在檩上架着屋顶的木条。斫，大锄，引申为用刀、斧等砍。〔3〕土阶：土台阶，指居室简陋。〔4〕比屋可封：贤人很多，差不多每家都有可受封爵的德行。后比喻社会安定，民俗淳朴。〔5〕令德：美德。〔6〕丹桂：又名木犀，桂树的一种。

【译文】

身处太平盛世的君主，心中都常存节俭的美德。富有四海贵为天子之后，更应该坚守节俭的美德。虽然聪明睿智，智慧超群，更要大智若愚，处处藏拙。不能因为自己身份高贵就颐指气使、飞扬跋扈，也不能因为自己有高尚的德行就恃才傲物，不可一世。那些明君圣主们，用茅草盖了房子，都不会刻意修剪得漂亮一些；用柞木立了柱子，都不会砍削得光滑一些。甚至乘坐的车、船也没有进行特别的装饰彩绘，穿的衣服也一点都不华丽。

不仅如此，他们也不会建造高大豪华的殿堂，而且连吃饭都只图饱腹，不求味美。他们之所以这样做，不是因为憎恶荣华，讨厌甘美，是希望能率先垂范，保持淡泊、节俭的作风，成为天下百姓的榜样。所以当时的风俗纯正厚朴，德行高尚的人随处可见。这就是躬行节俭的好处。因此，坚持节俭还是奢侈的作风，正是荣华富贵和丧名辱身分野的开始。节俭还是奢侈，这一切都是由人决定的，而其结果却可能是影响他自己的安危。如果能够清心寡欲，人就会拥有很多美好的德行。相反，放纵欲望，就必然要生出凶险。所以，丹桂尽管美艳芬芳，假使生出蠹虫，堪比月亮的芳华也会一朝摧毁；红色火苗中的烟尘虽然细微，也可以扼制冲天的火焰。由此我们可以知道，骄奢出于心志，如果不防微杜渐，骄气就会消磨志向；欲望生于身体之中，如果不加以制止，就会害人身死。所以夏桀、商纣因为放纵私欲，倒行逆施，从而引火烧身自掘坟墓；唐尧、虞舜因为能够修身自律，顺乎民心，从而福泽绵长。难道我们不应该勉励躬身节俭吗？①

13.历览前贤国与家，成由勤俭破由奢

历览前贤国与家，成由勤俭破由奢。何须琥珀方为枕，岂得真珠始是车。运去不逢青海马〔1〕，力穷难拔蜀山蛇〔2〕。几人曾预南熏曲〔3〕，终古苍梧〔4〕哭翠华〔5〕。②

【题注】

选自《全唐诗》，李商隐《咏史》。

李商隐（813—858），晚唐著名诗人，字义山，号玉溪生，怀州河内（今河南沁阳）人。擅长骈文写作，诗作文学价值也很高，和杜牧（803—852）合称“小李杜”，与温庭筠（约812—870）合称为“温李”。因诗文与同时期的段成式（803—863）、温庭筠风格相近，且三人都在家族里排行第十六，故并称为“三十六体”。中华书局“中国古典文学基本丛书”有《李商隐诗歌集解（增订重排本）》（5册）。

【注释】

〔1〕青海马：一种产于青海湖的杂交马，据说能日行千里，喻可任军国大事的贤才。〔2〕蜀山蛇：喻盘踞在朝廷与地方的恶势力，如宦官、藩镇。〔3〕南熏曲：相传舜弹五弦琴，作《南风》诗，诗中有“南风之熏兮，可以解吾民之愠兮”等句，南熏曲由此而来。〔4〕苍梧：山名，即九疑山。《礼记·檀弓上》：“舜葬于苍梧之野。”〔5〕翠华：以翠羽为饰的旗，为皇帝用的仪仗。

【译文】

纵览历史，凡是贤明的国家，成功源于勤俭，衰败起于奢华。为什么非要琥珀才能作枕头，为什么镶有珍珠才是好坐车？想要远行，却没遇见千里马，力单势孤，难以拔动蜀

① （唐）李世民：《帝范》，（清）爱新觉罗·玄烨著：《庭训格言》，安徽师范大学出版社2016年版，第103～104页。

② （清）彭定求等编：《全唐诗》第十六册，第6163页。

山的猛蛇。有几人曾经亲耳听过舜帝的《南风歌》？天长地久，只有在苍梧对着翠绿的华盖哭泣份儿。

14.以俭得国，以奢失国

奚[1]谓耽于女乐？昔者戎王使由余聘于秦，穆公问之曰："寡人尝闻道而未得目见之也，愿闻古之明主得国失国常何以？"由余对曰："臣尝得闻之矣，常以俭得之，以奢失之。"穆公曰："寡人不辱而问道于子，子以俭对寡人，何也？"由余对曰："臣闻昔者尧有天下，饭于土簋[2]，饮于土铏[3]。其地南至交趾[4]，北至幽都[5]，东西至日月所出入者，莫不宾服。尧禅天下，虞舜受之，作为食器，斩山木而财之，削锯修其迹，流漆墨其上，输之于宫以为食器。诸侯以为益侈，国之不服者十三。舜禅天下而传之于禹，禹作为祭器，墨染其外，而朱画其内，缦帛为茵，将席颇缘，觞酌有采，而樽俎有饰。此弥侈矣，而国之不服者三十三。夏后氏没，殷人受之，作为大路，而建九旒，食器雕琢，觞酌刻镂，四壁垩墀，茵席雕文。此弥侈矣，而国之不服者五十三。君子皆知文章矣，而欲服者弥少。臣故曰：俭其道也。"由余出，公乃召内史廖而告之，曰："寡人闻：'邻国有圣人，敌国之忧也。'今由余，圣人也，寡人患之，吾将奈何？"内史廖曰："臣闻戎王之居，僻陋而道远，未闻中国之声。君其遗[6]之女乐，以乱其政，而后为由余请期，以疏其谏。彼君臣有间而后可图也。"君曰："诺。"乃使内史廖以女乐二八遗戎王，因为由余请期。戎王许诺，见其女乐而说之，设酒张饮，日以听乐，终岁不迁，牛马半死。由余归，因谏戎王，戎王弗听，由余遂去之秦。秦穆公迎而拜之上卿，问其兵势与其地形。既以得之，举兵而伐之，兼国十二，开地千里。故曰：耽于女乐，不顾国政，则亡国之祸也。

【题注】

选自《韩非子·十过》。

韩非（约前280—前233），出身韩国贵族，曾和李斯（约前284—前208）同学于荀子（约前313—238）。《韩非子》一书，共55篇，十万余字。《十过》是《韩非子》第十篇。

【注释】

〔1〕奚：疑问代词，相当于"胡""何"。〔2〕簋（guǐ）：古代盛食物器具，圆口，双耳。〔3〕铏（xíng）：古代盛羹的小鼎，两耳三足，有盖。〔4〕交趾：又名交址，中国古代地名，主要位于今越南北部。〔5〕幽都：幽州。〔6〕遗（wèi）：赠送。

【译文】

什么叫沉迷于歌女？从前戎王派由余到秦国访问，秦穆公问他说："我曾经听说过治国的原则，但还没有能够亲眼看到治国的具体措施，现在希望能听听古代的英明天子常常因为什么而得到诸侯国的拥护或失去诸侯国的拥护。"由余回答说："我曾经听说过这个原因，常常因为节俭而得到了诸侯国的拥护，因为奢侈而失去了诸侯国的拥护。"秦穆公说："我不顾耻辱而向您请教治国的方法，您却用节俭来回答我，为什么呢？"由余回答说："我听说从前尧统治天下的时候，用土烧制成的碗吃饭，用土烧制成的杯喝水。但他的领土南面到交趾，北面到幽都，东面、西面分别到太阳月亮升起、落下的地方，没有什么诸侯不臣服。尧禅让天下，虞舜接受了它以后，制作饮食器具，便砍伐山上的树木来做它，用刀、锯砍削锯割成器后还把那砍削锯割的痕迹修光，在它上面涂刷漆和墨，再把它运送到宫中作为饮食的器皿。诸侯各国认为他奢侈起来了，不服从的诸侯国就有了十几个。舜禅让天下而把它传给了禹，禹制作祭祀的器具，用墨涂在他们的外面，而用红色的朱砂描画它们的内壁，用没有彩色花纹的丝绸当作车上的垫子，用蒋草做成的席子还饰有斜纹的边，觞、酌等酒杯酒勺上面有彩色的花纹，而樽、俎等酒具食器上都有装饰，这些东西更加奢侈了，因而不服从的诸侯国有三十几个。夏王朝灭亡后，商王朝的人接受了天下后，便制造了天子乘坐的高级车子大辂，并竖起了有九条飘带的旗帜，饮食器具都经过精雕细琢，觞、酌等酒器都经过雕刻，把墙壁都涂成白色，还用白色的垩土来辅饰台阶上的空地，车上的垫子和席子都雕饰了花纹。这些东西更加奢侈了，因而不服从的诸侯国有五十几个。在上位的人都注意到华丽的文彩了，但是愿意服从他们的诸侯国却更加少了。我所以要说，节俭是治国的原则。”由余出去后，秦穆公就召见内史王廖并告诉他说：“我听说：‘领国有圣人，是敌国的忧患。’现在由余是圣人，我很担心他，我们该怎么办呢？”内史王廖说：“我听说戎王的住处，偏僻简陋而路途遥远，他还没有听见过中原各国的音乐。您还是送给他一些歌女，用来搅乱他的国政，然后替由余请求延长回国的期限，用来减少他的劝谏。他们君臣之间有了隔阂以后就可以打他们的主意了。”穆公说：“好。”就派内史王廖把十六个歌女送给了戎王，接着又替由余请求延长回国的时间。戎王答应了，他看见了那些歌女便十分喜欢她们，便置办酒宴搭起帐篷痛饮。每天的时间都用来听歌女唱歌，整年不迁居，牛马老呆在一个地方没有水草吃而死了一半。由余回去后，便劝谏戎王，戎王不听，由余就离开戎王到了秦国。秦穆公迎接了他并任命他为上卿，向他询问戎王的兵力及其地理形势。从由余那里获得了这些情况后，便起兵攻打戎王，吞并了十二个国家，扩大了上千里的土地。所以说，沉迷于歌女，不顾国家的政事，就会有国家灭亡的祸害。①

15. 无一事不当俭

语云：由俭入奢易，由奢入俭难。能有俭处即省俭，俭以养廉，俭为美德。若济人利物之处，而亦啬于用，则为吝。吝与俭不同，有公私之分。去奢华，捐粉饰〔1〕，留有余以补不足，是真俭也。若一味鄙啬〔2〕，是守财奴〔3〕所为，又为人所轻贱也。俭之一守，诸美毕备，非独钱而已。俭于嗜欲，可以保元育神〔4〕；俭于言语，可以息是非养精气；俭于饮食，可以养脾胃；俭于思虑，可以一心静志；俭于交游，可以省酬应〔5〕；俭于忿怒，可以免怨尤〔6〕。

① 张觉：《韩非子全译》，贵州人民出版社1992年版，第143～144页。以下引用该书只注明作者、书名、册数和页码。

诸如此类不可枚举，推类以思天下事，无一事不当俭者。三复斯言〔7〕，可以守身保家矣。

【题注】

选自清代王师晋《资敬堂家训》。

王师晋（1804—1880），字以庄，号敬斋。祖籍在浙江秀水，后移居江苏吴江。《资敬堂家训》分为上、下两卷，大约形成于咸丰、同治年间。上卷主要是作者给其养子的信函，内容涉及读书治学、为人处世、治家育人等诸多方面。下卷则主要收录作者本人的日记。

【注释】

〔1〕粉饰：装饰外表，掩盖实情。〔2〕鄙啬：小气，吝啬。〔3〕守财奴：守住财富成为财富的奴隶，指富足而吝啬的人。〔4〕保元育神：保养元气精神。〔5〕酬应：应酬，交际往来。〔6〕怨尤：埋怨责怪。〔7〕三复斯言：再三重复这句话。

六、躬行

躬行，指身体力行，亲身实行，语出《论语·述而》："躬行君子，则吾未之有得。"孔子说，他在身体力行方面，还没有取得君子的成就。孔子把躬行践履视作完善道德修养的重要方式，明确指出"好学近乎知，力行近乎仁"（《中庸》），正如好学能获得知识一样，力行才是成仁的关键。李泽厚指出："《论语》全书贯穿着的正是行为优于语言的观点。这样才能表里如一、言行一致而塑造出健康的人性，这便是儒学的基本精神。"①孔子本人也是躬行践履的实践者，所以曾子说："闻善必躬亲行之，然后道之，是夫子之能劳也。"（《说苑·杂言》）到宋明时期，这种观点发展为"工夫即本体"的哲学命题。

陆游（1125—1210）《冬夜读书示子聿》："纸上得来终觉浅，绝知此事要躬行。"要想真正地理解个中道理，必须要去躬行实践。徐霞客（1586—1641）自幼博览群书，"向奇于名山大川"，历时三十多年进行地理考察，给后人留下了一部六十多万字的《徐霞客游记》，其精神至为感人。书上得来的知识终归是比较浅薄的，要想真正理解其中的道理，还需要在实践中加深理解。古人有"文人无行"（胡应麟《少室山房笔丛》）的说法，即往往文章写得好的人，并没有什么实际的功业，所以更重视"行"。

"躬行"包含两层意思，其一是学习书本知识时要躬行，即调动五官感受深入理解其中含义；其二是将理论知识化为已有要"躬行"，即理论与实践的统一。道德修养同样如此。只有在与人的交往中、在社会关系中，我们才能清楚了解哪些是道德的行为，哪些是不道德的行为，因此，正如《孔子家语》所说："闻善必躬行之，然后导之。"行为规范懂得再多，也不如踏踏实实做到。

那么，究竟应该怎样"躬行"以提高修养呢？首先应该做到的就是学习。丰富的学识是有修养的关键因素，在学习过程中学会做人、学会做事，坚持原则，敢于创新，敬业乐

① 李泽厚著：《论语今读》，第130页。

岗，实事求是。其次，要做到的是实践，从小事做起，从现在做起。孟子认为，培养浩然之气，并非深奥玄妙之事，而是要从身边事做起，把内心德行修炼和生活实践相结合。作为大学生，我们只要在平常的学习生活中，从小事做起，严格要求自己，日积月累，就能形成一种道德自觉，提高个人修为。

1.躬行君子

子曰："文，莫[1]吾犹人也。躬行君子，则吾未之有得。"

【题注】

选自《论语·述而》。

身体力行，一部分还可以做到，大部分如此，实在很不容易。孔子说他没有做到，是谦虚，也是实话。

【注释】

〔1〕莫：也许。

【译文】

孔子说："学习礼仪文献，我大概和别人差不多。努力实践做一个君子，我还没有达到。"①

2.愚让怯谦

聪明睿知，守之以愚；功被天下，守之以让；勇力振世，守之以怯；道德隆重，守之以谦。

【题注】

选自《格言联璧·持躬类》。

苏东坡《洗儿》诗说："人皆养子望聪明，我被聪明误一生。惟愿孩儿愚且鲁，无灾无难到公卿。"聪明睿知若守之以愚，就不会聪明反被聪明误。

【译文】

聪明而有智慧，要以愚笨的方法保持住；功德盖世，要以忍让的态度保持；有勇有力震惊天下，要以怯懦之心保持；财富巨大，要以谦让保持。②

3.三陈九卦

《易》之兴也，其于中古[1]乎？作《易》者，其有忧患乎？是故，履，德之基也；谦，

---

① 李泽厚著：《论语今读》，第218页。

② 段干木明译注：《格言联璧》，第44页。

德之柄也；复，德之本也；恒，德之固也；损，德之修也；益，德之裕[2]也；困，德之辨也；井，德之地也；巽，德之制也。履，和而至；谦，尊而光；复，小而辨于物；恒，杂而不厌；损，先难而后易；益，长裕而不设；困，穷而通；井，居其所而迁；巽，称[3]而隐。履，以和行；谦，以制礼；复，以自知；恒，以一德；损，以远害；益，以兴利；困，以寡[4]怨；井，以辨义；巽，以行权。

【题注】

选自《周易·系辞下传》。

《系辞下传》"三陈九卦"章以道德修养解说九卦，非常重要。常言道：咎由自取。一个人遭受责备、惩处或灾害是自己造成的。如果躬行"九卦"之德，就可以趋吉避凶，免灾免祸。

【注释】

〔1〕中古：殷末周初。伏羲时代为上古，文王时代为中古，孔子时代为下古。此指文王时代。〔2〕裕：宽大。〔3〕称：轻重适均。〔4〕寡：少。

【译文】

《易经》的兴起，大概是在中古时代吧？创作《易经》的人，大概是有忧患吧？因此之故，履卦谈德行的基础，谦卦谈德行的要领，复卦谈德行的本质，恒卦谈德行的稳固，损卦谈德行的修炼，益卦谈德行的充裕，困卦谈德行的辨别，井卦谈德行的处境，巽卦谈德行的制宜。履卦和谐而有成，谦卦尊贵而光耀，复卦几微而可分辨事物，恒卦纷杂而不厌倦，损卦开始困难而以后就容易了，益卦增长充裕而不造作，困卦是穷困中求其通达，井卦是处在自己的位置上再分施利益，巽卦是配合时势而潜入人心。履卦用来和谐行动，谦卦用来制定礼仪，复卦用来自我反省，恒卦用来专一德行，损卦用来远离祸害，益卦用来兴办福利，困卦用来减少怨恨，井卦用来分辨道义，巽卦用来权宜行事。①

4.博学之，审问之，慎思之，明辨之，笃行之

博学之，审问[1]之，慎思之，明辨[2]之，笃行[3]之。有弗[4]学，学之弗能弗措[5]也。有弗问，问之弗知弗措也。有弗思，思之弗得弗措也。有弗辨，辨之弗明弗措也。有弗行，行之弗笃弗措也。人一能之，己百之。人十能之，己千之。果能此道矣，虽愚必明，虽柔必强。

【题注】

选自《中庸》。

博学、审问、慎思、明辨，四点都与"知"有关，只有第五点是"行"。儒家认为"知"太重要太困难了，想分辨透彻是要下功夫的。至于躬行实践，如果没有了解透彻，也不可能彻底躬行实践。

---

① 傅佩荣译解：《易经》，第518页。

【注释】

〔1〕审问：审慎地探问。〔2〕明辨：明晰地分辨。〔3〕笃行：笃实地履行。〔4〕弗（fú）：不。〔5〕措（cuò）：放下，停止。

【译文】

要广泛学习，要仔细请教，要谨慎思考，要清楚分辨，要切实实践。不学习则已，学习而未能熟练绝不肯停止；不请教则已，请教而未能了解绝不肯停止；不思考则已，思考而未能领悟绝不肯停止；不分辨则已，分辨而未能清楚绝不肯停止；不实践则已，实践而未能确实绝不肯停止。别人一次就办到的，我就算做一百次也要办到；别人十次就办到的，我就算做一千次也要办到。如果真能采取这种方法，再怎么愚笨的人也一定变得明智，再怎么柔弱的人也一定变得刚强。①

5.好学近乎知，力行近乎仁，知耻近乎勇

天下之达道〔1〕五，所以行之者三。曰：君臣也、父子也、夫妇也、昆弟〔2〕也、朋友之交也。五者，天下之达道也。‘知、仁、勇’三者，天下之达德〔3〕也。所以行之者一也。或生而知之，或学而知之，或困而知之，及其知之一也。或安而行之，或利而行之，或勉强而行之，及其成功，一也。子曰：“好学近乎知，力行近乎仁，知耻近乎勇。知斯三者，则知所以修身。知所以修身，则知所以治人。知所以治人，则知所以治天下国家矣。”

【题注】

选自《中庸》。

“力行近乎仁”，努力躬行实践就接近仁德了，代表人要行善避恶。

【注释】

〔1〕达道：天下古今共同遵循的道理。〔2〕昆弟：兄和弟，也包括堂兄堂弟。〔3〕达德：天下古今共同具备的德性。

【译文】

天下共通的人伦大道有五条，用来实行这五条人伦大道的德行有三种。君臣之道，父子之道，夫妇之道，兄弟之道，朋友之道，这五项是天下共通的大道。智、仁、勇三种是天下共通的品德，用来履行这五条人道，这三种品德的实施效果都是一致的。对这些道理，有的人生来就知晓，有的人通过学习才知晓，有的人经历了困苦才知晓，但只要他们最终都知道了，也就是一样的了。对于这些道理的实行，有的人心安理得地去做，有的人因为名利去做，有的人被迫勉强去做，但只要他们最终都做成了，也就是一样的了。孔子说：“爱好学习就接近智了，努力行善就接近仁了，知道羞耻就接近勇了。知道这三点，就知道怎样修养自己；知道这样修养自己，就知道怎样治理他人；知道怎样治理他人，就知道怎

① 傅佩荣译解：《大学中庸》，第77～78页。

样治理天下和国家了。”①

6.纸上得来终觉浅，绝知此事要躬行

古人学问无遗力[1]，少壮工夫老始成。纸上得来终觉浅[2]，绝知此事要躬行[3]。②

【题注】

选自陆游《剑南诗稿》，诗歌原名为“冬夜读书示子聿”。

实践出真知。只学不习，知识不巩固。只习不学，知识不丰富。所以，正确的学习方法是，理论与实践相结合，“学而时习之”。

【注释】

〔1〕无遗力：用出全部力量，没有一点保留，不遗余力，竭尽全力。〔2〕浅：肤浅，浅薄，有限的。〔3〕躬行：亲身实践。

【译文】

古人做学问是不遗余力的，少壮勤奋不已，往往要到老年才取得成就。从书本上得来的知识，毕竟是不够完善的。如果想要深入理解其中的道理，必须要亲自实践才行。

7.力行以待取

儒有席上之珍以待聘，夙夜强学以待问，怀忠信以待举，力行以待取，其自立有如此者。

【题注】

选自《礼记·儒行》。

机遇只垂青有准备的人。“渴而穿井，斗而铸锥，不亦晚乎！”（《黄帝内经·素问·四气调神大论》）所以，有理论有实践的人必定有用武之地。

【译文】

儒者能陈述上古的善道以待聘用，早晚都努力学习以待咨询，怀着忠信之心以待推举，努力实践以待取用，他们自立于世就是像这样的。③

8.学聚问辨，宽居仁行

君子学以聚之，问以辨之，宽以居之，仁以行之。《易》[1]曰：“见龙在田，利见大人。”君德也。

---

① 王国轩译注：《大学中庸》，第107页。

② （宋）陆游撰，钱仲联校注：《剑南诗稿校注》第五册，上海古籍出版社2005年版，第2630页。

③ 杨天宇撰：《礼记译注》下册，第792页。

【题注】

选自《周易·乾·文言传》。

正人君子应该以宽容态度处世，以仁爱之心做事。

【注释】

〔1〕《易》：此指《乾》卦九二爻辞。

【译文】

君子努力学习以累积知识，向人请教以辨别是非，以宽容态度处世，以仁爱之心做事。《易经》说："龙出现在地上，适宜见到大人。"因为他具备了君主所应有的德行。①

9.大抵学便要践履

问："大抵学便要践履〔1〕，如何？"曰："固然是。《易》云："学以聚之，问以辨之。"既探讨得是当，又且放顿〔2〕宽大田地，待触类自然有会合处。故曰：'宽以居之。'何尝便说'仁以行之'！"②

【题注】

选自《朱子语类》。

透过朱熹与弟子的问答，可以看出儒家非常重视躬行实践。

【注释】

〔1〕践履：足踏地之意，后转为步行、经历等义，再引申为行动、实行、实践。〔2〕放顿：安放，安置。

10.徒学知之未可多，履而行之乃足佳

告琳〔1〕：顷来闻汝与诸友生讲肄〔2〕《书传》，滋滋昼夜，衎衎〔3〕不怠，善矣！人之进道，惟问其志，取必以渐，勤则得多。山霤〔4〕至柔，石为之穿；蝎虫〔5〕至弱，木为之弊。夫霤非石之凿，蝎非木之钻，然而能以微脆之形，陷坚刚之体，岂非积渐之致乎！训曰：徒学知之未可多，履而行之乃足佳。故学者所以饰百行也。侍中子国〔6〕，明达渊博，雅好绝伦，言不及利，行不欺名，动尊礼法，少小及长，操行如故。虽与群臣并参近待，见待崇礼，不供亵事〔7〕，独得掌御唾壶〔8〕。朝庭之士，莫不荣之。此汝亲所见也。《诗》不云乎："毋念尔祖，聿修厥德。"〔9〕又曰："操斧伐柯，其则不远。"〔10〕远则尼父〔11〕，近则子国，于以立身，其庶矣乎。③

---

① 傅佩荣译解：《易经》，第18页。

② （宋）黎靖德编：《朱子语类》第一册，第223页。

③ 傅亚庶撰：《孔丛子校释》，中华书局2011年版，第452页。以下引用该书只注明作者、书名、册数和页码。

【题注】

选自《孔丛子·连丛子上》。

《孔丛子》是古代诸子文献中继《论语》之后儒学的一部重要著作，在思想内容上具有孔氏家学的特点。全书7卷23篇，除卷七为《连丛子》上下篇外，其本书六卷之《嘉言》《论书》《记义》《刑论》《记问》主要记孔子言行，《杂训》《居卫》《巡守》《公仪》《抗志》主要记子思言行，《小尔雅》为训诂字书，《公孙龙》《儒服》《对魏王》主要记子高言行，《陈士义》《论势》《执节》主要记子顺言行，《诘墨》《独治》《问军礼》《答问》主要记子鱼言行。

【注释】

〔1〕琳：即孔琳，孔臧的儿子。〔2〕肄（yì）：学习。〔3〕衎衎（kàn kàn）：快乐。〔4〕霤（liù）：向下滴的水。〔5〕蝎虫：木中蛀虫。〔6〕子国：孔安国的字。〔7〕亵事：日常起居之事。〔8〕唾壶：吐痰器皿。〔9〕语出《诗经·大雅·文王》。〔10〕语出《诗经·豳风·伐柯》。〔11〕尼父：即孔子。孔子，字仲尼，后世尊称“尼父”。

【译文】

告知琳儿：近来听说你与几位同窗好友正在讲习书传，夜以继日，乐此不疲。这是好事啊！一个人能否钻研学术，只要看他的志向就能知道。学问必须日积月累方可获得，只有勤奋学习才能多有收获。山涧滴水最为柔软，但是久能穿石；树中蛀虫甚是弱小，然而木为之空。滴水不是石头的凿子，蛀虫也不是木头的凿子，然而却能以微小脆弱之身，攻克坚硬刚强之物，这难道不是日积月累才达到的结果吗？古训说得好：“光从书本学习不算知识丰富，只有付诸实践才能尽善尽美。”所以说，学习的目的是为了提高自己的道德修养。侍中孔安国聪明练达，知识渊博，文雅超群，言谈从不涉及利害，所行不为骗取虚名，一举一动都遵循礼法，从小到大，操行始终如一。虽然与群臣共同随侍在皇帝左右，却非常受大家的礼敬和尊崇，他并不是侍奉皇帝的吃喝拉撒之事，而是唯独由他来掌管诏命。朝廷百官莫不视为荣耀，这也是你亲眼所见的。《诗经》里不是这样说过吗？“追怀你的祖先，修养你的德行。”又说：“手操斧子砍木做斧柄，量取长短之法就在你眼前。”远有先祖孔子，近有孔安国，你想学习立身修养之道，只要取法他们就可以了。①

11.讲学不尚躬行，如口头禅

读书不见圣贤，如铅椠〔1〕佣。居官不爱子民，如衣冠〔2〕盗。讲学不尚躬行，如口头禅〔3〕。立业不思种德，如眼前花。

① 白冶钢译注：《孔丛子译注》，上海三联书店2014年版，第335～336页。以下引用该书只注明作者、书名、册数和页码。

【题注】

选自《菜根谭》。

儒家非常强调“知行合一”。现实是，不少人台上讲的一套，台下做的是另一套；课上讲的是一回事，课下做的是另一回事。知行乖离，说的做的两张皮。

【注释】

〔1〕铅椠（qiàn）：古人书写文字的工具。古代削木为牍，未经书写的素牍称之椠。〔2〕衣冠：衣和冠。古代士以上戴冠，因用以指士以上的服装，代称缙绅、士大夫。〔3〕口头禅：佛教语，指不能领会禅宗哲理，只袭用它的某些常用语以为谈话的点缀。

【译文】

研读经书，却不能洞见往圣先贤的思想精髓，这就像是只会刻字而不解其意的佣工。身居官位，却不爱护治下的百姓，这就像是穿着官服戴着官帽的强盗。公开讲学却不能身体力行，这就像是只会念经而不领会禅宗哲理的和尚。追求建功立业却不考虑布施恩德，这就像眼前瞬即凋谢的花朵。①

12. 圣贤说知，便说行

圣贤说知，便说行。《大学》说“如切如磋，道学也”，便说“如琢如磨，自修也”。〔1〕《中庸》说“学、问、思、辨”，便说“笃行”。颜子说“博我以文”〔2〕，谓“致知格物”〔3〕；“约我以礼”，谓“克己复礼”〔4〕。②

【题注】

选自《朱子语类》。

朱熹强调，做人要说得到、做得到才行。

【注释】

〔1〕《大学》：《诗》云：“瞻彼淇澳，绿竹猗猗（yī yī）。有匪（fěi）君子，如切如磋，如琢如磨。瑟兮僩（xiàn）兮，赫兮喧兮。有匪君子，终不可諼兮。”“如切如磋”者，道学也；“如琢如磨”者，自修也；“瑟兮僩兮”者，恂栗也；“赫兮喧兮”者，威仪也；“有匪君子，终不可諼兮”者，道盛德至善，民之不能忘也。〔2〕语出《论语·子罕》：颜渊喟然叹曰：“仰之弥高，钻之弥坚，瞻之在前，忽焉在后。夫子循循然善诱人，博我以文，约我以礼。欲罢不能，既竭吾才，如有所立卓尔。虽欲从之，末由也已。”〔3〕语出《大学》：古之欲明明德于天下者，先治其国。欲治其国者，先齐其家。欲齐其家者，先修其身。欲修其身者，先正其心。欲正其心者，先诚其意。欲诚其意者，先致其知。致知在格物。〔4〕语出《论语·颜渊》：颜渊问仁。子曰：“克己复礼为仁。一日克己复礼，天下归仁焉。为仁由己，

---

① （明）洪应明撰，杨春俏评注：《菜根谭》，第147页。

② （宋）黎靖德编：《朱子语类》第一册，第148页。

而由人乎哉？”颜渊曰：“请问其目。”子曰：“非礼勿视，非礼勿听，非礼勿言，非礼勿动。”颜渊曰：“回虽不敏，请事斯语矣。”

13.知行合一

问“知行合一”。先生[1]曰：“此须识我立言宗旨。今人学问，只因知行分作两件，故有一念发动，虽是不善，然却未曾行，便不去禁止。我今说个知行合一，正要人晓得一念发动处，便即是行了。发动处有不善，就将这不善的念克倒了。须要彻根彻底，不使那一念不善潜伏在胸中。此是我立言宗旨。”①

【题注】

选自明代王阳明《传习录下》。

王阳明提出“知行合一”，一是认为知行只是一件事，知就是行，行就是知，无所谓合；二是为了解决成圣这一根本问题，“尊德性而道问学”，首尾一致。

【注释】

[1] 先生：即王阳明。王守仁（1472—1529），字伯安，浙江绍兴府余姚县（今属宁波余姚）人，因曾筑室于会稽山阳明洞，自号阳明子，学者称之为阳明先生，亦称王阳明。

【译文】

有人问知行合一。先生说：“这必须先了解我立论的宗旨。现在的人做学问，因为把知和行分为两回事，所以有一念产生，虽然有善，但却因为还没有去行，就不去禁止。我现在所说的‘知行合一’，正是要人们懂得：一念产生时，就是有行了。产生时如果有不善，就要将这不善的念头克服下去，而且要连根柢完全除去，不能让那不善的一闪念潜伏在心中。这就是我立论的宗旨。”②

14.若不用躬行，则七十子之从孔子，只用两日说便尽

若不用躬行，只是说得便了，则七十子[1]之从孔子，只用两日说便尽，何用许多年随着孔子不去。不然，则孔门诸子皆是獃[2]无能底人矣！恐不然也。古人只是日夜皇皇汲汲[3]，去理会这个身心。到得做事业时，只随自家分量以应之。如由之果，赐之达，冉求之艺，只此便可以从政，不用他求。[4]若是大底功业，便用大圣贤做；小底功业，便用小底贤人做。各随他分量做出来，如何强得。③

【题注】

选自《朱子语类》。

① （明）王守仁著：《王文成公全书》第一册，第120页。
② 于民雄译注：《传习录全译》，第261页。
③ （宋）黎德靖编：《朱子语类》第一册，第222页。

朱熹列举七十子许多年从孔子，强调躬行之意义。

【注释】

〔1〕七十子：同“七十二子”，指孔子门下才德出众的七十二位学生。七十，举其成数。《孟子·公孙丑上》：以德服人者，中心悦而诚服也，如七十子之服孔子也。〔2〕獃（dāi）：同“呆”。〔3〕皇皇汲汲：心情急切，举止匆忙。皇皇，同“遑遑”，惶恐不安的样子。汲汲，急切的样子。〔4〕此段议论源于《论语·雍也》：季康子问：“仲由可使从政也与？”子曰：“由也果，于从政乎何有？”曰：“赐也，可使从政也与？”曰：“赐也达，于从政乎何有？”曰：“求也，可使从政也与？”曰：“求也艺，于从政乎何有？”

15. 不力行，但学文，长浮华，成何人

不力行[1]，但[2]学文[3]，长浮华[4]，成何人？但力行，不学文，任己见，昧[5]理真。

【题注】

选自《弟子规》。

《弟子规》，原名《训蒙文》，为清代康熙年间秀才李毓秀所作，后经清代贾存仁修订改编，并改名为《弟子规》。其内容采用《论语·学而》“弟子，入则孝，出则悌，谨而信，泛爱众，而亲仁，行有余力，则以学文”的文义，列述弟子在家、出外、待人、接物与学习上应该恪守的守则规范，三字一句，凡360句，1080字。李毓秀，字子潜，号采三，山西省新绛县龙兴镇人，生于清代康熙年间，卒于乾隆年间，享年83岁。

【注释】

〔1〕力行：亲自实践，勉力去做。〔2〕但：只有，唯有。〔3〕学文：学习书本上的知识。〔4〕浮华：不切实际。〔5〕昧：隐藏，蒙蔽。

【译文】

不能身体力行孝、悌、谨、信、泛爱众、亲仁这些本分，一味死读书，纵然有些知识，也只是增长自己浮华不实的习气，变成一个不切实际的人，如此读书又有何用？反之，如果只是一味地做，不肯读书学习，就容易依着自己的偏见做事，蒙蔽了真理，也是不对的。

第四篇 游于艺

人的生命包括两部分：自然生命和文化生命，前者来自于自然，后者形成于教育。教育的根本任务是育人，在于赋予人以文化的生命，以此来引导灵魂，追求永恒。大学教育不应该是一个只关注培养狭隘领域里的专门之才，而应注重培养的是具有健全人生态度的关怀社会人生与文明传承的完整的人，即朱熹（1130—1200）所谓的“君子大人”。作为自然生命和文化生命结合体的当代大学生，要实现并自我完成“君子大人”的文化品格，不能仅凭学校教育来实现，更重要的是自我教育的完成，这也是“修身”的终极关怀与日标。

孔子说：“志于道，据于德，依于仁，游于艺。”虽“游于艺”居于末，然并不意味着此于孔门可有可无。可以说，此四者贯穿于孔子思想之始终，而在一定意义上，“游于艺”恰是个体完成的终极体现。朱熹注：“游者，玩物适情之谓。艺，则礼乐之文，射、御、书、数之法，皆至理所寓，而日用之不可阙者也。朝夕游焉，以博其义理之趣，则应物有余，而心亦无所放矣。”[①]所谓“游于艺”是指通过技艺之熟练掌握而获得自由，即所谓的“为艺术而艺术”之乐。

儒家提倡“修”“齐”“治”“平”，其始为“修身”，《大学》说：“大学之道，在明明德，在亲民，在止于至善。”如何更健康而全面地实现“修身”与“大学之道”，而“游于艺”便是实现此目标的不二法门。儒家“修身”首先强调的是个体道德的自我完成，提倡“君子儒”，反对“小人儒”，而“君子”与“小人”便成为儒家衡量个人道德的重要标准，成为“知者不惑，仁者不忧，勇者不惧”的君子也便成为中国古代士大夫的一个理想的人文目标，即濂溪先生（1017—1073）所言的“圣希天，贤希圣，士希贤”。而如何实现“士希贤”的人文理想，便成为古往今来知识分子共同的思考主题。《诗经》所言“相在尔室，尚不愧于屋漏”，是儒家“慎独”思想的形象化表达。只有把个体存在的问题搞清楚了，也即儒家所言的安身立命之本解决了，才有可能真正实现“君子不器”。如何是“君子不器”？即孔子所谓的“君子坦荡荡”。这种君子观重视日将月就，强调“和而不同”，追求孔颜乐处，试图通过三省吾身之“反求诸己”以其实现“不迁怒，不贰过”的“从心所欲不逾矩”的修身目标。

---

① （宋）朱熹：《四书章句集注》，第94页。

在文化多元化、信息数字化飞速发展的今天，我们应该如何扬弃地继承并努力成为儒家所提倡的“文质彬彬，然后君子”而实现“止于至善”的崇高目标，成为迫在眉睫的社会文化问题。《易经》有言“君子进德修业”，“多识前言往行，以蓄其德”，此即孔子所云的“文献”。“文”指文献经典，是“布在方策”的“文武之道”；献，贤也，指古代的君子大人。孟子说：“圣人，百世之师也，伯夷、柳下惠是也。故闻伯夷之风者，顽夫廉，懦夫有立志；闻柳下惠之风者，薄夫敦，鄙夫宽。奋乎百世之上，百世之下，闻者莫不兴起也。”而古代之“文”和“献”正是使我们“游于艺”进而实现“修身”目的的重要思想文化武库。子曰：“小子何莫学夫《诗》?《诗》可以兴,《诗》可以观,《诗》可以群,《诗》可以怨。迩之事父，远之事君，多识于鸟兽草木之名。”(《论语·阳货》)孔子所言《诗》，我们不应仅仅局限于《诗经》，可理解为具有普世性的经典文献。程颐有言：“读《论语》，未读时是此等人，读了后又只是此等人，便是不曾读。”阅读经典是变化气质的一个重要途径，否则便是孟子所言“行之而不著焉，习矣而不察焉，终身由之而不知其道者，众矣”(《孟子·尽心上》)。经典文献已经被束之高阁很久了，如何能够切题地理解经典？古语有云，“薪尽火传”。中国素来有尊师重教之传统，故我们可以从师；古人又有“尚友”之道，故可以“以友辅仁”。无论师还是友，终是外因，如果个体不具“下学上达”之心而能“博学之，审问之，慎思之，明辨之，笃行之”，所谓的“君子大人”也不过痴人说梦。

经典文献是中国传统文化的重要载体，子贡所言“文武之道，未堕于地，在人。贤者识其大者，不贤者识其小者。莫不有文武之道焉”(《论语·子张》)。中国传统文化不仅是中华民族的存在发展根据，更是我们“修身”之武库。传统文化使我们获得了有别于他人的特殊品质，构成了我们的文化记忆，使我们成为我们自己而不是其他人，它把我们和本民族久远的历史联系起来，使我们感觉到自己是一棵有根的大树，是树上长出来的枝叶。辜鸿铭(1857—1928)认为传统文化，尤其是传统道德是中国之所以为中国的本质，是国家生死存亡的关键所系。它不仅可以救中国，而且还可以救人类免于毁灭，更是一种“传统神话”。怀特海(Alfred North Whitehead，1861—1947)曾说，整个西方哲学就是柏拉图的注脚。我们不妨说，整个的儒家传统就是孔子学说的注脚。回到《论语》《中庸》《孟子》《大学》等中国儒家原典中找寻智慧的泉源，它们不会因为时间推移而丧失其经典性，经过大浪淘沙反而在数字信息化的今天迸发出全新的深厚精神魅力。

与西方文化的专业性相比，中国古代文化的综合性比较突出，而中国古代“艺”就比较典型地突出了这一特点。“艺”的本义是种植，后泛指各种技艺。中国古代有“六艺”之说法，其所指有二：一是指《诗》《书》《礼》《乐》《易》和《春秋》等六种儒家的原典文献，二是指礼、乐、射、御、书、数等六种技能操作。两者虽都称为“六艺”，但形态不同。虽“六艺”所指有异，但于我们修身成人却是无异。无论是作为古代原典文献的“六艺”，还是技能操作的“六艺”，都是我们“学而时习之，温故而知新”的重要思想技能武库。

作为儒家原典的“六艺”内容丰富，义理蕴藉。时移世易，我们虽不能也不必回归

"六艺"，但为民族振兴和个体德行的养成，从其中汲取普世化思想的精粹是极为必要的。子曰："兴于《诗》，立于礼，成于乐。"(《论语·泰伯》)又曰："《诗》三百，一言以蔽之，曰思无邪。"(《论语·为政》)《诗经》于古人并非是单纯的文学读本，在更深层意义上，它是士大夫成人的基本前提，被称为"诗教"，其终极目的是塑造"温柔敦厚"的君子。《尚书》多记三代诏令诰典，此治国方策，为古代士大夫之仕所必需。不以规矩，无以成方圆。所谓"礼仪三千，威仪三千"的"三礼"，正是中国古代的"规矩"与"方圆"，而它们是中国古代的习惯法，直至现在仍不同程度地在发挥着"规矩""方圆"的效力。《易》言天道，是中国上古哲学智慧的集大成之作。《乐》早散佚，今不可考。但在先秦，《乐》极为重要，孔子"在齐闻《韶》，三月不知肉味"，吴国季札观乐而知政，《诗大序》言："治世之音安以乐，其政和；乱世之音怨以怒，其政乖；亡国之音哀以思，其民困。"《春秋》言人事道名分，所谓"春秋笔法"，"为尊者讳，为贤者讳，为长者讳"。

《礼记·经解》引孔子的话："入其国，其教可知也。其为人也，温柔敦厚，《诗》教也；疏通知远，《书》教也；广博易良，《乐》教也；絜静精微，《易》教也；恭俭庄敬，《礼》教也；属辞比事，《春秋》教也。"《庄子·天下篇》说："《诗》以道志，《书》以道事，《礼》以道行，《乐》以道和，《易》以道阴阳，《春秋》以道名分。"马一浮(1883—1967)先生说："自来说六艺，大旨莫简于此。"原始儒家以"六艺"之义理内涵和道德规范来教人，希冀经由"六艺"义理精神之教化、濡染和熏陶，而成为敦厚、良博和庄敬的理性自足之人。作为现代大学生，既不可以没有理性，也不可以不修身养德。而理性与德性的来源，一方面是我们自己固有之天性，另一方面则需要传统文化之熏习，从中华民族固有的思想义理中汲取营养。而作为儒家经典文献的"六艺"便是我国德性义理的思想武库，其进入我们的精神血脉应是水到渠成之事，而不必一定与现代教育知识结构及其思想导向成剑拔弩张之势。

中国古代"艺"的范围较为广泛，诸如今天所谓的文学、书法、绘画、戏曲、养生等，在古代都属于"艺"的范畴。表面看来，似乎古代的"艺"与所谓的"修身"是风马牛不相及，但深层次考察，两者关联甚大，可以说，能否"游于艺"是能否切实并长久地实现"修身"的必要前提。古人虽有"玩物丧志"之说法，但我们不能断章取义。明道(1032—1085)先生所言"玩物丧志"是指记诵博识。

古人于"艺"态度至为谨严，子夏所言"小道亦有可观，致远恐泥，是以君子不为"。但在今天，作为当代的大学生，因为诸多因素，传统文化已与我们渐行渐远，几或是完全隔膜。传统文化是我们中华民族的根，如果说"修身"是这一文化之根的主干，"艺"则是这一主干的重要生成土壤。作为土壤之"艺"一旦缺席或者营养发展不充分，那么大树之根便无从茁壮成长，更不用说是作为主干的"修身"了。当然，这其中还有主次轻重之分。作为理工科的当代大学生，我们并不是志在于成为"游于艺"的专家，虽如此，但"修身"是使我们的专业能走得更坚定更远的一个重要保证，而"游于艺"则是这一重要保证的前提。因为"游于艺"我们便不再局限，才更能全面深刻地认知自我，不断地完善自我。马一浮在《论西来学术亦通于六艺》中言："西方哲学人所说的真、善、美，皆包含六艺之中，《诗》《书》是至善，《礼》《乐》是至美，《易》《春秋》是至真。《诗》教主仁，《书》教主智，合仁与智，岂不是善么?《礼》是大序，《乐》是大和，合序与和，岂不是至美么?《易》穷神知化，显天道之常，《春秋》正名拨乱，示人道之正，合正于常，岂不是真么? 诸生若于六艺之道深造有得，真是左右逢源，万物皆备。"此论所重在作为儒家原典的"六艺"，重视其文献的经典价值的侵染熏陶之功，所论深切有为，于我们似乎言过其实，但所谓"高山仰止，景行行止。虽不能至，而心向往之"，我们要做的只是尽力用心而已。

最大限度地实现自我，是教育的一大重要目标。但由于现代教育的某些畸形发展，大学教育因专业化程度的不断强化，而在一定意义上导致了当代大学生传统文化素质教育的大范围缺失。一味的专业化，使得毕业后的我们仿佛除了专业便只有专业，人生更丰富更深刻的内容，比如于"艺"的鉴赏，于我们犹如空中楼阁，高不可攀。人的生命中，除了专业、工作，我们也该有更深刻的生命体验，这体验的捷径便是"游于艺"的结果，如若缺席，在一定意义上，我们的生命便是不完整的人生体验。所以"游于艺"于"修身"的关系是如何强调也不为过的。只有专业化知识与个人素养的和谐发展才是符合人的全面发展的教育理念。传统儒学之"游于艺"的教育方法对现代大学生个人素养全面发展有重要的借鉴价值。有鉴于此，本章着重从"学道""师道""友道""艺道"等主题展开论述，以此希冀有染苍染黄之效。

一、为学

《礼记·学记》："玉不琢，不成器；人不学，不知道。是故古之王者建国君民，教学为先。"《学记》是中国较早的集中论述有关为学的儒家原典，其中几乎涉及了后世所有的教学问题。这也是古代中国重视学道的一个重要表现。《学记》屡次重申为学之重："虽有嘉肴，弗食，不知其旨也；虽有至道，弗学，不知其善也。是故学然后知不足，教然后知困。知不足，然后能自反也，知困，然后能自强也。故曰：教学相长也。"由此可窥见古人于为学之重视。之后的传统中国社会中，学与"仕"关系密切。子夏云："仕而优则学，学而优则仕。"(《论语·子张》)

孔子说："人而不为《周南》《召南》，其犹正墙面而立也与！"(《论语·阳货》)《诗》："日就月将，学有缉熙于光明"。(《诗经·周颂·敬之》)学道于士大夫之"修身"尤其切要。子曰"学如不及，犹恐失之"。扬雄《法言·学行》言："学者，所以修性也。视、听、言、貌、思，性所有也。学则正，否则邪。"徐幹《中论》："学者，心之白日也。"《颜氏家训》："夫所以读书学问，本欲开心明目，利于行耳。"君子向"文献"学习，以期"开心明目，利于行耳"。但更为重要的在于寻求安身立命之本，即儒家所谓"穷则独善其身"之道，"君子之于学也，藏焉，修焉，息焉，游焉。夫然，故安其学而来其师，乐其友而信其道，是以虽离师辅而不反《学记》"。

孔子以好学自许，而不以圣贤自居，以为学“一以贯之”，曰“吾尝终日不食，终夜不寝，以思，无益，不如学也”，且能“发愤忘食，乐以忘忧，不知老之将至”。颜回好学“不迁怒，不贰过”，虽闻一知十，尚且有“欲罢不能，既竭吾才，如有所立卓尔，虽欲从之，末由已也”之叹，况论我辈中人。子曰：“生而知之者，上也。学而知之者，次也。困而学之又其次也。困而不学，民斯为下也。”如果不学习文献，无论上知、下知，只如孟子所言“行之不著焉，习矣而不察焉，终身由之而不知其道者，众矣”。

如何避免为“众”？圣贤硕儒早有论述。孔子说：“君子食无求饱，居无求安，敏于事而慎于言，就有道而正焉，可谓好学也已。”“知之者，不如好之者。好之者，不如乐之者。”《颜氏家训·勉学》：“夫学者所以求益耳。见人读数十卷书，便自高大，凌忽长者，轻慢同列；人疾之如雠敌，恶之如鸱枭。如此以学自损，不如无学也。古之学者为己，以补不足也；今之学者为人，但能说之也。古之学者为人，行道以利世也；今之学者为已，修身以求进也。夫学者犹种树也，春玩其华，秋登其实；讲论文章，春华也，修身利行，秋实也。讲论文章，春华也；修身利行，秋实也。人生小幼，精神专利；长大以后，思虑散逸。固须早教，勿失机也。”“敏而好学，不耻下问，是以谓之‘文’也。”所谓“下问”并非一定是指身份地位之高贵下贱而言，比如孔子入太庙而每事必问，故凡是以能问于不能，以多问于寡，都可谓之是“下问”。“质胜文则野，文胜质则史”，如何才能避免人之偏颇，但仅凭读书是不能尽其美的，更重要的是能从社会大学中习得，不因自己之学识地位而就教于真知，不计较其地位。尧舜尚有刍荛之微，孔子亦有师于项橐之请。子夏曰：“日知其所亡，月无忘其所能，可谓好学也已矣。”每天知道所未知的，每月能复习其所已经习得的，就可以说是好学了。此即俗谚所谓的“冰冻三尺非一日之寒”。好学非仅是喜欢读书学习之谓也，贵在持之以恒即孔子所云“学而时习之”，如此集腋成裘，方能“缉熙于光明”。

对于中人及以下，更要发愤好学。《弘明集》言：“老子云‘强梁者不得其死，吾将以为学文’。故人所以敷行诫籍，显著文教，将为愚瞽之故，非为贤哲之施矣。违之者必凶；顺之者，必吉。夫强梁刚愎之人，下愚之也。”如不学习“文献”，则必为“强梁刚愎之人”，难免“正墙面而立”，作为人的存在的价值也便随之虚无。孟子曰“学问之道无他，求其放心而已矣”，司马光亦言“学者所以求治心也。学虽多而心不治，安以学为”。为学之道不仅仅是博闻广识，更重要的是使心有所安放，不至于心猿意马，如此方能真正地安贫乐道，“问渠那得清如许，为有源头活水来。”所谓的“源头”不仅仅是文献，更重要的是从文献中寻来的“安心”，即白居易所言“我心安处即吾乡”。孔子云“饭蔬食，饮水，曲肱而枕之，乐亦在其中矣。不义而富且贵，于我如浮云”，“发愤忘食，乐以忘忧，不知老之将至”，颜回是“一箪食，一瓢饮，在陋巷，人不堪其忧，回也不改其乐”，此即儒家所谓的“心安”：孔颜乐处，是他们个体高峰体验的极致。南宋尤袤（1127—1202）：“饥读之以当肉，寒读之以当裘，贫贱读之以当友朋，幽愤而读之以当金石琴瑟也。”如何才能有其之至乐之体验？孔子说：“仁，远乎哉？我欲仁，斯仁至矣。”个体需要先有向善之心。

在价值多元化的今天，要有一颗赤子之心，即孔子所谓的“久要不忘平生之言”，它不是与生俱来，而是需要不断涵泳修养获得的。孔颜乐处，即使不能时时至，然亦应心向往之，这也是为学之乐的高峰体验。

“学道”于儒家传统意义甚为重大，孔子自言“述而不作，信而好古”，且以好学不倦自许，《论语》开篇亦是以“为学”命名。“为学”之道为重，之后历来儒家莫不强调重视学道之大，孟子言“学问之道无他，求其放心而已”，《荀子》首篇标题为《劝学》，之后的扬雄、王充、葛洪和颜之推及历代文人等著述都从不同侧面强调了“学道”之大。虽然时移世易，但作为继承优秀传统文化的重要途径之一，在科技发展日新月异且全球文化多元化的今天，无论如何强调古代学道于今天大学生的意义都不为过。那么我们该如何扬弃地继承古代学道呢？本章主要从历代重要典籍中摘录数篇，希冀有津筏之用。

1.行有余力，则以学文

子曰：“弟子入则孝，出则弟[1]，谨而信，泛爱众，而亲仁。行有余力[2]，则以学文。”

【题注】

选自《论语·学而》。

“学问”与“学文”是两回事。南怀瑾先生指出，学问不是文学，文章好是这个人的文学好；知识渊博，是这个人的知识渊博，至于学问，哪怕不认识一个字，也可能有学问——作人好，做事好，绝对的好，绝对的对，这就是学问。①因此，中国传统强调做人教育，做人差不多了，“行有余力，则以学文”。

【注释】

〔1〕弟（tì）：古同“悌”，孝悌。〔2〕余力：犹言暇日。

【译文】

孔子说：“青少年在家要孝顺父母，出外要敬重兄长，行为谨慎而说话信实，普遍关怀众人，并且要亲近有善行的人。认真做好这些事，再去努力学习书本上的知识。”②

2.玉不琢，不成器；人不学，不知道

玉不琢，不成器；人不学，不知道。是故古之王者，建国君民，教学为先。《兑命》[1]曰：“念终始典于学[2]。”其此之谓乎？虽有嘉肴，弗食，不知其旨也。虽有至道，弗学，不知其善也。是故学然后知不足，教然后知困。知不足，然后能自反也。知困，然后能自强也。故曰：教学相长也。《兑命》曰：“学学半[3]。”其此之谓乎？

---

① 南怀瑾：《论语别裁》上册，第10页。

② 傅佩荣著：《论语300讲》上册，第12页。

【题注】

选自《礼记·学记》。

人非生而知之，不学习就不懂得做人的道理。学习之后会发现自己的不足，于是会产生进一步学习的动力。

【注释】

〔1〕《兑命》："兑（yuè）"，"说" 字之误。说，音yuè，《说命》，《尚书》有《说命》上中下三篇。〔2〕念终始典于学：念始念终不忘学习经籍。典，典籍，经籍。典于学，"学于典" 之倒装。[①]〔3〕学（xiào）学半：教人是学习的一半。学（xiào），教。

【译文】

玉不雕琢，不能成为器物；人不学习，不懂得道理。因此古代做君主的人，建立国家，治理民众，都把兴教办学放在首位。《兑命》说："念始念终不忘学习经籍。" 就是说的这个意思吧。虽有好菜，不吃，不知道它的美味。虽有最好的道理，不学，不知道它好在哪里。因此，学习了然后才知道自己的不足，教育别人然后才发现自己的困惑。知道不足，然后能反省自己；知道困惑，然后能加强自己。因此说教和学是互相促进的。《兑命》说："教别人，一般也是增长自己的知识。" 就是说的这个意思吧。[②]

3.为学不倦

学以治[1]之，思以精之，朋友以磨之，名誉以崇[2]之，不倦以终之，可谓好学也已矣。

【题注】

选自《法言·学行卷》。

扬雄给出了 "好学" 者的身影。

【注释】

〔1〕治：培养，教育。〔2〕崇：尊崇。

【译文】

如果能够通过学习提高修养，运用思考吸取精华，依靠朋友互相切磋，获得声誉受到尊崇，还坚持不懈贯彻始终，就可以说是好学了吧。[③]

4.君子博学于文

子曰："君子博学于文[1]，约之以礼[2]，亦可以弗畔[3]矣夫！"

---

① 卓娜：《"念终始典于学" 的 "典" 字释义》，《内蒙古大学学报（哲学社会科学版）》2009年第6期，第121页。

② 杨天宇撰：《礼记译注》下册，第456～457页。

③ 韩敬译注：《法言》，第6页。

【题注】

选自《论语·雍也》。

博学于文和约之以礼，必须兼顾并重才能走上正道。心术不正的人，知识愈多，做坏事愈方便。

【注释】

〔1〕博学于文：指君子熟知各种典章制度。〔2〕约之以礼：指君子自我约束，一切合乎礼法的要求。〔3〕畔（pàn）：古同“叛”。

【译文】

孔子说：“君子学识广博，用礼法约束自己的行为，也就不至于背离正道了。”①

5.日知其所亡，月无忘其所能

子夏曰：“日知其所亡〔1〕，月无忘其所能〔2〕，可谓好学也已矣。”

【题注】

选自《论语·子张》。

孔门“好学”非止一种。子夏“日知其所亡，月无忘其所能”，是“好学”。孔文子“不耻下问”，是为“好学”。孔子“学而不厌，诲人不倦”，是为“好学”。

【注释】

〔1〕亡（wú）：古同“无”，没有。〔2〕所能：指已学到的重要的东西。

【译文】

子夏说：“每天求取一些未知的，每月都温习一下已学会的重要的东西，可以说是好学的了。”②

6.古之学者为己，今之学者为人

子曰：“古之学者为己，今之学者为人。”

【题注】

选自《论语·宪问》。

本文有两解。荀子曰：“入乎耳，著乎心，为己也。入乎耳，出户口，为人也。为己，履道而行。为人，徒能言之。”（《荀子·劝学》）如此解之，为人之学，亦犹孟子所谓“人之患在好为人师也”（《孟子·离娄上》）。又一说：为己，欲得之于己。为人，欲见之于人。此犹荀子谓“君子之学以美其身，小人之学以为禽犊”也。此两解各有当，然当孔子之时，

---

① 曾仕强、曾仕良著：《论语的生活智慧》上册，第172页。

② 曾仕强、曾仕良著：《论语的生活智慧》下册，第558页。

学风初启，疑无此后世现象。孔子所谓为己，殆指德行之科言。为人，指言语、政事、文学之科言。孔子非不主张学以为人，惟必有为己之本，乃可以达于为人之效。孟子特于古人中举出伊尹、伯夷、柳下惠，此皆为己，而为人之效已见，故三子皆得预于圣人之列。孔子曰："己欲立而立人，己欲达而达人。"（《论语·雍也》）己立己达是为己，立人达人是为人。孔子不薄为人之学，惟必以为己之学树其本，未有不能为己而能为人者。若如前两解，实非为人之学，其私心乃亦以为己而已，亦非本义。①

【译文】

孔子说："古代学者的目的在修养自己的学问道德，现代学者的目的却在装饰自己，给别人看。"②

7.不怨天，不尤人，下学而上达

子曰："莫我知也夫！"子贡曰："何为其莫知子也？"子曰："不怨天，不尤〔1〕人，下学而上达〔2〕。知我者其天乎！"

【题注】

选自《论语·宪问》。

"不怨天，不尤人"，是修身之至道。重要的是，"下学而上达"，方能真正做到修一己一身，所谓"桃李不言，下自成蹊"。

【注释】

〔1〕尤（yóu）：怨恨，归咎，责怪。〔2〕下学而上达：皇侃《论语·义疏》："下学，学人事；上达，达天命。我既学人事，人事有否有泰，故不尤人。上达天命，天命有穷有通，故我不怨天也。"③

【译文】

孔子叹道："没有人知道我呀！"子贡道："为什么没有人知道您呢？"孔子道："不怨恨天，不责备人，学习一些平常的知识，却透彻理解很高的道理。知道我的，只有天吧！"④

8.六言六蔽

子曰："由〔1〕也，女〔2〕闻六言〔3〕六蔽〔4〕矣乎？"对曰："未也。""居！吾语女。好仁不好学，其蔽也愚。好知〔5〕不好学，其蔽也荡。好信不好学，其蔽也贼。好直不好学，

① 钱穆著：《论语新解》，第374页。
② 杨伯峻著：《论语译注》，第152页。
③ 程树德撰：《论语集释》第三册，中华书局1990年版，第1020页。
④ 杨伯峻著：《论语译注》，第154页。

其蔽也绞。好勇不好学，其蔽也乱。好刚不好学，其蔽也狂。”

【题注】

选自《论语·阳货》。

孔子提出“六言六弊”，关键在于好学。不学习就无法明白事理，即使有心实践品德，也容易出现流弊。孔子提醒我们，要善用理性的力量，具备学习的智慧。

【注释】

〔1〕由：子路（前542—前480），姓仲名由，字子路，又称季路。〔2〕女（rǔ）：古同“汝”，你。〔3〕六言：指仁、智、信、直、勇、刚。〔4〕六蔽：指愚、荡、贼、绞、乱、狂。〔5〕知：同“智”。

【译文】

孔子说：“子路呀，你听说过有六种美德和六种毛病吗？”子路回答说：“没有。”孔子说：“坐下，我告诉你。喜欢仁爱而不喜欢学习，那毛病是愚蠢。喜欢聪明而不喜欢学习，那毛病是放纵。喜欢信实而不喜欢学习，那毛病是狭隘。喜欢直爽而不喜欢学习，那毛病是急躁。喜欢勇敢而不喜欢学习，那毛病是闯祸。喜欢刚强而不喜欢学习，那毛病是狂妄。”①

9.学不可以已

君子曰：学不可以已〔1〕。青，取之于蓝而青于蓝〔2〕。冰，水为之而寒于水。木直中绳，輮〔3〕以为轮，其曲中规，虽有〔4〕槁暴〔5〕，不复挺者，輮使之然也。故木受绳则直，金就砺则利，君子博学而日参省〔6〕乎己，则知〔7〕明而行无过矣。

【题注】

选自《荀子·劝学》。

学习不可以停下来，活到老，学到老。只有天天博学，日日反省，才能少犯过错，不犯错误。

【注释】

〔1〕已：停止，终止。〔2〕蓝：即蓼（liǎo）蓝，一年生草本植物，其叶经过发酵后可以提制深蓝色的有机染料靛（diàn）蓝。〔3〕輮（róu）：通“煣”，用微火熏烤木料使它弯曲。〔4〕有（yòu）：古同“又”。〔5〕槁暴（gǎo pù）：指风吹日晒而干枯。槁，枯干。暴，同“曝”。〔6〕参省（cān xǐng）：检验省察。参，检验，用其他有关材料来研究、考证某事物。〔7〕知：同“智”。

【译文】

君子说：学习不能够停止。染料靛青是从蓼蓝草中提炼出来的，但比蓼蓝草还青。冰，

① 李泽厚著：《论语今读》，第476页。

是由水凝固成的，但比水还冷。木材挺直，符合木工的墨线，用火烘烤弯曲，做成车轮，它的曲度与圆规画的曲线相合，虽然经过火烤、日晒，再也不能挺直了，这是因为经过火烘弯曲之后才是这样的。所以，木材经过墨斗画线加工后便变直了，金属刀剑经过磨刀石磨过之后就锋利了。君子广博地学习，而且每天检查和反省自己，就明白道理，而行动也不会犯错误了。①

10.大抵学者读书，务要穷究

为学之道，圣贤教人，说得甚分晓。大抵学者读书，务要穷究。“道问学”是大事。要识得道理去做人。大凡看书，要看了又看，逐段、逐句、逐字理会，仍参诸《解》《传》，说教通透，使道理与自家心相肯，方得。读书要自家道理浃洽透彻。杜元凯[1]云：“优而柔之，使自求之，厌而饫之，使自趋之。若江海之浸，膏泽之润，涣然冰释，怡然理顺，然后为得也。”[2]

【题注】

选自《朱子语类·学四·读书法上》。

宋人谈为学之方也多，尤以朱子为集中，此便论及如何为学读书之法。

【注释】

〔1〕杜元凯：杜预（222—285），字元凯，京兆杜陵（今陕西西安）人，著有《春秋左氏经传集解》。〔2〕语出《春秋左氏经传集解·序》。

11.学而不思则罔，思而不学则殆

子曰：“学而不思则罔[1]，思而不学则殆[2]。”

【题注】

选自《论语·为政》。

从他人得来的东西称为学，自己思索、探究、分辨和选择便是思。别人讲得对不对，必须经过自己的加工处理才行，“尽信书，则不如无书”（《孟子·尽心下》）。“不唯上、不唯书、只唯实，交换、比较、反复。”这是陈云（1905—1995）的十五字箴言，对我们理解孔子的学、思关系会有一些启发。

【注释】

〔1〕罔（wǎng）：同“惘”，迷惘。〔2〕殆（dài）：危而不安。

① 杨任之：《白话荀子》，第1页。

【译文】

孔子说："只知道学习而不加以思索，将迷惘无所得。只靠思索而不学习，将危而不安。"①

12.进学之道

善学者，师逸而功倍，又从而庸之。不善学者，师勤而功半，又从而怨之。善问者如攻坚木，先其易者，后其节目，及其久也，相说以解。不善问者反此。善待问者如撞钟，叩之以小者则小鸣，叩之以大者则大鸣，待其从客，然后尽其声。不善答问者反此。此皆进学之道也。

【题注】

选自《礼记·学记》。

"善学""善问"是重要的进学之道。

【译文】

善于学习的学生，老师省力而事半功倍，又从而归功于老师。不善于学习的学生，老师辛苦而事倍功半，又从而怨恨老师。善于提问的人，如同解劈坚硬的木材，先从较容易的部位开始，然后再解树节坚硬处，时间长了，各部分就互相脱离分解开了。不善于提问的人正好与此相反。善于回答问题的人如同撞钟，用小槌叩击就发出小的鸣声，用大槌叩击就发出大的鸣声，待钟声从容鸣响而散尽，（问题也就迎刃而解了）。不善于回答问题的人就正好与此相反。这些都是增进学识的道理。②

13.读书百遍，而义自见

遇〔1〕善治《老子》，为《老子》作训注。又善《左氏传》，更为作《朱墨别异》。人有从学者，遇不肯教，而云"必当先读百遍"。言"读书百遍，而义自见〔2〕"。从学者云："苦渴无日。"遇言"当以三余"。或问三余之意，遇言"冬者岁之余，夜者日之余，阴雨者时之余也"。

【题注】

选自《三国志·董遇传》。

"为学"贵在尺壁寸阴以持之以恒，但总有人抱怨时间不充分，此"学习三余"说于此颇有一语破的之效。只是不去做，但凡用心，为学总是有时间的。

【注释】

〔1〕遇：董遇，字季直，汉末三国魏国人物。〔2〕见（xiàn）：通"现"。

---

① 曾仕强、曾仕良著：《论语的生活智慧》上册，第40页。

② 杨天宇撰：《礼记译注》下册，第464页。

【译文】

董遇对《老子》很有研究，替它作了注释；对《春秋左氏传》也下过很深的功夫，根据研究心得，写成《朱墨别异》。有个想向董遇求教的人，董遇不肯教，却说："必须在这之前先读百遍。"意思是："读书一百遍，它的意思自然显现出来。"请教的人说："（您说的有道理），只是苦于没有时间。"董遇说："应当用'三余'时间"。有人问"三余"是什么？董遇说："冬天，是一年里的空闲时间；晚上，是一天里的空闲时间；下雨天，是临时的空闲时间。"

14.为学须是先立大本

为学须是先立大本。其初甚约，中间一节甚广大，到末梢又约。孟子说："博学而详说之，将以反说约也。"[1]故必先观《论》《孟》《大学》《中庸》，以考圣贤之意；读史，以考存亡治乱之迹；读诸子百家，以见其驳杂之病。其节目自有次序，不可逾越。近日学者多喜从约，而不于博求之。不知不求于博，何以考验其约！如某人好约，今只做得一僧，了得一身。又有专于博上求之，而不反其约，今日考一制度，明日又考一制度，空于用处作工夫，其病又甚于约而不博者。要之，均是无益。①

【题注】

选自《朱子语类》卷第十一。

朱熹治学主归纳，由博入约。陆九渊主演绎，执简驭繁。孟子说："君子要广博学问而详尽研究，就是要从融会贯通后还归到简要的精义。"

【注释】

〔1〕语出《孟子·离娄下》。

15.积财千万，不如薄伎在身

夫明六经[1]之指[2]，涉百家之书，纵不能增益德行，敦厉[3]风俗，犹为一艺，得以自资。父兄不可常依，乡国不可常保，一旦流离，无人庇荫[4]，当自求诸身耳。谚曰："积财千万，不如薄伎[5]在身。"伎之易习而可贵者，无过读书也。世人不问愚智，皆欲识人之多，见事之广，而不肯读书，是犹求饱而懒营馔[6]，欲暖而惰裁衣也。夫读书之人，自羲、农已来，宇宙之下，凡识几人，凡见几事，生民之成败好恶，固不足论，天地所不能藏，鬼神所不能隐也。

【题注】

选自《颜氏家训·勉学》。

① （宋）黎德靖编：《朱子语类》第一册，第188页。

人要活着必须有谋生的手段。“积财千万，不如薄伎在身。”掌握一种技艺，或文或武，一方面满足社会需要，另一方面可以养活自己。如何获得一门技艺呢？各种技艺中最容易学会而又值得推崇的本事，无过于读书。

【注释】

〔1〕六经：指《诗》《书》《礼》《乐》《易》《春秋》六部儒家经典。〔2〕指（zhǐ）：古同“旨”。〔3〕敦（dūn）厉：亦作“敦励”，敦促劝励。〔4〕庇荫（bì yìn）：（树木）遮住阳光，比喻尊长的照顾或祖宗的保佑。〔5〕伎（jì）：技艺，才能。〔6〕馔（zhuàn）：食物。

【译文】

通晓“六经”要旨，涉猎百家著述，即使不能增广个人的道德操行，劝勉世风习俗，也不失为一种才艺，可用以自谋生计。父亲兄长是不能长期依靠的，家乡邦国不能常保无事，一旦流离失所，没有人来庇护资助你时，就该自己设法了。俗话说：“积财千万，不如薄伎在身。”各种技艺中最容易学会而又值得推崇的本事，无过于读书。世人不管愚蠢还是聪明，都希望认识的人多，见识的事广，但却又不肯读书，这就好比想要吃饱却懒得做饭，想要身体暖和却又懒于裁衣一样。那些读书的人，从伏羲氏、神农氏以来，在这世界上，所见多少人，所识多少事，一般人的成败好恶，自然不用说，就是天地不能隐藏，鬼神的事也瞒不过他们。①

二、从师

《礼记·学记》：“凡学之道，严师为难。师严然后道尊，道尊然后民知敬学。”师道之尊在中国古代是如何强调也不为过的。中国素来有“天地君亲师”之谓，可见“师”自古以来之地位，张载（1020—1077）有言曰“为天地立心，为生民立命，为往圣继绝学，为万世开太平”，此为“师”之最高使命。曾子曰：“士不可不弘毅，任重而道远。仁以为己任，不亦重乎？死而后已，不亦远乎。”（《论语·泰伯》）费希特（Johann Gottlieb Fichte，1762—1814）《论学者的使命》：“你们都是最优秀的知识分子。如果最优秀的知识分子丧失了自己的力量，那又用什么去感召呢？如果出类拔萃的人都腐化了，那还到哪里去寻找道德善良呢？”我们唯一的文化根基是人类文明固有的内在价值。任何社会制度和现实力量，都存在或发生着偏离人类价值的倾向，但总要有那么一部分人来担当守护者的角色。这些人便是“师道”的主角——教师。孟子曰：“君子有三乐，而王天下不与存焉。父母俱存，兄弟无故，一乐也；仰不愧于天，俯不怍于人，二乐也；得天下英才而教育之，三乐也。君子有三乐，而王天下不与存焉。”（《孟子·尽心上》）“得天下英才而教育之”即为师之乐，而如何才能成为“师”并体验其乐？

扬雄《法言·学行卷》说：“务学不如务求师。师者，人之模范也。”师道之尊在于其

① 檀作文译注：《颜氏家训》，第102页。

师范之效，即老子所谓的“善人者不善人之师”（《老子》），孔子所谓“三人行，必有我师焉，择其善者而从之，其不善者而改之”。（《论语·述而》）清华大学原校长梅贻琦（1889—1962）对教师工作有一个中肯比喻，他认为学校犹如水，师生犹如鱼，教学活动仿佛游泳，大鱼前导，小鱼尾随，从游既久，濡染观摩之效不求而至，不为而成。育德者若缺乏自身道德光芒的照耀，就如同乞丐传授致富秘笈一样不可思议。如何才能“大鱼前导，小鱼尾随”？即孟子所谓“君子引而不发，跃如也。中道而立，能者从之。”（《孟子·尽心上》）

如何为师？荀子言：“师术有四：尊严而惮，可以为师；耆艾而信，可以为师；诵说而不凌不犯，可以为师；知微而论，可以为师。”（《荀子·致士》）首先是师之自我约束与提高，即老子所谓的“不言之教”。师者不仅要有师容，且更重要的是师德，即董仲舒所谓“善为师者，既美其道，有慎丁行”（《春秋繁露·玉杯》）。孔子说：“三人行，必有我师焉，择其善者而从之，其不善者而改之。”舜不仅能询于刍荛，且能“闻一善言，见一善行，若决江河，沛然莫之能御也”。孔子被后世称为“至圣先师”，史载孔子曾请教于项橐，问礼于老聃，学琴于师襄，访乐于苌弘，问官于郯子。颜回虽闻一知十，且仍“以能问于不能，以多问于寡，有若无，实若虚，犯而不校”。圣贤且无常师而学而不倦，更遑论中人及中人以下。圣人不仅无常师，其能以身作则。孔子说：“天何言哉？四时行焉，百物生焉，天何言哉？”直是夫子自道。所谓“其身正，不令而行；其身不正，虽令不从”。孔子所忧是“德之不修，学之不讲，闻义不能徙，不善不能改”，是“一以贯之”。大人君子能“穷则独善其身，达则兼济天下”。《孟子·滕文公下》说：“居天下之广居，立天下之正位，行天下之大道，得志与民由之，不得志独行其道。富贵不能淫，贫贱不能移，威武不能屈，此之谓大丈夫。”

子夏说：“君子有三变：望之俨然，即之也温，听其言也厉。”师未必是整日地正襟危坐，“子之燕居，申申如也，夭夭如也”，师虽洁身自好，但并不讳言孔方兄，而动辄曰“举却阿堵物”（《世说新语·规箴》）。孔子说：“富而可求也，虽执鞭之士，吾亦为之。如不可求，从吾所好。”重要的是君子爱财，取之有道，且能“从吾所好”，也即孟子所云“无恒产而有恒心者，唯士为能”，之所以能，在于君子有“道”，即今天所谓的原则，“言不必信，行不必果，唯义所在是也”。为师亦要不断自我修养，子曰“见贤思齐焉，见不贤而内自省也”，“躬自厚而薄责于人，则远怨矣”，“君子求诸已，小人求诸人”，“默而识之，学而不厌，诲人不倦，何有于我哉”。君子亦知之为知之，不知为不知，于未知当阙如，而不能臆断其有无，子曰“君子于其所不知，盖阙如也”，以免徒误人子弟。为师也不能道听而途说。

大人君子如何施教？《礼记·学记》言大学之法，也即施教之法：“禁于未发之谓豫；当其可之谓时；不凌节而施之谓孙；相观而善之谓摩。此四者，教之所由兴也。发然后禁，则扞格而不胜；时过然后学，则勤苦而难成；杂施而不孙，则坏乱而不修；独学而无友，则孤陋而寡闻；燕朋逆其师，燕辟废其学。此六者，教之所由废也。”

孟子说：“君子之所以教者五：有如时雨化之者，有成德者，有达财者，有答问者，有私淑艾者。此五者，君子之所以教者。”君子教育的方式有五种：有像及时的雨水那样沾溉万物的，有成全品德的，有培养才能的，有解答疑问的，还有以流风余韵为后人所私自学些的。这五种便是君子教育的方法。

孔子教育学生是“不愤不启，不悱不发，举一隅不以三隅反，则不复也”，“知之者不如好之者，好之者不如乐之者”。对待学生能因材施教。子贡问：“有一言而可以终身行之者乎？”孔子说：“其恕乎？己所不欲，勿施于人”，“可与言而不与言，失人；不可与言而与之言，失言。知者不失人，亦不失言”，“不曰‘如之何，如之何’者，吾末如之何也已矣”。孔子提倡“有教无类”，只要有向善之心，不论过去如何，都可以施教，互乡童子和达巷党人都可以受教于圣人。孟子说：“观于海者难为水，游于圣人之门者难为言”。作为“修身”主体，该如何从师求道？最为重要的是“闲习礼容，不如式瞻仪度；讽诵遗言，不如亲炙其旨”。(《晋书·阮籍传》)孟子说：“圣人，百世之师也，伯夷、柳下惠是也。故闻伯夷之风者，顽夫廉，懦夫有立志；闻柳下惠之风者，薄夫敦，鄙夫宽。奋乎百世之上，百世之下，闻者莫不兴起也。非圣人而能若是乎？而况于亲炙之者乎？”荀子亦言有言：“学莫便乎近其人，《礼》《乐》法而不说，《诗》《书》而不切，《春秋》约而不速。方其人之习君子之说，则尊以徧矣，周于世矣。故曰：学莫便乎其人。”师尽师道，生尽学道，如此方有颜渊喟然之叹：“仰之弥高，钻之弥坚，瞻之在前，忽焉在后。夫子循循然善诱人，博我以文，约我以礼。欲罢不能，既竭吾才，如有所卓立尔，虽欲从之，末之由已也。”薪尽火传，文武之道由是而变本加厉。

“学高为师，身正为范。”李贽（1527—1602）《真师》说：“余谓师友原是一样，有两样耶？但世人不知友之即师，乃以四拜受业者谓之师；又不知师之即友，徒以亲密结交者谓之友。……夫使友而不可以四拜受业也，则亦不可以与之友矣；师人不可以心腹告语也，则亦不可以视之为师矣。”前苏联教育家苏霍姆林斯基（1918—1970）说：“理想的教育是培养真正的人，让每一个人都能幸福地度过一生，这就是教育应追求的恒久性、终极性价值。”新时代的教师应该担当重塑学生价值的主要责任，通过言传身教来感染学生，以高尚的人格魅力和博雅的学识魅力来影响学生。为此，教师要充分利用教学的每一个环节，精心创设每一个教学情境，真正实现“大鱼前导，小鱼尾随”教学理想，并在此过程中真正推动教学相长良好师生关系。新型师生之关系：“后生可畏，焉知来者之不如今也”；“青取之于蓝而青于蓝”；“弟子不必不如师，师不必贤于弟子”；“道之所存，师之所存也”。

儒家传统重视学道，与之紧密相关的师道亦具有重要道统意义，所谓“天地君亲师”，其意义可见一斑。对于大家，之所以对中国的师道有所认知，多是高中语文课本所选的韩愈《师说》获悉，而事实是，古代从原始儒家一发端便十分强调师道之尊严，所谓“学高为师，身正为范”。学道固然重要，但如果没有适当的引导易于造成“意、必、固、我”之弊，因为有师道，故亦步亦趋才被赋予了典范的意义，从而才能够有“瞻之在前，忽焉在后”的学道之高峰体验。如何才能乘着师道的大船乘风破浪，本章便以经典性的选读来重温古代师道之尊。

1.天佑下民，作之君，作之师

惟十有三年春，大会于孟津。王曰："嗟！我友邦冢君[1]，越我御事庶士，明听誓：惟天地，万物父母。惟人，万物之灵。亶[2]聪明，作元后，元后作民父母。今商王受弗敬上天，降灾下民，沉湎[3]冒色，敢行暴虐。罪人以族，官人以世。惟宫室、台榭、陂池、侈服，以残害于尔万姓。焚炙忠良，刳剔孕妇。皇天震怒，命我文考肃将天威。大勋未集，肆予小子发，以尔友邦冢君观政于商。惟受罔有悛心，乃夷居弗事上帝神祇，遗厥先宗庙弗祀。牺牲粢盛，既于凶盗。乃曰吾有民有命，罔惩其侮。天佑下民，作之君，作之师，惟其克相上帝，宠绥四方。有罪无罪，予曷敢有越厥志？同力度德，同德度义。受有臣亿万，惟亿万心。予有臣三千，惟一心。商罪贯盈，天命诛之。予弗顺天，厥罪惟钧。予小子夙夜祗惧，受命文考，类于上帝，宜于冢土，以尔有众厎天之罚。天矜于民，民之所欲，天必从之。尔尚弼予一人，永清四海，时哉，弗可失！"

【题注】

选自《尚书·周书·泰誓上》。

上天爱护下民，为民立君来治民，为民立师来教民。可见，在古代君师并重，老师拥有非常重要的社会地位。

【注释】

〔1〕冢(zhǒng)君：大君，对列国君主的敬称。冢，大。〔2〕亶(dǎn)：实在，诚然，信然。〔3〕沉湎(miǎn)：沉迷(多指沉迷于酒色)。

【译文】

十三年春天，周武王在孟津大会诸侯。王说："啊！我友好国家的大君和我的大小官员们，仔细听着誓词。天地是万物的父母，人是万物中的灵物。真的聪明的人作大君，大君就是老百姓的父母。如今的商王受，不敬奉上天，降灾给下民。他嗜酒贪色，敢于做残暴虐杀的事，用灭族的严刑惩罚人，凭世袭的方法任用人，大建宫室、台榭，修筑陂池，讲究华丽的服饰，来残害你们万民。烧杀忠诚善良的官员，解剖怀孕的妇女。皇天动了怒气，命令我的先父文王，恭敬地奉行上天的惩罚，文王逝世，大功不能完成。从前我小子姬发，和你们这些友好国家的大君，观察商的政事。纣王受没有改过的心，仍然傲慢无礼，不事奉天地神灵，舍弃他先人的宗庙不祭祀。祭祀用的牲畜和黍稷也都被恶人盗食了。他却说：'我有老百姓！我有天命！'不知道制止自己的傲慢。上天爱护下民，为民立君来治民，为民立师来教民，应当能够辅佐上帝，保护安定天下。有罪的应该讨伐，无罪的应该赦免。我怎敢违背那上天的意志呢？力量相等就是度量德，德行相配就度量义。受有臣亿万，却有亿万条心；我有臣三千，却只有一条心。商纣王罪大恶极，上天命令我诛灭他。我不顺从上天，那罪行就和纣王相等。我小子早晚恭敬忧惧，接受先发文王伐商的命令，就去禷祭上帝，又宜祭土神谷神，然后率领你们众人致行上天的惩罚。上天怜悯老百姓，老百姓希望办到的事，上天必定顺从。你们应当辅佐我，永清天下。时机啊，是不可失掉的啊！”①

2.民生于三，事之如一

武公[1]伐翼[2]，杀哀侯[3]，止栾共子[4]曰：“苟无死，吾以子见天子，令子为上卿，制晋国之政。”辞曰：“成闻之：‘民生于三，事之如一。’父生之，师教之，君食之。非父不生，非食不长，非教不知生之族也，故一事之。唯其所在，则致死焉。报生以死，报赐以力，人之道也。臣敢以私利废人之道，君何以训矣？且君知成之从也，未知其待于曲沃[5]也，从君而贰，君焉用之？”遂斗而死。

【题注】

选自《国语·晋语一》。

《国语》提出的“民生于三，事之如一”的说法，最早将君、亲、师并列，看作是百姓万民的根本，认为要将这三者同等对待。荀子在此基础上又加上了天和地，形成了“天地君亲师”的完整的思想内容。

【注释】

〔1〕武公：曲沃桓叔之孙、庄伯之子武公称。〔2〕翼：晋国都城。〔3〕哀侯：晋昭侯之孙、鄂侯之子哀侯光。〔4〕栾共子：晋哀侯大夫共叔成。〔5〕曲沃：今山西省闻喜县东左邑故城。

【译文】

武公讨伐翼城，杀了晋哀侯，劝阻晋哀侯的大夫栾共子说：“假如你不为哀侯效忠而死，我将带你去进见天子，让他任命你当上卿，掌管晋国的政务。”栾共子拒绝说：“我听说过：‘人在世间生活靠的是父亲、师长和国君，要始终如一地侍奉他们。’父亲给我生命，师长给我教诲，国君给我食禄。没有父亲就不会来到世间，没有国君的食禄就不会长大，没有师长的教诲就不会知道家族的历史，所以必须一心一意侍奉他们。只要是他们的事，就应出死力去办。用死报答他们的养育，用力报答他们的惠赐，这是做人的道理。我岂敢为了一己的私利废弃做人的道理，那样的话你又怎么教我尽忠呢？况且你只知道劝我不为哀侯效忠而死，却不知道我如苟且到曲沃侍奉你，就是怀有二心。跟随国君的人却怀有二心，国君要用他干什么？”于是战斗而死。

3.十圣人六贤者，未有不尊师者也

神农师悉诸，黄帝师大挠[1]，帝颛顼[2]师伯夷父[3]，帝喾[4]师伯招[5]，帝尧师子州

① 江灏、钱宗武译注：《今古文尚书全译》，第206~208页。

支父，帝舜师许由，禹师大成贽[6]，汤师小臣[7]，文王、武王师吕望、周公旦，齐桓公师管夷吾，晋文公师咎犯、随会[8]，秦穆公师百里奚[9]、公孙枝[10]，楚庄王师孙叔敖、沈尹巫，吴王阖闾师伍子胥、文之仪，越王勾践师范蠡、大夫种。此十圣人六贤者，未有不尊师者也。今尊不至于帝，智不至于圣，而欲无尊师，奚由至哉？此五帝之所以绝，三代之所以灭。

【题注】

选自《吕氏春秋·孟夏纪·尊师》。

古代圣贤成人之道，均有师佐，故未有不尊师的。

【注释】

〔1〕大挠（náo）：传说为黄帝史官，始作甲子，创造了以干支相配纪日的方法。〔2〕颛顼（zhuān xū）：古帝名，号高阳氏。〔3〕伯夷父（fǔ）：颛顼之师，又称伯夷。父，同"甫"，古代对男子的敬称、美称。〔4〕喾（kù）：古帝名。〔5〕伯招：帝喾之师，他书或作"柏招"。〔6〕大成贽（zhì）：传说为禹的老师。〔7〕小臣：指伊尹，商王朝的开国功臣。〔8〕随会：祁姓，随氏、范氏，讳会，谥武，其名随会（采邑于随）或范会（采邑于范），又因随氏出于士氏，故史料中多称其士会，史称范武子、随武子。杰出的政治家，先秦时代贤良的典范。〔9〕百里奚：姓百里，名奚，秦大夫。或作"百里傒"。〔10〕公孙枝：姓公孙，名枝，字子桑，秦大夫。

【译文】

神农以悉诸为师，黄帝以大挠为师，帝颛顼以伯夷父为师，帝喾以伯招为师，帝尧以子州支父为师，帝舜以许由为师，禹以大成贽为师，汤以小臣伊尹为师，文王、武王以吕望、周公旦为师，齐桓公以管夷吾为师，晋文公以咎犯、随会为师，秦穆公以百里奚、公孙枝为师，楚庄王以孙叔敖、沈尹巫为师，吴王阖闾以伍子胥、文之仪为师，越王勾践以范蠡、文种为师。这十位圣人、六位贤者没有不尊重老师的。如今，人们地位没有达到帝那样尊贵，才智没有达到圣明的境界，却不想尊奉老师，这怎么能获得尊显、达到圣明的境地呢？这正是五帝之所以废绝、三代之所以不可再现的原因。①

4.疾学在于尊师

疾学在于尊师。师尊则言信矣，道论矣。故往教者不化，召师者不化；自卑者不听，卑师者不听。师操不化不听之术而以强教之，欲道之行、身之尊也，不亦远乎？学者处不化不听之势，而以自行，欲名之显、身之安也，是怀腐而欲香也，是入水而恶濡也。凡说者，兑[1]之也，非说之也。今世之说者，多弗能兑，而反说之。夫弗能兑而反说，是拯溺而硾[2]之以石也，是救病而饮之以堇[3]也，使世益乱、不肖主重惑者，从此生矣。故为师

① 陆玖译注：《吕氏春秋》上册，第104～107页。

之务，在于胜理，在于行义。理胜义立则位尊矣，王公大人弗敢骄也，上至于天子，朝之而不惭。凡遇合也，合不可必，遗理释义，以要不可必，而欲人之尊之也，不亦难乎？故师必胜理行义然后尊。曾子曰："君子行于道路，其有父者可知也，其有师者可知也。夫无父而无师者，余若夫何哉！"此言事师之犹事父也。曾点使曾参，过期而不至，人皆见曾点曰："无乃畏邪？"曾点曰："彼虽畏，我存，夫安敢畏？"孔子畏于匡，颜渊后，孔子曰："吾以汝为死矣。"颜渊曰："子在，回何敢死？"颜回之于孔子也，犹曾参之事父也。古之贤者，与其尊师若此，故师尽智竭道以教。

【题注】

选自《吕氏春秋·孟夏纪·劝学》。

努力学习，关键在于尊重老师。罗振玉（1866—1940）《鸣沙石室佚书·太公家教》："弟子事师，敬同于父，……一日为师，终身为父。"

【注释】

〔1〕兑：悦。〔2〕硾（zhuì）：古同"缒"，拴上重物往下沉。〔3〕堇（jǐn）：草名。有毒，可入药。

【译文】

努力学习关键在于尊重老师。老师受到尊重，言语就会被人信从，道义就会被人称述而彰明了。因此，应召去教的老师不可能教化他人，呼唤老师来教的人不可能受到教化；自卑的老师不会被人听信，轻视老师的人不会听从教诲。老师如果采用不可能教化他人、不会被人听信的方法去勉强教育人，尽管想使自己的道义得以施行，使自身得以尊贵，不也差得太远了吗？从师学习的人处于不可能受到教化、不会听从教诲的地位，自己随意行事，尽管想使自己名声显赫，自身平安，这就如同怀揣腐臭的东西却希望芳香，进入水中却厌恶沾湿一样，怎么可能办得到呢？凡说教，应该使对方心情舒畅，而不是硬性说教。如今世上说教的人，大多不能使对方心情舒畅，却反去硬性说教。这样做就如同拯救溺水的人却把石头坠在他身上，如同医治病人却给病人喝下毒药一样，只会适得其反。社会越发混乱、不肖的君主更加混惑就都由此产生了。所以做老师的要务在于依循事理，在于施行道义。只要事理被依循，道义得以树立，那么老师的地位就尊贵了。王公大人对他们不敢轻慢，即使上至于天子朝廷，这样的老师也不会感到羞愧。大凡师徒相遇而和洽的情况不可能一定实现。如果遗弃事理，抛掉道义，去追求不一定实现的东西，却想要人们尊重他，这不也太难了吗？所以，老师一定要依循事理，施行道义，然后才能尊显。曾子说："君子在道路上行走，其中父亲还在的可以看出来，其中有老师的也可以看出来。对那些父亲、老师都不在的，其他人又能怎么样呢？"这是说侍候老师像侍候父亲一样。曾点派他的儿子曾参外出，过了约定的时间却没有回来，人们都来看望曾点说："怕不是遇难了吧。"曾点说："即使他要死，我还活着，他怎么敢自己不小心遭祸而死！"孔子本围困在匡地，颜渊最后才到，孔子说："我以为你死了。"颜渊说："你还活着，我怎么敢死！"颜回对待孔子如同曾参侍奉父亲一样。古代的贤人，他们尊重老师达到这样的地步，所以老师尽心竭力地教诲他们。①

5.师哉，桐子之命

学者，所以修性[1]也。视、听、言、貌、思，性所有也。学则正，否则邪。师哉！师哉！桐子[2]之命也。务学不如务求师。师者，人之模范[3]也。模不模，范不范，为不少矣。

【题注】

选自《法言·学行》。

扬雄非常看重老师的价值，他认为老师决定儿童的命运，单独努力学习不如努力寻找老师，拜师学艺。

【注释】

〔1〕性：人性。〔2〕桐子：即童子，指未成年无知识的人。铜，与“侗”“僮”“童”通。〔3〕模范：范，通“笵”。《说文解字·木部》：“模，法也。”又《木部》：“笵，法也。”段玉裁注曰：“以木曰模，以金曰镕，以土曰型，以竹曰笵，皆法也。”可见模、镕、型、笵都是制作器具时所依据的标准件，因所用材料不同而又不同的名称。后来意义逐步演变，为器之标准者称之“模型”，为人之标准者则称为“模范”。

【译文】

学习，是为了培养端正人性。观看、聆听、言谈、容貌、思想，都是人性的组成部分。坚持学习，这些行为才会端正；否则，这些行为就会邪恶。老师呀，老师呀！他决定儿童的命运。所以单独努力学习不如努力寻找老师，老师是人的模范。用模范的行为纠正不模范的行为，用模范的人格改造不模范的人格，这样的事真不少呀！

6.讽味遗言，不如亲承音旨

太傅[1]东海王[2]镇许昌，以王安期[3]为记室参军，雅相知重。敕[4]世子[5]毗[6]曰：“夫学之所益者浅，体之所安者深。闲习[7]礼度，不如式瞻[8]仪形[9]。讽味[10]遗言[11]，不如亲承音旨[12]。王参军人伦之表，汝其师之！”

【题注】

选自《世说新语·赏誉》。

互联网为今天知识的学习带来诸多便利，但老师的作用还是不可替代的。背诵体味古人的遗训，不如亲自接受时贤的教诲。

【注释】

〔1〕太傅：古代职官。〔2〕东海王：司马越（？—311），字元超，晋宣帝司马懿四弟东

① 陆玖译注：《吕氏春秋》上册，第104～107页。

武城侯司马馗之孙，高密文献王司马泰长子。〔3〕王安期：王承（约273—318），字安期，曹魏司空王昶之孙，西晋汝南太守王湛之子，东晋尚书令王述之父，《晋书》卷七五有传。〔4〕敕：告诫。〔5〕世子：帝王公卿之子，是地位或爵位的继承人。〔6〕毗（pí）：司马毗。〔7〕闲习：熟习。〔8〕式瞻：瞻仰。〔9〕仪形：仪式。〔10〕讽味：背诵和体会。〔11〕遗言：古圣先贤流传下来的话。〔12〕音旨：语言和意思。

【译文】

太傅东海王司马越出镇许昌时，用王安期担任记室参军，十分赏识看重他。他告诫儿子司马毗说："从学习中得来的受益匪浅，从体验中得来的感受深刻。熟悉礼法，不如去瞻仰礼节仪式；背诵体味古人的遗训，不如亲自接受时贤的教诲。王参军是人们的表率，你要学习他。"①

7.道之所存，师之所存

古之学者必有师。师者，所以〔1〕传道受〔2〕业解惑也。人非生而知之者，孰能无惑？惑而不从师，其为惑也，终不解矣。生乎吾前，其闻道也固先乎吾，吾从而师之；生乎吾后，其闻道也亦先乎吾，吾从而师之。吾师道也，夫庸〔3〕知其年之先后生于吾乎？是故无贵无贱，无长无少，道之所存，师之所存也。

【题注】

选自《韩昌黎文集·师说》。

韩愈（768—824），字退之，河南河阳（今河南省孟州市）人，自称"郡望昌黎"，世称"韩昌黎""昌黎先生"，死后追赠礼部尚书，谥号"文"，故称"韩文公"。元丰元年（1078），追封昌黎伯，并从祀孔庙。韩愈是唐代古文运动的倡导者，被后人尊为"唐宋八大家"之首，与柳宗元（773—819）并称"韩柳"，有"文章巨公"和"百代文宗"之名。后人将其与柳宗元、欧阳修（1007—1072）和苏轼（1037—1101）合称"千古文章四大家"。上海古籍出版社出版有《韩昌黎文集校注》。

【注释】

〔1〕所以：用来……的。〔2〕受：同"授"。〔3〕庸（yōng）：岂，怎么。

【译文】

古代求学的人一定有老师。老师，是可以依靠来传授道理、教授学业、解答疑难问题的。人不是生下来就懂得道理的，谁能没有疑惑？有了疑惑，如果不跟从老师学习，那些成为疑难问题的，就最终不能理解了。生在我前面，他懂得道理本来就早于我，我应该跟从他把他当作老师；生在我后面，如果他懂得的道理也早于我，我也应该跟从他把他当作

---

① 刘士镇、刘开骅译注：《世说新语全译》，贵州人民出版社1996年版，第341页。以下引用该书只注明作者、书名、册数和页码。

老师。我是向他学习道理啊，哪管他的生年比我早还是比我晚呢？因此，无论地位高低贵贱，无论年纪大小，道理存在的地方，就是老师存在的地方。

8.凡学之道，严师为难

凡学之道，严〔1〕师为难。师严，然后道尊。道尊，然后民知敬学。是故君之所不臣于其臣者二：当其为尸〔2〕，则弗臣也；当其为师，则弗臣也。大学之礼，虽诏于天子，无北面，所以尊师也。

【题注】

选自《礼记·学记》。

“棒下出孝子，严师出高徒”，在今天仍然有一定意义。

【注释】

〔1〕严：郑重，庄重。〔2〕尸：古代祭祀时，代表死者受祭的人。

【译文】

凡从事学习的原则，尊敬老师是最难做到的。老师被尊敬，然后道术才会被敬重。道术被尊重，然后人们才会严肃认真地对待学习。因此国君不敢把臣当作是自己的臣来对待的情况有两种：当臣充当尸的时候不敢把他看做是臣，当臣做自己老师的时候不敢把他看做是臣。按照大学的礼，即使向天子讲授，老师也不面朝北，这样来体现尊敬老师。①

9.三人行，必有我师

子曰：“三人行，必有我师焉。择其善者而从之，其不善者而改之。”

【题注】

选自《论语·述而》。

尺有所短，寸有所长，我们要善于发现别人的长处。

【译文】

孔子说：“三人同行，其中必定有值得我学习的地方。选择他们的长处来学习，以他们的短处作为自我改正的借鉴。”②

10.子归而求之，有余师

曹交问曰：“人皆可以为尧舜，有诸？”孟子曰：“然。”

---

① 杨天宇撰：《礼记译注》下册，第463页。

② 曾仕强、曾仕良著：《论语的生活智慧》上册，第199页。

“交闻文王十尺，汤九尺，今交九尺四寸以长，食粟而已，如何则可？”曰：“奚[1]有于是？亦为之而已矣。有人于此，力不能胜一匹雏[2]，则为无力人矣；今日举百钧，则为有力人矣。然则举乌获[3]之任，是亦为乌获而已矣。夫人岂以不胜为患哉？弗为耳。徐行后长者谓之弟[4]，疾行先长者谓之不弟。夫徐行者，岂人所不能哉？所不为也。尧舜之道，孝弟而已矣。子服尧之服，诵尧之言，行尧之行，是尧而已矣。子服桀之服，诵桀之言，行桀之行，是桀而已矣。”

曰：“交得见于邹君，可以假馆，愿留而受业于门。”曰：“夫道，若大路然，岂难知哉？人病不求耳。子归而求之，有余师。”

【题注】

选自《孟子·告子下》。

韩愈：“圣人无常师。”（《师说》）只要有学习的意愿，到处都可以找到老师，“道之所存，师之所存”。

【注释】

〔1〕奚（xī）：疑问代词，相当于“胡”“何”。〔2〕一匹雏：一只小鸡。匹，本为计马数之量词，而“匹夫匹妇”则又用以计人，此则借以计雏。雏，小鸡。〔3〕乌获：《史记·秦本纪》言秦武王时有力士乌获，但此时孟子年已逾七十，而乌获远在西方之秦，未必能举肯举以为例证，此乌获或者是古之有力之人，秦之力士又袭用其名耳。①〔4〕弟（tì）：同“悌”。

【译文】

曹交请教说：“每个人都可以成为尧舜，有这样的说法吗？”孟子说：“有。”

曹交说：“我听说周文王身高十尺，商汤身高九尺，现在我有九尺四寸高，却只会吃饭而已，要怎么办才好呢？”孟子说：“这有什么困难？只要去做就行了。如果有个人，力气提不起一只小鸡，那他就是没有力气的人；如果说能举起三千斤的东西，那他就是有力气的人。既然如此，只要能举起乌获举过的重量，也就可以成为乌获了。一个人要担心的，难道是不能胜任吗？只是不去做罢了。慢慢跟在长辈后面走，叫做悌；快步抢在长辈前面走，叫做不悌。慢慢走，难道是一个人不能做到的吗？不去做罢了。尧舜的正途，不过是孝与悌而已。你穿上尧所穿的衣服，说尧所说的话，做尧所做的事，这样就成为尧了。你穿上桀所穿的衣服，说桀所说的话，做桀所做的事，这样就成为桀了。”

曹交说：“我准备去谒见邹君，向他借个住处，希望留在您的门下学习。”孟子说：“人生正途就像大马路一样，怎么会难懂呢？只怕人不去寻找而已。你回去自己去寻找，老师多得很呢。”②

---

① 杨伯峻：《孟子译注》，第256～257页。

② 傅佩荣译解：《孟子》，第215～216页。

11.圣人无常师

卫公孙朝问于子贡曰："仲尼焉学？"子贡曰："文武之道，未坠于地，在人。贤者识〔1〕其大者，不贤者识其小者，莫不有文武之道焉。夫子焉不学？而亦何常师〔2〕之有？"

【题注】

选自《论语·子张》。

中国文化集大成的是周朝。文王、武王统一天下，周公建立中国文化与政治的基础。不管大小方面，中国文化，以文、武、周公到孔子那个阶段，都有中国文化精神。孔子对于中国文化的精神，样样都有，谁有长处，他就跟谁学，哪有固定老师呢？①

【注释】

〔1〕识(zhì)：记住。下句之"识"同。〔2〕常师：固定的师长。

【译文】

卫国大夫公孙朝请问子贡说："仲尼的学问从哪里学来的？"子贡说："文王、武王的道统并没有在世间消失，现在还有人能记得。贤能的人记得重大的，不贤的人记得细小的，没有一个人没有文王、武王的道统。我的老师到处都可以学，又哪有固定的师承呢？"②

12.君子隆师而亲友

见善，修然〔1〕必以自存〔2〕也；见不善，愀然〔3〕必以自省也。善在身，介然〔4〕必以自好也；不善在身，菑〔5〕然必以自恶〔6〕也。故非我而当者，吾师也；是我而当者，吾友也；谄谀我者，吾贼也。故君子隆〔7〕师而亲友，以致恶其贼；好善无厌，受谏而能诫，虽欲无进，得乎哉！小人反是，致乱而恶人之非己也；致不肖，而欲人之贤己也；心如虎狼，行如禽兽，而又恶人之贼己也；谄谀者亲，谏争者疏，修正为笑，至忠为贼，虽欲无灭亡，得乎哉！《诗》〔8〕曰："嗡嗡〔9〕呰呰〔10〕，亦孔之哀。谋之其臧，则具是违；谋之不臧，则具是依。"此之谓也。

【题注】

选自《荀子·修身》。

中国古代教育主要是做人教育，所以荀子说，批评我而又中肯的人，就是我的老师；肯定我而又恰当的人，就是我的朋友；阿谀奉承我的人，就是陷害我的贼寇。君子要尊重老师，亲近朋友，憎恨陷害我的贼寇。

---

① 南怀瑾：《论语别裁》下册，第888页。

② 曾仕强、曾仕良著：《论语的生活智慧》下册，第576页。

【注释】

〔1〕修然：整饬的样子。〔2〕存：省问。〔3〕愀（qiǎo）然：忧惧的样子。愀，脸色改变，多指悲伤、严肃。〔4〕介然：坚定执着的样子。〔5〕菑（zāi）：古同“灾”。〔6〕恶（wù）：讨厌，憎恨，与“好（hào）”相对。〔7〕隆（lóng）：尊崇。〔8〕《诗》：指《诗经·小雅·小旻》。〔9〕噏噏（xī xī）：同“吸吸”，吸取。〔10〕呰呰（zǐ zǐ）：通“訾訾”，诋毁。

【译文】

看见了好的品行，一定要认真地省察自己有没有这种好的品行；看见了不好的行为，一定要怀着忧惧的心情反躬自问。自己有了好的品行，一定要坚定不移地加以珍视；自己有了错误，一定要如同被玷污了一样感到厌恶。所以，批评我而又中肯的人，就是我的老师；肯定我而又恰当的人，就是我的朋友；阿谀奉承我的人，是陷害我的贼寇。所以，君子要尊重老师，亲近朋友，十分憎恨陷害自己的贼寇。从善如流却没有厌倦之意，接受规劝而能警诫自己的人，即使主观上未要求进步，能不进步吗？小人与此相反，自己胡作非为，却憎恶别人对自己的批评；行为十分恶劣，却希望别人说自己贤；心似虎狼，行动像禽兽，却又厌恶别人说自己坏。对阿谀奉承的人亲近，对批评直谏的人疏远，有人对他提出纠正错误的意见，一笑置之，把别人规劝自己的极其忠诚的话，当成是陷害，这样的人即使不想灭亡，能不灭亡吗？《诗经·小雅·小旻》上说：“既吹吹捧捧，又相互诋毁，真是莫大的悲哀。凡是良谋善策，一一严加拒绝；凡是阴谋诡计，一一照着办理。”就是说的这个。①

13.颜渊死，子哭之恸

颜渊死，子哭之恸〔1〕。从者曰：“子恸矣。”曰：“有恸乎？非夫人〔2〕之为恸而谁为？”

【题注】

选自《论语·先进》。

明师（不是名师）难寻，要找一个值得信赖的传人也不容易。孔子时，大道难行，好不容易发现颜渊这一位可靠传人，却不幸比孔子还要早死，怎么不令孔子悲恸呢？所以，师生关系是相互的，师徒如父子。

【注释】

〔1〕恸：大哭。〔2〕夫人：为此人，即颜渊。

【译文】

颜渊死后，孔子去吊丧，哭得很悲痛。跟从的人说：“老师过于悲伤了！”孔子说：“真的过于悲伤吗？我不为他悲伤，还要为谁而如此悲伤呢？”②

---

① 杨任之：《白话荀子》，第9页。

② 曾仕强、曾仕良：《论语的生活智慧》下册，第304页。

14.有师法者，人之大宝也；无师法者，人之大殃也

不闻不若闻之，闻之不若见之，见之不若知之，知之不若行之。学至于行之而止矣。行之，明也，明之为圣人。圣人也者，本仁义，当是非，齐言行，不失毫厘，无它道焉，已乎行之矣。故闻之而不见，虽博必谬；见之而不知，虽识必妄；知之而不行，虽敦必困。不闻不见，则虽当，非仁也，其道百举而百陷也。故人无师无法而知，则必为盗；勇，则必为贼；云能，则必为乱；察，则必为怪；辩，则必为诞。人有师有法而知，则速通；勇，则速畏威；云能，则速成；察，则速尽；辩，则速论。故有师法者，人之大宝也；无师法者，人之大殃也。

【题注】

选自《荀子·儒效》。

一个人，如果没有老师教育，不学习法度，却很聪明，就必定成为寇盗。一个人，要是有老师教育，又学习法度，又很聪明，很快就能够显达。

【译文】

没有听到不如听到了，听到了不如看见了，看见了不如知道了，知道了不如付诸实行。学习到了实行的阶段，也就登峰造极了。实行，就是明白事理；明白了，就能成为圣人。圣人以仁义为根本，判断是非恰如其分，言行一致，丝毫不差，这没有什么别的奥秘，就是把所学的知识付诸实行罢了。所以，听到了而没有看见，即使知道得广博，必定错误百出；看见了而不知究竟，即使有所认识，也必虚妄不实；知道了但不付诸实行，即使积累了很多知识，也将困惑不解。没有听见，也没有看见，即使措施中肯，这不是仁人君子的明达所致，用这种方法做事，做一百次就会失败一百次。所以，人要是没有老师的教育，不学习法度，却有一定的智慧，就必定成为寇盗；有才能，就必定犯上作乱；审事精明，就必定成为奇谈怪论；能言善辩，就必定荒诞无稽。一个人要是有老师的教育，学习法度，又有智慧，很快就能够显达；有勇敢，很快就能树立威信；有才能，就能迅速地做出成绩；审事精明，就能透彻地了解事理；能言善辩，就能迅速作出判断。所以，人有老师的教育，又学习法度，是人的最大财宝；没有老师的教育，又不学习法度，就是人的最大灾难了。①

15.学者以圣王为师

凡以知，人之性也；可以知，物之理也。以可以知人之性，求可以知物之理，而无所疑止之，则没世穷年不能无也。其所以贯理焉虽亿万，已不足以浃[1]万物之变，与愚者若一。学，老身长子，而与愚者若一，犹不知错[2]，夫是之谓妄人。故学也者，固学止之也。

① 杨任之：《白话荀子》，第66～67页。

恶[3]乎止之？曰：止诸至足。曷谓至足？曰：圣王。圣也者，尽伦者也；王也者，尽制者也；两尽者，足以为天下极矣。故学者以圣王为师，案以圣王之制为法，法其法以求其统类，以务象效其人。向是而务，士也；类是而几，君子也；知之，圣人也。

【题注】

选自《荀子·解蔽》。

庄子说："吾生也有涯，而知也无涯，以有涯随无涯，殆已！"(《养生主》)人的生命是有限的，而知识却是无限的，以有限的生命去追求无限的知识，势必体乏神伤。所以，人们必须限制自己的学习范围。学习什么，一方面凭个人兴趣，另一方面要"以圣王为师"。

【注释】

〔1〕浃(jiā)：周遍，通透。〔2〕错：同"措"，搁置，放弃。〔3〕恶(wū)：古同"乌"，疑问词，哪，何。

【译文】

一般地说，能够认识事物，是人的本性；事物可以被认识，是事物的规律。凭借可以认识事物的人的本性，去探求可以被认识的事物的规律，如果对此没有一定的限制，那么过完了一辈子、享尽了天年也不能遍及可以认识的事物。人们学习贯通事理的方法即使有成亿上万条，但如果最终不能够用他们来通晓万事万物的变化，那就和蠢人相同了。像这样来学习，自己老了，子女长大了，仍和蠢人相同，却还不知道放弃这种无益的做法，这就叫做无知妄人。学习嘛，本来就要有个学习的范围。把自己的学习范围限制在哪里呢？回答说：把它限制在最圆满的境界。什么叫做最圆满的境界？回答说：就是通晓圣王之道。圣人嘛，就是完全精通事理的人；王者嘛，就是彻底精通制度的人；这两个方面都精通的人，就完全可以成为天下最高的师表了。所以学习嘛，要把圣王当作老师，要把圣王的制度作为自己的法度，效法圣王的法度而探求他们的纲领，并努力效法他们的为人。向往这种圣王之道而努力追求的，就是士人；效法这种圣王之道而接近它的，就是君子；通晓这种圣王之道的，就是圣人。①

三、交友

古代中国是一个以伦理关系为主的社会形态，"五常"是最受关注的人际关系，即君臣、父子、夫妇、兄弟和朋友。这五常是不变之道，即所谓的"天之经，地之义"。从顺序看，虽然"朋友"一伦处末，但其重要性在一定意义上可以涵盖其他四伦。《礼记》言"独学而无友，则孤陋而寡闻"，曾子言"君子以文会友，以友辅仁"(《论语·颜渊》)。朋友于为学之道亦大矣。王符《潜夫论·交际》载，"语曰：人惟旧，器惟新，昆弟世疏，朋友

① 张觉撰：《荀子译注》，第317页。

世亲，此交际之理，人之情也”。

何谓朋友?

“朋”最初是一种货币计量单位，《汉书·食货志》认为二枚为一朋，王国维(1877—1927)《观堂集林》认为五贝一系，二系一朋。后引申为一种具有数词性的友朋之义，《易》有言“西南得朋，东北丧朋”，“二人同心，其利断金。同心之言，其臭如兰”。“友”，相助之义，《说文》:“又，手也。”又乃右之初文，凡人以右手为便利，故又字引申为佑助。王力(1900—1986)先生认为，助人以手，故“友”的本义是以手相助。友的本义是互相帮助。《孟子·滕文公上》:“同井，出入相友，守望相助，疾病相扶持。”后来的“朋友”便如《周易·兑·象传》所言，是“君子以朋友讲习”，孔颖达疏:“同门曰朋，同志曰友，朋友聚居，讲习道义。”由此观之，朋友于为学之道干系大矣。《周易·泰·象传》言“上下交而其志同”，由此观之，交乃人伦之本务，王道之大义，非特士友之私志也。

朋友的结合相对其他四伦来说，具有特殊性。君臣以义合，父子以恩合，夫妇以礼合，兄弟以情合，唯独朋友既可以四者合，又可以完全独立于四者，单纯以心合、以志趣合；既可以超时空、超地域的神交，“相逢何必曾相识”，又可以朝夕相处，耳鬓厮磨。既无“为君不易，为臣良难”之君臣相叹，也无“伴君如伴虎”之忧；既无“父为子隐，子为父隐”的尴尬，又无“父子责善，贼恩之大者”的批判；既无举案齐眉似的同床异梦，也无相敬如宾似的貌合神离；既无祸起萧墙的倒戈，也无“相煎何太急”的反讽。自然朋友所有诸如此类和谐的前提便是朋友之道的遵守，即“信”与“敬”。朋友不如其他四伦，有一定的道德法律约束，其所谓的约束自己，正因此，“信”和“敬”便显得尤为重要和可贵。所谓“得黄金百两，不如得季布一诺”，延陵季子挂剑于徐君之墓是“信”，徐稚与黄宪有鸡黍之约是信。因为有“信”才有“待到重阳日，还来就菊花”之约。“信”于朋友之道是不分高贵寒庶的，朋友之交更是如此。如何知道所交是否有信，孔子所言“视其所以，观其所由，察其所安，人焉廋哉？人焉廋哉?(《论语·为政》)”是也。李克则解释为:“居视其所亲，富视其所与，达视其所举，穷视其所不为，贫视其所不取。”(《资治通鉴·周纪一》)孟子则言:“存乎人者，莫良于眸子。眸子不能掩其恶。胸中正则眸子瞭焉；胸中不正则眸子眊焉。”(《孟子·离娄上》)这都是从他者的角度提出的择友方法，但要维系朋友之道，更重要的是自律。子曰:“见贤思齐焉，见不贤而内自省也。”无论是“信”还是“敬”，都要身体力行，所谓“躬自厚而薄责于人”是也。设若没有“信”和“敬”，很难讲朋友从何说起。蔡邕《正交论》有言:“其论交也，曰富贵则人争趣之，贫贱则人争去之。是以君子慎人所以交已，审已所以交人，富贵则无暴集之客，贫贱则无弃旧之宾矣。故原其所以来，则知其所以去；见其所以始，则睹其所以终。彼贞士者，贫贱不待夫富贵，富贵不骄乎贫贱，故可贵也。盖朋友之道，有义则合，无义则离。善则久要不忘平生之言，恶则忠告善诲之，不可则止，无自辱焉。故君子不为可弃之行，不患人之遗已也。信有可归之德，不病人之远已也。不幸或然，则躬自厚而薄责于人，怨其远矣；求诸已而不求诸人，咎其稀矣。夫远怨稀咎之机，咸在乎躬，莫之能改也。”

中国古代的友道相对西方而言具有其特殊性，即友生除去志同道合的志趣外，还具有多重的道德意义。

“同门为朋，同志为友”的朋友更多侧重的是个体精神的共通性和自由性，但通财之谊本是朋友之义，我们不应因为朋友与钱财之物相联系，而认为“朋友”便是唯孔方兄马首是瞻，虽然此道在今天看来似乎颇有市场，在古人亦或有之，杜甫《贫交行》:“翻手为云覆手雨，纷纷轻薄何须数。君不见管鲍贫时交，此道今人弃如土。”但更多的是他们出于朋友道义的相互扶持，古人的厚道更是表现于此。

朋友于为学最大在于切磋琢磨之义。所谓“独学而无友，则孤陋而寡闻”。班固《白虎通义》总结朋友之道为四:“近则正之，远则称之，乐则思之，患则死之。”如此则君子斐然成章矣。所谓“不臣于其臣者”是帝王之交，孔子与其弟子是教学相长之良师益友，“朋友切切偲偲”是诤友之交，子路“敝之而无憾”是通财之交，豫让之“士为知己者死”是侠士之交，庄子“无与言矣”是方外士人之神交；夫子的“和而不同”是君子之交，伯牙绝弦是知己之交。后世朋友之交大致出于此。

南宋尤袤有言:“饥读之以当肉，寒读之以当裘，孤寂而读以当友朋，幽忧而读之，以当金石琴瑟也。”但我们不能因此便断言，与书为友胜过与人相交，可以不与人交而只与书为友。作为个体的人，是不可能完全自足的，“独学而无友，则孤陋而寡闻”。与书为友，是与人为友的一种补充，不能舍本逐末。无论是与书为友还是与人为友，其终极目的都是为了更好地完善自己，使生活在“地球村”里的我们，在面对日新月异的信息化时代，在面对与传统社会中迥然有别的人际关系中，能在充满荆棘与希望的征程不惮于前行。

儒家主张慎独，所谓“相在尔室，尚不愧于屋漏”。乍一看，朋友之“群”似乎有违于“慎独”之道。事实上，通过朋友之道可以更好地自我完善，所谓“它山之石，可以攻玉”。如此，即使远离朋友师长，亦能自我坚守。李颙《四书反身录》说:“人生不可无友，交友不可不择，友直谅多闻，则时时得闻己过，闻所未闻，长善救失，开拓心胸，德业学问日进高明。”独木难成林，朋友之道在于切磋以成人。朋友相处既是相互学习又是相互影响。

当代大学生，对于为什么为学、如何为学等问题尚存在一些误区或盲点，比如说为学与交友之关系。这一节我们就来谈一下择友在为学之道中的重要性及如何择友等一些列问题。

1.出自幽谷，迁于乔木

伐木丁丁[1]，鸟鸣嘤嘤。出自幽谷，迁于乔木。嘤其鸣矣，求其友声。相彼鸟矣，犹求友声。矧[2]伊人[3]矣，不求友生[4]？神之听之，终和且平。

【题注】

选自《诗经·小雅·伐木》。

飞鸟尚有“择友”之需，遑论人类。

【注释】

〔1〕丁丁（zhēng zhēng）：象声词，形容伐木的声音。〔2〕矧（shěn）：况且。〔3〕伊人：是人，这人。〔4〕友生：朋友。

【译文】

伐木之声丁丁丁，群鸟鸣叫声嘤嘤。鸟儿来自深山谷，飞来落在高树丛。鸟儿嘤嘤鸣不停，为了寻求友与朋。看它只是一群鸟，还有嘤嘤求友声。何况我们是人类，哪能无友度一生？神灵听到我的话，也给人类降和平。①

2. 益者三友，损者三友

孔子曰："益者三友，损者三友。友直，友谅〔1〕，友多闻，益矣。友便辟〔2〕，友善柔，友便佞〔3〕，损矣。"

【题注】

选自《论语·季氏》。

在家靠父母，出门靠朋友。要结交可靠的朋友，不要交到坏朋友。

【注释】

〔1〕谅：《说文解字》："谅，信也。"〔2〕便辟（biàn pì）：亦作"便僻"，谄媚逢迎。〔3〕便佞（pián nìng）：善于用花言巧语讨好的人。

【译文】

孔子说："有益的朋友有三种，有害的朋友也有三种。和正直的人交友，和信实的人交友，和博学多闻的人交友，就有益了；和惯于逢迎的人交友，和善于献媚而不信实的人交友，和喜欢花言巧语却不实在的人交友，就有害了。"②

3. 以文会友，以友辅仁

曾子曰："君子以文〔1〕会友，以友辅仁〔2〕。"

【题注】

选自《论语·颜渊》。

曾子提出以文会友，也就是要结识益友。然后以友辅仁，透过益友互动，提升自己的仁德。这是一条人人可行的有效途径。

【注释】

〔1〕文：指文章、文学、文艺、文化等等。〔2〕仁：人生正路。

① 王秀梅译注：《诗经》下册，第336页。

② 曾仕强、曾仕良著：《论语的生活智慧》下册，第490页。

【译文】

曾子说："君子以谈文论艺来与朋友相聚，再以这样的朋友来帮助自己走上人生的正路。"①

4.尚友

孟子谓万章曰："一乡之善士，斯友一乡之善士；一国之善士，斯友一国之善士；天下之善士，斯友天下之善士。以友天下之善士为未足，又尚〔1〕论古之人。颂其诗，读其书，不知其人，可乎？是以论其世也。是尚〔2〕友也。"

【题注】

选自《孟子·万章下》。

交友是没有时空限制的。从小学到中学，从中学到大学，从大学到工作，我们的朋友会越来越多。如果这些还不够，我们可以读古人的书，与古人交朋友，孟子称之"尚友"。

【注释】

〔1〕尚：同"上"。〔2〕尚：古，久远。

【译文】

孟子对万章说"一乡中的优秀士人，与这一乡的优秀士人交朋友；一国中的优秀士人，与这一国的优秀士人交朋友；天下的优秀士人，与天下的优秀士人交朋友。认为与天下的优秀士人交朋友还不够，就再上溯历史，评论古代人物。吟咏他们的诗，阅读他们的书，但不了解他们的为人，可以吗？所以要讨论他们在当时的所作所为。这就是与古人交朋友。"②

5.信于友有道

孟子曰："居下位而不获于上，民不可得而治也。获于上有道，不信于友，弗获于上矣。信于友有道，事亲弗悦，弗信于友矣。悦亲有道，反身不诚，不悦于亲矣。诚身有道，不明乎善，不诚其身矣。是故诚者，天之道也；思诚者，人之道也。至诚而不动者，未之有也；不诚，未有能动者也。"

【题注】

选自《孟子·离娄上》。

追求真诚是人生的正确途径。真诚反省自己，父母就高兴。能让父母高兴的人，就会得到朋友信任。所以，真诚是能够得到朋友信任的途径。

---

① 傅佩荣著：《论语300讲》下册，第363页。

② 傅佩荣译解：《孟子》，第128页。

【译文】

孟子说："职位卑下，又得不到上级的信任，是不能够把百姓治理好的。要得到上级的信任有方法，（首先要得到朋友的信任，）若是得不到朋友信任，也就得不到上级的信任了。要使朋友相信有方法，（首先要得到父母的欢心，）若是侍奉父母而不能使父母高兴，朋友也就不相信了。要使父母高兴有方法，（首先要诚心诚意，）若是反躬自问，心意不诚，也就不能使父母高兴了。要使自己诚心诚意也有方法，（首先要明白什么是善，）若是不明白什么是善，也就不能使自己诚心诚意了。所以诚是自然的规律，追求诚是做人的规律。极端诚心而不能使别人感动的，是天下不曾有过的事，不诚信没有能感动别人的。"①

6.友也者，友其德也，不可以有挟也

万章问曰："敢问友？"孟子曰："不挟长，不挟贵，不挟兄弟而友。友也者，友其德也，不可以有挟也。孟献子，百乘之家也，有友五人焉：乐正裘、牧仲，其三人，则予忘之矣。献子之与此五人者友也，无献子之家者也。此五人者，亦有献子之家，则不与之友矣。非惟百乘之家为然也。虽小国之君亦有之。费惠公曰：'吾于子思，则师之矣；吾于颜般，则友之矣；王顺、长息，则事我者也。'非惟小国之君为然也，虽大国之君亦有之。晋平公之于亥唐也，入云〔1〕则入，坐云则坐，食云则食。虽疏食菜羹，未尝不饱，盖不敢不饱也。然终于此而已矣。弗与共天位也，弗与治天职也，弗与食天禄也，士之尊贤者也，非王公之尊贤也。舜尚见帝，帝馆甥〔2〕于贰室〔3〕，亦飨舜，迭为宾主，是天子而友匹夫也。用下敬上，谓之贵贵；用上敬下，谓之尊贤。贵贵、尊贤，其义一也。"

【题注】

选自《孟子·万章下》。

交友贵在品德，这是孟子给出的交友原则。交友要在品德方面互有期许，不必考虑年龄、出身、地位。忘年交就是岁数、辈份有差距但友情很深厚的朋友。

【注释】

〔1〕入云："云入"之倒文。后"坐云""食云"与"入云"同。〔2〕甥：赵岐《注》："礼，谓妻父曰外舅，谓我舅者，吾谓之甥。"〔3〕贰室：赵岐《注》："副宫也。"②

【译文】

万章请教说："请问交朋友的原则？"孟子说："不倚仗自己年纪大，不倚仗自己地位高，不倚仗自己兄弟的成就。所谓交朋友，是要结交他的品德，所以不可以有所倚仗。孟献子是拥有一百辆车马的大夫，他有五个朋友，就是乐正裘与牧仲，另外三人我忘记了。孟献子与这五人交往，心里没有自己是大夫的想法；这五人如果心里有孟献子是大夫的想

---

① 杨伯峻：《孟子译注》，第158～159页。

② （清）焦循著：《孟子正义》下册，第694页。

法，也就不与他交往了。不仅是拥有百辆车马的大夫如此，就是小国的君主也有如此的。费惠公说：‘我对于子思，把他当作老师；我对于颜般，把他当做朋友；至于王顺与长息，他们只是服侍我的人罢了。’不仅小国的君主如此，就是大国的君主也有如此的。晋平公去拜访亥唐时，亥唐叫他进去他就进去，叫他坐他就坐，叫他吃他就吃；即使粗饭菜汤，也没有不吃饱的，因为不敢不吃饱。但是晋平公也只能做到这样而已。没有同他一起共有官位，没有同他一起治理政事，没有同他一起享受俸禄，这只是一般士人尊敬贤者的态度，而不是王公尊敬贤者的态度。舜去谒见帝尧，帝尧安排他这位女婿住在副官，并且款待他，两人轮流担任宾主，这是天子与平民交朋友啊。地位低的敬重地位高的，叫做尊重贵人；地位高的敬重地位低的，叫做尊敬贤人。尊重贵人与尊敬贤人，其中的道理是一样的。”①

7.独学而无友，则孤陋而寡闻

大学之法，禁于未发之谓“豫”，当其可之谓“时”，不凌节而施之谓“孙”〔1〕，相观而善之谓“摩”。此四者，教之所由兴也。发然后禁，则扞格〔2〕而不胜。时过然后学，则勤苦而难成。杂施而不孙，则坏乱而不修。独学而无友，则孤陋而寡闻。燕〔3〕朋逆其师，燕辟〔4〕废其学。此六者，教之所由废也。

【题注】

选自《礼记·学记》。

“三个臭皮匠，顶个诸葛亮。”如果学习工作中缺乏朋友之间的交流切磋，就会知识狭隘，见识短浅，所谓“独学而无友，则孤陋而寡闻”。

【注释】

〔1〕孙（xùn）：古同“逊”。〔2〕扞格（hàn gé）：抵触，格格不入。〔3〕燕：轻慢。〔4〕燕辟：燕游邪僻。

【译文】

大学的教育方法，在学生的邪念尚未萌发的时候就加以防禁叫做“预防”，当学生可以教育的时候及时进行教育叫做“适时”，不超越阶段而循序渐进地施行教育叫做“顺序”，互相观察学习而提高叫做“观摩”。以上四条，就是使教育兴盛的方法。坏事发生了然后加以禁止，就抵触而难以奏效。过了学习的年龄然后学习，就勤苦而难有成就。杂乱地进行教学而不循序渐进，就会搞坏、搞乱教学秩序而不可整饬。独自学习而没有朋友互相切磋，就会学识褊狭浅薄而见识不广。不尊敬朋友就违背师教。闲逛不学好就荒废学业。以上六个方面，就是造成教育失败的原则。②

---

① 傅佩荣译解：《孟子》，第178～179页。

② 杨天宇撰：《礼记译注》下册，第461页。

8.无友不如己者

子曰："君子不重[1]则不威[2]，学则不固[3]。主忠信，无友不如[4]己者。过则勿惮改。"

【题注】

选自《论语·学而》。

对"无友不如己者"，理解分歧很大，但都有道理。一般译为"不要结交不如自己的朋友"。下棋找高手，弄斧到班门。要提升自己，当然要结交比自己强的人。有人译为"不与志趣不相似的人交往"。物以类聚，人以群分。同门曰朋，同志曰友。交友当然是与自己志趣相投的人交往。

【注释】

〔1〕重：庄重，稳重。〔2〕威：威严，指表现出的使人敬畏的气势、态度。〔3〕固：固执，顽固。〔4〕如：相似。

【译文】

孔子说："君子言行不庄重就没有威严，多方学习就不会流于固陋。以忠信为做人做事的原则，不与志趣不相似的人交往。有了过错，不怕去改正。"①

9.管宁割席

管宁[1]、华歆[2]共园中锄菜，见地有片金，管挥锄与瓦石不异，华捉而掷去之。又尝同席读书，有乘轩冕过门者，宁读如故，歆废书出观。宁割席分座，曰："子非吾友也。"

【题注】

选自《世说新语·德行》。

"道不同，不相为谋。"(《论语·卫灵公》)"人各有志，出处异趣。"(《三国志·管宁传》)"管宁割席"告诉我们，交友要选择志同道合的朋友。但是，人之境遇不同，人之境界各异，苛求于人，断然绝交，未免武断。

【注释】

〔1〕管宁(158—241)：字幼安，北海郡朱虚县(今属山东省临朐县)人。与华歆、邴原并称为"一龙"。〔2〕华歆(157—232)，字子鱼，平原高唐(今山东省高唐县)人，汉末魏初名士，曹魏重臣。

【译文】

管宁与华歆一起在园中锄地种菜，看到地上有一片金子，管宁照样挥锄，把金子视同

---

① 傅佩荣著：《人能弘道：傅佩荣谈论语》，东方出版社2012年版，第9页。

瓦片石块，华歆则把金子捡起来扔掉。二人又曾经坐在一张席子上读书，有官员乘坐车马从门外经过，管宁照样读书，华歆却扔下书本跑出去看。于是管宁割断席子与华歆分开坐，说："你和我不是同道中人。"①

10.良药苦口利于病，忠言逆耳利于行

孔子曰："良药苦于口而利于病，忠言逆于耳而利于行。汤武以谔谔〔1〕而昌，桀纣以唯唯〔2〕而亡。君无争〔3〕臣，父无争子，兄无争弟，士无争友，无其过者，未之有也。故曰：'君失之，臣得之。父失之，子得之。兄失之，弟得之。己失之，友得之。'是以国无危亡之兆，家无悖乱之恶，父子兄弟无失，而交友无绝也。"

【题注】

选自《孔子家语·六本》。

药虽然是苦的，但有利于疾病的治疗。忠实的劝告往往都是不喜欢听的，但是对行动却有好处。敢于说不喜欢听的话的朋友称为"争友"。每个人都要有"争友"才能少走弯路，不做错事。

【注释】

〔1〕谔谔（è è）：直言进谏的样子。〔2〕唯唯：恭敬顺从的应答声。〔3〕争（zhèng）：同"诤"，谏，照直说出人的过错，叫人改正。

【译文】

孔子说："良药苦口利于病，忠言逆耳利于行。商汤和周武王因为能听取进谏的直言而使国家昌盛，夏桀和商纣因为只听随声附和的话而国破家亡。国君没有直言敢谏的大臣，父亲没有直言敢谏的儿子，兄长没有直言敢劝的弟弟，士人没有直言敢劝的朋友，要想不犯错误是不可能的。所以说：'国君有失误，臣子来补救。父亲有失误，儿子来补救。哥哥有失误，弟弟来补救。自己有失误，朋友来补救。'这样，国家就没有灭亡的危险，家庭就没有悖逆的坏事，父子兄弟之间不会失和，朋友也不会断绝来往。"②

11.金兰之交

"同人，先号咷而后笑。"〔1〕子曰："君子之道，或出或处，或默或语。二人同心，其利〔2〕断金。同心之言，其臭〔3〕如兰。"

【题注】

选自《周易·系辞上传》。金兰之交，比喻朋友间的同心合意，生死与共。

---

① 沈海波译注：《世说新语》，中华书局2016年版，第5页。

② 王国轩、王秀梅译注：《孔子家语》，第143页。

【注释】

〔1〕引自《同人》卦九五爻辞。〔2〕利：锐利。〔3〕臭：同“嗅”，即气味。

【译文】

“与人同志，先号哭而后笑。”孔子说：“君子之道，或出行或居处，或沉默或言语。二人同心，其力量可以断金。同心的言语，气味相投如兰草。”①

12. 夫内行不修，身之罪也；行修而名不彰，友之罪也

子路问于孔子曰：“有人于此，夙兴夜寐[1]，耕芸树艺，手足胼胝[2]，以养其亲，然而名不称孝，何也？”孔子曰：“意者身不敬与，辞不顺与，色不悦与。古之人有言曰：‘人与己与不汝欺[3]。’今尽力养亲而无三者之阙[4]，何谓无孝之名乎？”孔子曰：“由，汝志之，吾语汝：虽有国士之力，而不能自举其身，非力之少，势不可矣。夫内行不修，身之罪也；行修而名不彰，友之罪也。行修而名自立。故君子入则笃行，出则交贤，何谓无孝名乎？”

【题注】

选自《孔子家语·困誓》。

一个人没有很好地修养自己的道德，这是他自己的错误；自身道德修养好了而名声没有彰显，这就是朋友的过错，因为自己不好讲的话，朋友可以讲。

【注释】

〔1〕夙（sù）兴夜寐：早起晚睡。夙，早。寐，睡，睡着（zháo）。〔2〕胼胝（pián zhī）：俗语中的“老茧”，即手掌或脚掌上因摩擦而生成的硬皮。〔3〕不汝欺：不欺汝。〔4〕阙（quē）：古代用作“缺”字，空缺。

【译文】

子路问孔子说：“这里有一个人，早起晚睡，耕种庄稼，手掌和脚底都磨出了茧子，以此来养活父母。然而却没有得到孝子的名声，这是为什么呢？”孔子说：“想来自身有不敬的行为吧？说话的言辞不够恭顺吧？脸色不温和吧？古人有句话说：‘别人的心与你自己的心是一样的，是不会欺骗你的。’现在这个人尽力养亲，如果没有上面讲的三种过错，怎么能没有孝子的名声呢？”孔子又说：“仲由啊，你记住，我告诉你，一个人即使有全国著名勇士那么大的力量，也不能把自己举起来，这不是力量不够，而是情势上做不到。一个人不很好的修养自己的道德，这是他自己的错误；自身道德修养好了而名声没有彰显，这就是朋友的过错。品行修养好了自然会有名声。所以君子在家行为要淳厚朴实，出外要结交贤能的人。这样怎么会没有孝子的名声呢？”②

---

① 刘大钧、林忠军译注：《周易经传白话解》，第285页。

② 王国轩、王秀梅译注：《孔子家语》，第206页。

13.密友

一介之士[1]，必有密友，密友不必定是刎颈之交[2]。大率虽千里之遥，皆可相信，而不为浮言所动；闻有谤之者，即多方为之辩析而后已；事之宜行宜止者，代为筹划决断；或事当利害关头，有所需而后济者，即不必与闻[3]，亦不虑其负我与否，竟为力承其事。此皆所谓密友也。

【题注】

选自清代张潮《幽梦影》。

张潮认为，密友不一定同生死，但必须彼此信任，必要时可以援手以助。我们认为，密友应该是可以交心诉说的朋友。

【注释】

〔1〕一介之士：一个普通人。一介，一个，多指一个人，多含有藐小、卑贱的意思。〔2〕刎（wěn）颈之交：旧称同生死共患难的朋友。〔3〕不必与闻：不必参与其事并且得知内情。

【译文】

一个人必定要有密友。密友不一定就是同生死、共患难的刎颈之交。大致来说，即使相隔千百里之遥，都能彼此信任，不因谣言而动摇；听到别人诽谤自己的朋友，便多方面为他辩白剖析，澄清事实才罢；遇事哪些该做，哪些不该做，替朋友计划决断；有时事情处在关键时刻，需要破费才能完成的，就不一定要让朋友知道，也不考虑他是否会辜负自己，毫不犹豫地尽力替他承担这件事情。这些都是所说的密友。①

14.生我者父母，知我者鲍子也

管仲[1]夷吾者，颍上人也。少时常与鲍叔牙[2]游，鲍叔知其贤。管仲贫困，常欺鲍叔，鲍叔终善遇之，不以为言。已而鲍叔事齐公子小白[3]，管仲事公子纠[4]。及小白立，为桓公，公子纠死，管仲囚焉。鲍叔遂进管仲。管仲既用，任政于齐，齐桓公以霸，九合诸侯，一匡天下，管仲之谋也。管仲曰："吾始困时，尝与鲍叔贾，分财利多自与，鲍叔不以我为贪，知我贫也。尝为鲍叔谋事而更穷困，鲍叔不以我为愚，知时有利不利也。吾尝三仕三见逐于君，鲍叔不以我为不肖，知我不遭时也。吾尝三战三走，鲍叔不以我怯，知我有老母也。公子纠败，召忽死之，吾幽囚受辱，鲍叔不以我为无耻，知我不羞小节而耻功名不显于天下也。生我者父母，知我者鲍子也。"

---

① （清）张潮撰，尤君若评注：《幽梦影》，中华书局2014年版，第177页。

【题注】

选自《史记·管晏列传》。

管仲和鲍叔牙相知最深，其交情超越了个人利益，史称“管鲍之交。”

【注释】

〔1〕管仲（前719—前645）：姬姓，管氏，名夷吾，字仲，谥敬，春秋时期著名的哲学家、政治家、军事家。〔2〕鲍叔牙（约前723—前644）：姒姓之后，名叔牙，春秋时期齐国大夫。〔3〕公子小白（？—前643）：即齐桓公。齐僖公的儿子，齐襄公的弟弟，姜姓，名小白。〔4〕公子纠（？—前685）：齐襄公之弟，齐桓公之兄，姜姓，名纠。

【译文】

管仲名夷吾，是颍上人。年轻时经常跟鲍叔牙交往，鲍叔牙知道他贤能。管仲贫困，经常欺骗鲍叔，鲍叔总是友善地对待他，不因此说他什么。不久鲍叔服事齐公子小白，管仲为公子纠做事。等小白即位，就是桓公，公子纠死了，管仲被囚禁。鲍叔于是举荐管仲。管仲被任用，在齐国执政，齐桓公因此称霸，多次盟会诸侯，一统天下，是靠管仲的谋略。管仲说：“我当初贫困时，曾同鲍叔一起做买卖，分钱财时我自己多分，鲍叔不认为我贪财，知道我是因为穷困。我曾为鲍叔谋划事情，却使他处境更艰难，鲍叔不认为我愚蠢，知道时势有顺利和不顺利。我曾经几次做官却几次都被君主驱逐，鲍叔不认为我没才能，知道我没有遇上好时机。我曾三次参战却几次逃走，鲍叔不认为我胆怯，知道我有老母亲。公子纠失败，召忽为此自杀，我被囚禁受辱，鲍叔不认为我没有廉耻，知道我不以小节为羞耻，而以名声不能显扬于天下为羞耻。生我的是父母，了解我的是鲍叔啊！”①

15. 四海之内皆兄弟

司马牛忧曰：“人皆有兄弟，我独亡〔1〕！”子夏曰：“商闻之矣：‘死生有命，富贵在天。’君子敬而无失，与人恭而有礼。四海之内皆兄弟也，君子何患乎无兄弟也？”

【题注】

选自《论语·颜渊》。

有没有好兄弟，有多少好朋友，这都是天命，但都由我们自己来实现。在陌生的环境里，和新的朋友来往时，一定要把“敬而无失，与人恭而有礼，四海之内皆兄弟也”这几句话放在心上。

【注释】

〔1〕亡（wú）：古同“无”，没有。

【译文】

司马牛忧愁地（向子夏）说：“人家都有好兄弟，唯独我没有。”子夏说：“我曾听说：

① 许嘉璐主编：《二十四史全译·史记》第二册，第883页。

‘死生命中注定，富贵有天安排。’君子对事敬慎就不会出差错，对人恭敬有礼，天下的人都可以做你的兄弟。君子何必忧虑没有好兄弟呢？”①

四、文学

吴宓（1894—1978）在其《文学与人生》中提出“文学功用之十条”，即涵养心性、谙悉世事、培植道德、通晓人情、表现过敏性、增长爱国心、转风易俗及造成大同世界和存进真正文明。文学是心灵的栖息地，是每一个人塑造理想和信仰的地方。我们的信仰，我们的人生观，我们的宇宙观，乃至人与人之间的关系和自我的理解，皆发源于此。我们安身立命之基也源于此。如果不去发扬我们心灵的栖息地的话，不去理解它，那么我们可就真成为了名副其实的空中楼阁之人。发扬以人为本、修己安人、以和为贵、崇尚中庸、先义后利的价值观，以促进中国现代公共关系发展。弘扬天人合一、人际和谐、不为物累、虚静、内省的人生观，以促进现代人际关系的良性循环。这是当代核心价值观的终极目标，同时也是中国古代文学研究“致用性”的一个重要表征。

中国古代的“文学”观念是极为广泛的。先秦时期，“文学”是孔门四科之一，《论语·先进》有“文学：子游、子夏”。汉代“文学”主要指儒学或指其他学术，或指文章文辞。曹魏时期，“文学”观念相对独立，直至南朝刘宋时，“文学”独立，与“儒学”“史学”“玄学”并立为四学，《文选》《文心雕龙》等著述的文学观相对明晰，但此时“文学”仍包括实用性问题。元明清时代，虽然出现了散曲、小说等诸多今天意义上的纯文学形式，但囿于传统的文学观，它们仍被排斥在“文学”之外。在中国古代，其文学观念一直与传统的哲学、史学、经学、子学等藕断丝连，几或可以说，中国古代文学史就是中国古代文化发展史。中国古代文学中所体现出的传统文化价值观是一种历史存在，任何时代的社会问题都不可避免地受其影响。人们不能自由地选择自己的传统文化，任何时代的民族价值观总是同那个时代的文化联系在一起的。中国古代文学中的核心精神，诸如“三军可多帅也，匹夫不可夺志也”（《论语·子罕》）、“吾善养吾浩然正气”（《孟子·公孙丑上》）、“穷年忧黎元，叹息肠内热”（杜甫语）、“先天下之忧而忧，后天下之乐而乐”（范仲淹语）、“天下兴亡，匹夫有责”等精神品质都只是局限于士人而已。从人类的发展来看，这些精神品质都是人们可以具有的。中国传统文化历来高度重视人格完善与道德习养，重视自律慎独与环境熏陶相结合的道德习得路径。

文化是指人类生活多方面的一个综合体而言，而文学则是文化体系中的重要之一内容。中国文学有两大特点：一是普遍性，指之感被深广；一是传统性，言其持续之久。其不受时地之限隔，即是中国文化包括中国文学之特点所在，而其最大因缘便是基于汉字的特点。汉字是中国古代文学的载体，汉字在秦代得以统一，这就为大一统的文学奠定了基础。古

① 曾仕强、曾仕良著：《论语的生活智慧》下册，第331页。

代汉语多以单音节词为主，这有利于骈体句式的构成，易于产生美感与联想。《诗经》距今有三千多年，但今人读“关关雎鸠，在河之洲，窈窕淑女，君子好逑”，“投我以木瓜，报之以琼琚，匪报也，永以为好也”，“蒹葭苍苍，白露为霜，所谓伊人，在水一方”，“逃之夭夭，灼灼其华。之子于归，宜其室家”，“一日不见，如三秋兮”，仍能不假于物而了然于心。中国文学正因其不受时空限制，亦不注重特定之时空之特殊背景，而重能超越时空与个性而显露出任何时地任何个性所能同鸣同感之抽象的共相来，如汉乐府“上山采蘼芜，下山逢故夫。长跪问故夫，新人复何如？新人虽完好，未若故人姝。颜色类相似，手爪不相如。新人从门入，故人从阁去。新人工织缣，故人工织素。”

中国文学之创造，形象地展示了民族文化的心境与历程。杰出的文学作品都具有永恒的艺术魅力。中国古代文学存在着“一代有一代之所胜”的特殊情况，当某种文学样式在某个时代达到巅峰状态后，其艺术成就很难为后人所超越，从而成为艺术之经典，并成为后世历久弥新的艺术欣赏对象。钱穆（1895—1990）在《中国民族之文字与文学》中言：“西方文学之演进如放花炮，中国文学之演进如滚雪球。”先秦诸子的散文至今如醇厚玄酒，唐诗宋词的名篇至今脍炙人口，元杂剧、明清小说中的人物故事至今家喻户晓。中国古代文学以生动形象的方式体现了中国传统文化的基本精神和心理特征，如唐诗对唐代书画及舞蹈艺术的描绘及宋诗对禅宗思想的表达等。中国古代文学是传统文化中最易为现代人所理解接受的一种文化形态，是沟通现代人与传统文化的最直接的桥梁，也是世界其他背景中的人们了解中国传统文化的最佳窗口。

中国古代文学最重要的性质是抒情性，以诗歌为代表，即使是叙事文学也不例外，如《史记》《西厢记》等。这一性质使得中国古代文学在描写手法上重写意而非写实，重神而轻形。

关注现实的理性精神。中国文学具有现实精神的文学传统，早期有采诗说与献诗说。《国语·周语》：“天子听政，使公卿至于列士献诗。”《礼记·王制》：“命大师陈诗，以观民风。”

中国神话与希腊神话之不同。前者是关注民生的，后者多重个体如宙斯与诸神。文以载道的文化传统，为古代文学作品注入了无形的政治热情、进取精神和无限的使命感，但同时，它也在一定意义上成为了政治的附庸，从而削弱作品的主体意识和个性自由。如元杂剧，虽歌颂了反抗压迫、争取自由的民主思想，但往往以道德判断作为审美判断的价值标准，而且这种标准中含有程度不同的封建伦理说教的糟粕，这就在一定意义上削弱了作品的思想深度及其艺术价值。中国文学家最喜有感而发，重有寄托，而忌无病呻吟。古代文学作品虽取材于个人，但此个人日常生活一般多连及家国天下，儒家修齐治平从个人出发，文学亦然。中国文学重即事生感，即景生情，重在由个人生活之种种情感而反映出全时代与全人生。作家不因作品而伟大，乃是作品因此作家而崇高，所谓“人能弘道，非道弘人”（《论语·卫灵公》）。“有德斯有言”，言从德来，失德无志，便诗文无所道。中国传统以人为本，人必有以共通之标准。在中国传统文学中，必于作品中推寻其作者，若无，则其书必为一闲书，不管世道人心、无当与三不朽之游戏之文。

作品内容系于作者心情，而作者心情系于其学术之师承。若治中国文学仅从作品入，不从作者入，上无师承，则必下庸俗，仅仅知其文辞而不知文辞之中性情，此即庸俗者，俗者仅限于世俗，而不知有时代长久之绵延性。庸者，仅限于庸众，而不知有独特广大之感通性也。唯其作者能上感千古，其作品方能下感千古。所谓以待知者知，因此文学有传统。儒家教孝，上有承，下有续，为孝子既不是一庸俗人。先为一不庸俗人，乃能为一文学家，乃能有真性情从作品中流露出来。以此论，晚唐词客不如元初之戏剧家，明中叶作家不如明初作家，文运与世运观，所谓“文变染乎世情，兴废系乎时序”“知人论世”是也。

牟宗三（1909—1995）之《关于文化与中国文化》有言：“我现在之看文化，是生命与生命的照面，此之谓生命之通透：古今生命之贯通而不隔”，“此生命中之一草一木，一枝一叶，具体地说，一首诗，一篇文，一部小说，圣贤豪杰的言行，日常生活所遵守的方式等，都可以引发我了解古人文化生命之表现的方式”。我们学做文章，读一家作品，该从他的笔墨去了解他的胸襟。我们不必要想自己成为一个文学家或者诗人，只要能在文学里或诗歌里结识到一个较高的人生，接触到一个合乎我自己最高的人生，比如说，我感到痛苦，可是有比我更痛苦的。我遇到困难，可是有比我更困难的。我是这样一个性格，在诗歌里也找得到合乎我喜好的而境界更高的性格。我哭，在诗中已先代我哭了，我笑，诗中已先代我笑了。读诗是我们人生中一种无穷的安慰。有些处境根本非我能有，但诗中有，读到他的诗，我心就跑进另一境界了。如陶公的“结庐在人境，而无车马喧”（《饮酒》），外面的车水马龙与我无关。我们不能见到唐代的安史之乱的灾难，但可以在杜诗中体验到。我们不曾见到的人，可以在诗中见，没有过的处境可以在诗中想象到。西方文学主要在通俗，得众人之好，中国文学贵自抒己情，以待知者知。古人拿自己的人生加入文学，而这些人生则有一个很高的境界，而这一境界则需要多年的修养。中国文学是最真实的写照，所以中国文学实是学做人的一条大道。我们不必每人要做一个文学家，但不能不懂文学，不通文学，那总是人生一大缺憾。这种缺憾似乎比不懂历史不懂哲学还更大。

1.人文之元，肇自太极

人文之元，肇自太极。幽赞神明，《易》象惟先。庖牺[1]画其始，仲尼[2]翼[3]其终，而《乾》《坤》两位，独制《文言》。言之文也，天地之心哉！若乃河图[4]孕乎八卦，洛书[5]韫乎九畴[6]，玉版[7]金镂之实，丹文绿牒[8]之华，谁其尸[9]之？亦神理[10]而已。自鸟迹代绳[11]，文字始炳；炎[12]、皞[13]遗事，纪在《三坟》[14]；而年世渺邈，声采靡追。唐、虞文章，则焕乎始盛。元首载歌，既发吟咏之志；益、稷陈谟，亦垂敷奏之风。夏后氏兴，业峻鸿绩；九序惟歌，勋德弥缛。逮及商、周，文胜其质；《雅》《颂》所被，英华日新。文王患忧，《繇辞》炳曜；符采复隐，精义坚深。重以公旦多材，振其徽烈，剬《诗》缉《颂》，斧藻群言。至夫子继圣，独秀前哲；熔钧《六经》，必金声而玉振；雕琢情性，组织辞令；木铎起而千里应，席珍流而万世响；写天地之辉光，晓生民之耳目矣。

【题注】

选自刘勰《文心雕龙·原道》。

刘勰（约465—520），字彦和，出生于江苏省镇江市，祖籍山东莒县，晚年在山东莒县浮来山创办（北）定林寺。刘勰虽任多种官职，但其名不以官显，却以文彰，一部《文心雕龙》奠定了他在中国文学批评史上的地位。

《文心雕龙》成书于公元501—502年间，其命名来自于黄老道家环渊的著作《琴心》。《序志》云："夫'文心'者，言为文之用心也。昔涓子（环渊）《琴心》，王孙《巧心》，'心'哉美矣，故用之焉。"①全书共50篇。

刘勰认为，人类之"文"的起源很早，孔子乃集人类文化之大成。

【注释】

〔1〕庖牺：即伏牺，传说中的三皇之一。〔2〕仲尼：孔子的字。〔3〕翼：相传孔子为了阐明《易经》的道理，曾写了《彖辞》上下、《象辞》上下、《系辞》上下、《文言》《说卦》《序卦》和《杂卦》，共十篇，称为《十翼》。〔4〕河图：相传伏牺时黄河中有龙献图。〔5〕洛书：相传洛水中有龟献书。〔6〕九畴（chóu）：九类，指治理天下的各类大法。相传天曾赐给夏禹大法九畴（见《尚书·洪范》）。〔7〕玉版：王嘉《拾遗记》载，尧在水边得到玉版，上有天地图形。镂（lòu）：雕刻。〔8〕丹文绿牒（dié）：《尚书中侯握河纪》（纬书）中说，黄帝时黄河出图，洛水出书，是"赤文绿字"。牒，竹简。〔9〕尸：作主的意思。〔10〕神理：自然之理。〔11〕鸟迹代绳：相传太古时候，大家结绳而治；后来苍颉（jié）看见鸟兽足迹，得到启发，因而创造文字（见《周易·系辞下》、许慎《说文解字序》）。〔12〕炎：炎帝神农。〔13〕皞（hào）：太皞伏牺。〔14〕《三坟》：传为伏牺、神农、黄帝三皇时的书。坟：大道。

【译文】

人类文化的开端，始于宇宙起源的时候。深刻地阐明这个微妙的道理，最早是《易经》中的卦象。伏牺首先画了八卦，孔子最后写了《十翼》；而对《乾》《坤》两卦，孔子特地写了《文言》。可见言论必须有文采，这是宇宙的基本精神！至于黄河有龙献图，从而产生出八卦；洛水有龟献书，从而酝酿出"九畴"；还有玉版上刻了金字，绿简上写着红字等有实有华的东西出现，这些是谁主持的呢？也不过是自然之理罢了。自从用鸟迹般的古字代替了结绳记事的办法，文字的作用便被发挥起来。神农、伏牺的事迹，记载在《三坟》里边；但是由于年代久远，那些文章就无法追究了。唐尧、虞舜的时候，作品越来越多。大舜作歌，已是抒写自己的情志了；伯益和后稷的建议，也下开章奏的风气。夏朝兴起，事业宏伟，各种工作都上了轨道，受到歌颂，功德也更加巨大。到了商代和周

① 陆侃如、牟世金译注：《文心雕龙译注》，齐鲁书社1995年版，第602页。以下引用该书只注明作者、书名、册数和页码。

代，文章逐渐发展；由于《诗经》的影响所及，好作品逐日增新。周文王被殷帝拘留的时候，写成了《易经》的《卦爻辞》；它如玉石的花纹，含蓄而丰富；精确的内容，坚实而深刻。后来周公多才多艺，继续文王的事业，他自己写诗，并辑录《周颂》，对各种作品进行修改润色。到了孔子，继承过去的圣人，却又超过了他们。他整理《六经》，正如在音乐上集各种乐器声音之大成似的。他提炼自己的思想感情，写成美妙的文字；他的教化可以远及千里之外，他的道德学问可以流传到万代之后。他写下天地间的光辉事物，启发了世人的聪明才智。①

2.文所以载道也

文所以载道也。轮辕〔1〕饰而人弗庸〔2〕，徒饰也，况虚车乎！文辞，艺也；道德，实也。笃其实，而艺者书之，美则爱，爱则传焉。贤者得以学而至之，是为教。故曰："言之无文，行之不远。"〔3〕然不贤者，虽父兄临之，师保〔4〕勉之，不学也；强之，不从也。不知务道德而第以文辞为能者，艺焉而已。噫！弊也久矣！②

【题注】

选自宋代周敦颐《通书·文辞》。

文章当言之有物，载之有道。若空洞无物，无病呻吟，徒有浮华，害人不利己。

【注释】

〔1〕轮辕：指车辆。〔2〕庸：同"用"。关于此两句之意，朱熹解曰："文所以载道，犹车所以载物。故为车者必节其轮辕，为文者必善其词说，皆欲人之爱而用之。然我饰之而人不用，则犹为虚饰而无益于实。况不载物之车，不载道之文，虽美其饰，亦何为乎！"〔3〕言之无文，行之不远：意思是文章没有文采，就不能流传很远，语出《左传·襄公二十五年》："仲尼曰：《志》有之：'言以足志，文以足言。'不言，谁知其志？言之无文，行而不远。晋为伯，郑入陈，非文辞不为功。慎辞也！"③〔4〕师保：古时任辅弼帝王和教导王室子弟的官，有师有保，统称"师保"。

3.《六经》，文之范围也

《六经》〔1〕，文之范围也。圣人之旨，于经观其大备。其深博无涯涘，乃《文心雕龙》所谓"百家腾跃，终入环内"〔2〕者也。④

---

① 陆侃如、牟世金译注：《文心雕龙译注》，第100～101页。

② （宋）周敦颐著：《周敦颐集》，第35～36页。

③ 杨伯峻编著：《春秋左传注》第三册，中华书局1990年版，第1106页。

④ （清）刘熙载撰，袁津琥校注：《艺概注稿》，中华书局2009年版，第1页。以下引用该书只注明作者、书名、册数和页码。

【题注】

选自刘熙载《艺概·文概》。

刘熙载（1813—1881），字伯简，又字熙哉，号融斋，晚年自号寤崖子，江苏兴化人。《艺概》是刘熙载在同治十二年（1873）写成的，是刘熙载对自己历年来谈文论艺的札记所做的集中整理和修订。全书六卷，分为《文概》《诗概》《赋概》《词曲概》《书概》和《经义概》六部分。刘熙载的写作目的相当明确，就是“举此以概乎彼，举少以概乎多”（《艺概·叙》），达到举一反三、触类旁通的目的。

【注释】

〔1〕《六经》：又称“六艺”，是儒家六部经典《礼》《乐》《诗》《书》《易》《春秋》的总称。〔2〕百家腾跃，终入环内：语出《文心雕龙·宗经》：“故论、说、辞、序，则《易》统其首；诏、策、章、奏，则《书》发其源；赋、颂、歌、赞，则《诗》立其本；铭、诔、箴、祝，则《礼》总其端；纪、传、铭、檄，则《春秋》为根。并穷高以树表，极远以启疆；所以百家腾跃，终入环内者也。”①

4.《诗》，可以兴，可以观，可以群，可以怨

子曰：“小子何莫学夫《诗》？《诗》，可以兴，可以观，可以群，可以怨。迩[1]之事父，远之事君。多识于鸟兽草木之名。”

【题注】

选自《论语·阳货》。

《诗经》，“六经”之一。孔子提到了《诗经》的四种功用，都是针对个人而言。真能充分发挥这些功用，可以达到“温柔敦厚《诗》教也”（《礼记·经解》）的效果。

【注释】

〔1〕迩（ěr）：近。

【译文】

孔子说：“同学们为什么不学《诗》呢？学《诗》的时候可以引发真诚心意，可以观察个人志节，可以感知群众情感，可以疏解委屈怨恨。学了《诗》，以近的来说，懂得如何侍奉父母；以远的来说，懂得如何侍奉君主。此外还能广泛认识草木鸟兽的名称。”②

5.《易》之为书，推天道以明人事者也

圣人觉世牖民[1]，大抵因事以寓教。《诗》寓于风谣[2]，《礼》寓于节文[3]，《尚书》

① 陆侃如、牟世金译著：《文心雕龙译注》，第115页。

② 傅佩荣著：《论语300讲》下册，第549页。

《春秋》寓于史，而《易》则寓于卜筮[4]。故《易》之为书，推天道以明人事者也。《左传》所记诸占，盖犹太卜[5]之遗法。汉儒言象数，去古未远也。一变而为京[6]、焦[7]，入于禨祥[8]。再变而为陈[9]、邵[10]，务穷造化[11]。《易》遂不切于民用。王弼[12]尽黜象数，说以老庄[13]。一变而胡瑗[14]、程子[15]，始阐明儒理。再变而李光[16]、杨万里[17]，又参证史事。《易》遂日启其论端。此两派六宗，已互相攻驳。又《易》道广大，无所不包，旁及天文、地理、乐律、兵法、韵学、算术，以逮[18]方外之炉火，皆可援《易》以为说，而好异者又援以入《易》，故《易》说愈繁。

【题注】

选自《四库全书总目·经部·易类》。

《四库全书》是在乾隆皇帝（1711—1799）的主持下，由纪昀（1724—1805）等360多位高官、学者编撰，3800多人抄写，费时十三年编成。全书分经、史、子、集四部，故名“四库”。《四库全书》共收3500多种书，凡7.9万卷，3.6万册，约8亿字，基本上囊括了乾隆以前中国古代所有图书。当年，乾隆皇帝命人手抄7部《四库全书》，下令分别藏于全国各地。先抄好的四部分贮于紫禁城文渊阁、辽宁沈阳文溯阁、圆明园文源阁、河北承德文津阁珍藏，这就是所谓的“北四阁”。后抄好的三部分贮于扬州文汇阁、镇江文宗阁和杭州文澜阁珍藏，这就是所谓的“南三阁”。《四库全书总目》，是四库全书的馆臣们对誊录入库的3500多种图书（称“著录书”）和抄存卷目的6700余种图书（称“存目书”）全部写出的“提要”，所以又称《四库全书总目提要》。《四库全书总目》，200卷，乾隆四十六年（1781）二月编撰完稿，四十七年（1782）七月修改定稿，中华书局有影印本。

想提前知道未来要发生的事情，是人类的天性。“六经”之一的《易经》，是中华先民研究宇宙万物万象运行规律，特别是日月运行规律，以预知未来的智慧结晶。

【注释】

〔1〕觉世牖民：唤醒世人，诱导世人。〔2〕风谣：谣传、未经证实的消息等。这里指《诗经》的十五国风。〔3〕节文：礼节，仪式。〔4〕卜筮：古时预测吉凶，用龟甲称卜，用蓍草称筮，合称卜筮。〔5〕太卜：周朝叫大卜，官阶下大夫，掌阴阳卜筮之法，通过卜筮蓍龟，帮助天子决定诸疑，观国家之吉凶。〔6〕京：京房（前77—前37），字君明，东郡顿丘（今河南清丰西南）人。本姓李，好音律，推律自定为京氏。京房开创了京氏易学，有《京氏易传》存世。西汉还有一位京房，字长翁，于易学也有研究。〔7〕焦：焦延寿，字赣，西汉梁（今河南东部商丘南）人，易学家，有《焦氏易林》传世。〔8〕禨（jī）祥：祈禳求福。禨，迷信鬼神，向鬼神求福。〔9〕陈：陈抟（约872—约989），字图南，号扶摇子，人称希夷先生，华山道士，尊称为陈抟老祖、希夷祖师等。〔10〕邵：邵雍（1011—1077），字尧夫，谥号康节，自号安乐先生、伊川翁，后人称百源先生，易学大家。〔11〕造化：创造化育。〔12〕王弼（226—249）：字辅嗣，三国时代曹魏山阳郡（今山东济宁、鱼台、金乡一带）人，有《周易注》《老子注》传世。〔13〕老庄：老子和庄子的合称。〔14〕胡瑗（993—1059）：字翼之，北宋理学先驱，思想家，教育家，世称安定先生，有《周易口义》

传世。〔15〕程子：程颐（1033—1107），字正叔，洛阳伊川（今河南洛阳伊川县）人，世称伊川先生，有《周易程氏传》传世。〔16〕李光（1078—1159）：字泰发，赐谥“庄简”，有《读易详说》存世。〔17〕杨万里（1127—1206）：字廷秀，号诚斋，吉州吉水（今属江西）人，有《诚斋易传》传世。〔18〕逮（dài）：及。

6.左史记言，右史记事；事为《春秋》，言为《尚书》

古之王者世有史官，君举必书，所以慎言行，昭法式也。左史记言，右史记事；事为《春秋》，言为《尚书》，帝王靡不同之。周室既微，载籍残缺，仲尼[1]思存前圣之业，乃称曰：“夏礼吾能言之，杞不足征也；殷礼吾能言之，宋不足征也。文献不足故也，足则吾能征之矣。”[2]以鲁周公之国，礼文备物，史官有法，故与左丘明[3]观其史记，据行事，仍人道，因兴以立功，就败以成罚，假日月以定历数，借朝聘以正礼乐。有所褒讳贬损，不可书见，口授弟子，弟子退而异言。丘明恐弟子各安其意，以失其真，故论本事而作《传》，明夫子不以空言说经也。《春秋》所贬损大人当世君臣，有威权势力，其事实皆形于《传》，是以隐其书而不宣，所以免时难也。及末世口说流行，故有《公羊》《谷梁》《邹》《夹》之《传》。四家之中，《公羊》《谷梁》立于学官，邹氏无师，夹氏未有书。

【题注】

选自《汉书·艺文志》。

《尚书》是我国古代最早的一部历史文献汇编。起初被称为《书》，到了汉代被叫做《尚书》，意思是“上古之书”。汉代以后，《尚书》成为儒家的重要经典之一，所以又叫做《书经》。先秦时期，“春秋”是史书的统称。鲁国史书的正式名称就是《春秋》，又称《鲁春秋》，传统上认为是孔子的作品。现今流传下来的《春秋公羊传》《春秋谷梁传》和《春秋左氏传》三种，并称“春秋三传”，是儒家经典著作，并列“十三经”。

【注释】

〔1〕仲尼：孔子（前551—前479），名丘，字仲尼。〔2〕语出《论语·八佾》。〔3〕左丘明（约前502—约前422）：山东肥城人，著《春秋左氏传》《国语》。

【译文】

古代帝王时代都有史官，君王的举动一定加以记录，其目的是以此使君主言行谨慎，其言行可为民之法则。左侧史官记其言，右侧史官记其行，行动记下来就是《春秋》，语言记下来就是《尚书》，帝王没有不跟这相同的。周室衰败后，书籍破残损缺，仲尼想保存前代圣人的业绩，就说：“夏礼我能说出来，但杞国的就不能全面验证了；殷礼我能说一说，但宋国的就不能全面考证了。这是文献不够的缘故，文献足够的话，我就能加以考证了。”因为鲁国是周公的封国，礼节文采都完备，史官有法度，所以让左丘明观看历史的记载，根据所行的事情，依照人道，用成就来建立功赏；根据失败来加以责罚，借日月来确定节气的时间，借诸侯朝见天子来端正礼乐。有所隐讳贬损的事情，不能见之于书籍，就用口传授给弟子，弟子回去后所说的就互不相同了。左丘明怕他的弟子们各自按照自己的见解以致失去真意，所以研究本来的事实而加以解释，倡明孔子是不用空言来解说经文的。《春秋》所贬损的当代君臣，有权威势力，他们的事情就写进了解释中，因此这本书就被隐藏起来了，没有宣扬，用来避免遭到当时的灾难。等到末世人们传说流行开来，便有《公羊》《谷梁》《邹》《夹》的传。这四家之中，《公羊传》《谷梁传》两家被列在皇室学校讲解，邹氏没有老师，夹氏没有书。①

7.太史公文，精神气血，无所不具

太史公[1]文，精神气血，无所不具。学者不得其真际而袭其形似，此《庄子》所谓“非生人之行而至死人之理，适得怪焉”[2]者也。②

【题注】

选自清代刘熙载《艺概·文概》。

梁启超说：“中国于各种学问中，惟史学为最发达；史学在世界各国中，惟中国为最发达。”（《中国历史研究法》）中国史学之所以最为发达，与列为“二十四史”之首的《史记》之关系毋庸置疑。司马迁饱读诗书，才华横溢，下笔精气饱满，其《史记》对后世史学和文学的发展都产生了深远影响，被鲁迅先生誉为“史家之绝唱，无韵之《离骚》”（《汉文学史纲要》）。

【注释】

〔1〕太史公：司马迁（前145—前90），字子长，司马谈（？—前110）之子，任太史令，著《史记》，被后世尊称为史迁、太史公、历史之父。〔2〕语出《庄子·天下》：“慎到之道，非生人之行，而至死人之理，适得怪焉。”意思是，慎到的学说，不是活人所能行而是死人的道理，这足以使人觉得怪异罢了。

8.昌黎之文如水，柳州之文如山

昌黎[1]之文如水，柳州[2]之文如山。“浩乎沛然”[3]，“旷如奥如”[4]，二公殆各有会心。③

【题注】

选自清代刘熙载《艺概·文概》。

韩愈、柳宗元是唐代“古文运动”的代表人物。先秦两汉通行质朴自由、以散行单句为主的散文，唐人称之“古文”。魏晋南北朝以来盛行骈文。这种文体讲究声韵、辞藻、对

① 许嘉璐主编：《二十四史全译·汉书》第二册，第777～778页。
② （清）刘熙载撰，袁津琥校注：《艺概注稿》，第62页。
③ （清）刘熙载撰，袁津琥校注：《艺概注稿》，第121页。

偶、典故，以四字句和六字句组成，形式僵化，内容空洞，唐人称之“今文”。“古文运动”名义上是要恢复先秦两汉的古文，实际上是在继承古代优秀散文的基础上，创造一种适于反映现实，表达思想的新文体。刘熙载认为，韩愈的文章如江河之水，一泻千里，气势磅礴；柳宗元的文章如空旷山谷，婉转幽深，一眼望不到头。

【注释】

〔1〕昌黎：韩愈（768—824），字退之，自称“郡望昌黎”，世称“韩昌黎”“昌黎先生”，“唐宋八大家”之首。〔2〕柳州：柳宗元（773—819），字子厚，河东（今山西芮城、运城一带）人，“唐宋八大家”之一，世称“柳河东”“河东先生”。因官终柳州刺史，又称“柳柳州”。柳宗元与韩愈并称为“韩柳”，与刘禹锡并称“刘柳”，与王维、孟浩然、韦应物并称“王孟韦柳”。柳宗元一生留诗文作品达600余篇，其文的成就大于诗。中华书局出版有《柳宗元集》（四册）。〔3〕语出韩愈《答李翊书》：“其观于人也，笑之则以为喜，誉之则以为忧，以其犹有人之说者存也。如是者亦有年，然后浩乎其沛然矣。”①“浩乎沛然”本来是形容水势之大、充沛，所以说“韩文如水”。〔4〕语出柳宗元《永州龙兴寺东丘记》：“游之适，大率有二：旷如也，奥如也，如斯而已。”②“旷如奥如”本来是说山的空旷、幽深，所以说“柳文如山”。

9.太白诗言侠，言仙，言女，言酒

太白〔1〕诗言侠，言仙，言女，言酒，特借用乐府〔2〕形体耳。读者或认作真身〔3〕，岂非皮相〔4〕？③

【题注】

选自清代刘熙载《艺概·诗概》。

李白（701—762），字太白，号青莲居士，又号“谪仙人”，是唐代伟大的浪漫主义诗人。因其诗想象丰富奇特，风格雄浑奔放，语言清新自然，被誉为“诗仙”。李白与杜甫（712—770）并称为“李杜”。为了与另两位诗人李商隐（约813—约858）与杜牧（803—约852）即“小李杜”区别，杜甫与李白又合称“大李杜”。中华书局出版有《李太白全集》（三册）。

【注释】

〔1〕太白：即李白。〔2〕乐府：本是汉武帝（前156—前87）设立的音乐官署机构，用来训练乐工，制定乐谱和采集歌词。后来，“乐府”成为一种带有音乐性的诗体名称。〔3〕真身：指作者自身。〔4〕皮相：外在的表象。

---

① （唐）韩愈著：《韩昌黎文集校注》，上海古籍出版社1986年版，第170页。

② （唐）柳宗元著：《柳宗元集》第三册，中华书局1979年版，第748页。

③ （清）刘熙载撰，袁津琥校注：《艺概注稿》上册，第286页。

10.文章千古事，得失寸心知

杜诗有不可解及看不出好处之句。“文章千古事，得失寸心知”[1]，少陵[2]尝自言之。作者本不求知，读者非身当其境，亦何容强臆[3]耶？①

【题注】

选自清代刘熙载《艺概·诗概》。

杜甫（712—770），字子美，唐代伟大的现实主义诗人。其诗结合时事，思想深厚，境界广阔，被称为“诗圣”。杜甫共有约1500首诗歌被保留了下来，中华书局出版有清代仇兆鳌《杜诗详注》（五册）。

【注释】

〔1〕语出杜甫诗《偶题》②。〔2〕少陵：即杜甫。〔3〕强臆：竭力猜测。

11.《离骚》极开阖抑扬之变

《离骚》[1]东一句，西一句，天上一句，地下一句，极开阖[2]抑扬[3]之变，而其中自有不变者[4]存。③

【题注】

选自清代刘熙载《艺概·赋概》。

屈原（前340—前278），芈姓，屈氏，名平，字原，中国历史上第一位伟大的爱国诗人，中国浪漫主义文学的奠基人，被誉为“中华诗祖”“辞赋之祖”。他是“楚辞”的创立者和代表作者，开辟了“香草美人”的传统。屈原的出现，标志着中国诗歌进入了一个由集体歌唱到个人独创的新时代。他被后人称为“诗魂”。中华书局有《屈原集校注》（两册）。

【注释】

〔1〕《离骚》：战国诗人屈原创作的一首抒情诗。〔2〕开阖：开启与闭合。〔3〕抑扬：本指音调有节奏地或高或低，这里指跌宕起伏。〔4〕不变者：指形散神不散。

12.东坡词颇似老杜诗

东坡[1]词颇似老杜[2]诗，以其无意不可入，无言不可言也。若其豪放之致，则时与太白[3]为近。

---

① （清）刘熙载撰，袁津琥校注：《艺概注稿》上册，第295页。

② （清）仇兆鳌注：《杜诗详注》第四册，中华书局1979年版，第1541页。

③ （清）刘熙载撰，袁津琥校注：《艺概注稿》上册，第418页。

【题注】

选自清代刘熙载《艺概·词曲概》。

苏轼（1037—1101），字子瞻，号东坡居士，世称苏东坡。宋词风格，多有豪放、婉约两派之说，而豪放派则以苏轼和辛弃疾为主，并称“苏辛”。

【注释】

〔1〕东坡：即苏轼。〔2〕老杜：指杜甫。〔3〕太白：即李白。

13.词如诗，曲如赋

词如诗，曲〔1〕如赋。赋可补诗之不足者也。昔人谓：“金、元所用之乐，嘈杂、凄紧、缓急之间，词不能按，乃更为新声。”〔2〕是曲亦可补词之不足也。①

【题注】

选自清代刘熙载《艺概·词曲概》。

诗、词、曲、赋，均为中国古代重要文学形式，有唐诗、宋词、元曲、汉赋之称。

【注释】

〔1〕曲：元曲最为发达。〔2〕语出王世贞《曲藻序》：“曲者，词之变。自金元入主中国，所用胡乐，嘈杂、凄紧、缓急之间，词不能按，乃更为新声以媚之。”

14.小说者，街谈巷语之说也

小说者，街谈巷语之说也。《传》〔1〕载舆人之诵〔2〕，《诗》美询于刍荛〔3〕。古者圣人在上，史为书，瞽为诗，工诵箴谏，大夫规诲，士传言而庶人谤。孟春〔4〕，徇木铎〔5〕以求歌谣，巡省观人诗，以知风俗。过则正之，失则改之，道听途说，靡不毕纪，《周官》〔6〕，诵训掌道方志以诏观事，道方慝以诏辟忌，以知地俗；而训方氏掌道四方之政事，与其上下之志，诵四方之传道而观新物，是也。孔子曰：“虽小道，必有可观者焉，致远恐泥。”〔7〕

【题注】

选自《隋书·经籍志》。

小说，最初为“街谈巷语之说”。魏晋南北朝时期文人的笔记小说，是中国古代小说的雏形。唐代传奇的出现，尤其是三大爱情传奇（即《李娃传》《莺莺传》《霍小玉传》），标志着古典小说的正式形成。宋元两代出现了话本，随着商品经济和市井文化的发展，出现了话本小说，为小说的成熟奠定了坚实的基础。明清小说是中国古代小说发展的高峰，其最著名者就是《三国演义》《水浒传》《西游记》《红楼梦》。

---

① （清）刘熙载撰，袁津琥校注：《艺概注稿》下册，第578页。

【注释】

〔1〕《传》：指《左传》。〔2〕舆人之诵：指普通百姓对某件事议论不停，语出《左传·僖公二十八年》："夏四月戊辰，晋侯、宋公、齐国归父、崔夭、秦小子憖次于城濮。楚师背酅而舍，晋侯患之，听舆人之诵曰：'原田每每，舍其旧而新是谋。'公疑焉。"①〔3〕刍荛（chú ráo）：割草打柴，也指割草打柴的人。语出《诗经·大雅·板》："先民有言，询于刍荛。"〔4〕孟春：春季的首月。农历一年分十二个月，依次为：孟春、仲春、季春，孟夏、仲夏、季夏，孟秋、仲秋、季秋，孟冬、仲冬、季冬。〔5〕木铎（duó）：铎的一种，古代用以警众的响器，流行于全国大部分地区。〔6〕《周官》：即《周礼》。〔7〕语出《论语·子张》：子夏曰："虽小道，必有可观者焉；致远恐泥，是以君子不为也。"

【译文】

小说，就是街头巷尾的杂谈琐语。《左传》记载轿夫的吟诵，《诗经》赞美向村夫野老询问。古时候圣人在上，史官上呈史书，瞽矇上呈诗歌，乐工背诵箴谏，大夫规劝教诲，士传送民间的言语，平民公开批评。早春时节，朝廷派人摇动木铎巡行天下，收集歌谣，巡视省察民间的诗歌，了解民间的风俗。过分了就纠正它，失误了就改变它，路上听来的辗转流传的话，全都逐条记载。《周礼》记载，诵训掌管向天子述说四方风俗物土与久远的故事，诏告天子，使其能博观古事，向天子说明各地所忌讳的言语，诏告天子，使其能避忌而不违俗；而训方氏掌管向天子说明四方诸侯的政事，与君臣上下的志意，向天子讽诵四方世世传说的古事，观察四时新出的器物，说的就是小说家的事。孔子说："即使是小道，也一定有值得看的东西，要达到深远就害怕拘泥。"②

15. 文境"八美"

尝慕古文境之美者，约有八言，阳刚之美，曰雄、直、怪、丽；阴柔之美，曰茹、远、洁、适。蓄之数年，而余未能发其为文章，略得八美之一，以副斯志。是夜将此八言者，各作十六字赞之，至次日辰刻作中，附录如左。

雄：划然轩昂，尽弃故常，跌宕顿挫，扪〔1〕之有芒。

直：黄河千曲，其体仍直，山势如龙，转换无迹。

怪：奇趣横牛，人骇鬼眩，《易》《玄》〔2〕《山经》〔3〕，张韩〔4〕互见。

丽：青春大泽，万卉初葩，《诗》《骚》之韶，班扬〔5〕之华。

茹：众义辐凑，吞多吐少，幽独咀含，不求共晓。

远：九天俯视，下界聚蚊，寤寐周孔〔6〕，落落寡群。

洁：冗意陈言，类字尽芟，慎尔褒贬，神人共监。

---

① 杨伯峻编著：《春秋左传注》第一册，第458页。

② 许嘉璐主编：《二十四史全译·隋书》第二册，第897页。

适：心境两闲，无营无待，柳〔7〕记欧〔8〕跋，得大自在。①

【题注】

选自《曾文正公全集·求阙斋日记类钞卷下·文艺》。

曾国藩一向喜爱古文。清代文坛最大古文（散文）流派是“桐城派”。曾国藩的文学主张，主要取自被盛誉为“中国古文第一人”姚鼐（1731—1815）的阳刚、阴柔之说。阳刚之美，偏重气势。阴柔之美，偏重趣味。曾国藩的“文境八美”是对姚鼐阳刚阴柔之说的进一步展开。

【注释】

〔1〕扪（mén）：按，摸。〔2〕《玄》：指《太玄》，扬雄仿《周易》而作。〔3〕《山经》：《山海经》的一部分，共《南山经》《西山经》《北山经》《东山经》《中山经》5卷。〔4〕张韩：张衡和韩愈。〔5〕班扬：班固和扬雄。〔6〕周孔：周公和孔子。〔7〕柳：柳宗元。〔8〕欧：欧阳修。

五、艺术

“艺”在中国古代“文以载道”的传统观念影响下，一直处于主流文化的边缘。“艺”的本义深深地植根于中国的传统农业文明中，指种植农作物，后引申为才能，最典型的莫过于儒家的“六艺”及今天所谓的艺术。本部分内容是在一定意义上对儒家“六艺”的回归，但又不是一味地为传统“六艺”为依归，实是时移事异与时俱进地对传统“六艺”的扬弃。儒家的“六艺”是服务于出世为宦的，可以说，“六艺”属于“治平”的范围。但今天的“艺”于我们大家则更多具有休闲的意味，其目的更侧重于人身心的修正，是为了更好的回归自发，发现自我并最终实现自我。可以说，今天的“艺”是当今大学教育真正实现人的自我完成教育的一个切实可行的途径。所以，在知识日益信息化、专业化的今天，再提倡重视“六艺”并不是简单的重温古习，而是在古代“六艺”的厚重文化土壤中，重新发掘有利于个体自我发展的新契机，以期真正实现现代化的“人的全面发展”。西方的艺术创作原则理念是“为艺术而艺术”，艺术是中心而是围绕艺术而展开的，中国则是“游于艺”，主体是人，艺术凭借人才能光大，而“游于艺”的创作传统中贯穿的是“人能弘道”的理性精神，这也即孔子所言的“人之习于艺，如鱼在水，忘其为水，斯有游泳自如其乐”②。“游于艺”之“游”即是心游，《荀子·解蔽》云：“人何以知道？曰心。心何以知？曰虚一而静。”收道于心，使心成为价值之源。

《孔子家语·观乡射》载：子贡观于蜡，孔子曰：“赐也，乐乎？”对曰：“一国之人皆若狂，赐未知其为乐也。”孔子曰：“百日之劳，一日之乐，一日之泽，非尔所知也。张而不驰，文武弗能；驰而不张，文武弗为。一张一驰，文武之道也。”

---

① 李鸿章编撰：《曾文正公全集》第一册，第316页。

② 钱穆：《论语新解》，第170页。

生活的确需要艺术，如海德格尔（Martin Heidegger，1889—1976）所言，我们要诗意地栖居，尤其是在当下这个喧嚣的数字化时代，我们更加需要找寻自己，找到自我价值存在的根据。

《论语·先进》载：子曰："点，尔何如？"鼓瑟希，铿尔，舍瑟而作，对曰："异乎三子者之撰。"曰："何伤乎？亦各言其志也。"曰："莫春者，春服既成，冠者五六人，童子六七人，浴乎沂，风乎舞雩，咏而归。"夫子喟然叹曰："吾与点也！"

《孟子·尽心上》：孟子曰："孔子登东山而小鲁，登泰山而小天下。故观于海者难为水，游于圣人之门者难为言。观水有术，必观其澜。日月有明，容光必照焉。流水之为物也，不盈科不行；君子之志于道也，不成章不达。"

《庄子·秋水》载：庄子曰："请循其本。子曰'汝安知鱼之乐'云者，既已知吾知之而问我，我知之濠上也。"

《文心雕龙》载："山沓水匝，树杂云合。目既往还，心亦吐纳。春日迟迟，秋风飒飒。情往以赠，兴来如答。"

苏轼《东坡志林·记承天寺夜游》有载："元丰六年十月十二日夜，解衣欲睡，月色入户，欣然起行。念无与为乐者，遂至承天寺寻张怀民。怀民亦未寝，相与步于中庭。庭下如积水空明，水中藻、荇交横，盖竹柏影也。何夜无月？何处无竹柏？但少闲人如吾两人者耳。"苏轼的这种悠闲，于今天日益忙碌化的现代人几乎是一种奢侈，是我们今天的月色不如苏轼时代的月色澄澈，还是我们身边"张怀民"的缺席？其实，最根本直接的原因是我们缺失了苏轼们的情怀。正是这一"多情"，使得我们与古人几乎形同陌路，造成这种严重隔阂的，虽然说存在很多客观原因，但最为根本的是我们的"心猿意马"。如何让我们的心重新回归到我们的胸腔里来，不是一味地模仿还原古代生活，更遑论，那是一种徒劳。我们唯一能做到的是心的回归。如何回归？立足现代，从儒家"六艺"中汲取精华。只要有心，一定会发现"六艺"于我们的生活无处不在。

中国古典文献中有关休闲观的表达及其休闲理念，无论在诗、文、赋、词等诸多文体中都有不同的表现方式，即使在古代文论方面，诸如刘勰的《文心雕龙》、锺嵘（约468—约518）的《诗品》及司空图（837—908）的《二十四诗品》等，都以山水花鸟来表达艰涩的文学理论，就连好议论的宋人严羽（约1192—约1245）的《沧浪诗话》也是如此。在中国传统休闲文化中，李渔（1611—1680）的《闲情偶寄》可谓别具一格。此书涉及了古代的休闲内容，包括戏剧理论、饮食烹调、营造技巧、健身养生、草木花卉等诸多内容。

1. 七弦为益友，两耳是知音

鸟栖鱼不动，月照夜江深。身外都无事，舟中只有琴。七弦[1]为益友，两耳是知音[2]。心静即声淡，其间无古今。①

① （唐）白居易著，朱金城笺注：《白居易集笺校》第三册，上海古籍出版社1988年版，第1616页。

【题注】

选自《白居易集》，原名《船夜援琴》。

白居易（772—846），字乐天，晚年又号称香山居士，唐代伟大的现实主义诗人。上海古籍出版社有《白居易集笺校》（六册）。

琴在古代乐器中的地位是最高的，有“士无故不撤琴瑟”（《礼记·曲礼下》）和“左琴右书”之说，位列中国传统文化四艺“琴棋书画”之首，自古以来一直是许多读书人必备的知识和必修的科目，大量诗词文赋中有琴的身影。从19世纪20年代起，为了与西方钢琴区别，琴改称古琴。古琴初为五弦，汉朝起定制为七弦。

【注释】

〔1〕七弦：古琴的七根弦，此指七弦琴。〔2〕知音：相传伯牙善弹琴，钟子期善听琴。伯牙弹到志在高山的曲调时，钟子期就说“峨峨兮若泰山”；弹到志在流水的曲调时，钟子期又说“洋洋兮若江河”。钟子期死后，伯牙不再弹琴，以为没有人能像钟子期那样懂得自己的音志。后以“知音”比喻对自己非常了解的人。

【译文】

晴朗之夜，鸟与鱼都不动了，那轮皓月浸在幽深的江水里，入了它们的梦吧？此刻身心澄净，除了舟中的琴，没有任何事情的骚扰，且独坐，淡然一曲吧！琴上的七根银弦就是最知心的朋友，双耳就是他的知音。当那恬淡自然的声音溶入心海，整个世界永恒而美丽，谁知，哪里是古，哪里是今？

2.喜弹不若喜听，善弈不如善观

弈棋[1]尽可消闲，似难借以行乐；弹琴实堪养性，未易执此求欢。以琴必正襟危坐[2]而弹，棋必整槊横戈[3]以待。百骸尽放之时，何必再期整肃[4]？万念俱忘[5]之际，岂宜复较输赢？常有贵禄荣名付之一掷，而与人围棋赌胜，不肯以一着相饶者，是与让千乘之国而争箪食豆羹[6]者何异哉？故喜弹不若喜听，善弈不如善观。人胜而我为之喜，人败而我不必为之忧，则是常居胜地也；人弹和缓之音而我为之吉，人弹噍杀[7]之音而我不必为之凶，则是长为吉人也。或观听之余，不无技痒，何妨偶一为之，但不寝食其中而莫之或出，则为善弹善弈者耳。

【题注】

选自清代李渔《闲情偶寄·颐养部》。

李渔（1611—1680），初名仙侣，后改名渔，字谪凡，号笠翁，浙江金华人，明末清初文学家、戏剧家、戏剧理论家、美学家。《闲情偶寄》是我国最早的系统的戏曲论著，包括词曲、演习、声容、居室、器玩、饮馔、种植、颐养等8部，内容较为驳杂，戏曲理论、养生之道、园林建筑尽收其内。

棋艺是古代读书人的基本工夫。中国古代有围棋和象棋。围棋使用方形格状棋盘及黑白二色圆形棋子进行对弈，棋盘上有纵横各19条直线将棋盘分成361个交叉点，棋子走在交叉点上，双方交替行棋，落子后不能移动，以围地多者为胜。中国象棋是由两人轮流走子，以“将死”或“困毙”对方将（帅）为胜的一种棋二人对抗性游戏的一种类运动。在古代，象棋也被列为士大夫的修身之艺。

【注释】

〔1〕弈（yì）棋：下棋，古代多指下围棋。〔2〕正襟危坐：整理好衣服，端正地坐着。形容严肃或拘谨。〔3〕整槊（shuò）横戈：谓严阵以待。槊，长矛，古代的一种兵器。戈，也是古代的一种兵器。〔4〕整肃：严肃，端庄。〔5〕万念俱忘：所有的想法和打算都不记得。比喻内心澄澈清净。〔6〕让千乘（shèng）之国而争箪食（dān shí）豆羹（dòu gēng）：《孟子·尽心下》：孟子曰：“好名之人能让千乘之国，苟非其人，箪食豆羹见于色。”乘，古代称兵车，四马一车为一乘。箪，盛饭的竹器。豆，古代盛食物的器皿。箪食豆羹，一箪饭食，一豆羹汤，喻小利。〔7〕噍（jiào）杀：意为声音急促，不舒缓。

【译文】

下棋完全可以消闲，但似乎难于以它行乐；弹琴的确可以养性，但不容易拿它来求欢。因为琴必须正襟危坐地去弹；棋必须摆出横刀立马般的架势去下。我们筋骨完全放松的时候，何必再期待齐整肃严？万念俱忘安闲休憩的时候，难道还要去较量输赢？常常有人将富贵利禄荣誉名位弃之不顾，而与人下棋赌胜、不肯饶人一着一步，这与孟子所谓出让千乘之国而争箪食豆羹有什么区别？所以，喜欢弹琴不如喜欢听琴，善于下棋不如善于观棋。别人胜了我为之高兴，别认输了我不必为之忧伤，总是能够立于不败之地。别人弹和缓的音乐我也获吉祥之感，别人弹噍杀之音而我不必同他一起生肃杀之情，总是能够做吉祥之人。有时在观棋听琴之余，心动手痒，不妨偶尔为之，但是并非不吃不睡沉寂其中不能自拔。能够这样，就可以说是善弹善弈的人了。①

3.书可功定礼乐，妙拟神仙

然君子立身，务修其本。扬雄谓：“诗赋小道，壮夫不为。”〔1〕况复溺思豪〔2〕厘，沦精翰墨者也！夫潜神对奕，犹标坐隐〔3〕之名；乐志垂纶〔4〕，尚体行藏〔5〕之趣。讵若〔6〕功定礼乐〔7〕，妙拟神仙，犹挺埴〔8〕之罔穷，与工炉而并运。好异尚奇之士，玩体势之多方，穷微测妙之夫，得推移之奥赜。著述者假其糟粕，藻鉴〔9〕者挹〔10〕其菁华，固义理之会归，信贤达之兼善者矣。存精寓赏，岂徒然与？②

【题注】

选自唐代孙过庭《书谱》。

孙过庭（646—691），名虔礼，字过庭，以字行，吴郡富阳（今浙江富阳）人，一作陈留

① （清）李渔著，杜书瀛译注：《闲情偶寄》下册，中华书局2014年版，第766页。以下引用该书只注明作者、书名、册数和页码。

② （唐）孙过庭：《书谱》，（宋）姜夔著：《续书谱》，浙江人民美术出版社2012年版，第20页。

（今河南开封）人。唐代书法家，书法理论家。擅楷书、行书，尤长于草书，取法王羲之、王献之，笔势坚劲，直逼二王，有墨迹《书谱》传世。

书法是用毛笔书写汉字并具有审美惯性的艺术形式，有着强烈的吸引力、仪式感和大众参与性，堪称中国“第四宗教”。书法史上，有“二王”“颜欧柳赵”“苏黄米蔡”之说。“二王”是指东晋大书法家王羲之（303—361或321—379）和王献之（344—386）父子。王羲之有“书圣”之誉，其代表作《兰亭序》被誉为“天下第一行书”。王献之以行书和草书闻名，但是楷书和隶书亦有深厚功底。“颜欧柳赵”是指楷书四大家：颜真卿（709—785）、欧阳询（557—641）、柳公权（778—865）、赵孟頫（1254—1322）。“苏黄米蔡”是指宋代四大书法家：苏轼（1037—1101）、黄庭坚（1045—1105）、米芾（1051—1107）、蔡襄（1012—1067）。此外，著名书法家还有钟繇（151—230）、虞世南（558—638）、褚遂良（596—658）、张旭（生卒年不详，唐代开元天宝年间在世）、怀素（725—785）、祝允明（1460—1526）、董其昌（1555—1636）、王铎（1592—1652）、何绍基（1799—1873）等。

【注释】

〔1〕语出《法言·吾子》：“或问：‘吾子少而好赋？’曰：‘然。童子雕虫篆刻。’俄而曰：‘壮夫不为也。’”这里以扬雄所指责为“小道”的“诗赋”米影射书法。〔2〕豪：同“毫”。〔3〕坐稳：下围棋的别称。《世说新语·巧艺》：“王中郎以围棋是坐稳，支公以围棋是手谈。”〔4〕垂纶（lún）：垂钓。纶，钓鱼用的线。〔5〕行藏：语出《论语·述而》：“子谓颜渊曰：‘用之则行，舍之则藏，惟我与尔有是夫。’”本义指出处或行止，这里引申为出世或隐居。〔6〕讵（jù）若：岂如。〔7〕功宣礼乐：借指书法具备与礼乐一样的教化作用。〔8〕埏埴（yán zhí）：和泥制作陶器。埏，通“埏”。〔9〕藻鉴：品藻和鉴别。〔10〕挹（yì）：汲取，吸取。

【译文】

然而君子立身，务必致力于根本的修养。扬雄说：“诗赋乃为小道，胸有壮志的人不会只搞这一行。”何况专心思考用笔，把主要精力埋没在书法中呢！对全神贯注下棋的，可标榜为一“坐隐”的美名；逍遥自在垂钓者，能体会“行藏”的情趣。而这些又怎比得上书法能起宣扬礼乐的功用，并具有神仙般的妙术，如同陶工揉和瓷土塑造器皿一般变化无穷，又像工匠操作熔炉铸锻机具那样大显技艺！酷好崇异尚奇的人，能够欣赏玩味字书体态和意韵气势的多种变化；善于精研探求的人，可以从中得到潜移转换与推陈出新的幽深奥秘。撰写书论文章的人，往往择取接受前人的糟粕；真正精于鉴赏的人，方能得到内涵的精华。经义与哲理本可溶为一体，贤德和通达自然可以兼善。汲取书艺精华借以寄托赏识情致，难道能说是徒劳的吗？

4. 书如其人

书，如也。如其学，如其才，如其志，总之曰如其人而已。①

---

①（清）刘熙载撰，袁津琥校注：《艺概注稿》下册，第810页。

【题注】

选自清代刘熙载《艺概·书概》。

“书，如也”，并非刘熙载首言。东汉许慎《说文解字叙》：“仓颉之初作书，盖依类象形，故谓之文。其后形声相益，即谓之字。文者，物象之本；字者，言孳乳而寖多也。著于竹帛谓之书。书者，如也。”唐孔颖达《尚书正义》：“《书纬·璿玑钤》云：‘书者，如也。’则书者，写其言，如其意，情得展舒也。”①要之，“书如其人”阐释了书者与书是一种体用关系，诚如朱元璋评价岳飞书《出师表》：“纯正不曲，书如其人。”未见其人，睹书如见其人。

5.学书之法，在乎一心

学书之法，在乎一心，心能转腕，手能转笔。大要执笔欲紧，运笔欲活，手不主运而以腕运，腕虽主运而以心运。右军[1]曰：“意在笔先。”此法言也。古人下笔有由，从不虚发；今人好溺偏固，任笔为体，恣意挥运，以少知而自炫新奇，以意足而不顾颠错，究于古人妙境，茫无体认，又安望其升晋魏之堂乎[2]！②

【题注】

选自清代宋曹《书法约言》。

宋曹（1620—1701），字邠臣，一作彬臣、份臣、斌臣，号射陵，江苏盐城人。工书能文，对书法造诣很深，著有《书法约言》、木刻双钩《草书千字文》《杜诗解》《会秋堂诗文集》等书。《书法约言》一卷七篇，即总论两篇，答客问书法一篇，论作字之始一篇，论楷书、行书、草书三篇。

【注释】

〔1〕右军：王羲之（303—361），子逸少，琅琊临沂人。曾任会籍内史、右军将军等，因称“王右军”。〔2〕又安望其升晋魏之堂乎：又怎么能指望他达到魏晋书法的境界呢。孔子有“升堂”“入室”之说。《论语·先进》：子曰：“由也升堂矣，未入于室也。”

6.宣物莫大于言，存形莫善于画

《广雅》[1]云：“画，类也。”《尔雅》[2]云：“画，形也。”《说文》[3]云：“画，畛也。象田畛畔所以画也。”《释名》[4]云：“画，挂也。以彩色挂物象也。”故鼎钟刻，则识魑魅[5]而知神奸；旂章明，则昭轨度而备国制。清庙肃而罇彝陈，广轮度而强理辨。以忠以孝，尽在于云台；有烈有勋，皆登于麟阁。见善足以戒恶，见恶足以思贤。留乎形容，

---

① （汉）孔安国传，（唐）孔颖达正义，黄怀信整理：《尚书正义》，第1页。

② （清）宋曹著：《书法约言》，浙江人民美术出版社2012年版，第1页。

式昭盛德之事；具其成败，以传既往之踪。记传所以叙其事，不能载其容；赋颂有以咏其美，不能备其象。图画之制，所以兼之也。故陆士衡[6]云："丹青之兴，比《雅》《颂》之述作，美大业之馨香。宣物莫大于言，存形莫善于画。"此之谓也。善哉，曹植[7]有言曰："观画者，见三皇五帝，莫不仰戴；见三季异主，莫不悲惋；见篡臣贼嗣，莫不切齿；见高节妙士，莫不忘食；见忠臣死难，莫不抗节；见放臣逐子，莫不叹息；见淫夫妒妇，莫不侧目；见令妃顺后，莫不嘉贵。"是知存乎鉴戒者，图画也。①

【题注】

选自唐代张彦远《历代名画记·叙画之源流》。

张彦远（815—907），字爱宾，唐代画家，绘画理论家，家藏法书名画甚丰，精于鉴赏，擅长书画，无作品传世，著《历代名画记》《法书要录》《彩笺诗集》等。

西晋陆机说：宣物莫大于言，存形莫善于画。意思是，形容一件事物，最好的办法就是语言，没有比语言更好的了；表述事物的形体，最好的办法是画画，没有比画画更好的了。中国绘画，古时称为丹青，为区别于"西洋画"，简称"国画"。国画是指以毛笔、墨、国画颜料等画在绢、宣纸、帛上并加以装裱的卷轴画，题材可分人物、山水、花鸟等，技法可分工笔和写意，强调"外师造化，中得心源"，要求"意存笔先，画尽意在"，强调融化物我，创造意境，达到以形写神，形神兼备，气韵生动。中国古代著名画家有顾恺之（约344—406）、吴道子（约680—759）、王维（701—761或699—761）、米芾（1051—1107）、倪瓒（1301—1374）、徐渭（1521—1593）、董其昌（1555—1636）、朱耷（1626—1705）、石涛（1641—约1718）等。

【注释】

〔1〕《广雅》：三国魏时张揖撰，仿照《尔雅》体裁编纂的一部训诂学汇编，相当于《尔雅》的续篇。〔2〕《尔雅》：辞书之祖，由汉初学者缀辑诸书旧文，递增而成，原为训解经书所作，故经书以外之字，不作训解。〔3〕《说文》：即《说文解字》。〔4〕《释名》：训解词义的书，汉末刘熙作，是一部从语言声音的角度来推求字义由来的著作，它就音以说明事物得以如此称名的缘由，并注意到当时的语音与古音的异同。〔5〕魑魅（chī mèi）：古谓能害人的山泽之神怪，亦泛指鬼怪，后喻指坏人或邪恶势力。〔6〕陆士衡：陆机（261—303），字士衡，江苏苏州人，西晋著名文学家、书法家。〔7〕曹植（192—232）：曹操与武宣卞皇后所生第三子。

7.夫画品者，盖众画之优劣也

夫画品者，盖众画之优劣也。图绘者，莫不明劝戒、著升沉，千载寂寥[1]，披图[2]可鉴。虽画有六法，罕[3]能尽该[4]。而自古及今，各善一节。六法者何？一，气韵生动是

① （唐）张彦远撰：《历代名画记》，浙江人民美术出版社2016年版，第2～3页。

也；二，骨法用笔是也；三，应物象形是也；四，随类赋彩是也；五，经营[5]位置是也；六，传移模写是也。唯陆探微[6]、卫协[7]备该之矣。然迹有巧拙，艺无古今，谨依远近，随其品第[8]，裁成序引。

【题解】

选自南齐谢赫《古画品录》。

谢赫，南齐时代（479—502）的人物画家，其《古画品录》是我国绘画史上第一部完整的绘画理论著作。全书1卷，收录了从三国吴至南朝齐代的27位画家，分为6个品级，评其优劣。书中提出的绘画“六法”之说，对后世影响很大，为历代画家、鉴赏家们所遵循，有较大的理论价值。

【注释】

〔1〕寂寥：沉寂无名。〔2〕披图：指展阅图籍、图画等。〔3〕罕：稀少。〔4〕该：通“赅”，完备。〔5〕经营：组织筹划。〔6〕陆探微：吴县（今苏州）人。南朝刘宋时期画家，与东晋顾恺之并称“顾陆”。〔7〕卫协：西晋画家。师于曹弗兴，作道释人物，冠绝当代。〔8〕品第：评定并分列次第。

【译文】

画品，大致是品评众画的好坏的。图画莫不是用来惩恶扬善、表现浮沉的，千年沉寂无名，但观看图籍可见。虽然画画有六种方法，但却难全部包括。自古及今，只是擅长其一。六种画法是什么？分别是气韵生动，骨法用笔，应物象形，随类赋彩，经营位置，传移模写。只有陆探微和卫协全部具备。但是画迹有巧拙之分，艺无古今之别，在此依时代之先后，随画作品评。

8.莲，花之君子者也

水陆草木之花，可爱者甚蕃[1]。晋陶渊明[2]独爱菊。自李唐来，世人甚爱牡丹。予独爱莲之出淤泥[3]而不染，濯[4]清涟[5]而不妖，中通外直，不蔓不枝[6]，香远益清，亭亭净植，可远观而不可亵玩[7]焉。予谓菊，花之隐逸者也；牡丹，花之富贵者也；莲，花之君子者也。噫！菊之爱，陶后鲜有闻；莲之爱，同予者何人？牡丹之爱，宜乎众矣！①

【题注】

选自《周敦颐集》，原名《爱莲说》。

中国古今不少文人都有养花的爱好，因为养花自有乐趣。老舍先生说：“有喜有忧，有笑有泪，有花有果，有香有色。既须劳动，又长见识，这就是养花的乐趣。”（《养花》）有的人喜欢兰花，有的喜欢牡丹，有的喜欢梅花，有的喜欢菊花，各有所好。周敦颐独爱莲，可能受佛教影响，表明他不慕名利，洁身自好。

① （宋）周敦颐著：《周敦颐集》，第53页。

【注释】

〔1〕蕃（fán）：繁多。〔2〕陶渊明（352或365—427）：字元亮，又名潜，私谥“靖节”，世称靖节先生，东晋末至南朝宋初期伟大的诗人、辞赋家。〔3〕淤泥：污泥。〔4〕濯：洗濯。〔5〕清涟：清水。〔6〕不蔓不枝：不生蔓，也不长枝。〔7〕亵玩：玩弄。亵，亲近而不庄重。

【译文】

水泽陆地的草木之花，可爱的很多。晋朝的陶渊明单单喜欢菊花。自唐代以来，人们多喜欢牡丹。我独喜欢出污泥而不染的莲花，被清水洗过但不妖娆，中间通达外表端直，不蔓延也不生枝节，香气越远越清香，干干净净的竖立着，可以远远地看，但不能亵渎它。我说：菊花是花中的隐逸者，牡丹是花中的富贵者，莲花是花中的君子。啊，对于菊花的喜欢，陶渊明之后就鲜有人了，对于莲花的爱，有谁跟我一样的呢？喜欢牡丹的人很多。

9.观群花令人修容，观诸卉则所饰者不仅在貌

草木之类，各有所长，有以花胜者，有以叶胜者。花胜则叶尢足取，且若赘疣[1]，如葵花、蕙草之属是也。叶胜则可以无花，非无花也，叶即花也，天以花之丰神色泽归并于叶而生之者也。不然，绿者叶之本色，如其叶之，则亦绿之而已矣，胡以为红，为紫，为黄，为碧，如老少年、美人蕉、天竹、翠云草诸种，备五色之陆离[2]，以娱观者之目乎？即有青之绿之，亦不同于有花之叶，另具一种芳姿[3]。是知树木之美，不定在花，犹之丈夫之美者，不专主于有才，而妇人之丑者，亦不尽在无色也。观群花令人修容，观诸卉则所饰者不仅在貌。

【题注】

选自清代李渔《闲情偶寄·种植部·众卉第四》。

古代士大夫阶层都有自己的花园。茶余饭后，“观群花令人修容，观诸卉则所饰者不仅在貌”，赏心悦目，修身养性。

【注释】

〔1〕赘疣：指皮肤上的肉瘤。此处用来形容多余无用的东西。〔2〕陆离：形容色彩绚丽繁杂。〔3〕芳姿：指女子美妙的姿容。

【译文】

草木之类的花卉，各有所长，有的以花胜，有的以叶胜。以花胜的则叶无足取，而且如同赘疣，例如葵花、蕙草之类就是如此。以叶胜的则可以没有花，并非没有花，叶就是花，老天爷把花的丰神色泽归并于叶而产生了它。不然，绿色是叶的本色，如果仅仅是叶，那就只是绿色就可以了，为什么使叶子的颜色为红，为紫，为黄，为碧，如老少年、美人蕉、天竹、翠云草等等，备五色之斑斓陆离，以娱乐观者的眼睛呢？即使让它成为青色、绿色，也不同于有花的叶子，而是别具一种芳姿。由此知道树木之美不定在花，犹如丈夫

之美不专在有才，而妇人之丑也不全在无色。观群花令人修饰仪容，观诸卉则知所谓修饰者又不仅在容貌。①

10.茶有九难

於戏〔1〕！天育万物，皆有至妙。人之所工，但猎浅易。所庇者屋，屋精极；所著者衣，衣精极；所饱者饮食，食与酒皆精极之。茶有九难：一曰造，二曰别，三曰器，四曰火，五曰水，六曰炙，七曰末，八曰煮，九曰饮。阴采夜焙，非造也；嚼味嗅香，非别也；膻鼎腥瓯〔2〕，非器也；膏薪庖炭，非火也；飞湍壅潦，非水也；外熟内生，非炙也；碧粉缥尘，非末也；操艰搅遽，非煮也；夏兴冬废，非饮也。

【题注】

选自唐代陆羽《茶经》。

陆羽（733—804），字鸿渐，唐代著名的茶学专家，被誉为“茶仙”“茶圣”。他一生嗜茶，精于茶道，以其所著《茶经》而闻名于世。《茶经》是一部关于茶叶生产的历史、源流、现状、生产技术以及饮茶技艺、茶道原理的综合性论著，是全世界第一部茶学专著。

中国是茶的原产地。茶以文化面貌出现，是在两晋北朝，最早喜好饮茶的多是文人雅士。唐代开元（713—741）以后，中国的“茶道”大行，饮茶之风弥漫朝野。宋承唐代饮茶之风，日益普及。今天人们常说：“开门七件事，柴米油盐酱醋茶。”可见茶已非常普及。“茶有九难”，讲的是茶从制造到饮用的九个关键环节。一般茶叶可以分为六类，即乌龙茶、红茶、绿茶、白茶、黑茶、黄茶等。

【注释】

〔1〕於戏（wū hū）：感叹词，可独立成句，表示赞美、称颂或感叹。〔2〕瓯（ōu）：杯。

【译文】

呵！天生万物，都有其奥妙之处。但人们所擅长的，仅仅涉及浅显容易的事而已。人居住的地方是房屋，房屋就造得极精美；人所穿的是衣服，衣服就做得极精美；人用来充饥果腹的是饮食，食物与酒就都极精美。茶有九个关键环节：一是制造，二是鉴别，三是器具，四是取火，五是择水，六是烤炙，七是碾末，八是烹煮，九是饮用。阴天采摘，夜里焙烤，不是好的制造方法；仅咀嚼品味与嗅闻香气，不是好的鉴别方法；有膻腥气味的鼎瓯，不是好的器具；有油脂的木材和厨房里沾染了油脂的炭，不是好的炭火；飞迸湍急的流水和淤积的死水，不是好的水源；茶饼外部熟而内部生，不是好的焙烤效果；青绿色和青白色的茶末，不是好的茶末；操作慌乱和搅动太急，不是好的煎茶方式；夏天饮茶而冬天不饮，不是好的饮茶习惯。②

① （清）李渔著，杜书瀛译注：《闲情偶寄》下册，第674～675页。

② （唐）陆羽著，宋一明译注：《茶经》，上海古籍出版社2009年版，第40～41页。

11.夫剑者，见也，见机而作也

夫剑者，见也，见机而作也。机者，枢也。枢者，腕手活动之谓也。豫知[1]枢者，而能防其机，致胜之由也。由者根由，知其由来，能弥其源、塞其流者，焉有不胜之理乎？剑法之妙，妙难尽言。剑分先天与后天。先天之剑，灵活自然。敌剑未动，而我先知之，一目了然，便可应变通权。彼进我退，彼后我先，彼低我高，彼左我右，彼直我横，彼提我伏，列次数端，可以类明。倘然他来得快活，我退速伏退守，乘虚再攻其不备，彼必忙中失色。此败以伏胜之法，亦一破十二连宫之法。乃后天之剑，机在于肩，为发转之源；枢在腕，为曲直左右上下应用之官。明此，可谓为青白眼[2]哉。①

【题注】

选自明代毕坤《浑元剑经·内篇·剑学指要》。

《浑元剑经》为元末明初毕坤所撰，是一本详细地论述剑法功法道理及其修炼过程的武学专著。文中所述，皆著作者亲身实践、证验，并由文字笔录总结而成。全文以“序、戒律、外篇、内篇、结文”组成，为道家修炼的典籍。

剑，古代兵器之一，早期是匕首式短剑。春秋末年，开始流行长剑。质地精良的宝剑大多出自南方。现藏于湖北省博物馆的越王勾践剑，剑长55.7厘米，剑首为圆箍形，剑格正面用蓝色玻璃、背面用绿松石嵌出花纹，剑身饰菱形暗纹，剑身有“越王勾践自作用剑”8字鸟篆铭文，制作精良，犀利异常，是东周兵器中的精品，反映出越国当时制剑工艺的高水平。

【注释】

〔1〕豫知：预知。〔2〕青白眼：《晋书·阮籍传》：“籍又能为青白眼。见礼俗之士，以白眼对之。常言‘礼岂为我设耶？’时有丧母，嵇喜来吊，阮作白眼，喜不怿而去；喜弟康闻之，乃备酒挟琴造焉，阮大悦，遂见青眼。”后世以青眼表示对人尊重，白眼表示对人轻视。

12.拳法之由来，本于少林寺

拳法之由来，本于少林寺。自宋太祖[1]学于其中，而名遂传天下。其后温家有七十二行拳，三十六合锁，二十四弃探马，八闪番，有十二短打，吕红有八下之刚，山东有李半天之腿，鹰爪王之拿，张敬伯之打，此皆名传海内，各得其妙者也。然或有上而无下，或有下而无上，惟能取胜于人，未能概为全美。至于张鸣鹗者，生平极好武艺。于是挟重资，

① 吴龙辉主编：《中华杂经集成》第一册，中国社会科学出版社1994年版，第418～419页。以下所引该书只注明作者、书名、册数和页码。

游海内，遍访名家。或慕其下盘之善，而效其下焉；羡其上架之美，而学其上焉。兼而习之，久而化焉，遂独成其一家，真所谓善之善者也。爰[2]编成一帖，以启后学，百法皆备。有志其业者，务以意会，法以神传，必当竭尽至力。须宜实致其功，粗事细磨，断不可用努筋突骨之功，而致百身之病。舒筋舒脉之谓何？而猥知卤莽，是彰乎知。此则临敌应变，无不可以取胜于人，此所谓千金不可换也。宝之慎之，无视以为戏玩也。①

【题注】

选自清代张孔昭《拳经》。

张孔昭认为，拳法之由来，本于少林寺。在中国武术史上，宋代拳术套路盛行。明清时代，拳种林立，还出现了许多武术研究家和拳法论著，如戚继光的《纪效新书》、陈鑫的《陈氏太极拳图说》等。明代把拳术分为内家和外家。外家主要讲究搏人（攻击），内家主要讲究御敌（防守）。晚清时，有人把与内家拳近似的太极拳、形意拳、八卦掌也称为内家拳。还有把拳术按地域分为南派和北派的。南派指流行于长江流域以南地区的拳术，其特点是架式小，动作较紧凑，练习时活动范围不大。北派指流行于黄河流域及其以北地区的拳术，其特点是架式大，动作舒展，练习时活动范围大。

【注释】

〔1〕宋太祖：赵匡胤（927—976），字元朗，宋朝开国皇帝。〔2〕爰（yuán）：于是。

13. 五禽戏

佗[1]语普[2]曰："人体欲得劳动，但不当使极尔。动摇则谷气得消，血脉流通，病不得生，譬犹户枢不朽是也。是以古之仙者为导引之事，熊颈鸱[3]顾，引挽腰体，动诸关节，以求难老。吾有一术，名五禽之戏，一曰虎，二曰鹿，三曰熊，四曰猨（猿），五曰鸟；亦以除疾，并利蹄足，以当导引。体中不快，起作一禽之戏，沾濡汗出，因上着粉，身体轻便，腹中欲食。"普施行之，年九十余，耳目聪明，齿牙完坚。②

【题注】

选自《三国志·魏书·方技传》。

五禽戏是通过模仿虎、鹿、熊、猿、鸟（鹤）五种动物的动作，以保健强身的一种气功功法，与中国的太极拳、日本的柔道相似，既能治病养生，亦可强身健体。

【注释】

〔1〕佗：指华佗（约145—208）。〔2〕普：指吴普，广陵郡（今江苏淮阳）人，字号及生卒年不详。〔3〕鸱（chī）：古书上指鹞鹰。

---

① 吴龙辉主编：《中华杂经集成》第一册，第509页。

② （晋）陈寿撰，（宋）裴松之注：《三国志》第三册，第804页。

【译文】

华佗对吴普说："人的身体需要活动，只是不应当使身体过于疲倦。活动身体就能使食物中的营养得到消化吸收，血脉流动通畅，病就不会发生，这就如同经常转动的门轴不会朽烂的道理。因此古代的仙人使用导引的健身方法、模仿熊攀树悬挂和鸱鸟回头顾盼的动作、扭曲腰肢、活动各个关节，以此求得长寿不老。我有一种运动方法，叫作五禽之戏，一叫虎、二叫鹿、三叫熊、四叫猿、五叫鸟，也用来消除疾病，并且使手脚利索轻便，可以当做导引的健身方法。身体感到不舒服，就起来做一套禽戏，汗水流出浸湿了身体，就在身上抹一层粉，因而身体感到轻便，肚子里想吃东西。"吴普照着五禽之戏去做，九十多岁了，仍然耳聪目明，牙齿完好坚固。①

14.四季却病歌

春嘘〔1〕明目木扶肝，夏至呵〔2〕心火自闲。秋呬〔3〕定收金肺润，肾吹〔4〕唯要坎中安。三焦嘻〔5〕却除烦热，四季长呼〔6〕脾化餐〔7〕。切忌出声闻口耳，其功尤胜保神丹〔8〕。

【题注】

选自明代冷谦《修龄要指》。

冷谦，字启敬，号龙阳子，元末明初道士，生卒年不详。所著《修龄要旨》，主要阐述了中医养生的基本理论和吐纳导引修炼的具体方法，内容包括四时调摄、起居调摄、延年六字总决、四季却病歌、长生一十六字诀、十六段锦、八段锦法、导引歌诀、却病八则等篇章。

【注释】

〔1〕嘘：慢慢地吐气。嘘，五行属木，与肝相应，具有疏泄气机、吐浊明目的功效。〔2〕呵：吁气。呵，五行属火，与心相应，具有通利血脉、泄出浊气的功效。〔3〕呬(xì)：运气吐纳一法。呬，五行属金，与肺相应，具有呼浊吸清、宣肺利咽的功效。〔4〕吹：合拢嘴唇用力出气。吹，五行属水，与肾相应，具有清泄相火、强精固本的功效。〔5〕嘻：发音吐气时牙齿全拢，口唇微张。"嘻"字吐气法具有通利三焦、畅通元气的功效。〔6〕呼：通过口、鼻把气体排出体外。呼，五行属土，与脾相应，具有健脾助运、升清降浊的功效。〔7〕化餐：指消化饮食物。〔8〕保神丹：方剂名称，具有镇心安神功效，此处引申为药物治病方法。

【译文】

春季行嘘字导引功可补肝明目，夏季行呵字导引功可养心安神，秋季行呬字导引功可滋润肺金，冬季行吹字导引功可使肾脏安定，四时行嘻字导引功可祛除三焦烦热病症，四季末行呼字导引功可助脾运化。习练此导引功时以口吐鼻吸两耳听不到声音为妙，其保健养生的功效将远胜于服食药物。②

---

① 许嘉璐主编：《二十四史全译·三国志》第二册，第515～516页。

② (明)冷谦撰，郑红斌、刘苏娅评注：《修龄要指》，中华书局2011年版，第98页。

15. 尔身各各自天真，不用求人更问人

尔[1]身各各自天真，不用求人更问人。但致良知[2]成德业，谩[3]从古纸费精神。乾坤是易原非画，心性[4]何形得有尘？莫道先生学禅语，此言端的[5]为君陈。①

【题注】

选自《王文成公全书·示诸生三首》。

王守仁（1472—1529），字伯安，浙江余姚人。因曾筑室于会稽山阳明洞，自号阳明子，学者称之为阳明先生，亦称王阳明。谥文成，故后人又称王文成公。中华书局有《王文成公全书》（四册）。

王阳明认为，人心本性自足，所以，"君子之学，惟求得其心"（《传习录》下）。其方法则是向内用功，不必外求，所以"尔身各各自天真，不用求人更问人"；应该突破经典的束缚，相信自己心中所悟，"但致良知成德业，谩从古纸费精神"。王阳明把自己的思想以诗歌的形式写给学生，其治学用心良苦可见一斑。

【注释】

〔1〕尔：你。〔2〕致良知：王守仁心学主旨，语出《孟子·尽心上》："人之所不学而能者，其良能也，所不虑而知者，其良知也。"〔3〕谩（mán）：轻慢。〔4〕心性：指"心"和"性"，中国古典哲学范畴。〔5〕端的：始末，底细。

六、勤勉

《易经》有言："天行健，君子以自强不息"，"君子终日乾乾"，"自强不息"。子曰："躬行君子，则吾未之有得"，"学如不及，犹恐失之"，"默而识之，学而不厌，诲人不倦，何有于我哉"。《诗》云："战战兢兢，如履薄冰"，"风雨如晦，鸡鸣不已"，"夙兴夜寐，无忝尔所生"。勤勉为事向来为古代文献所重视，所谓"性相近，习相远"，人聪明驽钝不同，但可以通过后天个人努力而不断缩短所谓与生俱来之差距，即所谓"天道酬勤"，"功不唐捐"。

子曰："学而不思则罔，思而不学则殆。"所忧"德之不修，学之不讲，闻义不能徙，不善不能改"，是不敢懈怠自我修为，"敏于事而慎于言"，正因此才有"发愤忘食，乐以忘忧，不知老之将至"之慨叹。子曰"语之不惰者，其回也与"，颜回曰"欲罢不能，既竭吾才"，曾子云"吾日三省吾身，为人谋而不忠乎？与朋友交而不信乎？传不习乎"，圣贤为学修身不敢一刻懈怠。宰我昼寝，而被孔子斥责曰"朽木不可雕也，粪土之墙不可圬也"。本来昼寝并无关原则性问题，但于作为士大夫的宰我，在孔子看来，这便是大问题。

① （明）王守仁著：《王文成公全书》第三册，第938页。

古代学习条件于今天不能望其项背，所以有大禹尺壁寸阴之叹，而宰我的昼寝，在孔子看来于学习修身，便是一种惰性，是匪夷所思的，所谓“业精于勤，荒于嬉；行成于思，毁于随”，因此而有“朽木不可雕也，粪土之墙不可圬也”之叹。对此，我们应历史客观地评价，不能断章取义。

千里之行，始于足下。“为学”“从师”“择友”都可谓是士大夫成为君子之津筏，所谓“为仁由己”。但“为学”“从师”“择友”等诸因素均是外因，如果本身不具备成为君子的必备条件，无论“为学”“从师”“择友”等诸外因素如何妥帖优秀，均与君子无功。儒学一贯强调勤奋，反对懒惰，《易》曰“君子进德修业”，便是要求个体要有成人之心。子曰：“仁，远乎哉？我欲仁，斯仁至矣。”要成为君子，不管是作为外部因素的“为学”“从师”和“择友”等，还是作为个体主观因素的后天努力，前提都必须是有一颗主动向善的心，即使未能成为大人君子。荀子《劝学》言：“骐骥一跃，不能十步；驽马十驾，功在不舍。锲而不舍，朽木不折；锲而不舍，金石可镂。”子曰：“譬如为山，未成一篑，止，吾止也。譬如平地，虽覆一篑，进，吾往也。”朱熹注：“盖学者自强不息，则积少成多；中道而止，则前功尽弃。”“士别三日，竟刮目相看。”所以“刮目”，是主体的知耻近乎勇的奋起直追。古语有云“三日不读书，便觉面目可憎，语言无味”，读书为学应勉学不倦。士大夫成人君子莫不由勤勉中来。《抱朴子外篇·勖学》载：“夫周公上圣，而日读百篇。仲尼天纵，而韦编三绝。墨翟大贤，载文盈车。仲舒命世，不窥园门。倪宽带经以芸鉏，路生截蒲以写书，黄霸抱桎梏以受业，甯子勤夙夜以倍功，故能究览道奥，穷测微言，观万古如同日，知八荒若户庭，考七耀之盈虚，步三五之变化，审盛衰之方来，验善否于既往，料玄黄于掌握，甄未兆以如成。故能盛德大业，冠于当世，清芳令问，播于罔极也。”圣人周公，一饭三吐哺，一沐三握发，如此日理万机，尚且是“日读百篇”。先师孔子不以上知自许，只是一以贯之好学不倦“韦编三绝”，发愤忘食。董子三年不窥园，终有《春秋繁露》传，其他诸如倪宽、路生、黄霸、甯子等人，经过不懈地“日知其所亡，月无忘其所能”，终成硕儒先哲。传统经典中类此不胜枚举，无不是勉人好学不倦。

子曰：“群居终日言不及义，好行小惠，难矣哉。”千里之堤，毁于蚁穴。个体的先天条件再优越，如果不假以后天努力，则所谓的优越的先天条件也徒劳无益，古代伤仲永的故事也司空见惯。一言以蔽之，怠惰不堪。《论语》中屡有对“饱食终日，无所用心”等的斥责，直至康有为仍把“禁懒惰”作为“四大禁”之首。孔子学生冉求曰：“非不说子之道，力不足也。”子曰：“力不足者，中道而废，今女画。”冉求倦怠不欲求道，受到孔子批评，“人能弘道，非道弘人”，果真不想学道，只是画地为牢，非是道的莫名其妙。孟子曰：“有为者辟若掘井，掘井九仞而不及泉，犹为弃井也。”因倦怠而弃道便是孟子所谓的“弃井”。君子修身必是“无终食之间违仁，造次必于是，颠沛必于是”，如此方能得安生立命，即孟子所言“君子深造之以道，欲其自得之也。自得之，则居之安；居之安，则资之深；资之深，则取之左右逢其源，故君子欲其自得之也”。

曾子曰：“士不可以不弘毅，任重而道远。”中国传统文化之所以能够源远流长的一个重要原因之一，就在于古代士大夫的“勤勉”，这种“勤勉”的表现形式多样，诸如他们的勤勉苦读、传道授业、著述文章等，此类“勤勉”不胜枚举。前贤圣哲尚且如此，更遑论我们。所谓“薪尽火传”，圣贤人格及其著述给予了我们无比丰富的经验与方法，虽然时移世异，但仍可以从中受惠，以此更好地实现自我。

知识信息化的今天，一部分人可能会对“勤勉”的现代意义存在很大质疑，“有必要”吗？很有必要。不管信息化程度如何高，我们获得知识的途径如何快捷，“勤勉”仍旧是我们个体存在并发展的一个重要品质。信息化只能多渠道地提供我们片段化的知识，但并不能由此而使这些所谓的知识形成体系，更不能使它们内化成一种优秀的品质。个体勤勉不仅是一种可贵的品质，更是人生的一种宝贵的人生体验。知识或者是体系，如果不能付诸实践并具有实践的品格，那于生命的体验是一种徒劳。在“勤勉”中我们不仅能获得知识，并使之体系化，更为重要的是我们可以在这一过程中，可以更深刻地认知锻炼自我。孔子的“韦编三绝”、苏秦和孙敬的“头悬梁”“锥刺股”、董仲舒的“目不窥园”及匡衡的“凿壁偷光”等，都是一种在“勤勉”中的修行。我们的“勤勉”非是成为贤圣，但却我们能否行得更远提供了一种高尚的借鉴，正所谓“高山仰止，景行行止，虽不能至而心向往之”。

1.业精于勤荒于嬉，行成于思毁于随

国子先生〔1〕晨入太学〔2〕，招诸生立馆下，诲之曰：“业精于勤，荒于嬉〔3〕；行成于思，毁于随〔4〕。方今圣贤相逢，治具〔5〕毕〔6〕张〔7〕。拔去凶邪，登崇畯〔8〕良。占小善者率〔9〕以录，名一艺者无不庸〔10〕。爬罗剔抉〔11〕，刮垢磨光〔12〕。盖有幸而获选，孰云多而不扬？诸生业患不能精，无患有司之不明；行患不能成，无患有司〔13〕之不公。”

【题注】

选自《韩昌黎文集·进学解》。

时间是最公平的。不管是谁，1年都是365天，1周都是7天，1天都是24个小时。花在读书学习上的时间多，玩的时间就少。一勤天下无难事，一懒世间万事休。学业的精进是由于勤奋努力，学业的荒废是由于嬉戏游荡。

【注释】

〔1〕国子先生：韩愈自称。当时他任国子博士。唐朝时，国子监是设在京都的最高学府，下面有国子学、太学等七学，各学置博士为教授官。国子学是为高级官员子弟而设的。〔2〕太学：这里指国子监。唐朝国子监相当于汉朝的太学，古时对官署的称呼常有沿用前代旧称的习惯。〔3〕嬉：戏乐，游玩。〔4〕随：不经意，随便。〔5〕治具：治理的工具，主要指法令。〔6〕毕：全部。〔7〕张：指建立、确立。〔8〕畯：通“俊”，才智出众。〔9〕率：都。〔10〕庸：通“用”，采用、录用。〔11〕爬罗剔抉：意指仔细搜罗人才。爬罗，爬梳搜罗。剔抉，剔除挑选。〔12〕刮垢磨光：刮去污垢，磨出光亮，意指精心造就人

才。〔13〕有司：负有专责的部门及其官吏。

【译文】

国子博士先生早晨走进太学，召集学生们站立在学舍台阶下面，教导他们说："学业的精进由于勤奋努力，学业荒废由于嬉戏游荡；德行的完善，在于自我反省，德行败坏，在于苟且随便。在今天，圣君得到贤臣辅佐，法令制度完全建立起来。拔除官吏中凶恶奸邪，晋升英俊善良。具有微小优点的都已录取，称有一技之长的无不任用。搜罗人材，加以甄别、教育、培养，对他们刮去污垢，磨炼得闪闪发光。大概只有侥幸而得选上的，谁说多才多艺而不被高举呢？诸位学生只怕学业不能精进，不要怕主管部门官吏看不清；只怕德行不能成就，不要怕主管部门官吏不公正。"

2.积一勺以成江河，累微尘以崇峻极

溥〔1〕乃作诰以奖训之，曰：

文学诸生皆冠带之流，年盛志美，始涉学庭，讲修典训，此大成之业，立德之基也。夫圣人之道淡而寡味，故始学者不好也。及至期月，所观弥博，所习弥多，日闻所不闻，日见所不见，然后心开意朗，敬业乐群，忽然不觉大化之陶已，至道之入神也。故学之染人，甚于丹青。丹青吾见其久而渝〔2〕矣，未见久学而渝者也。

夫工人之染，先修其质，后事其色，质修色积，而染工毕矣。学亦有质，孝悌忠信是也。君子内正其心，外修其行，行有余力，则以学文，文质彬彬，然后为德。夫学者不患才不及，而患志不立，故曰希骥之马，亦骥之乘，希颜〔3〕之徒，亦颜之伦也。又曰："锲而舍之，朽木不折；锲而不舍，金石可镂。"〔4〕斯非其效乎！

今诸生口诵圣人之典，体闲庠序之训，比及三年，可以小成。而令名宣流，雅誉日新，朋友钦而乐之，朝士敬而叹之。于是州府交命，择官而仕，不亦美乎！若乃含章舒藻，挥翰流离，称述世务，探赜究奇，使扬班〔5〕韬笔，仲舒〔6〕结舌，亦惟才所居，固无常人也。然积一勺以成江河，累微尘以崇峻极，匪〔7〕志匪勤，理无由济也。诸生若绝人间之务，心专亲学，累一以贯之，积渐以进之，则亦或迟或速，或先或后耳，何滞而不通，何远而不至邪！①

【题注】

选自《晋书·虞溥传》。

虞溥，字允源，西晋教育家，特别强调勤奋学习的重要性。在虞溥看来，一勺一勺的水能积累成长江大河，极细小的尘埃能聚积成高山峻岭，如果没有志气，学习不勤奋刻苦，当然不能取得成功。

---

① （唐）房玄龄等撰：《晋书》第七册，第2140～2141页。

【注释】

〔1〕溥(pǔ)：即虞溥。〔2〕渝(yú)：改变。〔3〕颜：颜回，孔子最得意的弟子。〔4〕《荀子·劝学》作：锲而舍之，朽木不折；锲而不舍，金石可镂。〔5〕扬班：扬雄和班固。〔6〕仲舒：董仲舒。〔7〕匪：没有，不是。

【译文】

虞溥便作文诰勉励训诫他们说：

来读书的学生都是绅士之流，年轻志盛，刚开始涉足学业，学习研究经典，这是有大作为的事，树立道德的基础。圣人的学问淡而少味，所以初学的人不喜欢。等到满了一年以后，阅读的书籍更加广博，学习的知识更加众多，天天听到未听说过的，天天看到未见到过的，然后胸襟开朗，敬业乐群，不觉得教化忽然使自己受到熏陶，至高无上的道理使自己达到神妙的境界。所以学习对人的熏染，超过了颜料。我见到颜料时间一长就会褪色，没有见过长时间的学习而退步的。

工匠染布时，先把要染的布准备好，然后准备染料，布和染料都准备好了，染布的工作就可以完成了。学习也是这样，孝悌忠信就好像是白布。君子在内端正心志，在外修习自己的行为，如果有余力，就可以学文，文质彬彬，然后有德行。学习的人不担心才能不够，而担心不能立志。所以说向往千里马的马，就能成为千里马；仰慕颜渊的人，也就是颜渊之类的人。又说锲而舍之，朽木不可雕；锲而不舍，金石可镂。这不就是验证吗？

现在学生口中诵读圣人的典籍，亲自接受学校中的训导，等到三年，可以小有成效。而美名流传，有新的称誉，朋友敬而乐之，朝中大夫敬而赞之。于是州府交相聘任，挑选职位去做官，这不是很美好的吗？至于包含美质抒发文藻，下笔流畅而华丽，论述世上的事情，探究深奥的道理，使得扬雄、班固收起笔来，董仲舒张口结舌，仅是有才能者的作为，而不是平常的人。然而积累一勺勺的水成为江河，积聚小土粒增高山峰，如果没有志气不勤奋刻苦，当然不能成功。学生如果断绝人间的杂务，专心学习，长年累月，日积月累，那么也就是或慢或快，或先或后罢了，有什么困难不能克服，有什么远大的目标不能实现呢？①

3.以圆木为警枕，小睡则枕转而觉，乃起读书

公〔1〕于物澹〔2〕无所好，唯于德义若利欲。其清如水而澄之不已，其直如矢而端之不止。故其居处必有法，动作必有礼。其被服如陋巷〔3〕之士，一室萧然〔4〕，图书盈几〔5〕，终日静坐泊如〔6〕也。又以圆木为警枕，小睡则枕转而觉，乃起读书。盖恭俭勤礼，出于天性，自以为适，不勉而能。②

---

① 许嘉璐主编：《二十四史全译·晋书》第三册，第1825～1826页。

② 黄灵庚、吴战垒主编：《吕祖谦全集》第十三册，浙江古籍出版社2008年版，第507页。

【题注】

选自宋代范祖禹《司马温公布衾铭记》。

范祖禹（1041—1098），字淳甫（淳，或作醇、纯，甫或作父），一字梦得，著名史学家。《司马温公布衾铭记》，是范祖禹协助司马光主编《资治通鉴》的时候写的。他见司马光起居生活很俭朴，“被服如陋巷之士”，专门写了这篇文章。后来苏轼还写过《跋司马温公布衾铭后》。“布衾铭”，就是写在被子上的铭文。司马光《布衾铭》全文是：“藜藿之甘，绨布之温，名教之乐，德义之尊，求之孔易，享之常安。绵绣之奢，膏粱之珍，权宠之盛，利欲之繁，苦难其得，危辱旋臻。舍难取易，去危就安，至愚且知，士宁不然？颜乐箪瓢，百世师模。纣居琼台，死为独夫。君子以俭为德，小人以奢丧躯。然则斯衾之陋，其可忽诸？”司马光之“警枕”，与“头悬梁”“锥刺股”何异？

【注释】

〔1〕公：指司马光（1019—1086）。司马光，字君实，号迂叟，山西夏县涑水乡人，世称涑水先生。历仕仁宗、英宗、神宗、哲宗四朝，卒赠太师、温国公，谥文正。〔2〕澹（dàn）：淡薄。〔3〕陋巷：简陋的巷子，一说狭小简陋的居室。《论语·雍也》：“贤哉，回也！一箪食，一瓢饮，在陋巷，人不堪其忧，回也不改其乐。”〔4〕萧然：空寂，没有任何东西。〔5〕几：小或矮的桌子。〔6〕泊如：恬淡无欲的样子。

4.山甫勤于夙夜，而吴汉不离公门

盖闻君子耻当年〔1〕而功不立，疾没世〔2〕而名不称，故曰“学如不及，犹恐失之”〔3〕。是以古之志士，悼年齿之流迈〔4〕而惧名称之不立也，故勉精厉操，晨兴夜寐，不遑〔5〕宁息，经之以岁月，累之以日力，若宁越〔6〕之勤，董生〔7〕之笃，渐渍〔8〕德义之渊〔9〕，栖迟〔10〕道艺之域。且以西伯〔11〕之圣，姬公〔12〕之才，犹有日昃待旦之劳，故能隆兴周道，垂名亿载，况在臣庶，而可以已乎？历观古今立功名之士，皆有累积殊异之迹，劳身苦体，契阔勤思，平居不坠其业，穷困不易其素，是以卜式〔13〕立志于耕牧，而黄霸〔14〕受道于囹圄〔15〕，终有荣显之福，以成不朽之名。故山甫〔16〕勤于夙夜，而吴汉〔17〕不离公门，岂有游惰哉？①

【题注】

选自韦昭《博弈论》。

韦昭（204—273），字弘嗣，江苏丹阳人。尝承令作《博弈论》，为时所称。《三国志》记载韦昭时，用的名字是“韦曜”。据后代学者考证，可能韦昭本身就有一个别名，叫做韦曜，而《三国志》借用的可能正是这个别名。

天道酬勤。韦昭认为，古之成大事者无一不是勤奋努力得来的。

---

① （晋）陈寿撰，（宋）裴松之注：《三国志》第五册，第1460～1461页。

【注释】

〔1〕当年：壮年。〔2〕没世：死去。〔3〕学如不及，犹恐失之：语出《论语·泰伯》：子曰："学如不及，犹恐失之。"意思是，学习起来就像老赶不上一样，还生怕把学到的东西又丢掉了。〔4〕年齿之流迈：指年龄老去。〔5〕不遑（huáng）：没时间。遑，闲暇。〔6〕宁越：战国周臣，因勤学而获周威王师之。〔7〕董生：董仲舒（前179—前104）。〔8〕渍：受熏陶。〔9〕德义之渊：道德的领域。〔10〕栖迟：游息，指致力于某事或某物。〔11〕西伯：周文王。〔12〕姬公：周公。〔13〕卜式：西汉大臣，以牧羊致富，《汉书》卷五十八有传。〔14〕黄霸（前130—前51）：字次公，西汉大臣，事汉武帝、汉昭帝和汉宣帝三朝，《汉书》卷八十九有传。〔15〕囹圄（líng yǔ）：监牢。〔16〕山甫：即仲山甫，周宣王时的贤臣。〔17〕吴汉（？—44）：字子颜，东汉开国名将，军事家，《后汉书》卷十八有传。

【译文】

听说君子耻于年富力强而功业没有建立，痛恨死后而名声不能显扬，所以说学习如果不及时，恐怕就会失落。因此古代有志向的人，悲叹年华流逝而名声不显，所以振奋精神砥砺操行，早起晚睡，无暇安宁休息，经历很长岁月，积累日月功力，像宁越那样的勤奋，董生那样的诚笃，逐渐达到道德大义的境界，进入学业术艺的领域。而且以西伯的圣明，姬公的才能，还要有夜以继日的劳苦，所以能够兴盛周朝的道业，流名亿载，何况对于一般的大臣平常人士，怎么可以停止追求呢？历观从古到今建立功名的人，都有着日积月累非同寻常的事迹，劳苦身体，竭尽心力思考，闲居不放弃学业，穷困不改变志向，因此卜式在耕田放牧时立下志愿，黄霸在狱中从师接受道义，他们最终都有荣华显贵的福运，成就了不朽的名声。所以仲山甫日夜勤劳，而吴汉勤勉公事，哪里有闲逸懒惰呢？①

5.董仲舒三年不窥园

董仲舒，广川人也。少治《春秋》，孝景〔1〕时为博士〔2〕。下帷讲诵，弟子传以久次相授业，或莫见其面。盖三年不窥园，其精如此。进退容止〔3〕，非礼不行，学士皆师尊之。

【题注】

选自《汉书·董仲舒传》。

司马迁《史记·儒林传》记载："董仲舒，孝景时为博士，下帷讲诵，弟子传以久次相受业，或莫见其面盖三年。董仲舒不观于舍园，其精如此。"徐仁甫（1901—1988）先生认为，《汉书》是根据《史记》编撰的，班固误读《史记》，把"盖三年"属下文，弄得《汉书》写成"盖三年不窥园"。②要之，无论是"不观于舍园"，还是"盖三年不窥园"，都说明董仲舒是非常勤奋用功不教一日虚度之人。

---

① 许嘉璐主编：《二十四史全译·三国志》第二册，第983页。

② 徐仁甫：《董仲舒"三年不窥园"辨》，《文史知识》1986年第2期，第25页。

【注释】

〔1〕孝景：汉景帝刘启（前188—前141），汉文帝刘恒（前202—前157）第四子，汉高祖刘邦（前256—前195）孙，谥号孝景皇帝，在位16年，与父亲一起开创了“文景之治”。〔2〕博士：古代学官名。〔3〕容止：容貌举止。

【译文】

董仲舒，广川人。年轻时研究《春秋》，汉景帝时为博士。他在室内挂上帷幕，坐在帷幕后面讲学，弟子们先入学的对后入学的传授学业，有的学生竟然没有见过他。董仲舒三年不看园圃，精心钻研学问到如此的程度。他的进退仪容举止，不符合礼仪的不做，学士们都尊他为老师。①

6.邵雍寒不炉，暑不扇，夜不就席者数年

雍少时，自雄其才，慷慨欲树功名。于书无所不读，始为学，即坚苦刻厉[1]，寒不炉，暑不扇，夜不就席者数年。已而叹曰：“昔人尚友于古，而吾独未及四方。”于是逾河、汾，涉淮、汉，周流齐、鲁、宋、郑之墟，久之，幡然[2]来归，曰：“道在是矣。”遂不复出。

【题注】

选自《宋史·邵雍传》。

《邵氏闻见录》卷十八记载，邵雍（1011—1077）45岁时尚未娶妻生子，有诗云：“我今行年四十七，生男方始为人父。鞠育教诲诚在我，寿夭贤愚系于汝。我若寿命七十岁，眼见吾儿二十五。我欲愿汝成大贤，未知天意肯从否？”与本传对照，可知邵雍用功之勤，非常人所能想象。

【注释】

〔1〕坚苦刻厉：坚韧刻苦；苛刻严厉。〔2〕幡（fān）然：同“翻然”，很快而彻底地（改变）。

【译文】

邵雍年少时，对自己的才能颇为自负，志意慷慨想要立功名。读书无所不及，初治学时，就刻苦磨砺，冬天不用炉火，夏天不用扇子，夜里不上床就寝达数年之久。之后感叹道：“过去的人与古人交友，而我却还没有周游四方。”于是他渡过黄河、汾河，越过淮水、汉水，周游在齐、鲁、宋、郑等古国的废墟之上，很久以后，驾车归来，说道：“道已经在我这里了。”于是不再出门。②

---

① 许嘉璐主编：《二十四史全译·汉书》第二册，第1191页。

② 许嘉璐主编：《二十四史全译·宋史》第十五册，第9288页。

7.读书勿诿无书无暇

能够购之，不能借之，随得随看，久久自富。若必待插架三万，然后议读，终身无此日矣。即使四部[1]骈罗，岂能一日读尽！何如姑尽所有，再谋其他？更有一蔽：劝人读书，多谓无暇；不思嬉游昼寝，为暇多矣。一页数行，偶然触目，他日遇事，或即恰收其用。自非幼学，真读书者，断无终日整襟危坐[2]，限定读书时刻之事也。①

【题注】

选自张之洞《輶轩语》，原条目即为“读书勿诿无书无暇”。

张之洞（1837—1909），字孝达，号香涛、香岩，又号壹公、无竞居士，晚年自号抱冰，谥文襄，与曾国藩（1811—1872）、李鸿章（1823—1901）、左宗棠（1812—1885）并称晚清“四大名臣”。张之洞非常重视教育，其《劝学篇》《书目答问》很有影响。《輶轩语》是张之洞在光绪元年（1875）发表的有关书院、学堂的学生学习指导专论，是与《书目答问》相配合的导学纲要。北京师范大学出版社出版有张之洞《劝学篇》（附：《輶轩语》《书目答问》），华东师范大学出版社有《輶轩语详注》，中国书店有四册本《张文襄公全集》。

不读书是没有任何理由的，不能以没有书没有时间推托。有人说，钱钟书（1910—1998）家里藏书很少，基本是借书读，所以写了很多读书笔记。张之洞主张，能够买得到的书，就不要借，随买随看，日积月累，自然知识富足。再者，自己的书可以随时查看，所以有条件的话还是买书好。有的人是买书，不及时读书，幻想买齐了再读；有的人是读书没时间，玩耍有时间；有的人是正襟危坐，把读书当作任务限定时刻。以上这些现象，在张之洞看来都是不可取的。重要的是，读书要持之以恒，兴致所至，随便翻翻，亦开卷有益。

【注释】

〔1〕四部：古代图书分为经、史、子、集四类，称“四部”，如《四部备要》。〔2〕整襟危坐：整衣端坐，形容严肃拘谨。

8.圣人不贵尺之璧，而重寸之阴，时难得而易失也

夫日回而月周，时不与人游。故圣人不贵尺之璧[1]，而重寸之阴，时难得而易失也。禹之趋时[2]也，履遗而弗取，冠挂而弗顾，非争其先也，而争其得时也。

【题注】

选自《淮南子·原道训》。

《淮南子》，又名《淮南鸿烈》，西汉皇族淮南王刘安及其门客集体编写的一部著作。刘

---

① （清）张之洞著：《劝学篇》，北京师范大学出版社2014年版，第120页。

安（前179—前122），汉高祖刘邦（前256—前195）之孙，淮南厉王刘长（前198—前174）之子，汉文帝十六年袭父爵为淮南王。中华书局有刘文典（1889—1958）撰《淮南鸿烈集解》（两册）、何宁撰《淮南子集释》（三册）。贵州人民出版社“中国历代名著全译丛书”有许匡一译注《淮南子全译》。

【注释】

〔1〕璧（bì）：美玉的通称。〔2〕趋时：指追赶时间，掌握时机。

【译文】

日月运动，光阴易逝，时光不和人多做周旋。因此圣人不看重尺璧而重视寸阴，因为时光难得而容易失去。夏禹为了追随时间，鞋子丢了而没有工夫去取，帽子挂在树枝上而不看一眼，不是争着走到前面，而是争着得到大好的时光。①

9.三日不读书，对镜觉面目可憎

黄鲁直〔1〕云：“士大夫三日不读书，则义理〔2〕不交于胸中，对镜觉面目可憎，向人亦语言无味。”②

【题注】

选自《苏轼文集》，原条目为《记黄鲁直语》。

据苏东坡记载，黄庭坚说过这样的话：无论是知识分子还是做官的，如果三天不曾读书，则脑袋空空，对镜而照，发现自己面目丑陋可憎；与人交流，也无话可说，即使说了，也觉得空洞无味。苏东坡说：“粗缯大布裹生涯，腹有诗书气自华。”（《和董传留别》）意思是，一个饱读诗书的人不需要刻意装扮，就会由内而外产生出一种气质；相反，如果没有读过几本书，不管怎么打扮，都不会显得有气质，有风度，有内涵。所以，读书是最廉价的高贵，每个人都要使读书成为一种生活常态，一种生活方式。

【注释】

〔1〕黄鲁直：黄庭坚（1045—1105），字鲁直，号山谷道人，晚号涪翁，又称黄豫章。〔2〕义理：此处指言辞、文章的含义和观点。

10.赵普晚年读《论语》手不释卷

普少习吏事，寡学术，及为相，太祖常劝以读书。晚年手不释卷，每归私第，阖户启箧〔1〕取书，读之竟日〔2〕。及次日临政，处决如流。既薨〔3〕，家人发箧视之，则《论语》二十篇也。

---

① 陈广忠译注：《淮南子》上册，中华书局2012年版，第28页。

② 孔凡礼点校：《苏轼文集》第六册，第2542页。

【题注】

选自《宋史·赵普传》。

赵普（922—992），字则平，天津蓟州区人，后徙居洛阳，北宋著名政治家。赵普虽读书少，但喜《论语》，有“半部《论语》治天下”之说。

《鹤林玉露》记载：杜少陵诗云：“小儿学问止《论语》，大儿结束随商贾。”盖以《论语》为儿童之书也。赵普再相，人言普山东人，所读者止《论语》，盖亦少陵之说也。太宗尝以此论问普，普略不应，对曰：“臣平生所知，诚不出此。昔以其半辅太祖定天下，今欲以其半辅陛下致太平。”普之相业，固未能无愧于《论语》，而其言则天下之至言也。朱文公曰：“某少时读《论语》知爱，自后求一书似此者，卒无有。”①

大体意思是：杜甫有诗说：“小儿学问止《论语》，大儿结束随商贾。”大概以为《论语》是儿童书。赵普第二次做宰相时，大臣们说他是山东人，所读懂的书只有《论语》，与杜甫之说一样，是“小儿”水平。太宗皇帝也拿这个说法问赵普，赵普只是简略地回答说：“我平生所知道的，确实不超过这部《论语》。当年我用半部《论语》就帮助太祖皇帝平定天下，现在我用另外半部可以帮助您治理好天下。”赵普做宰相，当然得益于《论语》，其所说半部《论语》打天下、半部《论语》治天下却是至理名言。朱熹说：“我小的时候读《论语》如痴如醉，后来再也没得到一本像《论语》这样让人百读不厌的书了。”

《论语》一书仅11705字，对赵普来说却是至宝之物，不能不令人思考。《中庸》：“人一能之己百之，人十能之己千之。果能此道矣，虽愚必明，虽柔必强。”别人一次就办到的，我就做一百次也要办到；别人十次就办到的，我就算做一千次也要办到。如果真能采取这种办法，再怎么愚笨的人也一定变得明智，再怎么柔弱的人也一定变得刚强。数学大师陈省身（1911—2004）说过，简单事情重复做，必定会有所发现。“红学”大师周汝昌（1918—2012）一生只读了一部《红楼梦》，赵普一生只读了一部《论语》，再次提示我们，只要功夫深，铁杵磨成针。

【注释】

〔1〕箧（qiè）：箱子一类的东西。〔2〕竟日：终日，从早到晚。〔3〕薨（hōng）：古代称诸侯或有爵位的大官死去。

【译文】

赵普年轻时学习为官之道，没有什么学问，等到担任宰相，太祖经常劝说他读书。晚年手不释卷，每次返回住宅，关上门打开箱子取书，阅读一整天。到第二天处理政务，处理决断如同流水。去世以后，家里的人打开箱子察看，仅有《论语》二十篇。②

---

① （宋）罗大经：《鹤林玉露》，第128页。

② 许嘉璐主编：《二十四史全译·宋史》第九册，第5899页。

11.读书不觉已春深，一寸光阴一寸金

读书不觉已春深〔1〕，一寸光阴一寸金。不是道人〔2〕来引笑〔3〕，周〔4〕情孔〔5〕思正追寻〔6〕。①

【题注】

选自陈尚君《全唐诗补编》，原为唐代王贞白《白鹿洞二首·其一》。

王贞白（875—958），字有道，号灵溪，江西广丰人，唐末五代十国著名诗人。“一寸光阴一寸金”，所以一定要珍惜时间，不教一日虚度。

【注释】

〔1〕春深：春末，晚春。〔2〕道人：道人：指白鹿洞的道人。白鹿洞，在今江西省境内庐山五老峰南麓的后屏山之南。青山环抱，碧树成荫，十分幽静。名为“白鹿洞”，实际并不是洞，而是山谷间的一个坪地。〔3〕引笑：逗笑，开玩笑。〔4〕周：指周公。〔5〕孔：指孔子。〔6〕追寻：深入钻研。

【译文】

专心读书，不知不觉春天就要结束了。时间太宝贵了，像黄金那样永远不够用啊。并不是道人在开玩笑，而是周公、孔子的思想太深刻、太伟大了，让人深入进去，流连忘返，不能自拔。

12.一生之计在于勤

一年之计在于春，一日之计在于寅〔1〕，一家之计在于和〔2〕，一生之计在于勤。

【题注】

选自《增广贤文》。

《增广贤文》，又名《昔时贤文》《古今贤文》，是中国明代时期编写的启蒙书目，收集了各种格言、谚语。书名最早见之于明万历年间（1573—1620）的戏曲《牡丹亭》，据此可推知此书最迟写成于万历年间。作者一直未见任何书载，只知道清代同治年间儒生周希陶曾进行过重订，很可能是民间创作的结晶。《增广贤文》的内容大致有这样几个方面：一是谈人及人际关系，二是谈命运，三是谈如何处世，四是表达对读书的看法。中华书局“中华蒙学经典”收录出版有张齐明译注的《增广贤文》。

【注释】

〔1〕寅：指寅时，早晨三点至五点。〔2〕和：和睦，和谐。

---

① 陈尚君辑校：《全唐诗补编》上册，中华书局1992年版，第251页。

13.百尺竿头立不难，一勤天下无难事

为人在世莫嗜懒，嗜懒之人才智短。百事由懒做不成，临老噬脐[1]悲已晚。士而懒，终身布衣不能换；农而懒，食不充肠衣不暖；工而懒，积聚万贯成星散。又不见，人生天地惟在勤，原勤之本在乎心。若能自强而不息，先须抖擞已精神。士而勤，万里青云可致身；农而勤，盈盈仓廪成红陈；工而勤，巧手超群能动人；商而勤，腰中常缠千万金。噫嘻噫嘻复噫嘻，只在勤兮与懒兮。丈夫志气掀天地，拟上百尺竿头[2]立。百尺竿头立不难，一勤天下无难事。①

【题注】

选自清代钱德苍辑《解人颐》，原名《勤懒歌》。

《勤懒歌》是对古代“四民”——士、农、工、商的劝勤戒懒。结语为：“百尺竿头立不难，一勤天下无难事。”意思是，只要勤奋，天下就没有难做的事情，即使百尺竿头上也能昂然挺立。2013年4月28日，习近平总书记《在同全国劳动模范代表座谈时的讲话》中曾引用其中“一勤天下无难事”句。

【注释】

〔1〕噬脐：自啮腹脐，喻后悔不及。〔2〕百尺竿头：百尺高的竿子，佛教比喻道行修养的极高境界，也作“百丈竿头”。

14.自古明王圣帝，犹须勤学，况凡庶乎

自古明王圣帝，犹须勤学，况凡庶乎！此事遍于经史，吾亦不能郑重[1]，聊举近世切要，以启寤[2]汝耳。士大夫子弟，数岁已上，莫不被教，多者或至礼、传，少者不失诗、论。及至冠婚，体性稍定；因此天机，倍须训诱。有志尚者，遂能磨砺，以就素业[3]；无履立者，自兹堕慢，便为凡人。人生在世，会当有业：农民则计量耕稼，商贾则讨论货贿，工巧则致精器用，伎艺则沈思法术，武夫则惯习弓马，文士则讲议经书。多见士大夫耻涉农商，差务工伎，射则不能穿札[4]，笔则纔记姓名，饱食醉酒，忽忽无事，以此销日，以此终年。或因家世余绪，得一阶半级，便自为足，全忘修学；及有吉凶大事，议论得失，蒙然张口，如坐云雾；公私宴集，谈古赋诗，塞默低头，欠伸而已。有识旁观，代其入地[5]。何惜数年勤学，长受一生愧辱哉！

【题注】

选自《颜氏家训·勉学》。

勤学如春起之苗，不见其增日有所长；惰学如磨刀之石，不见其损日有所亏。学如逆

---

① （清）钱德苍辑：《解人颐》（上），第41页。

水行舟，不进则退；心似平原走马，易放难收。无论做什么工作，从事什么行业，都需要勤奋学习，否则就会被淘汰，在互联网时代更是如此。

【注释】

〔1〕郑重：这里是频繁的意思。〔2〕寤：本意睡醒，这里是使明白的意思。〔3〕素业：清素之业，即士族所从事的儒业。〔4〕札：铠甲上用皮革或金属制成的叶片。〔5〕入地：羞愧入地。

【译文】

自古以来那些圣明帝王尚且须要勤奋学习，何况普通百姓呢！这类事例在经书典籍中随处可见，我也不能一一列举，姑且拣近世紧要的事例说说，以启发点悟你们。士大夫的子弟，几岁以后，没有不受教育的，多的读到《礼记》《左传》，少的起码也学完了《诗经》和《论语》。等到他们成年，体质性情都已逐渐成形；趁这个时候，就要对他们加倍进行训育教诲。那些有志气的人，就能经受磨练，成就其清白正大的事业，而那些没有操守的人，从此懒散懈怠起来，就成了平庸之辈。人生在世，应该有所专业：当农民的就要算计耕作，当商贩的就要商谈买卖，当工匠的就要努力制作各种精巧的用品，技艺之士就要深入研习各种技艺，武士就要熟悉骑马射箭，而文人则要讲论儒家经书。我常见到一些士大夫耻于从事农业和商业，又缺乏手工艺方面的本事，射箭连一层铠甲也射不穿，提起笔仅仅能写出自己的姓名。整天酒足饭饱，无所事事，就这样消耗时日，来终了自己的一辈子。有的人因祖上的荫庇，得到一官半职，便自我满足，完全忘记学习；碰上有凶吉大事，议论起得失来，就张口结舌，茫然无知，如同堕入云雾中一般；在各种公私宴会的场合，别人谈论古今，赋诗言志，他却像塞住了嘴一般，低着头不吭声，只有打呵欠的份儿。有见识的旁观者，都替他害臊，恨不能钻到地底下去。这些人为何不肯勤学几年，以致终生含愧受辱呢！①

15.习劳则神钦

凡人之情，莫不好逸而恶劳；无论贵贱智愚老少，皆贪于逸而惮于劳，古今之所同也。人一日所着之衣、所进之食，与一日所行之事、所用之力相称，则旁人题之，鬼神许之，以为彼自食其力也。若农夫织妇，终岁勤动，以成数石之粟，数尺之布；而富贵之家终岁逸乐，不营一业，而食必珍羞〔1〕，衣必锦绣，酣豢〔2〕高眠，一呼百诺，此天下最不平之事，鬼神所不许也，其能久乎？

古之圣君贤相，若汤〔3〕之昧旦丕显〔4〕，文王〔5〕日昃〔6〕不遑〔7〕，周公夜以继日、坐以待旦，盖无时不以勤劳自勉。《无逸》〔8〕一篇，推之于勤则寿考〔9〕，逸则夭亡，历历不爽。为一身计，则必操习技艺，昏炼筋骨，困知勉行，操心危虑，而后可以增智慧而长才识。

① 檀作文译注：《颜氏家训》，第98～99页。

为天下计，则必己饥己溺，一夫不获，引为余辜〔10〕。大禹之周乘四载，过门不入，墨子之摩顶放踵，以利天下，皆极俭以奉身，而极勤以救民。故荀子好称大禹、墨翟之行，以其勤劳也。

军兴以来，每见人有一材一技、能耐艰苦者，无不见用于人，见称于时。其绝无材技、不惯作劳者，皆唾弃于时，饥冻就毙。故勤则寿，逸则夭；勤则有材而见用，逸则无能而见弃；勤则博济斯民而神祗钦仰，逸则无补于人而神鬼不欲。是以君子欲为人神所凭依，莫大于习劳也。

【题注】

选自《曾文正公全集·杂著·日课四条》。

作为中国历史上最有影响的人物之一，曾国藩小时候的天赋却并不高。据曾国藩回忆，小时候他曾遭遇这样一件尴尬事：有一天晚上，夜深人静之时，万籁俱寂，少年曾国藩在家读书，对一篇文章重复朗读很多遍了，还是背不下来。背不下来不能睡觉，他只好一直诵读此文。这时候，家里来了一个小偷，潜伏在屋檐下，希望等读书人睡觉之后捞点好处。可是等啊等，就是不见曾国藩去睡觉，只听他还是翻来覆去地读那篇文章。贼人大怒，实在忍不住了，跳出来大声说："这种水平读什么书？"接下来发生的事情让曾国藩目瞪口呆：只见那贼人将那文章很流畅地背诵了一遍，然后轻蔑地看了曾国藩一眼，扬长而去。这件事对曾国藩触动很深。这个小偷是很聪明，至少其天赋要比曾国藩高许多，但是他却荒废了天赋沦落为"梁上君子"；而曾国藩从此知耻而后勇，刻苦治学，奋发图强，通过后天的不懈努力，终于成为中国历史上罕有的立功、立德、立言"三不朽"之奇才。

【注释】

〔1〕珍羞：亦作珍馐，珍美的肴馔。〔2〕酣豢（hān huàn）：谓沉醉于某种情境。〔3〕汤：商汤，商朝的建立者。〔4〕昧旦丕显：天尚未亮时就起床，思考怎样才能使德业发扬光大。昧旦，天色尚未明的时候。丕，大。显，显扬。〔5〕文王：周文王。〔6〕日昃：太阳偏西。〔7〕不遑："不遑暇食"的缩略语，没有时间吃饭。形容工作紧张，辛勤。〔8〕《无逸》：《尚书·周书》里的篇目。〔9〕寿考：长寿。〔10〕余辜：抵偿不尽的罪愆。

【译文】

人之常情，没有不好逸恶劳的，不论贵贱、智愚、老少，都贪图安逸，害怕劳苦，这是古今都相同的。人一天所穿的衣服、所吃的饭，与他一天所做的事、所出的力相称，那么旁人就会认可，鬼神就会赞同，认为他是自食其力了。至于种田的农民，织布的妇女，一年到头勤勉辛劳，不过获得几石粟，几尺布；而富贵人家，终年安逸享乐，一件事都不做，吃的是山珍海味，穿的是绫罗绸缎，豢养很多奴才，高枕而眠，一呼百应，这是天下最不公平的事，鬼神都不会赞同，这能够长久吗？古代的圣明君主，贤德宰相，比如商汤通宵达旦地工作，周文王无暇吃饭，周公废寝忘食，坐待天亮，都时时以勤劳激励自己。《无逸》一篇，推论到人若勤劳，便会长寿，人若贪图安逸，便会夭亡，这是屡试不爽的。为自己着想，则必须习练技艺，磨炼筋骨，遇到困惑，不断地学习，不断勉励自己身体力行，居安思危。这样，才会增加智慧，增长才干。为天下着想，则必须自己忍受饥饿劳苦，只要有一人没有收获，就应当视作是自己的罪过。大禹治水，历尽辛劳，三过家门而不入；墨子摩顶放踵，为天下人谋福利，都是自己非常节俭，拯救百姓却不辞困苦。荀子偏爱大禹、墨子的行为，是因为他们勤劳的缘故。

自从军兴以来，往往见到有一技之长，能忍受艰难困苦的人，都能被人任用，得到当时人的称赞。而那些没有才能，也无一技之长，又不习惯勤劳的人，都被当时人所唾弃，最后冻饿而死。因此，勤劳的人便会长寿，安逸的人就会夭折；勤劳，便有才能，就能为人所用，安逸，则无才能，就会被人抛弃。勤劳，便能普济众生，连神都会钦佩仰慕；安逸，则无任何价值，神鬼都不会保佑他。所以，君子若要成为人们和神都能信赖的人，最重要的就是要习惯于勤劳。

参考文献

[1] 程树德:《论语集释》，中华书局，1990年8月第1版
[2] 南怀瑾:《论语别裁》，复旦大学出版社，1996年6月第2版
[3] 钱穆:《论语新解》，生活·读书·新知三联书店，2002年9月第1版
[4] 李泽厚:《论语今读》，生活·读书·新知三联书店，2004年3月第1版
[5] 曾仕强、曾仕良:《论语的生活智慧》，陕西师范大学出版社，2009年8月第1版
[6] 杨伯峻:《论语译注》，中华书局，2009年10月第3版
[7] 傅佩荣:《论语300讲》，中华书局，2011年7月第1版
[8] 傅亚庶:《孔丛子校释》，中华书局，2011年6月第1版
[9] 白冶钢:《孔丛子译注》，上海三联书店，2014年1月第1版
[10] 王秀梅译注:《诗经》，中华书局，2015年9月第1版
[11] 王国轩、王秀梅译注:《孔子家语》，中华书局，2016年1月第1版
[12]（清）焦循撰:《孟子正义》，中华书局，1987年10月第1版
[13] 杨伯峻:《孟子译注》，中华书局，2010年2月第3版
[14] 傅佩荣译解:《孟子》，东方出版社，2012年4月第1版
[15] 南怀瑾讲述:《孟子与万章》，东方出版社，2013年5月第1版
[16] 刘大钧、林忠军译注:《周易经传白话解》，上海古籍出版社，2006年12月第1版
[17] 傅佩荣译解:《易经》，东方出版社，2012年5月第1版
[18] 南怀瑾、徐芹庭:《白话易经》，岳麓书社，1988年2月第1版
[19] 陈鼓应、赵建伟:《周易今注今译》，商务印书馆，2005年11月第1版
[20] 江灏、钱宗武:《今古文尚书全译》，贵州人民出版社，1992年8月第2版
[21]（清）孙希旦:《礼记集解》，中华书局，1989年2月第1版
[22] 天宇:《礼记译注》，上海古籍出版社，2004年7月第1版
[23] 傅佩荣译解:《大学中庸》，东方出版社，2012年4月第1版
[24] 王国轩译注:《大学中庸》，中华书局，2016年1月第1版
[25] 胡平生:《孝经译注》，中华书局，1996年8月第1版
[26] 杨伯峻:《春秋左传注》，中华书局，1990年5月第2版
[27] 李梦生:《左传译注》，上海古籍出版社，2004年7月第1版
[28] 承载:《春秋谷梁传译注》，上海古籍出版社，2004年7月第1版

[29] 陆玖译注：《吕氏春秋》，中华书局，2011年10月第1版
[30]（宋）朱熹：《四书章句集注》，中华书局，1983年10月第1版
[31]（清）陈立：《白虎通疏证》，中华书局，1994年8月第1版
[32]（汉）司马迁：《史记》，中华书局，1982年11月第2版
[33]（汉）班固：《汉书》，中华书局，1962年6月第1版
[34] 杨燕起：《史记全译》，贵州人民出版社，2001年7月第1版
[35]（汉）范晔：《后汉书》，中华书局，1965年5月第1版
[36] 许嘉璐主编：《二十四史全译》，汉语大词典出版社，2004年1月第1版
[37]（晋）陈寿撰，（宋）裴松之注：《三国志》，中华书局，1982年7月第2版
[38]（唐）房玄龄等撰：《晋书》，中华书局，1974年11月第1版
[39]（唐）李延寿等撰：《南史》，中华书局，1975年6月第1版
[40]（宋）欧阳修等撰：《旧唐书》，中华书局，1975年5月第1版
[41] 骈宇骞译注：《贞观政要》，中华书局，2011年3月北京第1版
[42] 方家常：《诸葛亮文集全译》，贵州人民出版社，1997年10月第1版
[43]（清）永瑢等撰：《四库全书总目》，中华书局，1965年6月第1版
[44]（汉）韩婴撰，许维遹校释：《韩诗外传集释》，中华书局，1980年6月第1版
[45] 黎翔凤：《管子校注》，中华书局，2004年6月第1版
[46] 谢浩范、朱迎平：《管子全译》，贵州人民出版社，2009年3月第1版
[47] 张觉：《韩非子全译》，贵州人民出版社，1992年3月第1版
[48] 陈鼓应：《老子注译及评介》，中华书局，1983年5月第1版
[49] 王卡点校：《老子道德经河上公章句》，中华书局，1993年8月第1版
[50] 傅佩荣译解：《老子》，东方出版社，2012年5月第1版
[51] 陈鼓应：《庄子今注今译》，中华书局，1983年4月第1版
[52] 张永祥、肖霞：《墨子译注》，上海古籍出版社，2015年12月第1版
[53]（清）王先谦：《荀子集解》，中华书局，1988年9月第1版
[54] 杨任之：《白话荀子》，岳麓书社，1991年4月第1版
[55] 张觉：《荀子译注》，上海古籍出版社，2012年8月第1版
[56] 张世亮、钟肇鹏、周桂钿译注：《春秋繁露》，中华书局，2012年6月第1版
[57] 陈广忠译注：《淮南子》，中华书局，2012年1月第1版
[58] 韩敬译注：《法言》，中华书局，2012年10月第1版
[59] 方向东译注：《新书》，中华书局，2012年10月第1版
[60] 张觉：《潜夫论全译》，贵州人民出版社，1999年10月第1版
[61] 张松辉、张景译注：《抱朴子外篇》，中华书局，2013年4月第1版
[62] 王明：《抱朴子内篇校释》，中华书局，1985年3月第2版
[63] 傅亚庶：《刘子校释》，中华书局，1998年9月第1版

[64]（宋）朱熹：《朱子全书》，上海古籍出版社、安徽教育出版社，2002年12月第1版
[65]（宋）黎靖德：《朱子语类》，中华书局，1994年3月第1版
[66]古清美译注：《近思录今注今译》《大学问今注今译》，台湾商务印书馆股份有限公司，2000年9月第1版
[67]（宋）吴曾：《能改斋漫录》，上海古籍出版社，1979年11月第1版
[68]（明）王守仁：《王文成公全书》，中华书局，2015年6月第1版
[69]于民雄注，顾久译：《阳明传习录全译》，贵州人民出版社，1998年4月第1版
[70]（清）黄宗羲：《黄宗羲全集》，浙江古籍出版社，2005年1月第1版
[71]张建业主编：《李贽文集》，社会科学文献出版社，2000年5月第1版
[72]姚春鹏译注：《黄帝内经》，中华书局，2010年4月第1版
[73]（南朝）陶弘景：《养性延命录》；（元）丘处机撰：《摄生消息论》，中华书局，2011年11月第1版
[74]（宋）周守中，（明）胡文焕，（明）万全：《养生月览》《类修要诀》《养生四要》，湖南科学技术出版社，2014年12月第1版
[75]（元）朱震亨：《格致余论》，人民卫生出版社，2005年8月第1版
[76]（明）吴正伦：《养生类要》，中医古籍出版社，2004年5月第2版
[77]（明）冷谦撰，郑红斌、刘苏娅评注：《修龄要指》，中华书局，2011年11月第1版
[78]（明）高濂：《遵生八笺》，人民卫生出版社，2007年11月第1版
[79]（唐）陆羽撰，宋一明译注：《茶经》，上海古籍出版社，2009年11月第1版
[80]（清）王弘：《山志》，中华书局，1999年9月第1版
[81]（唐）张彦远：《历代名画记》，浙江人民美术出版社，2016年4月第1版
[82]（唐）孙过庭、（宋）姜夔：《书谱》《续书谱》，浙江人民美术出版社，2012年12月第1版
[83]檀作文译注：《颜氏家训》，中华书局，2016年1月北京第1版
[84]（唐）李世民、（清）爱新觉罗·玄烨：《帝范》《庭训格言》，安徽师范大学出版社，2016年1月第1版
[85]（明）袁了凡撰，尚荣、徐敏、赵锐评注：《了凡四训》，中华书局，2013年6月第1版
[86]（清）曾国藩：《曾国藩家训》，岳麓书社，1999年8月第1版
[87]卢正言主编：《中国历代家训观止》，学林出版社，2004年4月第1版
[88]（元）吴亮撰，刘成荣评注：《忍经》，中华书局，2013年6月第1版
[89]（元）许名奎撰，刘成荣评注：《劝忍百箴》，中华书局，2014年8月第1版
[90]（明）洪应明撰，杨春俏评注：《菜根谭》，中华书局，2013年6月第1版
[91]段干木明译注：《格言联璧》，黄山书社，2011年1月第1版
[92]（清）张潮撰，尤君若评注：《幽梦影》，中华书局，2014年8月第1版

［93］（清）钱德苍：《解人颐》，岳麓书社，2005年4月第1版
［94］（宋）罗大经：《鹤林玉露》，中华书局，1983年8月第1版
［95］（明）陈继儒纂辑，成敏评注：《小窗幽记》，中华书局，2013年6月第1版
［96］（清）纪昀撰，邵海清等译：《白话全本阅微草堂笔记》，上海古籍出版社，1995年12月第1版
［97］（清）张之洞：《劝学篇》（附，《輶轩语》《书目答问》），北京师范大学出版社，2014年8月第1版
［98］吴龙辉主编：《中华杂经集成》，中国社会科学出版社，1994年10月第1版
［99］陆侃如、牟世金：《文心雕龙译注》，齐鲁书社，1995年4月第1版
［100］（清）刘熙载撰，袁津琥校注：《艺概注稿》，中华书局，2009年5月第1版
［101］（清）王永彬、张德建评注：《围炉夜话》，中华书局，2014年8月第1版
［102］刘士镇、刘开骅：《世说新语全译》，贵州人民出版社，1996年10月第1版
［103］沈海波译注：《世说新语》，中华书局，2016年1月第1版
［104］徐震堮：《世说新语校笺》，中华书局，1984年2月第1版
［105］（唐）韩愈：《韩昌黎文集校注》，上海古籍出版社，1986年12月第1版。
［106］（唐）柳宗元：《柳宗元集》，中华书局，1979年9月第1版
［107］（唐）白居易撰，朱金城笺注：《白居易集笺校》，上海古籍出版社，1988年12月第1版
［108］（宋）张载：《张载集》，中华书局，1978年8月第1版
［109］（宋）周敦颐：《周敦颐集》，中华书局，2009年2月第2版
［110］（宋）程颢、程颐：《二程集》，中华书局，2004年2月第2版
［111］（宋）邵雍：《邵雍集》，中华书局，2010年1月第1版
［112］（宋）陆九渊：《陆九渊集》，中华书局，1980年1月第1版
［113］（宋）王安石：《临川先生文集》，中华书局，1959年1月第1版
［114］黄灵庚、吴战垒主编：《吕祖谦全集》，浙江古籍出版社，2008年1月第1版
［115］（明）王夫之：《船山全书》，岳麓书社，1996年2月第1版
［116］余冠英选注：《汉魏六朝诗选》，人民文学出版社，1978年12月第2版
［117］陈尚君辑校：《全唐诗补编》，中华书局，1992年10月第1版
［118］（清）彭定求等编：《全唐诗》，中华书局，1980年4月第1版
［119］（清）彭定求等编：《全唐诗》（共25册），中华书局，1960年1月第1版
［120］（清）仇兆鳌：《杜诗详注》，中华书局，1979年10月第1版
［121］孔凡礼点校：《苏轼文集》，中华书局，1986年3月第1版
［122］（宋）陆游撰，钱仲联校注：《剑南诗稿校注》，上海古籍出版社，2005年4月第1版
［123］（清）钱德苍辑：（明）吕坤撰：《吕坤全集》，中华书局，2008年5月第1版

[124]（清）纪昀撰，孙致中等校点：《纪晓岚文集》，河北教育出版社，1991年7月第1版
[125]李瀚章编撰，李鸿章校刊：《曾文正公全集》，中国书店，2011年1月第1版
[126]于天池译注：《聊斋志异》，中华书局，2016年3月北京第1版
[127]（清）李渔著，杜书瀛译注：《闲情偶寄》，中华书局，2014年2月第1版
[128]梁启超：《饮冰室合集》，中华书局，2015年1月第1版
[129]冯友兰：《三松堂全集》，河南人民出版社，2001年1月第2版
[130]冯友兰：《中国现代哲学史》，广东人民出版社，1999年8月第1版
[131]范鹏：《道通天地·冯友兰》，山东画报出版社，1998年2月第1版
[132]周树人：《鲁迅全集》，人民文学出版社，2005年11月第1版
[133]南怀瑾：《谈历史与人生》，复旦大学出版社，1995年4月第1版
[134]金耀基：《大学的理念》（增订版），生活·读书·新知三联书店，2008年7月第2版
[135]陈青之：《中国教育史》，岳麓书社，2010年12月第1版
[136]蔡元培：《中国人的修养》，中国长安出版社，2012年11月第1版
[137]梁启超：《德育鉴》，北京大学出版社，2011年10月第1版
[138]方朝晖：《儒家修身九讲》，清华大学出版社，2011年1月第2版

后 记

为配合齐鲁工业大学“德智双学分制”人才培养模式的进行，在校党委的领导下，文法学院组织编写了《中华优秀传统文化 修身》。本书由周有波、陈京伟主持编写。参与编写的人员有周有波、韩明暖、宋彦、陈京伟、邵秋艳、吕玉霞、于海峰、朱光、刘学芝。周有波、陈京伟确立了本书框架，拟定了相应条目。陈京伟编选了本书360条材料。邵秋艳撰写了第一篇“志于道”的导语，吕玉霞撰写了第二篇“据于德”、第三篇“依于仁”的导语，于海峰撰写了第四篇“游于艺”的导语。韩明暖、宋彦、朱光、刘学芝始终参与本书的讨论会，为本书的完成做出了重要贡献。暑假期间，文法学院张建斌、刘国生、徐贝贝、丛玮同学，做了部分文字输入等工作。山东人民出版社王晶主任认真细致地审读了全书，提出了许多宝贵修改意见。需要特别指出的是，学校党委书记张士昌同志经常过问本书编撰进度，对本书框架设计等提出了许多指导性意见，并在百忙之中为本书撰写了序言。本书的编撰完成是集体智慧的结晶。在此，我们对为本书的编撰完成付出了辛勤汗水和智慧灵光的领导、专家、老师和同学们表示衷心的感谢。

“书到用时方恨少，事非经过不知难。”（陆游语）由于我们读书不多，才疏学浅，加之时间仓促，本书错误、不当之处肯定不少，鲁鱼亥豕在所难免，敬请方家批评指正。

2016年12月